일본어 한자

이묘희 · 금종애

궁미디어

일본어 한자

발행일 2016년 9월 1일 발행인 오덕성 지은이 이묘희 · 금종애
편낸곳 궁미디어(충남대학교출판문화원) 주소 대전광역시 유성구 대학로 99
전화 042-821-6045 홈페이지 http://www.cnupress.co.kr E-mail cnupress@cnu.ac.kr

ISBN 978-89-7599-595-8 93730
정가 25,000원

일본어
한자

머리말

일본어는 한국어와 달리 한자가 히라가나, 가타카나와 함께 일본어 문자체계의 일부분을 차지하고 있습니다. 일본어로 쓰인 신문이나 잡지, 서적 등에서 우리는 한자를 쉽게 찾아볼 수 있습니다. 또한 어휘체계 속에서도 한자어는 고유어와 함께 일본어 어휘의 많은 부분을 차지하고 있습니다. 이렇게 한자는 문자로서 뿐만 아니라 한자어로서 일본어 어휘학습의 대부분을 차지하고 있습니다. 그러나 이러한 한자의 학습은 학습자에게 일본어 학습의 난관 중의 하나로 일컬어지고 있습니다. 따라서 본 교재에서는 다양한 단어와 예문을 제시하여 한자공부를 두려워하는 학습자들이 어렵지 않게 한자를 공부할 수 있도록 구성하려고 노력하였습니다.

본 교재의 구성은 다음과 같습니다.

제1부에서는 일본어 한자에 대한 개설, 즉, 한자의 성립과 전래, 한자의 구성, 한자의 부수, 한자의 음과 훈, 한자의 자수와 자체에 대해 설명하여 한자 학습의 기초가 되는 정보를 제공하였습니다.

제2부에서는 일본어의 교육한자와 교육한자 외 한자를 다양한 어휘와 예문 등을 사용하여 오십음도 순으로 설명하였습니다.

제3부에서는 부록으로서 일본어 주요 국자일람, 상용한자 부표, 초등학교 각 학년별 교육한자를 한눈에 볼 수 있도록 정리하여 학습의 편의를 도모하였습니다.

아무쪼록 본 교재가 한자 학습에 어려움을 겪는 일본어학습자에게 조금이나마 도움을 주었으면 하는 바램입니다.

마지막으로 본 교재출판을 위해 협조해 주신 충남대학교 출판문화원 관계자 여러분께 감사드립니다.

2016.7

이 책의 구성과 사용방법

• 상용한자란?

상용한자란 일본의 문부과학성(文部科学省)이 법령, 공공문서, 신문, 잡지, 방송 등의 일반적인 사회생활에서 현대일본어를 표기할 때 정해놓은 한자의 사용기준을 말합니다. 그 기준이 되는 한자를 상용한자(常用漢字)라고 하며 이 한자들을 표로 정리해놓은 것을 상용한자표라고 합니다. 원래 일본어의 상용한자는 1,945자였는데 시대의 변화에 따라 쓰이지 않는 한자를 삭제하고 자주 쓰이는 한자 등을 추가하여 2010년에 2,136자로 개정되었습니다.

상용한자 2,136자 중 초등학교 6년간 학습해야 할 1,006자를 교육한자라고 하는데 본 교재에서는 우선 교육한자 1,006자를 오십음도 순으로 제시한 후 교육한자 이외의 한자 1,130자를 마찬가지로 오십음도 순으로 제시하였습니다.

또한 본 교재에서는 각 한자의 가장 대표적인 음독방법을 기준으로 하여(예를 들어 愛의 경우 「あい」) 오십음도 순으로 배열하였습니다. 읽는 법이 같은 경우는 획수가 적은 것부터 획수도 같은 경우는 일반적인 한자사전의 부수 순으로 배열하였습니다.
구체적으로 본 교재의 사용법을 설명하면 다음과 같습니다.

育 ① 8획　月 ② 小3　③ N2	④ 음독 いく 훈독 そだつ·そだてる はぐくむ	⑥ 育児(いくじ) 육아　育成(いくせい) 육성 教育(きょういく) 교육　養育(よういく) 양육
	⑤ 의미 기르다 자라다	⑦ 子供(こども)を育(そだ)てる。 아이를 키우다. 小学校(しょうがっこう)で教育(きょういく)を受(う)ける。 초등학교에서 교육을 받다.

① 한자의 총획수와 부수를 표시하였습니다.

② 교육한자의 경우 학습 학년을 제시하였습니다.

③ 한자의 일본어능력시험 출제기준을 표시하였습니다.

④ 일본어의 상용한자표에 표기된 음독과 훈독을 히라가나로 표시하였습니다.

⑤ 한자의 의미를 한국어로 표시하였습니다.

⑥ 한자의 의미나 사용법에 참고가 될 만한 단어를 예로 들었습니다.

⑦ 단어의 의미나 사용법을 잘 이해하는데 도움이 되는 예문을 제시하였습니다.

목 차

제1부

일본어 한자 개설

1. 한자의 성립과 전래

- 한자의 성립

한자는 중국에서 탄생한 문자이다. 상형, 지사 등 고대의 그림문자에서 발달한 문자로서, 현존 최고의 확실한 한자는 중국 은대(BC 1,400~1,100) 후기에 은허에서 출토된 갑골문자(거북이 등이나 짐승 뼈 등에 점치는 기록을 새겨 놓은 것)이다. 현재 알려져 있는 갑골문자는 3,000여 자에 이르나, 그 중 해독된 것은 절반에 지나지 않는다.

- 한자의 전래

한자 전래 이전에 신대문자(神代文字)라 하는 일본 고유의 문자가 존재했다고 주장하는 설이 있는데 현대 학계에서는 전혀 인정되지 않는 설이다. 고대 일본어는 무문자언어로 존재했던 것이며, 여기에 한자라는 표의문자의 완성된 체계가 일본에 전래된 것이다.

한자가 언제 전래되었는지에 대해서는 확실치 않다. 『니혼쇼키(日本書紀)』와 『고지키(古事記)』에 한자 전래에 대한 기록이 있다. 『니혼쇼키』에서는 오진(応神)왕 시대에 백제에서 아직기(阿直岐)가 여러 서적을 가져왔을 때, 한자도 전래되었다고 했으며, 『고지키』에서는 오진왕 때 왕인(王仁)이 논어와 천자문을 가져 왔다고 하고 있다.

그러나 이러한 기록은 역사적으로 맞지 않고, 4세기 후반에 한반도를 경유하여 전래되었다고 본다. 4세기 후반 한반도에서 도래인(渡来人)이 와서 한자를 사용했으며, 일본인은 5세기 이후가 되어야만 한자를 쓰기 시작했다고 추측된다. 8세기까지는 일본인들이 문자로서 한자만을 사용하다가, 한자의 표음적 용법인 이른바 만요가나(万葉仮名)를 발명하여 한자로 일본어를 표기하게 되었으며, 8세기에서 9세기에 걸쳐서 히라가나, 가타카나 발달의 기반이 되었다.

2. 한자의 구성

- 한자의 구성 방법

3,000년 이상의 역사 속에서 만들어진 한자는 5만종을 훨씬 넘고 있다. 이들 한자는 기본적으로 다음의 네 가지 방법에 의하여 만들어진다. 한자의 구성·용법은 후한 허신 『설문해자』(説文解字)의 육서(六書)에 의한다.

- 상형(象形)문자 … 사물 등의 형태를 본떠 만든 문자로, 한자 중에 가장 기본적인 것이나 그 수는 적다.
  예) 日 月 山 水 馬 魚 등.
- 지사(指事)문자 … 형태를 묘사할 수 없는 추상적인 개념을 나타내기 위하여 고안된 부호와 같은 문자로, 상형·지사 두 가지에 의하여, 모든 한자의 기본형이 만들어진다.
  예) 一 二 三 上 下 末 未 등.
- 회의(会意)문자 … 둘 혹은 셋 이상의 문자의 형태를 조합하고, 동시에 그 의미도 합하여 만든 문자로, 때로는 획을 생략하는 경우도 있다.
  예) 炎(「火」가 겹쳐져 있는 것), 林(「木」이 나란히 있는 것), 孝(「老」人을 「子」가 업고 있다는 뜻으로 「匕」획이 생략되어 있다), 鳴, 好, 位, 信 등.
- 형성(形声 또는 諧声)문자 … 의미를 나타내는 부분(意符)과 발음을 나타내는 부분(音符)을 결합하여 만든 것이다. 한자의 구성은 형성문자에 의한 것이 대부분이다.
  예) 清·江·河·晴·問 등. 「氵·日·口」은 의미를 나타내고, 「青·工·可·青·門」은 발음을 나타낸다.

한자의 사용법에는 의미 전용에 의한 전주, 발음을 이용한 가차도 있다.

• 전주(転注) … 하나의 단어가 한자 본래의 의미에서 다른 의미로 전용되는 것을 가리킨다.

예) 「楽(がく)」은 「音楽(おんがく)」이라는 의미에서 「たのしむ」(즐겁다)가 되고, 음도 「ガク」에서 「ラク」가 된다. 「悪(あく)」은 「善悪(ぜんあく)」의 「悪(あく)」에서 「にくむ」(미워하다)가 되고, 음도 「アク」에서 「オ」로 변한다.

• 가차(仮借) … 한자 본래의 의미에 관계없이 같은 음 또는 비슷한 음의 다른 단어로 사용되는 것을 말한다.

예) 「みみ(귀)」의 상형 「耳」가 한정조사 「のみ」로 사용된다든지, 「戈(ほこ)」의 상형인 「我」가 일인칭 대명사로 사용되는 것들이다. 문법관계를 담당하는 기능어 외에 「印度」「巴里」와 같은 외국 지명, 인명이나 외래어에 사용되는 한자의 대다수와 「阿弥陀(アミダ)」「釈迦(シャカ)」와 같은 범어의 음역도 가차의 예이다.

- 국자

한자는 이밖에 일본에서 만들어진 것이 있는데 국자(国字 또는 일본제 한자)라 한다. 「峠」「畑」「榊」 등이 그 예인데, 이들 국자는 회의문자에 의해 만들어진 것이 많다.

峠 とうげ(고개)	躾 しつけ(예의범절)
辻 つじ(네거리)	畑 はたけ(밭)
込 こむ(붐비다)	辷 すべる(미끄러지다)
榊 さかき(비쭈기나무)	働 はたらく(일하다)
俤 おもかげ(모습)	鱈 たら(대구)

3. 한자의 부수

한자를 분류할 때의 기본이 되는 부분을 부수(部首)라 하며, 사전에 수록되어 있는 한자는 이 부수에 의하여 배열되어 있다.

부수는 한자의 어느 부분에 있는 가에 의해, 偏(へん), 旁(つくり), 冠(かんむり), 脚(あし), 垂(たれ), 繞(にょう), 構(かまえ)로 대별된다.

偏(へん·변) … 한자의 왼쪽. 亻冫口彳扌孑糸禾言馬 등.
旁(つくり·방) … 한자의 오른쪽. 刂刀力彡戈斗頁 등.
冠(かんむり·윗머리) … 한자의 위쪽. 亠冖宀卄癶穴虍雨 등.
脚(あし·밑) … 한자의 아래쪽. 儿水灬廾心皿 등.
垂(たれ·엄) … 한자의 위쪽에서 왼쪽으로. 厂广疒尸 등.
繞(にょう·받침) … 한자의 왼쪽에서 아래쪽. 辶夊走 등.
構(かまえ·몸) … 한자의 주위. 匚囗門 등.

4. 한자의 음과 훈

- 한자를 읽는 방법

한자 읽기에는 음독(音読), 훈독(訓読) 외에 쥬바코요미(重箱読み), 유토요미(湯桶読み)가 있다. 보통 문자와 그것을 읽는 음가는 1대 1로 대응하는 것이 원칙이다. 그러나, 「生」자 한 글자에 대하여 「いきる・いかす・うまれる・うむ・はえる・はやす・き・なま」 또는 「ショウ・セイ・ゼイ」로 읽듯이 그 관계가 1대 다(一対多)인 경우도 많다.

- 음독

음이라는 것은, 한자의 중국어음이 일본어의 음절구조에 맞게 변화된 것을 말한다. 음에는 오음(呉音)·한음(漢音)·당송음(唐宋音)이 있다. 한자는 중국문화에서 도래된 것이므로, 중국의 왕조가 변천하고 정치적, 문화적 중심지가 이동함에 따라, 일본에 전해져온 음이 그 지역의 특색을 갖게끔 되었다.

- 오음(呉音) … 6세기에서 7세기에 걸쳐 일본은 남조와 교섭을 하였기 때문에 중국 남부에서 쓰이던 음이 전래되었는데 이 음을 오음이라 한다. 불교 관계의 말이나 수사 등 일상적인 단어에 많다.

  ダイ　ギョウ　メイ
  예) 大(大悲ダイヒ)　行(行列ギョウレツ)　米(精米セイマイ)

  コン　ジュ
  金(金色コンジキ)　就(成就ジョウジュ) 등

- 한음(漢音) … 7세기 이후, 수에서 당대 중기에 걸쳐 장안(長安)을 중심으로 하는 서북지방의 음이 전래되었는데 이것을 한음이라 한다. 오음과 함께 일본어 음의 근간을 형성하고 있다.

  タイ　コウ　ベイ
  예) 大(大義タイギ)　行(行動コウドウ)　米(米穀ベイコク)

  キン　シュウ
  金(金銭キンセン)　就(就業シュウギョウ) 등

- 당송음(唐宋音) … 가마쿠라(鎌倉)시대에 들어와서는 선종에 관한 문물이 전해지면서 한자음도 함께 전래되었는데, 종래의 한음과는 다른 음이 사용되었다. 이것을 당송음이라 한다.

  アン　ス　トン
  예) 行(行灯アンドン)　子(椅子イス)　団(布団フトン)

  キン　チョウ
  経(看経カンキン)　提(提灯チョウチン) 등

그 결과 다음과 같이 한 개의 한자에 세 개의 음이 대응하는 현상이 생겨났다.

한 자	京	行	頭	明	経	請
오 음	京都(キョウト)	行列(ギョウレツ)	頭痛(ズツウ)	明晩(ミョウバン)	読経(ドキョウ)	請来(ショウライ)
한 음	京浜(ケイヒン)	行動(コウドウ)	頭角(トウカク)	明白(メイハク)	経過(ケイカ)	申請(シンセイ)
당송음	南京(ナンキン)	行脚(アンギャ)	饅頭(マンジュウ)	明朝(ミンチョウ)	看経(カンキン)	普請(フシン)

그 밖에 관용음이라는 것이 있다.

- 관용음(慣用音) … 「撹(乱)」「(洗)滌」 등의 한자는 그 구성요소인 「覚」「條」 등의 음에서 잘못 유추되어, 「カク」「ジョウ」라는 오음, 한음과는 맞지 않는 일본어 독자적인 음이 사용되는데, 이러한 음을 관용음이라 한다. 관용음 중 한자의 방(旁)에 잘못 유추되어 정착된 음을 百姓音이라 하는 경우도 있다. 「消耗」를 ショウモウ(원래는 ショウコウ)로, 「輸出」를 ユシュツ(원래는 シュシュツ)로 읽는 경우이다.

- 훈독

훈이라고 하는 것은, 한자가 지닌 의미에 근거하여 일본어로 읽는 법이다. 「読(よ)む」「国(くに)」「春雨(はるさめ)」 등이 그 예이다. 「山」에 「やま」, 「花」에 「はな」처럼 하나의 한자에 하나의 훈이 대응하는 경우가 많지만, 둘 이상의 훈이 존재하는 경우도 있다. 「上」이라는 한자는 「うえ・かみ・あげる・のぼる」 등의 훈이 있다.

- 숙자훈・아테지

한자가 둘 이상 합해진 것이 하나의 훈을 지닌 경우도 있다. 「海女(あま)」「七夕(たなばた)」「土産(みやげ)」「梅雨(つゆ)」 등이 그 예이며, 숙자훈(熟字訓)이라고 한다.

또한, 한자 본래의 의미와 관계없이 한자의 음과 훈을 차용하여 사용하는 용법이 있는데, 「真面目(まじめ)」「丁度(ちょうど)」「素敵(すてき)」 등으로, 아테지(当て字)라 하며 「麦酒(ビール)」「珈琲(コーヒー)」「独逸(ドイツ)」등의 외래어 표기에도 쓰이는 방법이다. 상용한자표의 부표(付表)에는 숙자훈이나 아테지등, 한 글자 한 글자의 음훈으로 읽기 어려운 116개의 말이 실려 있다.

- 쥬바코요미·유토요미

음에 한음과 오음이 복합된 것이 있듯이, 음과 훈이 복합된 것이 있다. 「気持 キもち」「借屋 シャクや」「台所 ダイどころ」처럼, 음과 훈의 순서로 결합된 것을 쥬바코요미(重箱読み)라고 한다. 훈과 음의 순서로 결합된 것을 유토요미(湯桶読み)라고 하며, 「手数 てスウ」「身分 みブン」「荷物 にモツ」 등의 예가 있다.

- 쥬바코요미 … 縁側エンがわ　格安カクやす　工場コウば　座敷ザしき　頭取トウどり　肉屋ニクや　毎朝マイあさ　番組バンぐみ　本場ホンば　両替リョウがえ
- 유토요미 … 係長かかりチョウ　消印けしイン　敷地しきチ　手本てホン　場所ばショ　火鉢ひバチ　見本みホン　夕刊ゆうカン　湯加減ゆカゲン

5. 한자의 자수와 자체

- 한자의 자수

일상생활을 영위하는데 필요한 한자의 수는 약 4,000자 정도로 알려져 있다.

1981년에 「상용 한자표(常用漢字表)」 1,945자를 제정하여 법령, 공용문, 신문, 방송 등 공적인 자리에서 사용하는 기준으로 하였다. 현재는 2010년에 개정된 상용한자

2,136자를 제정하여 사용하고 있으므로, 1981년도 상용한자표는 폐지되었다. 또한, 인명용 한자는 2015년의 호적법 시행 규칙에 따라 862자를 쓸 수 있게 되었다. 상용 한자 중 1,006자는 초등학교 6년간에 학습할 한자(교육 한자라고도 한다)로 들고 있으며, 각 학년마다 학습해야 할 한자가 배당되어 있다.

- 한자의 자체

한자 자체(字体)에 대해서는 1949년 당용한자(当用) 자체표 및 이어서 1981년 상용한자표에서 표준적인 자체를 설정하고 있다. 이것을 보통 신자체(新字体)라고 부르며, 이에 대하여 1948년 이전의 자체를 구자체(旧字体)라고 부른다. 신자체는 약체(略体)이므로 쓸 때도 효율적이고, 읽기도 용이하다.

구자체 : 신자체	구자체 : 신자체
學 : 学	當 : 当
龍 : 竜	惡 : 悪
數 : 数	會 : 会
體 : 体	驛 : 駅
寫 : 写	者 : 者

제2부

일본어 상용한자

(교육한자)

愛

13획 心

小4 N1

음독 あい	愛情(あいじょう) 애정	愛読(あいどく) 애독
훈독 —	情愛(じょうあい) 정애	親愛(しんあい) 친애
의미	私(わたし)は村上(むらかみ)の作品(さくひん)を愛読(あいどく)している。	
예뻐하다	나는 무라카미의 작품을 애독한다.	
좋아하다	親愛(しんあい)な田中君(たなかくん)へ。	
소중히 하다	친애하는 다나카에게.	

悪

11획 心

小3 N3

음독 あく·お	悪意(あくい) 악의	悪寒(おかん) 오한
훈독 わるい	最悪(さいあく) 최악	好悪(こうお) 호불호
의미	最悪(さいあく)ないたずらだ。	
나쁘다	최악의 장난이다.	
잘 못하다	悪口(わるくち)はよくないです。	
싫어하다	험담은 좋지 않아요.	

圧

5획 土

小5 N2

음독 あつ	圧倒(あっとう) 압도	圧力(あつりょく) 압력
훈독 —	血圧(けつあつ) 혈압	電圧(でんあつ) 전압
의미	圧倒的(あっとうてき)な優勝(ゆうしょう)だった。	
	압도적인 승리였다.	
억누르다	母(はは)は血圧(けつあつ)が高(たか)い。	
미는 힘	어머니는 혈압이 높다.	

安

6획 宀

小3 N4

음독 あん	安心(あんしん) 안심	安全(あんぜん) 안전
훈독 やすい	不安(ふあん) 불안	保安(ほあん) 보안
의미	彼(かれ)を見(み)て安心(あんしん)した。	
값이 싸다	그를 보고 안심했다.	
걱정이 없다	ここの店(みせ)が一番(いちばん)安(やす)いです。	
상냥하다	이 가게가 가장 싸요.	

暗

13획 日

小3 N1

음독 あん	暗記(あんき) 암기 　 暗室(あんしつ) 암실
훈독 くらい	明暗(めいあん) 명암 　 暗闇(くらやみ) 어둠

의미	
어둡다	彼(かれ)はセリフを丸暗記(まるあんき)している。 그는 대사를 통째로 암기하고 있다.
겉으로 보이지 않다 암기하다	写真(しゃしん)の明暗(めいあん)をはっきりさせる。 사진의 명암을 뚜렷하게 하다.

案

10획 木

小4 N1

음독 あん	案外(あんがい) 이외 　 案内(あんない) 안내
훈독 —	考案(こうあん) 고안 　 答案(とうあん) 답안

의미	
생각하다	友達(ともだち)に東京(とうきょう)を案内(あんない)する。 친구에게 도쿄를 안내하다.
초안·초고 걱정하다	彼(かれ)が考案(こうあん)した機械(きかい)だ。 그가 고안한 기계다.

以

5획 人

小4 N3

음독 い	以下(いか) 이하 　 以外(いがい) 이외
훈독 —	以上(いじょう) 이상 　 以降(いこう) 이후

의미	
	以上(いじょう)で発表(はっぴょう)を終(お)わります。 이상으로 발표를 마치겠습니다.
(때·장소·범위의) 기점	家族(かぞく)以外(いがい)にはよくはなしをしない。 가족 이외의 사람한테는 말을 잘 하지 않는다.

衣

6획 衣

小4 N2

음독 い	衣装(いしょう) 의상 　 衣服(いふく) 의복
훈독 ころも	更衣(こうい) 옷을 갈아입음 　 羽衣(はごろも) 우의

의미	
	女性向(じょせいむ)きの衣服(いふく)。 여성용 의복.
입을 것 몸에 걸칠 것	更衣室(こういしつ)でお着替(きが)えください。 탈의실에서 갈아입어 주시기 바랍니다.

位

7획 亻
小4 N2

음독 い 훈독 くらい	位置(いち) 위치　位階(いかい) 위계 学位(がくい) 학위　単位(たんい) 단위
의미 신분 장소·방위 수의 양	自分(じぶん)がいる位置(いち)を報告(ほうこく)する。 자신이 있는 위치를 보고하다. 今年(ことし)、修士(しゅうし)学位(がくい)を取(と)った。 올해 석사학위를 땄다.

囲

7획 口
小4 N2

음독 い 훈독 かこむ·かこう	囲碁(いご) 바둑　囲炉裏(いろり) 화로 周囲(しゅうい) 주위　範囲(はんい) 범위
의미 둘러싸다 주변	娘(むすめ)に囲碁(いご)を習(なら)わせる。 딸에게 바둑을 배우게 하다. テストの範囲(はんい)が決(き)まった。 시험범위가 정해졌다.

医

7획 匸
小3 N3

음독 い 훈독 —	医療(いりょう) 의료　医者(いしゃ) 의사 主治医(しゅじい) 주치의　名医(めいい) 명의
의미 병을 치료하는 사람 병을 치료하다	父(ちち)が入院(にゅういん)している病院(びょういん)で、医療事故(いりょうじこ)が起(おこ)った。 아버지가 입원한 병원에서, 의료사고가 생겼다. 彼(かれ)は名医(めいい)と呼(よ)ばれる。 그는 명의라고 불린다.

委

8획 女
小3 N2

음독 い 훈독 ゆだねる	委員(いいん) 위원　委任(いにん) 위임 委託(いたく) 위탁　教委(きょうい) 교위(교육위원회)
의미 맡기다 위임하다 상세·자세하다	団体(だんたい)の委員(いいん)に選(えら)ばれる。 단체의 위원으로 뽑히다. 部下(ぶか)に仕事(しごと)を委(ゆだ)ねる。 부하직원에게 일을 맡기다.

胃

9획 月
小4 N2

음독 い	胃液(いえき) 위액　　胃腸(いちょう) 위장
훈독 —	健胃(けんい) 건강한 위　　肝胃(かんい) 간위
의미	母(はは)は胃腸(いちょう)が弱(よわ)い。
	어머니는 위가 약하다.
위(장기)	健胃薬(けんいやく)を飲(の)む。
	건위약을 먹다.

異

11획 田
小6 N1

음독 い	異議(いぎ) 이의　　異国(いこく) 이국
훈독 こと	異(こと)なる 다르다　　差異(さい) 차이
의미	私(わたし)と妹(いもうと)は性格(せいかく)が異(こと)なる。
다르다	나와 여동생은 성격이 다르다.
보통과 다름	会議(かいぎ)で異議(いぎ)を申(もう)し立(た)てる。
다른, 남의	회의에서 이의를 제기하다.

移

11획 禾
小5 N2

음독 い	移住(いじゅう) 이주　　移動(いどう) 이동
훈독 うつる·うつす	転移(てんい) 전이　　変移(へんい) 변이
의미	東京(とうきょう)に移住(いじゅう)する。
위치가 바뀌다	도쿄로 이주하다
때가 지나다	季節(きせつ)が春(はる)から夏(なつ)へ移(うつ)った。
변화하다	계절이 봄에서 여름으로 바뀌었다.

意

13획 心
小3 N3

음독 い	意見(いけん) 의견　　意味(いみ) 의미
훈독 —	決意(けつい) 결의　　注意(ちゅうい) 주의
의미	この単語(たんご)の意味(いみ)が分(わ)からない。
생각·기분	이 단어의 의미를 모르겠다.
내용	足元(あしもと)にご注意(ちゅうい)ください。
의미	발밑을 조심하세요.

遺		
15획 辶	음독 い·ゆい	遺産(いさん) 유산　遺跡(いせき) 유적
小6 N1	훈독 —	遺言(ゆいごん) 유언　補遺(ほい) 보유
	의미	ギリシアで遺跡(いせき)をめぐった。
	잊어버리다	그리스에서 유적을 돌아보았다.
	사후에 남기다	父(ちち)の遺言(ゆいごん)どおりに財産(ざいさん)を分(わ)ける。
	남겨진 것	아버지의 유언대로 재산을 나누다.

域		
11획 土	음독 いき	域外(いきがい) 구역 외　域内(いきない) 구역 내
小6 N2	훈독 —	地域(ちいき) 지역　領域(りょういき) 영역
	의미	昔話(むかしばなし)がどう違(ちが)うか、地域別(ちいきべつ)に調査(ちょうさ)を行(おこな)った。
		옛날 이야기가 어떻게 다른지, 지역별로 조사했다.
	범위	趣味(しゅみ)の領域(りょういき)を越(こ)える。
	지방·나라	취미의 영역을 넘어서다.

育		
8획 月	음독 いく	育児(いくじ) 육아　育成(いくせい) 육성
小3 N2	훈독 そだつ·そだてる はぐくむ	教育(きょういく) 교육　養育(よういく) 양육
	의미	子供(こども)を育(そだ)てる。
		아이를 키우다.
	기르다	小学校(しょうがっこう)で教育(きょういく)を受(う)ける。
	자라다	초등학교에서 교육을 받다.

一		
1획 一	음독 いち·いつ	一番(いちばん) 일번　一般(いっぱん) 일반
小1 N5	훈독 ひと·ひとつ	第一(だいいち) 제일　統一(とういつ) 통일
	의미	一(ひと)つ、いくらですか。
	일·하나	한 개에 얼마입니까?
	처음	健康(けんこう)が第一(だいいち)だ。
	모두	건강이 제일이다.

引

4획 弓

小2 N3

음독 いん	引用(いんよう) 인용　引率(いんそつ) 인솔
훈독 ひく·ひける	誘引(ゆういん) 유인　引(ひ)き分(わ)け 무승부
의미	先生(せんせい)の引率(いんそつ)で、遠足(えんそく)に行(い)く。
당기다	선생님의 인솔로, 소풍을 가다.
이끌다	綱(つな)を引(ひ)く。
집어들다	밧줄을 당기다.

印

6획 卩

小4 N2

음독 いん	印鑑(いんかん) 인감　印刷(いんさつ) 인쇄
훈독 しるし	押印(おういん) 날인　目印(めじるし) 표시
의미	配布(はいふ)資料(しりょう)を印刷(いんさつ)する。
도장	배부자료를 인쇄하다.
인쇄하다	ここに押印(おういん)してください。
표시	여기에 도장을 찍어주세요.

因

6획 口

小5 N2

음독 いん	因果(いんが) 인과　因縁(いんねん) 인연
훈독 よる	原因(げんいん) 원인　起因(きいん) 기인
의미	因果関係(いんがかんけい)がはっきりしている。
	인과관계가 확실하다.
기인하다	信号無視(しんごうむし)に因(よ)る事故(じこ)が増(ふ)えている。
일의 원인·계기	무단횡단에 의한 사고가 늘어나고 있다.

員

10획 口

小3 N3

음독 いん	員数(いんずう) 인원수　員外(いんがい) 정원 외
훈독 —	店員(てんいん) 점원　満員(まんいん) 만원
의미	員数(いんずう)を揃(そろ)える。
	인원수를 갖추다.
수·인수(人数)	この店(みせ)は満員(まんいん)だ。
역할	이 가게는 만원이다.

院

10획 阝
小3 N3

음독 いん	院長(いんちょう) 원장　病院(びょういん) 병원
훈독 —	医院(いいん) 의원　大学院(だいがくいん) 대학원
의미	院長(いんちょう)に診察(しんさつ)してもらう。 원장에게 진찰받다.
울타리를 두른 건물 상황(上皇) 등의 존칭	私(わたし)は大学院生(だいがくいんせい)です。 저는 대학원생입니다.

飲

12획 飠
小3 N4

음독 いん	飲食(いんしょく) 음식　飲酒(いんしゅ) 음주
훈독 のむ	飲(の)み物(もの) 마실 것　暴飲(ぼういん) 폭음
의미	飲酒運転(いんしゅうんてん)は法律(ほうりつ)で禁止(きんし)されている。 음주운전은 법으로 금지되어 있다.
마시다 마실 것	ちょっと飲(の)み物(もの)を買(か)ってくるよ。 잠깐 마실 것 좀 사올게.

右

5획 口
小1 N5

음독 う·ゆう	右折(うせつ) 우회전　右派(うは) 우파
훈독 みぎ	左右(さゆう) 좌우　右手(みぎて) 오른손
의미	交差点(こうさてん)を右折(うせつ)する。 교차점에서 우회전하다.
오른쪽 보수적 경향	左右(さゆう)をよく見(み)る。 좌우를 잘 살피다.

宇

6획 宀
小6 N2

음독 う	宇宙(うちゅう) 우주　宇内(うだい) 천하
훈독 —	気宇(きう) 기우　堂宇(どうう) 당의 처마
의미 차양·처마	宇宙(うちゅう)に行(い)ってみたい。 우주에 가보고 싶다.
큰 지붕 밑 인품	広壮(こうそう)な堂宇(どうう)を巡(めぐ)らした建物(たてもの)がある。 굉장한 당우를 두른 건물이 있다.

羽

6획 羽

小2 N2

음독 う	羽毛(うもう) 깃털　羽化(うか) 우화(날개가 돋음)
훈독 は·はね·わ	羽音(はおと) 날개소리　一羽(いちわ) (새) 한 마리
의미	羽毛入り(うもうい)のふとんを買(か)う。
	깃털이 들어간 이불을 사다.
날개	屋根(やね)にすずめが一羽(いちわ)とまっている。
조류를 세는 말	지붕에 참새 한 마리가 앉아 있다.

雨

8획 雨

小1 N5

음독 う	雨季(うき) 우기　雨量(うりょう) 강수량
훈독 あめ·あま	大雨(おおあめ) 폭우　雨具(あまぐ) 우비
의미	7月(がつ)と8月(がつ)は雨量(うりょう)が多(おお)い。
	7월과 8월은 강수량이 많다.
비	新(あたら)しい雨具(あまぐ)を買(か)う。
	새 우비를 사다.

運

12획 辶

小3 N3

음독 うん	運営(うんえい) 운영　運転(うんてん) 운전
훈독 はこぶ	幸運(こううん) 행운　国運(こくうん) 국운
의미	食堂(しょくどう)を運営(うんえい)する。
옮기다	식당을 운영하다.
움직이다	荷物(にもつ)を運(はこ)ぶのを手伝(てつだ)ってください。
운명	짐을 나르는 것을 도와주세요.

雲

12획 雨

小2 N2

음독 うん	雲海(うんかい) 구름바다　雲量(うんりょう) 운량
훈독 くも	雷雲(らいうん) 소나기구름　雲脚(くもあし) 구름의 움직임
의미	雲海(うんかい)の上(うえ)を飛行(ひこう)する。
구름	구름바다 위를 비행하다.
구름 같은 것	南(みなみ)の方(ほう)から雷雲(らいうん)が近(ちか)づいてきた。
	남쪽에서 소나기구름이 다가오다.

永

5획 水
小5 N2

음독 えい
훈독 ながい

永遠(えいえん) 영원　永住(えいじゅう) 영주
永続(えいぞく) 영속　日永(ひなが) 긴 낮

의미
길다
언제까지나

永遠(えいえん)の幸(しあわ)せ。
영원한 행복.
それから永(なが)い別(わか)れの時間(じかん)が続(つづ)いた。
그로부터 긴 이별의 시간이 계속됐다.

泳

8획 氵
小3 N2

음독 えい
훈독 およぐ

泳法(えいほう) 영법　水泳(すいえい) 수영
平泳(ひらおよ)ぎ 평영　背泳(せおよ)ぎ 배영

의미
헤엄치다

私(わたし)は水泳(すいえい)が得意(とくい)です。
제 특기는 수영입니다.
今日(きょう)は平泳(ひらおよ)ぎを練習(れんしゅう)します。
오늘은 평영을 연습하겠습니다.

英

8획 艹
小4 N3

음독 えい
훈독 ―

英語(えいご) 영어　英国(えいこく) 영국
英雄(えいゆう) 영웅　育英(いくえい) 육영

의미
뛰어나다
영국의 약자

英語(えいご)を勉強(べんきょう)する。
영어를 공부하다.
育英資金(いくえいしきん)を貸(か)し付(つ)ける。
육영자금을 대여하다.

映

9획 日
小6 N3

음독 えい
훈독 うつる·うつす
はえる

映画(えいが) 영화　映像(えいぞう) 영상
上映(じょうえい) 상영　反映(はんえい) 반영

의미
이동하다
옮기다
빛나다

この映画(えいが)は感動的(かんどうてき)だ。
이 영화는 감동적이다.
彼(かれ)の作品(さくひん)は現実(げんじつ)を反映(はんえい)している。
그의 작품은 현실을 반영하고 있다.

栄

9획 木

小4 N2

음독 えい 훈독 さかえる·はえ	栄養(えいよう) 영양　栄光(えいこう) 영광 繁栄(はんえい) 번영　光栄(こうえい) 영광
의미 활발해지다 무성해지다 명예	栄養(えいよう)のバランスが大事(だいじ)だ。 영양의 균형이 중요하다. お会(あ)いできて、とても光栄(こうえい)です。 만나 뵙게 되어 매우 영광입니다.

営

12획 ⺍

小5 N2

음독 えい 훈독 いとなむ	営業(えいぎょう) 영업　営利(えいり) 영리 運営(うんえい) 운영　民営(みんえい) 민영
의미 집 만들다 일하다	ただ今営業中(いまえいぎょうちゅう)です。 지금 영업 중입니다. 鉄道(てつどう)の民営化(みんえいか)に対(たい)するディベートを行(おこな)う。 철도의 민영화에 대해 토론하다.

衛

16획 行

小5 N1

음독 えい 훈독 —	衛生(えいせい) 위생　衛星(えいせい) 위성 防衛(ぼうえい) 방위　護衛(ごえい) 호위
의미 지키다 지키는 사람 운영하다	教室(きょうしつ)の衛生状態(えいせいじょうたい)が気(き)になる。 교실 위생상태가 신경 쓰이다. 大統領(だいとうりょう)を護衛(ごえい)する。 대통령을 호위하다.

易

8획 日

小5 N2

음독 えき·い 훈독 やさしい	易学(えきがく) 역학　易者(えきしゃ) 점쟁이 容易(ようい) 용이　難易(なんい) 난이
의미 바꾸다 쉽다 점	彼(かれ)は易学(えきがく)の大家(たいか)だ。 그는 역학의 대가다. 試験(しけん)はとても易(やさ)しかった。 시험은 매우 쉬웠다.

益

10획 皿
小5 N1

음독 えき·やく	益金(えききん) 이익금　益虫(えきちゅう) 익충
훈독 —	収益(しゅうえき) 수익　有益(ゆうえき) 유익
의미 늘어나다 도움이 되다 벌이·이익	蜂(はち)は代表的(だいひょうてき)な益虫(えきちゅう)である。 벌은 대표적인 익충이다. 彼(かれ)の講演(こうえん)はとても有益(ゆうえき)だった。 그의 강연은 매우 유익했다.

液

11획 氵
小5 N2

음독 えき	液体(えきたい) 액체　液状(えきじょう) 액상
훈독 —	血液(けつえき) 혈액　粘液(ねんえき) 점액
의미 즙·물	液状(えきじょう)の薬(くすり)をお願(ねが)いします。 액상약으로 주세요. 血液型(けつえきがた)は何型(なにがた)ですか。 혈액형이 무슨 형이에요?

駅

14획 馬
小3 N4

음독 えき	駅員(えきいん) 역원　駅舎(えきしゃ) 역사
훈독 —	停車駅(ていしゃえき) 정차역　終着駅(しゅうちゃくえき) 종착역
의미 묵을 곳 접목하다·전하다 정차장	田舎(いなか)の古(ふる)い駅舎(えきしゃ)に行(い)ってみたい。 시골의 낡은 역사에 가보고 싶다. 次(つぎ)の停車駅(ていしゃえき)は札幌(さっぽろ)です。 다음 정차역은 삿포로입니다.

円

4획 冂
小1 N5

음독 えん	円滑(えんかつ) 원활　円満(えんまん) 원만
훈독 まるい	一円(いちえん) 1엔·일대　同心円(どうしんえん) 동심원
의미 둥글다 화폐 단위	円滑(えんかつ)なコミュニケーションのためには配慮(はいりょ)が大切(たいせつ)だ。 원만한 커뮤니케이션을 위해서는 배려가 중요하다. 東京一円(とうきょういちえん)で流行(はや)っている。 동경일대에서 유행하고 있다.

延

8획 廴
小6 N2

음독 えん
훈독 のびる·のべる
のばす

延長(えんちょう) 연장
延期(えんき) 연기
遅延(ちえん) 지연
日延(ひの)べ 연기

의미
길어지다
넓어지다
기일이 늦어지다

提出期間(ていしゅつきかん)が延長(えんちょう)された。
제출기간이 연장됐다.
到着(とうちゃく)が遅延(ちえん)する。
도착이 지연되다.

沿

8획 氵
小6 N1

음독 えん
훈독 そう

沿岸(えんがん) 연안
沿革(えんかく) 연혁
川沿(かわぞ)い 강가
山沿(やまぞ)い 산기슭

의미
따르다
떨어지지 않다

学校(がっこう)の沿革(えんかく)を一覧(いちらん)する。
학교의 연혁을 일람하다.
川沿(かわぞ)いを歩(ある)く。
강가를 걷다.

園

13획 囗
小2 N2

음독 えん
훈독 その

園児(えんじ) 원아
園遊会(えんゆうかい) 원유회
公園(こうえん) 공원
花園(はなぞの) 화원

의미
밭
정원
사람들이 모이는 곳

園遊会(えんゆうかい)に招待(しょうたい)される。
원유회에 초대되다.
家(いえ)の近(ちか)くに公園(こうえん)がある。
집 근처에 공원이 있다.

遠

13획 辶
小2 N3

음독 えん·おん
훈독 とおい

遠慮(えんりょ) 사양함
遠足(えんそく) 소풍
久遠(くおん) 구원
遠回(とおまわ)り 멀리 돌아감

의미
거리가 멀다
깊숙하다
멀어지다

遠慮(えんりょ)しないでください。
사양하지 마세요.
道(みち)にまよって遠回(とおまわ)りしてしまった。
길을 헤매서 멀리 돌아와 버렸다.

塩

13획 土
小4 N2

음독 えん 훈독 しお	塩分(えんぶん) 염분　塩田(えんでん) 염전 食塩(しょくえん) 식염　塩辛(しおから)い 짜다
의미 소금 염소	この町(まち)は塩田(えんでん)が発達(はったつ)している。 이 마을은 염전이 발달해 있다. 食塩(しょくえん)を振(ふ)り掛(か)ける。 식염을 뿌리다.

演

14획 氵
小5 N2

음독 えん 훈독 —	演説(えんぜつ) 연설　演奏(えんそう) 연주 講演(こうえん) 강연　出演(しゅつえん) 출연
의미 넓히다 배우다 행하다	ピアノを演奏(えんそう)する。 피아노를 연주하다. 私(わたし)の知(し)り合(あ)いが出演(しゅつえん)したドラマです。 제 지인이 출연한 드라마입니다.

王

4획 玉
小1 N2

음독 おう 훈독 —	王様(おうさま) 임금님　王国(おうこく) 왕국 女王(じょおう) 여왕　魔王(まおう) 마왕
의미 군주 가장 높은 자	ここはデザートの王国(おうこく)だ。 이곳은 디저트 왕국이다. 「アナと雪(ゆき)の女王(じょおう)」は日本(にほん)で大人気(だいにんき)だった。 「겨울왕국」은 일본에서 대인기였다.

央

5획 大
小3 N2

음독 おう 훈독 —	中央(ちゅうおう) 중앙　県央(けんおう) 현 중앙부 月央(げつおう) 달의 중간　震央(しんおう) 진앙
의미 중앙	東京(とうきょう)の中央区(ちゅうおうく)の会社(かいしゃ)で働(はたら)いている。 도쿄 추오구에 있는 회사에서 일한다. 地震(じしん)の震央地(しんおうち)を把握中(はあくちゅう)だ。 지진의 진앙지를 파악 중이다.

応

7획 心
小5 N1

음독 おう 훈독 こたえる	応援(おうえん) 응원　応用(おうよう) 응용 呼応(こおう) 호응　適応(てきおう) 적응
의미 응답하다 받들어 움직이다 어울리다	サッカーの応援(おうえん)をする。 축구 응원을 하다. 異国(いこく)の生活(せいかつ)に早(はや)く適応(てきおう)したい。 이국생활에 빨리 적응하고 싶다.

往

8획 彳
小5 N1

음독 おう 훈독 —	往復(おうふく) 왕복　往診(おうしん) 왕진 既往(きおう) 기왕　右往左往(うおうさおう) 우왕좌왕
의미 가다 옛날 미래	歩(ある)いて往復(おうふく)すると、2時間(じかん)ぐらいです。 걸어서 왕복하면 2시간 정도 입니다. もてなし用(よう)の料理(りょうり)が焦(こ)げちゃって、彼女(かのじょ)は右往左往(うおうさおう)した。 대접용 요리가 타버려서 그녀는 우왕좌왕했다.

桜

10획 木
小5 N1

음독 おう 훈독 さくら	桜桃(おうとう) 버찌　桜花(おうか) 벚꽃 観桜(かんおう) 벚꽃놀이　夜桜(よざくら) 밤 벚꽃
의미 벚꽃	桜桃(おうとう)はさくらんぼの漢語(かんご)である。 「桜桃(おうとう)」는 「さくらんぼ」의 한자어다. やっぱり花見(はなみ)は夜桜(よざくら)が見(み)られる時間(じかん)が最高(さいこう)だ。 역시 꽃구경은 밤 벚꽃을 볼 수 있는 시간이 최고다.

横

15획 木
小3 N2

음독 おう 훈독 よこ	横断(おうだん) 횡단　横領(おうりょう) 횡령 縦横(じゅうおう) 종횡　横顔(よこがお) 옆얼굴
의미 옆 가로로 하다 제멋대로 굶	横断報道(おうだんほうどう)を渡(わた)る時(とき)は、左右(さゆう)をよく見(み)ること。 횡단보도를 건널 때에는 좌우를 잘 살필 것. 彼女(かのじょ)の横顔(よこがお)は女優(じょゆう)と似(に)ている。 그녀의 옆얼굴은 여배우와 닮았다.

屋

9획 尸 小3 N3	음독 おく 훈독 や	屋上(おくじょう) 옥상　屋外(おくがい) 옥외 家屋(かおく) 가옥　屋根(やね) 지붕
	의미 집 지붕	会社(かいしゃ)の近(ちか)くの建物(たてもの)の屋上(おくじょう)にカフェができた。 회사 근처 건물의 옥상에 카페가 생겼다. 屋根(やね)に登(のぼ)る。 지붕에 올라가다.

億

15획 亻 小4 N2	음독 おく 훈독 —	億兆(おくちょう) 억조　億万(おくまん) 억만 一億(いちおく) 일억　巨億(きょおく) 거억
	의미 수의 단위 수가 많음	億万長者(おくまんちょうじゃ)になりたい。 억만장자가 되고 싶다. 家(いえ)を買(か)うため、一億(いちおく)を貸(か)し出(だ)した。 집을 사기 위해 일억을 대출했다.

音

9획 音 小1 N3	음독 おん·いん 훈독 おと·ね	音楽(おんがく) 음악　雑音(ざつおん) 잡음 子音(しいん) 자음　本音(ほんね) 본심
	의미 소리 음악 소식	音楽(おんがく)の時間(じかん)が一番(いちばん)好(す)きだ。 음악 시간이 가장 좋다. 本音(ほんね)を言(い)う。 본심을 말하다.

恩

10획 心 小5 —	음독 おん 훈독 —	恩師(おんし) 은사　恩恵(おんけい) 은혜 報恩(ほうおん) 보은　謝恩(しゃおん) 사은
	의미 은혜 자비를 베풀다	恩恵(おんけい)を受(う)ける。 은혜를 입다. 謝恩(しゃおん)セールが始(はじ)まった。 사은세일이 시작됐다.

温

12획 氵
小3 N2

음독 おん
훈독 あたたか·あたたかい

温泉(おんせん) 온천　温度(おんど) 온도
気温(きおん) 기온　体温(たいおん) 체온

의미
따뜻하다
온도
온화함

箱根(はこね)で温泉巡(おんせんめぐ)りをしたいです。
하코네에서 온천여행을 하고 싶다.
日中(にっちゅう)の気温(きおん)が上(あ)がる。
낮 기온이 오르다.

下

3획 一
小1 N4

음독 か·げ
훈독 した·しも·もと·さげる·くだる·おろす

下位(かい) 하위　地下鉄(ちかてつ) 지하철
上下(じょうげ) 상하　川下(かわしも) 하류

의미
내리다
밑
낮추다

地下鉄駅(ちかてつえき)はどこにありますか。
지하철역은 어디에 있습니까?
韓国(かんこく)は上下関係(じょうげかんけい)が厳(きび)しい。
한국은 상하관계가 엄격하다.

化

4획 匕
小3 N2

음독 か·け
훈독 ばける·ばかす

化学(かがく) 화학　化粧(けしょう) 화장
文化(ぶんか) 문화　進化(しんか) 진화

의미
변하다
변신하다
사람을 이끌다

化粧(けしょう)を落(お)とす。
화장을 지우다.
たぬきが人間(にんげん)に化(ば)ける。
너구리가 사람으로 변신하다.

火

4획 火
小1 N5

음독 か
훈독 ひ·ほ

火災(かさい) 화재　火力(かりょく) 화력
消火(しょうか) 소화　花火(はなび) 불꽃놀이

의미
불꽃
환한 빛
타다

山登(やまのぼ)りの時(とき)には、火災(かさい)に注意(ちゅうい)してください。
등산할 때는 화재에 주의해 주세요.
夏(なつ)は花火(はなび)の季節(きせつ)だ。
여름은 불꽃놀이의 계절이다.

加		
	음독 か	加入(かにゅう) 가입　加工(かこう) 가공
	훈독 くわえる·くわわる	参加(さんか) 참가　増加(ぞうか) 증가
	의미	ボランティア団体(だんたい)に加入(かにゅう)する。
		봉사단체에 가입니다.
5획 力	더하다	人口(じんこう)が増加(ぞうか)している。
小4 N2	동료가 되다	인구가 증가하고 있다.

可		
	음독 か	可能(かのう) 가능　可決(かけつ) 가결
	훈독 —	許可(きょか) 허가　不可(ふか) 불가
	의미	可能性(かのうせい)は十分(じゅうぶん)ある。
	좋다	가능성은 충분히 있다.
5획 口	할 수 있다	許可(きょか)を受(う)ける。
小5 N2	허락하다	허가를 받다.

仮		
	음독 か·け	仮定(かてい) 가정　仮説(かせつ) 가설
	훈독 かり	仮病(けびょう) 꾀병　仮処分(かりしょぶん) 가처분
	의미	彼(かれ)が犯人(はんにん)だと仮定(かてい)してみよう。
	임시의	그가 범인이라고 가정해보자.
6획 亻	가짜	仮病(けびょう)を使(つか)う。
小5 N1	만약	꾀병을 부리다.

何		
	음독 か	幾何学(きかがく) 기하학　何(なに)か 무언가
	훈독 なに·なん	何事(なにごと) 무슨 일　何時(なんじ) 몇 시
	의미	兄(あに)の専門(せんもん)は幾何学(きかがく)だ。
		형·오빠의 전공은 기하학이다.
7획 亻	무엇	今(いま)、何時(なんじ)ですか。
小2 N5	의문의 말	지금 몇 시입니까?

花

7획 艹
小1 N5

음독 か	花壇(かだん) 화단　花粉(かふん) 화분
훈독 はな	花嫁(はなよめ) 신부　開花(かいか) 개화
의미	春(はる)には花粉症(かふんしょう)でくるしがっている人(ひと)が多(おお)い。
	봄에는 화분증으로 괴로워하는 사람이 많다.
꽃	花嫁(はなよめ)はきれいだ。
꽃 같은	신부는 아름답다.

価

8획 亻
小5 N1

음독 か	価値(かち) 가치　価格(かかく) 가격
훈독 あたい	物価(ぶっか) 물가　評価(ひょうか) 평가
의미	この本(ほん)は読(よ)む価値(かち)がある。
가격	이 책은 읽을 가치가 있다.
가치	この映画(えいが)は高(たか)い評価(ひょうか)を受(う)けた。
가치가 있다	이 영화는 높은 평가를 받았다.

果

8획 木
小4 N2

음독 か	果実(かじつ) 과실　果樹園(かじゅえん) 과수원
훈독 はたす·はてる·はて	効果(こうか) 효과　成果(せいか) 성과
의미	家族(かぞく)との約束(やくそく)を果(は)たせなかった。
괴인	가족과의 약속을 다할 수 없었다.
있는 힘껏 하다	成果(せいか)が上(あ)がる。
성과	성과가 오르다.

河

8획 氵
小5 N2

음독 か	河水(かすい) 하수　河川(かせん) 하천
훈독 かわ	運河(うんが) 운하　銀河(ぎんが) 은하
의미	河川(かせん)の名前(なまえ)を調(しら)べる。
	하천의 이름을 조사하다.
하천	「銀河鉄道(ぎんがてつどう)の夜(よる)」は宮沢賢治(みやざわけんじ)の作品(さくひん)だ。
	「은하철도의 밤」은 미야자와 겐지의 작품이다.

科 9획 禾 小2 N2	음독 か 훈독 —	科目(かもく) 과목　科学(かがく) 과학 学科(がっか) 학과　医科(いか) 의과
	의미 구분 규칙 잘못	得意(とくい)な科目(かもく)は日本語(にほんご)だ。 자신 있는 과목은 일본어다. 日語日文学科(にちごにちぶんがっか)の学生(がくせい)です。 일어일문학과 학생입니다.

夏 10획 夊 小2 N3	음독 か·げ 훈독 なつ	夏期(かき) 하기　夏服(なつふく) 여름 옷 初夏(しょか) 초여름　真夏(まなつ) 한여름
	의미 여름	夏期講習(かきこうしゅう)を受(う)けることにした。 하기계절학기를 듣기로 했다. 学生時代(がくせいじだい)の真夏(まなつ)の思(おも)い出(で)が浮(う)かぶ。 학생시절의 한여름의 추억이 떠오르다.

家 10획 宀 小2 N3	음독 か·け 훈독 いえ·や	家族(かぞく) 가족　国家(こっか) 국가 本家(ほんけ) 본가　大家(おおや) 집주인
	의미 집 일족 학문 등의 유파	何人家族(なんにんかぞく)ですか。 가족이 몇 명입니까? 家賃(やちん)は大家(おおや)さんに直接渡(ちょくせつわた)している。 집세는 집주인에게 직접 주고 있다.

荷 10획 艹 小3 N2	음독 か 훈독 に	荷重(かじゅう) 하중　入荷(にゅうか) 입하 荷物(にもつ) 짐　重荷(おもに) 무거운 짐·부담
	의미 짐 짊어지다 멜 것을 새는 단어	新商品(しんしょうひん)が入荷(にゅうか)した。 신상품이 입하됐다. 上司(じょうし)から頼(たの)まれた仕事(しごと)が重荷(おもに)だ。 상사로부터 부탁받은 일이 부담이다.

貨

11획 貝

小4 N2

음독 か	貨幣(かへい) 화폐　　貨物(かもつ) 화물
훈독 —	外貨(がいか) 외화　　百貨店(ひゃっかてん) 백화점
의미 보물 물건 금전·돈	貨幣(かへい)の価値(かち)が下落(げらく)する。 화폐 가치가 하락하다. 外貨(がいか)を獲得(かくとく)する。 외화를 획득하다.

過

12획 辶

小5 N2

음독 か 훈독 すぎる·すごす·あやまつ·あやまち	過去(かこ) 과거　　過失(かしつ) 과실 通過(つうか) 통과　　経過(けいか) 경과
의미 지나쳐가다 도가 지나치다 잘못	週末(しゅうまつ)には本(ほん)を読(よ)んで過(す)ごします。 주말에는 책을 읽으며 지냅니다. 過去(かこ)にこだわりすぎるのはよくない。 과거에 너무 얽매이는 것은 좋지 않다.

歌

14획 欠

小2 N3

음독 か 훈독 うた·うたう	歌手(かしゅ) 가수　　歌詞(かし) 가사 国歌(こっか) 국가　　鼻歌(はなうた) 콧노래
의미 노래하다 노래·음문	歌詞(かし)を覚(おぼ)える。 가사를 외우다. 自国(じこく)の国歌(こっか)を歌(うた)ってください。 자국의 국가를 불러주세요.

課

15획 言

小4 N2

음독 か 훈독 —	課題(かだい) 과제　　課長(かちょう) 과장 日課(にっか) 일과　　放課後(ほうかご) 방과 후
의미 할당하다 해야 할 일 사물의 구분	あの先生(せんせい)は課題(かだい)が多(おお)すぎる。 그 선생님은 과제를 너무 많이 낸다. 最近(さいきん)の子供(こども)たちは、放課後(ほうかご)にすぐ塾(じゅく)に向(む)かう。 요즘 아이들은 방과 후에 바로 학원으로 간다.

我

7획 戈
小6 N1

음독 が
훈독 われ·わ

我慢(がまん) 참음　我見(がけん) 자견
自我(じが) 자아　我(わ)が家(や) 우리 집

의미
자기·자신
제멋대로 굶
자신에게 집착하다

今(いま)の家(いえ)はちょっと狭(せま)いが、我慢(がまん)できるぐらいだ。
지금 집은 조금 좁지만, 참을 만하다.
我(わ)が家(や)は幸(しあわ)せな家庭(かてい)です。
우리 집은 행복한 가정이다.

画

8획 田
小2 N3

음독 が·かく
훈독 —

画家(がか) 화가　画像(がぞう) 화상
映画(えいが) 영화　計画(けいかく) 계획

의미
경계를 짓다
꾀
그림

将来(しょうらい)の夢(ゆめ)は画家(がか)になることです。
장래희망은 화가입니다.
計画(けいかく)を立(た)てる。
계획을 세우다.

芽

8획 艹
小4 N1

음독 が
훈독 め

胚芽(はいが) 배아　発芽(はつが) 발아
芽生(めば)え 싹이 틈　若芽(わかめ) 새싹

의미
초목의 싹
싹을 틔우다
일의 시작

発芽(はつが)の過程(かてい)を記録(きろく)する。
발아과정을 기록하다.
若芽(わかめ)を摘(つ)む。
새싹을 따다.

賀

12획 貝
小5 N1

음독 が
훈독 —

賀正(がしょう) 하정　年賀状(ねんがじょう) 연하장
祝賀(しゅくが) 축하　謹賀新年(きんがしんねん) 근하신년

의미
축하하다
기뻐하다

年賀状(ねんがじょう)に謹賀新年(きんがしんねん)と書(か)く。
연하장에 근하신년이라고 쓰다.
祝賀(しゅくが)の歌(うた)を歌(うた)う。
축하의 노래를 부르다.

回

음독 かい·え	回転(かいてん) 회전	回答(かいとう) 회답
훈독 まわる·まわす	次回(じかい) 다음 번	今回(こんかい) 이번

의미	예문
돌다·돌리다	回答用紙(かいとうようし)を集(あつ)めます。 답지를 걷겠습니다.
바꾸다·되돌리다 도수를 나타내는 말	今回(こんかい)の試合(しあい)はみごとだった。 이번 시합은 훌륭했다.

6획 口
小2 N3

灰

음독 かい	灰塵(かいじん) 잿더미	石灰(せっかい) 석회
훈독 はい	灰色(はいいろ) 회색	灰皿(はいざら) 재떨이

의미	예문
	石灰(せっかい)は肥料(ひりょう)の一(ひと)つである。 석회는 비료의 하나다.
재 활기를 잃은 것	たばこは灰皿(はいざら)に捨(す)ててください。 담배(꽁초)는 재떨이에 버려주세요.

6획 火
小6 N2

会

음독 かい·え	会議(かいぎ) 회의	会話(かいわ) 회화
훈독 あう	機会(きかい) 기회	司会(しかい) 사회

의미	예문
만나다	彼(かれ)との会話(かいわ)は楽(たの)しい。 그의 말하는 것은 즐겁다.
모임 깨닫다	また今度(こんど)、機会(きかい)があれば日本(にほん)に来(き)てください。 또 기회가 있으면 일본에 와 주세요.

6획 人
小2 N5

快

음독 かい	快活(かいかつ) 쾌활	快適(かいてき) 쾌적
훈독 こころよい	軽快(けいかい) 경쾌	明快(めいかい) 명쾌

의미	예문
	快活(かいかつ)な性格(せいかく)。 쾌활한 성격.
상쾌하다 빠르다	明快(めいかい)な説明(せつめい)をする。 명쾌한 설명을 하다.

7획 忄
小5 N2

改

7획 攵
小4 N2

음독 かい 훈독 あらためる· あらたまる	改正(かいせい) 개정　改札(かいさつ) 개찰 改良(かいりょう) 개량　変改(へんかい) 변경
의미 새로운 것으로 바꾸다 검사하다	憲法(けんぽう)を改正(かいせい)する。 헌법을 개정하다. 改札口(かいさつぐち)で待(ま)ち合(あ)わせする。 개찰구에서 만나기로 하다.

海

9획 氵
小2 N3

음독 かい 훈독 うみ	海外(かいがい) 해외　航海(こうかい) 항해 海辺(うみべ) 바닷가　荒海(あらうみ) 거친 바다
의미 바다 넓고 크다 전면에 펼쳐진 것	海外旅行(かいがいりょこう)をしたことがありますか。 해외여행을 한 적이 있습니까? 海辺(うみべ)を歩(ある)く。 바닷가를 걷다.

界

9획 田
小3 N3

음독 かい 훈독 —	界隈(かいわい) 일대　世界(せかい) 세계 業界(ぎょうかい) 업계　境界(きょうかい) 경계
의미 경계 주변 어느 범위 안	銀座界隈(ぎんざかいわい)はいつもにぎやかだ。 도쿄의 긴자 일대는 항상 북적거린다. 世界(せかい)は広(ひろ)い。 세상은 넓다.

械

11획 木
小4 N2

음독 かい 훈독 —	機械(きかい) 기계(복잡하고 대규모의 기계) 器械(きかい) 기계(단순하고 소규모의 기계)
의미 기계 장치	古(ふる)い機械(きかい)を新(あたら)しいものに変(か)える。 낡은 기계를 새것으로 바꾸다. 彼女(かのじょ)は若(わか)いころ、器械体操選手(きかいたいそうせんしゅ)だった。 그녀는 젊은 시절, 기계체조선수였다.

絵

12획 糸
小2 N2

음독 かい·え	絵画(かいが) 회화　絵の具(えのぐ) 그림물감
훈독 —	絵本(えほん) 그림책　油絵(あぶらえ) 유화
의미	彼女(かのじょ)は絵画学科(かいががっか)の学生(がくせい)だ。
그림	그녀는 회화학과 학생이다.
그림을 그리다	最近(さいきん)、絵本(えほん)の人気(にんき)が高(たか)い。
무늬	최근 그림책의 인기가 높다.

開

12획 門
小3 N3

음독 かい	開発(かいはつ) 개발　開拓(かいたく) 개척
훈독 ひらく·ひらける·あく·あける	公開(こうかい) 공개　展開(てんかい) 전개
의미	札幌(さっぽろ)は開拓都市(かいたくとし)である。
열리다	삿포로는 개척도시다.
시작되다	ドラマチックに展開(てんかい)する。
문화가 발달하다	드라마틱하게 전개되다.

階

12획 阝
小3 N2

음독 かい	階段(かいだん) 계단　階級(かいきゅう) 계급
훈독 —	段階(だんかい) 단계　一階(いっかい) 일층
의미	インドには不可触民(ふかしょくみん)という階級(かいきゅう)がある。
오르는 던	인도에는 불가촉민이라는 계급이 있다.
계급의 등급	トイレはこの建物(たてもの)の一階(いっかい)にある。
건물의 층	화장실은 이 건물의 일층에 있다.

解

13획 角
小5 N2

음독 かい·げ	解決(かいけつ) 해결　解釈(かいしゃく) 해석
훈독 とく·とかす·とける	読解(どっかい) 독해　誤解(ごかい) 오해
의미	事件(じけん)は速(すみ)やかに解決(かいけつ)された。
해명하다	사건은 신속하게 해결됐다.
분해하다	私(わたし)は読解(どっかい)が弱(よわ)いです。
그만두게 하다	저는 독해가 약합니다.

貝

7획 貝

小1 N2

음독 —	貝殻(かいがら) 조개껍질　貝類(かいるい) 조개류
훈독 かい	帆立て貝(ほたてがい) 가리비　巻き貝(まきがい) 고둥

의미

조개·조개껍질

貝殻(かいがら)をたくさん拾(ひろ)った。
조개껍질을 잔뜩 주웠다.

帆立て貝(ほたてがい)を焼(や)いて食(た)べる。
가리비를 구워서 먹다.

外

5획 夕

小2 N4

음독 がい·げ	外国(がいこく) 외국　外部(がいぶ) 외부
훈독 そと·ほか·はずす·はずれる	外科(げか) 외과　意外(いがい) 의외

의미

밖

딴 곳

떼어내다

外部(がいぶ)の人間(にんげん)に口(くち)を利(き)くな。
외부사람과 말을 하지 마라.

近(ちか)くに外科(げか)がありますか。
근처에 외과가 있나요?

害

10획 宀

小4 N2

음독 がい	害悪(がいあく) 해악　害虫(がいちゅう) 해충
훈독 —	被害(ひがい) 피해　災害(さいがい) 재해

의미

손상하다

재앙·화

방해

蚊(か)は害虫(がいちゅう)である。
모기는 해충이다.

地震(じしん)で大(おお)きな被害(ひがい)が出(で)た。
지진으로 큰 피해가 생기다.

街

12획 行

小4 N1

음독 がい·かい	街灯(がいとう) 가로등　街路樹(がいろじゅ) 가로수
훈독 まち	商店街(しょうてんがい) 상점가　繁華街(はんかがい) 번화가

의미

번화한 거리

지방으로 통하는 길

街路樹(がいろじゅ)を植(う)える。
가로수를 심다.

商店街(しょうてんがい)に買(か)い物(もの)に行(い)く。
상점가에 쇼핑하러 가다.

各

6획 口
小4 N2

음독 かく		各自(かくじ) 각자	各種(かくしゅ) 각종
훈독 おのおの		各地(かくち) 각지	各々(おのおの) 각각·각자

의미
- 각자·제각각

各地(かくち)から人(ひと)が集(あつ)まる。
각지에서 사람이 모이다.

学生(がくせい)たちは各々(おのおの)自習(じしゅう)している。
학생들은 각자 자습하고 있다.

角

7획 角
小2 N2

음독 かく		角度(かくど) 각도	角材(かくざい) 각재
훈독 かど·つの		頭角(とうかく) 두각	直角(ちょっかく) 직각

의미
- 뿔
- 길모퉁이
- 사각

角度(かくど)を測(はか)る。
각도를 재다.

頭角(とうかく)を現(あらわ)す。
두각을 나타내다.

拡

8획 扌
小6 N1

음독 かく		拡大(かくだい) 확대	拡張(かくちょう) 확장
훈독 —		拡散(かくさん) 확산	軍拡(ぐんかく) 군비확장

의미
- 넓어지다
- 넓게 하다

彼(かれ)は何(なん)でも拡大(かくだい)して解釈(かいしゃく)する。
그는 무엇이든 확대해서 해석한다.

軍拡競争(ぐんかくきょうそう)が深化(しんか)する。
군비확장 경쟁이 심화되다.

革

9획 革
小6 N2

음독 かく		革命(かくめい) 혁명	改革(かいかく) 개혁
훈독 かわ		革靴(かわぐつ) 가죽구두	皮革(ひかく) 피혁

의미
- 가죽
- 새롭게 하다

フランス革命(かくめい)について調(しら)べる。
프랑스 혁명에 대해 조사하다.

彼(かれ)はいつも革靴(かわぐつ)を履(は)いている。
그는 항상 가죽구두를 신는다.

格

10획 木
小5 N2

음독 かく·こう 훈독 —	格差(かくさ) 격차　格別(かくべつ) 각별 合格(ごうかく) 합격　性格(せいかく) 성격
의미 정해진 바 신분·지위 손으로 치다	このクラスは学生(がくせい)たちの英語(えいご)の格差(かくさ)が激(はげ)しい。 이 반은 학생들의 영어 격차가 심하다. 試験(しけん)に合格(ごうかく)する。 시험에 합격하다.

覚

12획 見
小4 N2

음독 かく 훈독 おぼえる· さます·さめる	覚悟(かくご) 각오　覚醒(かくせい) 각성 感覚(かんかく) 감각　自覚(じかく) 자각
의미 기억하다 알다 깨닫다	覚悟(かくご)を決(き)める。 각오를 다지다. 失敗(しっぱい)に対(たい)する責任(せきにん)を自覚(じかく)する。 실패에 대한 책임을 자각하다.

閣

14획 門
小6 N1

음독 かく 훈독 —	閣僚(かくりょう) 각료　閣下(かっか) 각하 内閣(ないかく) 내각　入閣(にゅうかく) 입각
의미 고루·누각 내각의 준말	閣僚会議(かくりょうかいぎ)を開(ひら)く。 각료회의를 열다. 日本(にほん)は議員内閣制(ぎいんないかくせい)である。 일본은 의원내각제이다.

確

15획 石
小5 N2

음독 かく 훈독 たしか·たしかめ る	確実(かくじつ) 확실　確信(かくしん) 확신 正確(せいかく) 정확　明確(めいかく) 명확
의미 단단하다 확실함 확인하다	勝利(しょうり)を確信(かくしん)する。 승리를 확신하다. 明確(めいかく)に答(こた)える。 명확하게 답하다.

学

8획 子

小1 N5

음독 がく	学習(がくしゅう) 학습　学問(がくもん) 학문
훈독 まなぶ	進学(しんがく) 진학　留学(りゅうがく) 유학
의미	学問(がくもん)の世界(せかい)は深(ふか)い。
배우다	학문의 세계는 깊다.
배움	大阪(おおさか)に留学(りゅうがく)する。
학교·연구하는 사람	오사카에 유학하다.

楽

13획 木

小2 N3

음독 がく·らく	楽隊(がくたい) 악대　楽器(がっき) 악기
훈독 たのしい·たのしむ	声楽(せいがく) 성악　安楽(あんらく) 안락
의미	楽器(がっき)を弾(ひ)く。
악기를 연주하다	악기를 연주하다.
즐겁다	彼女(かのじょ)は声楽家(せいがくか)だ。
쉽다	그녀는 성악가다.

額

18획 頁

小5 N2

음독 がく	額縁(がくぶち) 액자　額面(がくめん) 액면
훈독 ひたい	金額(きんがく) 금액　残額(ざんがく) 잔액
의미	家族写真(かぞくしゃしん)を額縁(がくぶち)に入(い)れる。
이마	가족사진을 액자에 넣다
수량	会費(かいひ)の残額(ざんがく)を確認(かくにん)する。
벽에 거는 것	회비의 잔액을 확인하다.

活

9획 氵

小2 N2

음독 かつ	活動(かつどう) 활동　活発(かっぱつ) 활발
훈독 —	生活(せいかつ) 생활　復活(ふっかつ) 부활
의미	日本(にほん)では部活動(ぶかつどう)を重視(じゅうし)する。
살다	일본에서는 부활동을 중시한다.
살게 하다	今(いま)の生活(せいかつ)に慣(な)れてきた。
생기있다	지금의 생활에 익숙해졌다.

割

12획 刂
小6 N2

음독 かつ	割愛(かつあい) 할애　割賦(かっぷ) 할부
훈독 わる·わり·われる·さく	分割(ぶんかつ) 분할　割合(わりあい) 비율

의미	時間(じかん)を割愛(かつあい)する。
나누다	시간을 할애하다.
가르다	分割支払(ぶんかつしはら)いで車(くるま)を買(か)った。
십분의 일	분할납부로 차를 샀다.

株

10획 木
小6 N1

음독 —	株価(かぶか) 주가　株式(かぶしき) 주식
훈독 かぶ	頭株(あたまかぶ) 중심인물·간부　切(き)り株(かぶ) 나무의 그루터기

의미	株式会社(かぶしきがいしゃ)。
나무의 그루터기	주식회사. ((株)라고 주로 표기함)
초목을 세는 말	彼(かれ)は会社(かいしゃ)の頭株(あたまかぶ)の一人(ひとり)だ。
주식·주권	그는 회사 간부 중 한 명이다.

干

3획 干
小6 N2

음독 かん	干潮(かんちょう) 간조　干渉(かんしょう) 간섭
훈독 ほす·ひる	若干(じゃっかん) 약간　干物(ひもの) 건어물

의미	私(わたし)に干渉(かんしょう)しないでよ!
관련되다	나한테 간섭하지마!
마르다·말리다	洗濯物(せんたくもの)を干(ほ)す。
부정수를 가리킴	세탁물을 말리다.

刊

5획 刂
小5 N2

음독 かん	刊行(かんこう) 간행　刊記(かんき) 간기
훈독 —	新刊(しんかん) 신간　朝刊(ちょうかん) 조간

의미	夏目漱石(なつめそうせき)の全集(ぜんしゅう)を刊行(かんこう)する。
	나츠메 소세키의 전집을 간행하다.
새기다	朝刊(ちょうかん)を取(と)る。
책을 출판하다	조간신문을 구독하다.

完		
7획 宀	음독 かん	完結(かんけつ) 완결　完成(かんせい) 완성
小4 N2	훈독 —	補完(ほかん) 보완　未完(みかん) 미완
	의미 갖춰져 있다 다하다 끝	「ワンピース」の完結(かんけつ)はまだまだだ。 「원피스」의 완결은 아직 멀었다. この報告書(ほうこくしょ)はまだ未完成(みかんせい)の状態(じょうたい)だ。 이 보고서는 아직 미완성 상태다.

官		
8획 宀	음독 かん	管制(かんせい) 관제　官庁(かんちょう) 관청
小4 N2	훈독 —	警察官(けいさつかん) 경찰관　外交官(がいこうかん) 외교관
	의미 관청 공무원 담당하다	官庁(かんちょう)に勤(つと)める。 관청에서 일하다. 将来(しょうらい)の夢(ゆめ)は外交官(がいこうかん)になることです。 장래희망은 외교관입니다.

巻		
9획 己	음독 かん	巻頭(かんとう) 책머리　圧巻(あっかん) 압권
小6 N2	훈독 まく·まき	巻紙(まきがみ) 두루마리　のり巻(ま)き 김밥·김초밥
	의미 말다 만 것 책을 세는 말	巻頭(かんとう)に書(か)く言葉(ことば)を考(かんが)える。 책머리에 쓸 말을 생각하다. のり巻(ま)きが大好(だいす)きだ。 김초밥을 아주 좋아한다.

看		
9획 目	음독 かん	看護(かんご) 간호　看板(かんばん) 간판
小6 N1	훈독 —	看病(かんびょう) 간병　参看(さんかん) 참조
	의미 보다 지켜보다 지키다	母(はは)は看護師(かんごし)です。 어머니는 간호사입니다. 祖父(そふ)を看病(かんびょう)する。 할아버지를 간병하다.

寒		
	음독 かん 훈독 さむい	寒波(かんぱ) 한파　寒流(かんりゅう) 한류 寒気(さむけ) 한기　悪寒(おかん) 오한
12획 宀 小3 N3	의미 춥다 추위 가난하다	最近(さいきん)、寒波(かんぱ)が続(つづ)いている。 최근 한파가 계속되고 있다. 何(なん)か寒気(さむけ)がする。 좀 춥다.

間		
	음독 かん·けん 훈독 あいだ·ま	間隔(かんかく) 간격　期間(きかん) 기간 世間(せけん) 세상이야기·잡담　間柄(あいだがら) 사람과의 사이
12획 門 小2 N5	의미 사이 방 마침 좋은 기회	前(まえ)の人(ひと)との間隔(かんかく)を維持(いじ)しながら前(まえ)に進(すす)んでください。 앞사람과의 간격을 유지하면서 앞으로 가 주세요. 友達(ともだち)と世間話(せけんばなし)をする。 친구와 잡담하다.

幹		
	음독 かん 훈독 みき	幹事(かんじ) 간사　幹部(かんぶ) 간부 語幹(ごかん) 어간　根幹(こんかん) 근간
13획 干 小5 N1	의미 나무줄기 일의 중심부분 솜씨	忘年会(ぼうねんかい)の幹事(かんじ)をする。 망년회 간사를 하다. 動詞(どうし)を語幹別(ごかんべつ)に整理(せいり)する。 동사를 어간별로 정리하다.

感		
	음독 かん 훈독 —	感覚(かんかく) 감각　感情(かんじょう) 감정 共感(きょうかん) 교감　実感(じっかん) 실감
13획 心 小3 N2	의미 마음이 움직이다 기분 경험으로 느끼다	彼(かれ)はすぐ感情(かんじょう)を顔(かお)に出(だ)す。 그는 곧바로 감정을 얼굴에 나타낸다. 就職難(しゅうしょくなん)を実感(じっかん)する。 취직난을 실감하다.

漢

13획 氵 / 小3 N3

음독 かん	漢字(かんじ) 한자　漢文(かんぶん) 한문
훈독 —	巨漢(きょかん) 거한　暴漢(ぼうかん) 폭한
의미	漢字(かんじ)を覚(おぼ)えるのは難(むずか)しい。
중국	한자를 외우는 것은 어렵다.
남자	暴漢(ぼうかん)に襲(おそ)われる。
중국의 왕조명	폭한에게 습격당하다.

慣

14획 忄 / 小5 N2

음독 かん	慣習(かんしゅう) 관습　慣用(かんよう) 관용
훈독 なれる·ならす	習慣(しゅうかん) 습관　手慣(てな)れ 손에 익음
의미	慣用句(かんようく)を覚(おぼ)える。
	관용구를 외우다.
익숙해지다	手慣(てな)れした道具(どうぐ)を使(つか)う。
	손에 익은 도구를 쓰다.

管

14획 ⺮ / 小4 N2

음독 かん	管轄(かんかつ) 관할　管理(かんり) 관리
훈독 くだ	血管(けっかん) 혈관　手管(てくだ) 농간
의미	時間(じかん)の管理(かんり)は大切(たいせつ)だ。
관	시간관리는 중요하다
피리	手管(てくだ)を弄(ろう)する。
담당하다	농간을 부리다

関

14획 門 / 小4 N2

음독 かん	関係(かんけい) 관계　関心(かんしん) 관심
훈독 せき·かかわる	機関(きかん) 기관　連関(れんかん) 연관
의미	この問題(もんだい)は人間関係(にんげんかんけい)が関(かか)わっている。
출입구	이 문제는 인간관계가 관여되어 있다.
장치	これは前(まえ)の問題(もんだい)と連関性(れんかんせい)がある。
관여하다	이것은 이전의 문제와 관련성이 있다.

館

16획 飠
小3 N3

음독 かん
훈독 やかた

館員(かんいん) 관원　館長(かんちょう) 관장
図書館(としょかん) 도서관　旅館(りょかん) 여관

의미
여관
공공건물
큰 건물

大使館(たいしかん)の館員(かんいん)に採用(さいよう)される。
대사관의 관원으로 채용되다.
家(いえ)の近(ちか)くに大(おお)きい図書館(としょかん)がある。
집 근처에 큰 도서관이 있다.

簡

18획 ⺮
小6 N2

음독 かん
훈독 —

簡単(かんたん) 간단　簡略(かんりゃく) 간략
書簡(しょかん) 서간　木簡(もっかん) 목간

의미
대쪽
편지
간단함

組(く)み立(た)ては思(おも)ったより簡単(かんたん)だった。
조립은 생각보다 간단했다.
書簡(しょかん)を送(おく)る。
서간을 보내다.

観

18획 見
小4 N2

음독 かん
훈독 —

観光(かんこう) 관광　観察(かんさつ) 관찰
主観(しゅかん) 주관　客観(きゃっかん) 객관

의미
잘 보다
모양
견해

今度(こんど)の観光旅行(かんこうりょこう)は最高(さいこう)だった。
이번 관광여행은 최고였다.
主観的(しゅかんてき)な主張(しゅちょう)は説得力(せっとくりょく)がない。
주관적인 주장은 설득력이 없다.

丸

3획 丶
小2 N4

음독 がん
훈독 まる·まるい·
　　まるめる

丸薬(がんやく) 환약　一丸(いちがん) 한 덩어리
丸(まる)ごと 통째로　赤丸(あかまる) 빨간 동그라미

의미
둥글다
전부
배·사람의 이름에
들어가는 말

祖母(そぼ)はよく丸薬(がんやく)を服用(ふくよう)する。
할머니는 곧잘 환약을 복용한다.
忘(わす)れないように、赤丸(あかまる)をつける。
잊어버리지 않도록 빨간 동그라미를 치다.

岸

8획 山

小3 N2

음독 がん	岸壁(がんぺき) 안벽·벼랑	海岸(かいがん) 해안
훈독 きし	岸辺(きしべ) 강변	川岸(かわぎし) 강기슭

의미	部屋(へや)から海岸線(かいがんせん)が見(み)えるホテルを予約(よやく)した。
	방에서 해안선이 보이는 호텔을 예약했다.
물가	ちょっと岸辺(きしべ)を歩(ある)きませんか。
절벽	잠깐 강변을 걷지 않을래요?

岩

8획 山

小2 N2

음독 がん	岩石(がんせき) 암석	溶岩(ようがん) 용암
훈독 いわ	岩山(いわやま) 바위산	大岩(おおいわ) 큰 바위

의미	岩石(がんせき)が発見(はっけん)された。
	암석이 발견됐다.
큰 돌	岩山(いわやま)を登(のぼ)るのは大変(たいへん)だ。
바위	바위산 등산은 힘들다.

眼

11획 目

小5 N1

음독 がん·げん	眼科(がんか) 안과	眼目(がんもく) 안목
훈독 まなこ	近眼(きんがん) 근시	血眼(ちまなこ) 혈안

의미	ここが市内(しない)で一番(いちばん)大(おお)きい眼科(がんか)です。
눈·눈알	여기가 시내에서 가장 큰 안과입니다.
알아차리다	彼(かれ)は血眼(ちまなこ)になってお金(かね)を集(あつ)めている。
요점	그는 혈안 돼서 돈을 모으고 있다.

顔

18획 頁

小2 N3

음독 がん	顔面(がんめん) 안면	童顔(どうがん) 동안
훈독 かお	顔色(かおいろ) 얼굴빛	真顔(まがお) 정색

의미	彼女(かのじょ)はとても童顔(どうがん)だ。
얼굴	그녀는 매우 동안이다.
세력이 있다	大丈夫(だいじょうぶ)ですか、顔色(かおいろ)が悪(わる)いですよ。
물감·색	괜찮아요? 얼굴빛이 안 좋아요.

願

19획 頁
小4 N2

음독 がん 훈독 ねがう	願書(がんしょ) 원서　願望(がんぼう) 소원 祈願(きがん) 기원　念願(ねんがん) 염원
의미 바라다 기도하다 부탁하다	入学願書(にゅうがくがんしょ)の提出日(ていしゅつび)は今日(きょう)までだ。 입학원서 제출일은 오늘까지다. 合格(ごうかく)を祈願(きがん)する。 합격을 기원하다.

危

6획 卩
小6 N2

음독 き 훈독 あぶない·あやうい·あやぶむ	危機(きき) 위기　危険(きけん) 위험 危篤(きとく) 위독　安危(あんき) 안위
의미 위험하다 불안해하다 상처 입히다	経済危機(けいざいきき)を乗(の)り越(こ)える。 경제위기를 극복하다. 彼(かれ)は今(いま)危篤状態(きとくじょうたい)だ。 그는 지금 위독 상태다.

机

6획 木
小6 N2

음독 き 훈독 つくえ	机上(きじょう) 탁상　机辺(きへん) 책상 부근 床机(しょうぎ) 걸상　勉強机(べんきょうづくえ) 공부하는 책상
의미 책상	机上(きじょう)の空論(くうろん)に過(す)ぎない。 탁상공론에 지나지 않다. 娘(むすめ)に新(あたら)しい勉強机(べんきょうづくえ)を買(か)ってあげた。 딸에게 새 공부책상을 사줬다.

気

6획 气
小1 N5

음독 き·け 훈독 —	気温(きおん) 기온　気分(きぶん) 기분 意気(いき) 의기　気配(けはい) 기미·낌새
의미 공기 자연현상 정신·기분	気温(きおん)が上(あ)がる。 기온이 오르다. 怪(あや)しい気配(けはい)が感(かん)じられる。 수상한 낌새가 느껴지다.

希

7획 巾
小4 N2

음독 き	希薄(きはく) 희박　希望(きぼう) 희망
훈독 —	希少(きしょう) 희소　希求(ききゅう) 희구
의미 얇다 적음 바라다	職務配置(しょくむはいち)は営業部(えいぎょうぶ)を希望(きぼう)します。 직무배치는 영업부를 희망합니다. 希少価値(きしょうかち)がある。 희소가치가 있다.

汽

7획 氵
小2 N1

음독 き	汽車(きしゃ) 기차　汽船(きせん) 기선
훈독 —	汽笛(きてき) 기적　蒸汽(じょうき) 증기
의미 수증기	子供(こども)の時(とき)から汽車(きしゃ)に関心(かんしん)があった。 어렸을 때부터 기차에 관심이 있었다. 汽車(きしゃ)が汽笛(きてき)を鳴(な)らす。 기차가 기적을 울리다.

季

8획 子
小4 N2

음독 き	季刊(きかん) 계간　季節(きせつ) 계절
훈독 —	夏季(かき) 하계　冬季(とうき) 동계
의미 끝 계절 계절어	どの季節(きせつ)が一番(いちばん)好(す)きですか。 어느 계절을 가장 좋아합니까? ピョンチャンが2018年(ねん)冬季(とうき)オリンピックの開催地(かいさいち)になった。 평창이 2018년 동계올림픽 개최지가 되었다.

紀

9획 糸
小4 N1

음독 き	紀行(きこう) 기행　紀元(きげん) 기원
훈독 —	世紀(せいき) 세기　軍紀(ぐんき) 군기
의미 기록하다 순서 연대·나이	ヨーロッパ紀行文(きこうぶん)を書(か)いています。 유럽기행문을 쓰고 있습니다. 21世紀(せいき)に住(す)む我々(われわれ)。 21세기에 사는 우리들.

記

10획 言
小2 N2

음독 き
훈독 しるす

記事(きじ) 기사　記述(きじゅつ) 기술
書記(しょき) 서기　日記(にっき) 일기

의미
기록하다
기억하다
기록·문장

新聞記事(しんぶんきじ)を収集(しゅうしゅう)する。
신문기사를 수집하다.
書記(しょき)が会議(かいぎ)の内容(ないよう)を記録(きろく)する。
서기가 회의내용을 기록하다.

起

10획 走
小3 N3

음독 き
훈독 おきる·おこる
おこす

起因(きいん) 기인　起源(きげん) 기원
決起(けっき) 궐기　早起(はやお)き 일찍 일어남

의미
일어나다
시작하다
시작

肺癌(はいがん)は喫煙(きつえん)から起因(きいん)する場合(ばあい)が多(おお)い。
폐암은 흡연으로부터 기인하는 경우가 많다.
国民(こくみん)が総決起(そうけっき)する。
국민이 총궐기하다.

帰

10획 巾
小2 N3

음독 き
훈독 かえる·かえす

帰国(きこく) 귀국　帰省(きせい) 귀성
復帰(ふっき) 복귀　日帰(ひがえ)り 당일치기

의미
돌아가다

帰国日(きこくび)が決(き)まる。
귀국일이 결정되다.
日帰(ひがえ)り温泉(おんせん)に行(い)きませんか。
당일치기 온천(여행)에 가지 않을래요?

基

11획 土
小5 N2

음독 き
훈독 もと·もとい

基礎(きそ) 기초　基本(きほん) 기본
塩基(えんき) 염기　開基(かいき) 개기

의미
토대·근본
기초하다
탑 등을 세는 말

日本語(にほんご)を基礎(きそ)から勉強(べんきょう)する。
일본어를 기초부터 공부하다.
石鹼(せっけん)は塩基性(えんきせい)物質(ぶっしつ)である。
비누는 염기성물질이다.

寄

寄		
11획 宀	음독 き	寄付(きふ) 기부 / 寄与(きよ)기여
小5 N2	훈독 よる·よせる	年寄(としよ)り 노인 / 身寄(みよ)り 친척
	의미	寄付金(きふきん)を集(あつ)める。
	의지하다	기부금을 모으다.
	물건을 맡기다	年寄(としよ)りは気力(きりょく)が弱(よわ)い。
	들르다	노인은 기력이 약하다.

規

規		
11획 見る	음독 き	規定(きてい) 규정 / 規則(きそく) 규칙
小5 N2	훈독 —	定規(じょうぎ) 자 / 正規(せいき) 정규
	의미	規則(きそく)を守(まも)る。
	규칙·표준	규칙을 지키다.
	바르게 하다	私(わたし)の部署(ぶしょ)には正規社員(せいきしゃいん)が20%しかいません。
	컴퍼스	제 부서에는 정규사원이 20%밖에 없습니다.

喜

喜		
12획 口	음독 き	喜劇(きげき) 희극 / 喜怒(きど) 희노
小4 N2	훈독 よろこぶ	歓喜(かんき) 환희 / 狂喜(きょうき) 광희
	의미	あの俳優(はいゆう)は今度(こんど)、喜劇(きげき)の演技(えんぎ)に挑戦(ちょうせん)するらしい。
	기뻐하다·기쁨	그 배우는 이번에 희극연기에 도전하는 것 같다.
	희수(77세)	歓喜(かんき)に満(み)ちる。
		환희에 차다.

揮

揮		
12획 扌	음독 き	揮毫(きごう) 휘호 / 揮発(きはつ) 휘발
小6 N1	훈독 —	指揮(しき) 지휘 / 発揮(はっき) 발휘
	의미	石油(せきゆ)は揮発性(きはつせい)物質(ぶっしつ)である。
	지시하다	석유는 휘발성 물질이다.
	휘두르다	彼(かれ)の指揮(しき)は完璧(かんぺき)だ。
	흩뿌리다	그의 지휘는 완벽하다.

期	음독 き·ご 훈독 —	期間(きかん) 기간　期待(きたい) 기대 時期(じき) 시기　最期(さいご) 임종
12획 月 小3 N4	의미 약속의 때 끝 때·시점	みんな、あなたが来(く)るのを期待(きたい)してます。 모두 당신이 오는 것을 기대하고 있어요. 最期(さいご)を看取(みと)る。 임종을 지켜보다.

貴	음독 き 훈독 たっとい·とうとい· たっとぶ·とうとぶ	貴下(きか) 귀하　貴族(きぞく) 귀족 高貴(こうき) 고귀　富貴(ふうき) 부귀
12획 貝 小6 N1	의미 존경하다 신분이 높다 존경을 나타내는 말	この建物(たてもの)は、昔(むかし)貴族(きぞく)が住(す)んでいた。 이 건물은 옛날에 귀족이 살았다. 富貴(ふうき)は浮雲(ふうん)のごとし。 부귀는 뜬구름과 같다.

旗	음독 き 훈독 はた	旗手(きしゅ) 기수　国旗(こっき) 국기 旗頭(はたがしら) 깃발의 꼭대기·우두머리　白旗(しらはた) 백기
14획 方 小4 N1	의미 깃발 술집	国旗(こっき)が揚(あが)る。 국기가 게양되다. 白旗(しらはた)は降伏(こうふく)の意味(いみ)である。 백기는 항복의 의미다.

器	음독 き 훈독 うつわ	器具(きぐ) 기구　器材(きざい) 기재 食器(しょっき) 식기　容器(ようき) 용기
15획 くち 小4 N1	의미 용기·그릇 도구 재능이 있음	実験用(じっけんよう)の器材(きざい)を保管(ほかん)する。 실험용 기재를 보관하다. 彼女(かのじょ)は食器(しょっき)を集(あつ)める趣味(しゅみ)がある。 그녀는 식기를 모으는 취미가 있다.

機

16획 木
小4 N2

음독 き	機会(きかい) 기회	機能(きのう) 기능
훈독 はた	動機(どうき) 동기	機織(はたお)り 베짜기

의미	
기구·장치	感覚機能(かんかくきのう)に問題(もんだい)がある。 감각기능에 문제가 있다.
기능 징조	志願動機(しがんどうき)は何(なん)ですか。 지원동기는 무엇입니까?

技

7획 扌
小5 N2

음독 ぎ	技術(ぎじゅつ) 기술	技法(ぎほう) 기법
훈독 わざ	特技(とくぎ) 특기	足技(あしわざ) 다리걸기(유도·씨름)

의미	
재주·기술	あの会社(かいしゃ)は最先端技術(さいせんたんぎじゅつ)を持(も)っている。 저 회사는 최첨단기술을 가지고 있다.
	あの選手(せんしゅ)の特技(とくぎ)は足技(あしわざ)だ。 저 선수의 특기는 다리걸기이다.

義

13획 羊
小5 N1

음독 ぎ	義足(ぎそく) 의족	義務(ぎむ) 의무
훈독 —	講義(こうぎ) 강의	正義(せいぎ) 정의

의미	
바른 길	弟(おとうと)の右足(みぎあし)は義足(ぎそく)です。 남동생의 오른발은 의족입니다.
의미·이유 실물의 대용	正義(せいぎ)の見方(みかた)。 정의의 편.

疑

14획 疋
小6 N2

음독 ぎ	疑問(ぎもん) 의문	疑惑(ぎわく) 의혹
훈독 うたがう	嫌疑(けんぎ) 혐의	質疑(しつぎ) 질의

의미	
	いくつか疑問点(ぎもんてん)がありますが。 몇 가지 의문점이 있는데요.
의심하다 의심스럽다	嫌疑(けんぎ)を晴(は)らす。 혐의를 풀다.

議

20획 言

小4 N2

음독 ぎ	議案(ぎあん) 의안	議論(ぎろん) 의론
훈독 —	会議(かいぎ) 회의	討議(とうぎ) 토의

의미	예문
의미	議案(ぎあん)を通(とお)す。
상담하다	의안을 통과시키다.
의견	学生会(がくせいかい)の会議(かいぎ)がある。
논하다	학생회 회의가 있다.

客

9획 宀

小3 N2

음독 きゃく·かく	客室(きゃくしつ) 객실	客人(きゃくじん) 손님
훈독 —	観客(かんきゃく) 관객	顧客(こきゃく) 고객

의미	예문
의미	客人(きゃくじん)をもてなす。
여행자	손님을 접대하다.
방문해 온 사람	最近(さいきん)、顧客(こきゃく)が増(ふ)えた。
물건을 사는 사람	최근 고객이 늘었다.

逆

9획 辶

小5 N2

음독 ぎゃく	逆説(ぎゃくせつ) 역설	逆転(ぎゃくてん) 역전
훈독 さか·さからう	反逆(はんぎゃく) 반역	逆立(さかだ)ち 물구나무 서기

의미	예문
의미	試合終了(しあいしゅうりょう)を5分(ふん)残(のこ)して逆転(ぎゃくてん)される。
	시합종료를 5분 남겨두고 역전되다.
거스르다	反逆(はんぎゃく)の芽(め)を切(き)り取(と)る。
반대로 됨	반역의 싹을 잘라버리다.

九

2획 乙

小1 N5

음독 きゅう·く	九死(きゅうし) 구사	九月(くがつ) 9월
훈독 ここの·ここのつ	九日(ここのか) 9일	十中八九(じっちゅうはっく) 십중팔구

의미	예문
의미	九死(きゅうし)に一生(いっしょう)を得(え)る。
	구사일생하다.
아홉 개	九月九日(くがつここのか)生(う)まれです。
수가 많음	9월 9일생입니다.

久

3획 丿
小5 N2

음독 きゅう·く	久遠(くおん) 구원　久しぶり(ひさ) 오랜만
훈독 ひさしい	永久(えいきゅう) 영구　耐久(たいきゅう) 내구
의미	久(ひさ)しぶりに会(あ)う友達(ともだち)。
	오랜만에 만나는 친구.
시간이 길다	この水着(みずぎ)は耐久性(たいきゅうせい)がある。
계속 변하지 않다	이 수영복은 내구성이 좋다.

弓

3획 弓
小2 N1

음독 きゅう	弓術(きゅうじゅつ) 궁술　洋弓(ようきゅう) 양궁
훈독 ゆみ	弓形(ゆみがた) 활모양　弓矢(ゆみや) 활과 화살
의미	兄(あに)は初(はじ)めての洋弓大会(ようきゅうたいかい)で優勝(ゆうしょう)した。
활	형·오빠는 처음 나간 양궁대회에서 우승했다.
활모양	弓形(ゆみがた)の月(つき)。
현악기의 활	활모양의 달(반달·초승달).

旧

5획 日
小5 N2

음독 きゅう	旧式(きゅうしき) 구식　旧暦(きゅうれき) 음력
훈독 —	新旧(しんきゅう) 신구　復旧(ふっきゅう) 복구
의미	旧式(きゅうしき)な考(かんが)え方(かた)を持(も)っている。
오래된	진부한(구식의) 사고방식을 가지고 있다.
옛날	新旧(しんきゅう)の交替(こうたい)。
음력	신구의 교대.

休

6획 亻
小1 N5

음독 きゅう	休暇(きゅうか) 휴가　休業(きゅうぎょう) 휴업
훈독 やすむ·やすまる·やすめる	産休(さんきゅう) 출산휴가　夏休み(なつやす) 여름방학
의미	家族旅行(かぞくりょこう)のため、休暇(きゅうか)届(とど)けを出(だ)す。
쉬다	가족여행을 위해 휴가를 내다.
휴식	夏休(なつやす)みに日本(にほん)に行(い)ってみたいです。
그만두다	여름방학에 일본에 가보고 싶어요.

吸

6획 口 / 小6 N2

음독 きゅう	吸収(きゅうしゅう) 흡수 　 吸着(きゅうちゃく) 흡착
훈독 すう	吸入(きゅうにゅう) 흡입 　 呼吸(こきゅう) 호흡
의미	水分(すいぶん)を吸収(きゅうしゅう)する。
	수분을 흡수하다.
숨을 쉬다	深呼吸(しんこきゅう)をする。
	심호흡을 하다.

求

7획 氺 / 小4 N2

음독 きゅう	求職(きゅうしょく) 구직 　 求人(きゅうじん) 구직
훈독 もとめる	請求(せいきゅう) 청구 　 要求(ようきゅう) 요구
의미	求人広告(きゅうじんこうこく)を見(み)て、電話(でんわ)しました。
구하다	구인광고를 보고 전화했습니다.
찾다	掛(か)け金(きん)を請求(せいきゅう)する。
바라다	외상값을 청구하다.

究

7획 穴 / 小3 N3

음독 きゅう	究極(きゅうきょく) 궁극 　 究明(きゅうめい) 규명
훈독 きわめる	研究(けんきゅう) 연구 　 探究(たんきゅう) 탐구
의미	真相(しんそう)を究明(きゅうめい)する。
	진상규명하다.
구하다	日本語(にほんご)を研究(けんきゅう)しています。
끝	일본어를 연구합니다.

泣

8획 氵 / 小4 N

음독 きゅう	泣訴(きゅうそ) 울면서 호소함 　 泣(な)き顔(がお) 울상
훈독 なく	感泣(かんきゅう) 감격하여 욺 　 泣(な)き声(ごえ) 우는소리
의미	無罪(むざい)を泣訴(きゅうそ)する。
	무죄를 울면서 호소하다.
눈물을 흘리며 울다	泣(な)き声(ごえ)で話(はな)す。
	우는소리로 말하다.

急		
	음독 きゅう	急激(きゅうげき) 급격　急行(きゅうこう) 급행
	훈독 いそぐ	救急(きゅうきゅう) 구급　性急(せいきゅう) 성급
	의미	急激(きゅうげき)な気温変化(きおんへんか)に対処(たいしょ)する。 급격한 기온변화에 대처하다.
9획 心 小3 N4	서두르다 빠르다	救急車(きゅうきゅうしゃ)を呼(よ)んでください。 구급차를 불러주세요.

級		
	음독 きゅう	級数(きゅうすう) 급수　級友(きゅうゆう) 급우
	훈독 ―	初級(しょきゅう) 초급　特急(とっきゅう) 특급
	의미	この問題(もんだい)は初級者(しょきゅうしゃ)には難(むずか)しい。 이 문제는 초급자에게는 어렵다.
9획 糸 小3 N1	순서·정도 조·학급	特急列車(とっきゅうれっしゃ)に乗(の)る。 특급열차에 타다.

宮		
	음독 きゅう·ぐう·く	宮中(きゅうちゅう) 궁중　宮殿(きゅうでん) 궁전
	훈독 みや	王宮(おうきゅう) 왕궁　神宮(じんぐう) 신궁
	의미 궁전	この店(みせ)は宮中料理(きゅうちゅうりょうり)で有名(ゆうめい)だ。 이 가게는 궁중요리로 유명하다.
10획 宀 小3 N1	왕비 등의 주거지 신사	神宮(じんぐう)に参拝(さんぱい)する。 신궁에 참배하다.

救		
	음독 きゅう	救済(きゅうさい) 구제　救出(きゅうしゅつ) 구출
	훈독 すくう	救助(きゅうじょ) 구조　救命(きゅうめい) 구명
	의미	救済品(きゅうさいひん)が到着(とうちゃく)する。 구제품이 도착했다.
11획 攵 小4 N1	구하다 돕다	この救命(きゅうめい)ボートの定員(ていいん)は10人(にん)だ。 이 구명보트의 정원은 10명이다.

球

11획 王
小3 N2

음독 きゅう 훈독 たま	球団(きゅうだん) 구단　球歴(きゅうれき) 야구경력 野球(やきゅう) 야구　卓球(たっきゅう) 탁구
의미 아름다운 구슬 구형의 물건 공	あの選手(せんしゅ)はこの球団(きゅうだん)での球歴(きゅうれき)が長(なが)い。 그 선수는 이 구단에서의 경력이 길다. 卓球(たっきゅう)に才能(さいのう)がある。 탁구에 재능이 있다.

給

12획 糸
小4 N2

음독 きゅう 훈독 —	給食(きゅうしょく) 급식　給料(きゅうりょう) 급료 自給(じきゅう) 자급　配給(はいきゅう) 배급
의미 주다 충분하다 돌보다	給料(きゅうりょう)が上(あ)がる。 급료가 오르다. 北海道(ほっかいどう)は自給率(じきゅうりつ)が100%を越(こ)える。 홋카이도는 자급률이 100%를 넘는다.

牛

4획 牛
小2 N3

음독 ぎゅう 훈독 うし	牛乳(ぎゅうにゅう) 우유　牛皮(ぎゅうひ) 소가죽 役牛(えきぎゅう) 일소　子牛(こうし) 송아지
의미 소	私(わたし)は毎朝(まいあさ)牛乳(ぎゅうにゅう)を飲(の)みます。 전 매일 아침 우유를 마셔요. 田舎(いなか)の祖父(そふ)の家(いえ)には子牛(こうし)がいます。 시골 할아버지 댁에는 송아지가 있어요.

去

13획 ム
小3 N3

음독 きょ·こ 훈독 さる	去就(きょしゅう) 거취　去年(きょねん) 작년 除去(じょきょ) 제거　退去(たいきょ) 퇴거
의미 지나가다 제거하다	去年(きょねん)の悩(なや)みは幼稚(ようち)なことばかりだった。 작년의 고민은 유치한 것들뿐이었다. 不純物(ふじゅんぶつ)を除去(じょきょ)する。 불순물을 제거하다.

居

8획 尸
小5 N2

음독 きょ 훈독 いる	居室(きょしつ) 거실　居住(きょじゅう) 거주 同居(どうきょ) 동거　鳥居(とりい) 도리이(신사입구의 기둥문)
의미 있다·살다 앉다 주거	居住者(きょじゅうしゃ)が増(ふ)える。 거주자가 늘어나다. 平安神宮(へいあんじんぐう)の鳥居(とりい)は雄大(ゆうだい)だ。 헤이안신궁의 도리이는 웅대하다.

挙

10획 手
小4 N1

음독 きょ 훈독 あげる·あがる	挙手(きょしゅ) 거수　挙動(きょどう) 거동 検挙(けんきょ) 검거　快挙(かいきょ) 쾌거
의미 팔을 들다 행하다 모두	挙手(きょしゅ)で決(き)める。 거수로 정하다. 容疑者(ようぎしゃ)が検挙(けんきょ)された。 용의자가 검거됐다.

許

11획 言
小5 N2

음독 きょ 훈독 ゆるす	許可(きょか) 허가　許容(きょよう) 허용 特許(とっきょ) 특허　免許(めんきょ) 면허
의미 허락하다 대강의 수량	許可(きょか)を得(え)る。 허가를 얻다. 運転免許(うんてんめんきょ)を取(と)る。 운전면허를 따다.

魚

11획 魚
小2 N4

음독 ぎょ 훈독 うお·さかな	魚介(ぎょかい) 어개류　魚雷(ぎょらい) 어뢰 金魚(きんぎょ) 금붕어　養魚(ようぎょ) 양어
의미 물고기	魚介類(ぎょかいるい)を食(た)べる。 어개류를 먹다. 養魚場(ようぎょじょう)を見学(けんがく)する。 양어장을 견학하다.

漁

14획 氵
小4 N2

음독 ぎょ·りょう	漁業(ぎょぎょう) 어업	漁船(ぎょせん) 어선
훈독 —	禁漁(きんりょう) 금어	大漁(たいりょう) 대어(풍어)

의미
물고기를 잡다
찾아다니다

漁船(ぎょせん)が漁(りょう)に出(で)る。
어선이 고기잡이 나가다.

ここは禁漁区(きんりょうく)です。
이곳은 금어구입니다.

共

6획 八
小4 N2

음독 きょう	共感(きょうかん) 공감	共同(きょうどう) 공동
훈독 とも	公共(こうきょう) 공동	反共(はんきょう) 반동

의미
함께
공산당·공산주의

彼(かれ)は共感能力(きょうかんのうりょく)が足(た)りない。
그는 공감능력이 부족하다.

公共施設(こうきょうしせつ)を使(つか)う。
공동시설을 사용하다.

京

8획 亠
小2 N3

음독 きょう·けい	京都(きょうと) 교토	京浜(けいひん) 도쿄와 요코하마
훈독 —	在京(ざいきょう) 재경	上京(じょうきょう) 상경

의미
수도·도읍지
도쿄·교토를 가리킴

京都(きょうと)に行(い)ったことがありますか。
교토에 간적이 있나요?

在京中(ざいきょうちゅう)の友達(ともだち)に会(あ)いに行(い)く。
재경(도쿄나 교토에 있음)중인 친구를 보러가다.

供

8획 亻
小6 N2

음독 きょう·く	供給(きょうきゅう) 공급	供出(きょうしゅつ) 공출
훈독 そなえる·とも	供養(くよう) 공양	提供(ていきょう) 제공

의미
갖추다
내다
사정을 말하다

需要(じゅよう)に比(くら)べて供給(きょうきゅう)が足(た)りない。
수요에 비해 공급이 모자라다.

このホテルは最高(さいこう)のサービスを提供(ていきょう)する。
이 호텔은 최고의 서비스를 제공한다.

協		
	음독 きょう 훈독 —	協会(きょうかい) 협회　　協力(きょうりょく) 협력 生協(せいきょう) 생협　　農協(のうきょう) 농협
8획 十 小4 N4	의미 적합하다 힘을 합치다 상담으로 일치하다	協会長(きょうかいちょう)になる。 협회장이 되다. 食料品(しょくりょうひん)はよく生協(せいきょう)で買(か)います。 식료품은 주로 생협에서 삽니다.

胸		
	음독 きょう 훈독 むね·むな	胸部(きょうぶ) 흉부　　気胸(ききょう) 기흉 胸元(むなもと) 앞가슴　　鳩胸(はとむね) 새가슴
10획 月 小6 N2	의미 가슴 마음	胸部疾患(きょうぶしっかん)。 흉부질환. 胸元(むなもと)の近(ちか)くまで速球(そっきゅう)がきて驚(おどろ)いた。 가슴팍까지 속구가 와서 놀랐다.

強		
	음독 きょう·ごう 훈독 つよい·つよまる ·つよめる·しいる	強化(きょうか) 강화　　強制(きょうせい) 강제 最強(さいきょう) 최강　　勉強(べんきょう) 공부
11획 弓 小2 N3	의미 강하다 강하게 하다 강요하다	会費(かいひ)の納付(のうふ)を強制(きょうせい)する。 회비 납부를 강제하다. 学生(がくせい)の本業(ほんぎょう)は勉強(べんきょう)だ。 학생의 본업은 공부다.

教		
	음독 きょう 훈독 おしえる·おそわる	教育(きょういく) 교육　　教師(きょうし) 교사 宗教(しゅうきょう) 종교　　説教(せっきょう) 설교
11획 攵 小2 N3	의미 가르치다 종교의 가르침	フィンランドの教育方式(きょういくほうしき)は有名(ゆうめい)だ。 핀란드의 교육방식은 유명하다. 人(ひと)は宗教(しゅうきょう)の自由(じゆう)がある。 사람은 종교의 자유가 있다.

郷

11획 阝

小6 N1

음독 きょう·ごう	郷土(きょうど) 향토	郷里(きょうり) 향리
훈독 —	故郷(こきょう) 고향	望郷(ぼうきょう) 망향

의미	最近(さいきん)、郷土(きょうど)の食(た)べ物(もの)が注目(ちゅうもく)されている。
마을·촌	최근 향토음식이 주목되고 있다.
고향	故郷(こきょう)を訪(たず)ねる。
장소	고향을 방문하다.

境

14획 土

小5 N2

음독 きょう·けい	境域(きょういき) 영역	心境(しんきょう) 심경
훈독 さかい	境目(さかいめ) 경계	見境(みさかい) 구별

의미	現在(げんざい)の心境(しんきょう)を語(かた)る。
지위·장소	현재 심정을 말하다.
경계	運命(うんめい)の境目(さかいめ)に立(た)っている。
상태	운명의 갈림길에 서 있다.

橋

16획 木

小3 N2

음독 きょう	橋頭(きょうとう) 교두(다리근처)	橋渡(はしわた)し 중간역할
훈독 はし	鉄橋(てっきょう) 철교	桟橋(さんばし) 부두

의미	橋渡(はしわた)しをする。
	중간역할을 하다.
다리	鉄橋(てっきょう)の工事(こうじ)が進行中(しんこうちゅう)だ。
	철교 공사가 진행 중이다.

鏡

19획 金

小4 N1

음독 きょう	鏡台(きょうだい) 경대	望遠鏡(ぼうえんきょう) 망원경
훈독 かがみ	鏡餅(かがみもち) 가가미모치	眼鏡(めがね) 안경

의미	鏡台(きょうだい)の前(まえ)で化粧(けしょう)を直(なお)す。
거울	경대 앞에서 화장을 고치다.
렌즈	鏡餅(かがみもち)を床(とこ)の間(ま)に飾(かざ)る。
본보기	가가미모치를 도코노마에 장식하다.

競

20획 立

小4 N2

음독 きょう·けい	競争(きょうそう) 경쟁	競走(きょうそう) 경주
훈독 きそう·せる	競売(きょうばい) 경매	競馬(けいば) 경마

의미	善意(ぜんい)の競争(きょうそう)。
	선의의 경쟁.
경쟁하다	競売(きょうばい)にかける。
다투다	경매에 부치다.

業

13획 木

小3 N3

음독 ぎょう·ごう	業者(ぎょうしゃ) 업자	業績(ぎょうせき) 업적
훈독 わざ	営業(えいぎょう) 영업	授業(じゅぎょう) 수업

의미	彼女(かのじょ)は優(すぐ)れた業績(ぎょうせき)を残(のこ)した。
일	그녀는 뛰어난 업적을 남겼다.
학문	授業(じゅぎょう)を受(う)ける。
과보	수업을 듣다.

曲

6획 曰

小3 N2

음독 きょく	曲折(きょくせつ) 곡절	曲調(きょくちょう) 곡조
훈독 まがる·まげる	歌曲(かきょく) 가곡	作曲(さっきょく) 작곡

의미	曲折(きょくせつ)を経(へ)る。
구부리다	곡절을 겪다.
옳지 않다	彼(かれ)は優(すぐ)れた作曲家(さっきょくか)だ。
음악의 마디	그는 뛰어난 작곡가다.

局

7획 尸

小3 N2

음독 きょく	局外(きょくがい) 국외	局面(きょくめん) 국면
훈독 —	結局(けっきょく) 결국	薬局(やっきょく) 약국

의미	新(あたら)しい局面(きょくめん)を迎(むか)える。
부분	새로운 국면을 맞이하다.
관청 사무실	結局(けっきょく)、彼(かれ)らは別(わか)れた。
추세	결국 그들은 헤어졌다.

極

12획 木
小4 N2

음독 きょく·ごく
훈독 きわめる·きわまる·きわみ

極端(きょくたん) 극단　極悪(ごくあく) 극악
積極(せっきょく) 적극　至極(しごく) 지극

의미
극하다
끝
정점

あの人(ひと)は極端主義(きょくたんしゅぎ)だ。
그 사람은 극단주의다.
至極(しごく)満足(まんぞく)する。
지극히 만족하다.

玉

5획 玉
小1 N2

음독 ぎょく
훈독 たま

玉石(ぎょくせき) 옥석　玉体(ぎょくたい) 옥체
親玉(おやだま) 우두머리　目玉(めだま) 눈알

의미
구슬·보석
아름다운 것
황제·천황에의 경어

玉石(ぎょくせき)を分(わ)ける。
옥석(훌륭한 것과 하찮은 것)을 나누다.
目玉焼(めだまや)き食(た)べる？
계란프라이 먹을래?

均

7획 土
小5 N2

음독 きん
훈독 —

均一(きんいつ) 균일　均質(きんしつ) 균질
均等(きんとう) 균등　平均(へいきん) 평균

의미
고르다
같다

均一(きんいつ)セール。
균일세일.
韓国男性(かんこくだんせい)の平均身長(へいきんしんちょう)は173cmである。
대한민국 남성 평균키는 173cm이다.

近

7획 辶
小2 N3

음독 きん
훈독 ちかい

近郊(きんこう) 근교　近所(きんじょ) 근처·이웃
最近(さいきん) 최근　付近(ふきん) 부근

의미
거리가 가깝다
요즘
다가오다

近所(きんじょ)の人(ひと)と立(た)ち話(ばなし)をする。
이웃사람과 서서 이야기를 하다.
駅(えき)の付近(ふきん)で出会(であ)う。
역 부근에서 우연히 만나다.

金

8획 金

小1 N5

음독 きん·こん

훈독 かね·かな

金属(きんぞく) 금속　貯金(ちょきん) 저금

金物(かなもの) 철물　黄金(おうごん) 황금

의미

금속의 총칭

귀중한 것

돈

毎月(まいつき)、1万円(まんえん)ずつ貯金(ちょきん)する。

매월 1만엔씩 저금하다.

黄金(おうごん)の時代(じだい)。

황금의 시대.

勤

12획 力

小6 N2

음독 きん·ごん

훈독 つとめる·つとまる

勤勉(きんべん) 근면　勤務(きんむ) 근무

外勤(がいきん) 외근　通勤(つうきん) 통근

의미

일하다

열심히 힘을 다하다

勤勉(きんべん)に働(はたら)く。

근면하게 일하다.

地下鉄(ちかてつ)で通勤(つうきん)する。

지하철로 통근하다.

筋

12획 ⺮

小6 N1

음독 きん

훈독 すじ

筋肉(きんにく) 근육　筋合(すじあ)い 이유·처지

腹筋(ふっきん) 복근　粗筋(あらすじ) 줄거리

의미

몸의 힘줄

줄기

あなたに言(い)われる筋合(すじあ)いはない。

당신에게 들을 이유는 없다.

粗筋(あらすじ)を読(よ)む。

줄거리를 읽다.

禁

13획 示

小5 N2

음독 きん

훈독 —

禁煙(きんえん) 금연　禁止(きんし) 금지

厳禁(げんきん) 엄금　発禁(はっきん) 발매·발행금지

의미

금지하다

왕·천왕이 있는 곳

禁煙席(きんえんせき)でお願(ねが)いします。

금연석으로 부탁할게요.

火気(かき)は厳禁(げんきん)だ。

화기는 엄금이다.

銀		
14획 金 / 小3 N3	음독 ぎん 훈독 —	銀河(ぎんが) 은하　銀行(ぎんこう) 은행 水銀(すいぎん) 수은　賃銀(ちんぎん) 임금
	의미 광물의 하나 은에 가까운 백색 돈	銀行(ぎんこう)でお金(かね)を下(お)ろす。 은행에서 돈을 찾다. 賃銀(ちんぎん)を支払(しはら)う。 임금을 지급하다.

区		
4획 匚 / 小3 N3	음독 く 훈독 —	区域(くいき) 구역　区別(くべつ) 구별 選挙区(せんきょく) 선거구　地区(ちく) 지구
	의미 구획·단락 도시의 구획단위	公私(こうし)を区別(くべつ)する。 공사를 구분하다. 選挙区(せんきょく)で演説(えんぜつ)する。 선거구에서 연설하다.

句		
5획 口 / 小5 N1	음독 く 훈독 —	句意(くい) 구의　句作(くさく) 하이쿠를 지음 語句(ごく) 어구　俳句(はいく) 하이쿠
	의미 문장·시의 단락 하이쿠(일본의 5·7·5의 3구, 17음으로 이루어진 단형시)	句作(くさく)に没頭(ぼっとう)する。 하이쿠를 짓는데 몰두하다. 語句(ごく)の意味(いみ)が分(わ)からない。 어구의 의미를 모르겠다.

苦		
8획 艹 / 小3 N2	음독 く 훈독 くるしい·くるしむ·くるしめる·にがい·にがる	苦痛(くつう) 고통　苦労(くろう) 고생 貧苦(ひんく) 빈곤　労苦(ろうく) 노고
	의미 쓰다 괴로워하다 괴로움	ご苦労様(くろうさま)。 수고하세요. 고생하세요. 貧苦(ひんく)に耐(た)える。 빈곤을 견디다.

具

8획 八
小3 N2

음독 ぐ	具現(ぐげん) 구현　具体(ぐたい) 구체
훈독 —	雨具(あまぐ) 비옷　道具(どうぐ) 도구
의미	もう少(すこ)し具体的(ぐたいてき)に言(い)ってください。
갖추어져 있다	조금 더 구체적으로 말해주세요.
기물	人類(じんるい)は道具(どうぐ)と共(とも)に発展(はってん)してきた。
자세히	인류는 도구와 함께 발전해 왔다.

空

8획 穴
小1 N5

음독 くう	空気(くうき) 공기　架空(かくう) 가공
훈독 そら·あく·あける·から	空手(からて) 공수　星空(ほしぞら) 별이 박힌 하늘
의미	架空(かくう)の場所(ばしょ)を設定(せってい)する。
하늘	가공의 장소를 설정하다.
아무것도 없음	星空(ほしぞら)を眺(なが)める。
덧없음	별이 총총한 하늘을 바라보다.

君

7획 口
小3 N2

음독 くん	君主(くんしゅ) 군주　君臨(くんりん) 군림
훈독 きみ	諸君(しょくん) 제군　姫君(ひめぎみ) 아가씨
의미	乱暴(らんぼう)な君主(くんしゅ)が君臨(くんりん)する。
	난폭한 군주가 군림하다.
군주	姫君(ひめぎみ)をお守(まも)りする。
경칭	아가씨를 지켜드리다.

訓

10획 言
小4 N2

음독 くん	訓育(くんいく) 훈육　訓読(くんどく) 훈독
훈독 —	家訓(かくん) 가훈　校訓(こうくん) 교훈
의미	この漢字(かんじ)の訓読(くんどく)を教(おし)えてください。
가르치다	이 한자의 훈독을 알려주세요.
한자를 일본어로	校訓(こうくん)を守(まも)る。
읽는 방법	교훈을 지키다.

軍

9획 車

小4 N2

음독 ぐん

훈독 —

軍人(ぐんじん) 군인 軍隊(ぐんたい) 군대

海軍(かいぐん) 해군 陸軍(りくぐん) 육군

의미

전쟁

군사의 집단

軍隊(ぐんたい)を動員(どういん)する。

군대를 동원하다.

弟(おとうと)は子供(こども)のころから海軍(かいぐん)になりたいと言(い)っていた。

남동생은 어렸을 때부터 해군이 되고 싶다고 해왔다.

郡

10획 阝

小4 N1

음독 ぐん

훈독 —

郡内(ぐんない) 군내 郡部(ぐんぶ) 군지역

各郡(かくぐん) 각군 全郡(ぜんぐん) 전군

의미

행정구획의 하나

京都府(きょうとふ)の郡部(ぐんぶ)で育(そだ)った。

교토부 군지역에서 자랐다.

東北部(とうほくぶ)の全郡(ぜんぐん)に台風警報(たいふうけいほう)が出(で)ている。

동북부의 전군에 태풍경보가 나있다.

群

13획 羊

小5 N2

음독 ぐん

훈독 むれる·むれ·むら

群集(ぐんしゅう) 군중 群生(ぐんせい) 군생

大群(たいぐん) 대군 抜群(ばつぐん) 발군

의미

모이다

많음

群集心理(ぐんしゅうしんり)が作用(さよう)する。

군중심리가 작용하다.

抜群(ばつぐん)の成績(せいせき)だ。

발군의(매우 뛰어난) 성적이다.

兄

5획 儿

小2 N3

음독 けい·きょう

훈독 あに

兄弟(きょうだい) 형제 兄貴(あにき) 형님

義兄(ぎけい) 매형 父兄(ふけい) (학)부형

의미

형·오빠

형·오빠의 존칭

何人兄弟(なんにんきょうだい)ですか？

형제가 몇 명이에요?

父兄会(ふけいかい)に参加(さんか)する。

학부형회에 참가하다.

形

7획 彡

小2 N2

음독 けい·ぎょう	形式(けいしき) 형식	形成(けいせい) 형성
훈독 かた·かたち	体形(たいけい) 체형	変形(へんけい) 변형
의미	形式(けいしき)を重視(じゅうし)する。 형식을 중시하다.	
형태 모양	熱(ねつ)で外形(がいけい)が変形(へんけい)する。 열로 외형이 변형되다.	

系

7획 糸

小6 N1

음독 けい	系統(けいとう) 계통	系列(けいれつ) 계열
훈독 —	家系(かけい) 가계	大系(たいけい) 대계
의미	同(おな)じ系統(けいとう)だと考(かんが)えにくい。 같은 계통이라고 생각하기 어렵다.	
이어짐 계통 분류	彼(かれ)の家(いえ)は教師(きょうし)の家系(かけい)だ。 그의 집은 교사 가계다.	

径

8획 彳

小4 N1

음독 けい	径行(けいこう) 경행	径路(けいろ) 오솔길
훈독 —	直径(ちょっけい) 직경	半径(はんけい) 반경
의미	径路(けいろ)を歩(ある)く。 오솔길을 걷다.	
오솔길 쭉 뻗음	直径(ちょっけい)20cmの円(えん)を描(えが)く。 직경 20cm의 원을 그리다.	

係

9획 亻

小3 N2

음독 けい	係争(けいそう) 계쟁	関係(かんけい) 관계
훈독 かかる·かかり	係員(かかりいん) 담당자	庶務係(しょむがかり) 서무담당자
의미	彼(かれ)らはどんな関係(かんけい)なのか。 그들은 무슨 관계인가.	
관여하다 담당	係員(かかりいん)に道(みち)を尋(たず)ねる。 담당자에게 길을 묻다.	

型

9획 土
小4 N2

음독 けい	型式(けいしき) 형식	型通り(かたどお) 판에 박은 듯한
훈독 かた	典型(てんけい) 전형	類型(るいけい) 유형

의미	型通(かたどお)りのことを言(い)う。
	판에 박힌 말을 하다.
기본이 되는 모양	典型的(てんけいてき)なサラリーマンだ。
본보기	전형적인 샐러리맨이다.

計

9획 言
小2 N3

음독 けい	計画(けいかく) 계획	計算(けいさん) 계산
훈독 はかる·はからう	集計(しゅうけい) 집계	設計(せっけい) 설계

의미	日本旅行(にほんりょこう)を計画(けいかく)する。
저울	일본여행을 계획하다.
세다·재다	建物(たてもの)を設計(せっけい)する。
계략	건물을 설계하다.

経

11획 糸
小5 N2

음독 けい·きゅう	経験(けいけん) 경험	経由(けいゆ) 경유
훈독 へる	神経(しんけい) 신경	政経(せいけい) 정경(정치경제)

의미	韓国(かんこく)からアメリカを経由(けいゆ)してカナダに行(い)く。
세로	한국에서 미국을 경유해서 캐나다에 가다.
지나가다	神経(しんけい)がするどい。
관리하다	신경이 예민하다.

敬

12획 攵
小6 N2

음독 けい	敬意(けいい) 경의	敬語(けいご) 경어
훈독 うやまう	尊敬(そんけい) 존경	表敬(ひょうけい) 경의를 표함

의미	敬語(けいご)を正(ただ)しく使(つか)う。
존경하다	경어를 바르게 쓰다.
삼가다	先生(せんせい)を尊敬(そんけい)する。
	선생님을 존경하다.

景

12획 日

小4 N2

음독 けい	景品(けいひん) 경품	景色(けしき) 경치
훈독 —	光景(こうけい) 광경	情景(じょうけい) 정경

의미	
경치	景品(けいひん)が当(あ)たる。
흥을 돋우는 것	경품이 당첨되다.
그리워하다	美(うつく)しい光景(こうけい)だ。
	아름다운 광경이다.

軽

12획 車

小3 N3

음독 けい	軽快(けいかい) 경쾌	軽率(けいそつ) 경솔
훈독 かるい·かろやか	気軽(きがる) 소탈함	手軽(てがる) 편리한

의미	
가벼움	軽率(けいそつ)なことをしてしまった。
경솔하다	경솔한 짓을 해버렸다.
가볍게 보다	いつでも気軽(きがる)に来(き)てね。
	언제든 부담갖지 말고 와.

警

19획 言

小6 N2

음독 けい	警告(けいこく) 경고	警察(けいさつ) 경찰
훈독 —	自警(じけい) 자경	夜警(やけい) 야경

의미	
조심하게 하다	警察(けいさつ)の警告(けいこく)を無視(むし)する。
지키다	경찰의 경고를 무시하다.
경찰·경찰관	夜警(やけい)に立(た)つ。
	야경을 서다.

芸

7획 艹

小4 N2

음독 げい	芸術(げいじゅつ) 예술	芸能(げいのう) 예능
훈독 —	演芸(えんげい) 연예	文芸(ぶんげい) 문예

의미	
학문·기술	好(す)きな芸能人(げいのうじん)がいますか。
예술	좋아하는 예능인이 있어요?
식물을 심다	文芸作品(ぶんげいさくひん)を読(よ)む。
	문예작품을 읽다.

劇

15획 刂
小6 N2

음독 げき	劇団(げきだん) 극단　劇的(げきてき) 극적
훈독 —	演劇(えんげき) 연극　悲劇(ひげき) 비극
의미	夢(ゆめ)の劇団(げきだん)に入(はい)る。
	꿈의 극단에 들어가다.
격하다	シェークスピアの4大悲劇(だいひげき)。
연극	셰익스피어의 4대 비극.

激

16획 氵
小6 N1

음독 げき	激化(げきか) 격화　激動(げきどう) 격동
훈독 はげしい	感激(かんげき) 감격　刺激(しげき) 자극
의미	激動(げきどう)の時代(じだい)を生(い)きる。
격하다	격동의 시대에서 살다.
격려하다	刺激的(しげきてき)な味(あじ)を好(この)む。
신속	자극적인 맛을 선호하다.

欠

4획 欠
小4 N2

음독 けつ	欠如(けつじょ) 결여　欠点(けってん) 결점
훈독 かける·かく	病欠(びょうけつ) 병결　不可欠(ふかけつ) 불가결
의미	彼(かれ)は責任感(せきにんかん)が欠如(けつじょ)している。
나오지 않다	그는 책임감이 결여되어 있다.
모자라다	必要不可欠(ひつようふかけつ)だ。
흠	필요불가결하다.

穴

5획 穴
小6 N1

음독 けつ	穴居(けっきょ) 혈거　穴埋(あなう)め 구멍을 메움
훈독 あな	金穴(きんけつ) 금혈　大穴(おおあな) 큰 손해
의미	アルバイトで生活費(せいかつひ)の穴埋(あなう)めをする。
구멍	아르바이트로 생활비를 충당하다.
부족함	大穴(おおあな)をあける。
의외의 일	큰 손해를 보다.

血		
6획 血 小3 N2	음독 けつ 훈독 ち	血圧(けつあつ) 혈압　血筋(ちすじ) 핏줄·혈관 心血(しんけつ) 심혈　鼻血(はなぢ) 코피
	의미 피 핏줄 건강하다	血圧(けつあつ)が高(たか)い。 혈압이 높다. 心血(しんけつ)を注(そそ)ぐ。 심혈을 기울이다.

決		
7획 氵 小3 N2	음독 けつ 훈독 きめる·きまる	決意(けつい) 결의　決定(けってい) 결정 解決(かいけつ) 해결　判決(はんけつ) 판결
	의미 자르다 정하다 기세가 좋다	私(わたし)には決定権(けっていけん)がありません。 저한테는 결정권이 없어요. 事件(じけん)を解決(かいけつ)する。 사건을 해결하다.

結		
12획 糸 小4 N1	음독 けつ 훈독 むすぶ·ゆう·ゆわえる	結果(けっか) 결과　結論(けつろん) 결론 終結(しゅうけつ) 종결　凍結(とうけつ) 동결
	의미 묶다 정리하다 결말·매듭	結果主義(けっかしゅぎ)はよくない。 결과주의는 좋지 않다. 一時的(いちじてき)に資金(しきん)を凍結(とうけつ)する。 일시적으로 자금을 동결하다.

潔		
15획 氵 小5 N1	음독 けつ 훈독 いさぎよい	潔白(けっぱく) 결백　潔癖(けっぺき) 결벽 簡潔(かんけつ) 간결　純潔(じゅんけつ) 순결
	의미 깨끗함 떳떳함	潔白(けっぱく)を主張(しゅちょう)する。 결백을 주장하다. 発表資料(はっぴょうしりょう)を簡潔(かんけつ)にまとめる。 발표자료를 간결하게 정리하다.

月

4획 月
小1 N5

음독 げつ·がつ
훈독 つき

月光(げっこう) 월광　月日(がっぴ) 월일
満月(まんげつ) 만월　正月(しょうがつ) 정월

의미
달
한 달
월요일

ここに生年月日(せいねんがっぴ)を書(か)いてください。
여기에 생년월일을 써주세요.
日本(にほん)のお正月(しょうがつ)は一月一日(いちがつついたち)だ。
일본의 설날은 1월 1일이다.

犬

4획 犬
小1 N3

음독 けん
훈독 いぬ

犬猿(けんえん) 견원　犬掻(いぬか)き 개헤엄
愛犬(あいけん) 애견　子犬(こいぬ) 강아지

의미
개
하찮은 것을 비유

私(わたし)と弟(おとうと)は犬猿(けんえん)の中(なか)だ。
나와 남동생은 견원지간이다.
子犬(こいぬ)を飼(か)っている。
강아지를 키운다.

件

6획 亻
小5 N2

음독 けん
훈독 —

件数(けんすう) 건수　案件(あんけん) 안건
事件(じけん) 사건　用件(ようけん) 용건

의미
사항·사정
사항을 세는 말

窃盗事件(せっとうじけん)の件数(けんすう)が多(おお)い。
절도사건의 건수가 많다.
用件(ようけん)を言(い)う。
용건을 말하다.

見

7획 見
小1 N5

음독 けん
훈독 みる·みえる·みせる

見物(けんぶつ) 구경　見識(けんしき) 견식
意見(いけん) 의견　発見(はっけん) 발견

의미
보다
생각
사람을 만나다

野球(やきゅう)を見物(けんぶつ)する。
야구를 구경하다.
新大陸(しんたいりく)を発見(はっけん)する。
신대륙을 발견하다.

券		
	음독 けん	券面(けんめん) 권면　証券(しょうけん) 증권
	훈독 —	食券(しょっけん) 식권　旅券(りょけん) 여권
	의미	証券会社(しょうけんがいしゃ)に勤(つと)める。
		증권회사에 다니다.
8획　刀	증거문서	旅券写真(りょけんしゃしん)を撮(と)る。
小5　N2	표	여권사진을 찍다.

建		
	음독 けん·こん	建設(けんせつ) 건설　建築(けんちく) 건축
	훈독 たてる·たつ	創建(そうけん) 창건　封建(ほうけん) 봉건
	의미	建設現場(けんせつげんば)で働(はたら)く。
	세우다	건설현장에서 일하다.
9획　廴	처음으로 만들다	寺社(じしゃ)を創建(そうけん)する。
小4　N3	의견을 주장하다	절과 신사를 창건하다.

研		
	음독 けん	研学(けんがく) 연학　研究(けんきゅう) 연구
	훈독 とぐ	研修(けんしゅう) 연수　研磨(けんま) 연마
	의미	研学(けんがく)のために上京(じょうきょう)する。
		학문을 연구하기 위해 상경하다.
9획　石	갈고 닦다	研修旅行(けんしゅうりょこう)に行(い)く。
小3　N3	도리를 다하다	연수여행을 가다.

県		
	음독 けん	県営(けんえい) 현영　県立(けんりつ) 현립
	훈독 —	近県(きんけん) 근현　府県(ふけん) 부현
	의미	県営住宅(けんえいじゅうたく)に住(す)む。
		현영주택에 살다.
9획　目	행정구획의 하나	都道府県(とどうふけん)。
小3　N3		일본 행정 구역의 총칭.(1都, 1道, 2府, 43県)

健

음독 けん	健康(けんこう) 건강	健全(けんぜん) 건전
훈독 すこやか	穏健(おんけん) 온건	保健(ほけん) 보건

의미	예문
튼튼하다	何(なに)よりも健康(けんこう)が第一(だいいち)だ。 무엇보다 건강이 제일이다.
심하다·대단하다	彼(かれ)は穏健派(おんけんは)だ。 그는 온건파다.

11획 亻
小4 N1

険

음독 けん	険悪(けんあく) 험악	険相(けんそう) 험상
훈독 けわしい	危険(きけん) 위험	保険(ほけん) 보험

의미	예문
험상궂다 위험하다 험악하다	険相(けんそう)な面構(つらがま)え。 험상궂은 인상. 保険(ほけん)に加入(かにゅう)する。 보험에 가입하다.

11획 阝
小5 N2

検

음독 けん	検査(けんさ) 검사	検討(けんとう) 검토
훈독 —	送検(そうけん) 송청	探検(たんけん) 탐험

의미	예문
조사하다 단속하다 봉인하다	今日(きょう)は身体検査(しんたいけんさ)がある。 오늘은 신체검사가 있다. 犯人(はんにん)を送検(そうけん)する。 범인을 송청하다.

12획 木
小5 N1

絹

음독 けん	絹糸(けんし) 명주실	絹物(きぬもの) 비단옷
훈독 きぬ	正絹(しょうけん) 순견	人絹(じんけん) 인조 비단

의미	예문
비단 비단으로 짠 것	蚕(かいこ)から絹糸(けんし)を得(え)る。 누에로부터 명주실을 얻다. これは正絹(しょうけん)の着物(きもの)だ。 이것은 순견(비단100%) 기모노다.

13획 糸
小6 N1

權		
15획 木 / 小6 N2	음독 けん·ごん	権利(けんり) 권리　権力(けんりょく) 권력
	훈독	主権(しゅけん) 주권　政権(せいけん) 정권
	의미 힘·권리 계략 임시적	権利(けんり)を行使(こうし)する。 권리를 행사하다. 大学(だいがく)の主権(しゅけん)は学生(がくせい)にある。 대학의 주권은 학생에게 있다.

憲		
16획 心 / 小6 N1	음독 けん	憲兵(けんぺい) 헌병　憲法(けんぽう) 헌법
	훈독 —	違憲(いけん) 위헌　立憲(りっけん) 입헌
	의미 기본법 관리	憲法(けんぽう)を発布(はっぷ)する。 헌법을 공포하다. 立憲主義(りっけんしゅぎ)国家(こっか)。 입헌주의 국가.

驗		
18획 馬 / 小4 N3	음독 けん·げん	験算(けんざん) 검산　験直し(げんなおし) 액막이
	훈독 —	試験(しけん) 시험　体験(たいけん) 체험
	의미 효과 시험하다	今月(こんげつ)の支出(ししゅつ)を験算(けんざん)して確(たし)かめる。 이번 달 지출을 검산해서 확인하다. 今日(きょう)は漢字(かんじ)の試験(しけん)がある。 오늘은 한자시험이 있다.

元		
4획 儿 / 小2 N3	음독 げん·がん	元気(げんき) 활발·건강한 모양　次元(じげん) 차원
	훈독 もと	元手(もとで) 자본　身元(みもと) 신원
	의미 근본 시작 머리	彼女(かのじょ)はいつも元気(げんき)だ。 그녀는 항상 활발하다. 身元(みもと)が不明(ふめい)な人(ひと)。 신원이 불명한 사람.

言

7획 言 / 小2 N4		
음독	げん·ごん	言語(げんご) 언어　名言(めいげん) 명언
훈독	いう·こと	言葉(ことば) 말　遺言(ゆいごん) 유언
의미	말	世界(せかい)の言語(げんご)は少(すく)なくなりつつある。 세계의 언어는 적어지고 있다.
	말하다·이야기하다	父(ちち)の遺言通(ゆいごんどお)り、家(いえ)を処分(しょぶん)した。 아버지의 유언대로 집을 처분했다.

限

9획 阝 / 小5 N2		
음독	げん	限定(げんてい) 한정　限度(げんど) 한도
훈독	かぎる	制限(せいげん) 제한　門限(もんげん) 통금
의미	경계·단락	この商品(しょうひん)は春限定(はるげんてい)の品物(しなもの)です。 이 상품은 봄 한정 상품입니다.
	단락 짓다	息子(むすこ)に門限(もんげん)をつける。 아들에게 통금시간을 정하다.

原

10획 厂 / 小2 N2		
음독	げん	原因(げんいん) 원인　原理(げんり) 원리
훈독	はら	野原(のはら) 들판　河原(かわら) 강가의 모래밭
의미	빈 터·들	事件(じけん)の原因(げんいん)を探(さぐ)る。 사건의 원인을 조사하다.
	기원·원인	昔(むかし)は野原(のはら)で遊(あそ)んでいる子供(こども)がよく見(み)られた。 옛날에는 들판에서 노는 아이를 자주 볼 수 있었다.

現

11획 王 / 小5 N2		
음독	げん	現在(げんざい) 현재　現場(げんば) 현장
훈독	あらわれる·あらわす	実現(じつげん) 실현　表現(ひょうげん) 표현
의미	나타나다	現在(げんざい)に充実(じゅうじつ)したい。 현재에 충실하고 싶다.
	지금·실제로 있다	文章(ぶんしょう)の表現力(ひょうげんりょく)がいい。 문장 표현력이 좋다.

減	음독 げん 훈독 へる·へらす	減少(げんしょう) 감소　減退(げんたい) 감퇴 加減(かげん) 가감　増減(ぞうげん) 증감
12획 氵 小5　N2	의미 줄다·적게 하다 뺄셈	食欲(しょくよく)が減退(げんたい)する。 식욕이 감퇴하다. いい加減(かげん)にしなさい。 적당히 좀 해라.

源	음독 げん 훈독 みなもと	源泉(げんせん) 원천　源流(げんりゅう) 원류 語源(ごげん) 어원　資源(しげん) 자원
13획 氵 小6　N1	의미 수원 일의 시작	源泉(げんせん)かけ流(なが)しの温泉(おんせん)。 원천수를 계속 탕에 채우고 흘려보내는 온천. 人的資源(じんてきしげん)を開発(かいはつ)する。 인적자원을 개발하다.

厳	음독 げん·ごん 훈독 おごそか·きびしい	厳重(げんじゅう) 엄중　厳密(げんみつ) 엄밀 尊厳(そんげん) 존엄　冷厳(れいげん) 냉엄
17획 ツ 小6　급수 외	의미 엄숙함 엄격하다	厳重(げんじゅう)な処罰(しょばつ)を受(う)ける。 엄중한 처벌을 받다. 彼女(かのじょ)の冷厳(れいげん)な態度(たいど)にみんな驚(おどろ)いた。 그녀의 냉엄한 태도에 모두 놀랐다.

己	음독 こ·き 훈독 おのれ	己心(こしん) 기심　己身(こしん) 기신 自己(じこ) 자기　知己(ちき) 지기
3획 己 小6　N1	의미 자기 자신 십간의 여섯 번째	彼(かれ)は利己心(りこしん)の強(つよ)い人(ひと)だ。 그는 이기심이 강한 사람이다. 自己中心的(じこちゅうしんてき)な考(かんが)え方(かた)。 자기 중심적인 사고방식.

戸

4획 戸
小2 N2

음독 こ 훈독 と	戸主(こしゅ) 호주　戸籍(こせき) 호적 門戸(もんこ) 문호　雨戸(あまど) 덧문
의미 문 집 집을 세는 말	戸籍(こせき)に名前(なまえ)を載(の)せる。 호적에 이름을 올리다. 門戸(もんこ)を開(ひら)く。 문호를 개방하다.

古

5획 口
小2 N5

음독 こ 훈독 ふるい·ふるす	古代(こだい) 고대　古典(こてん) 고전 古着(ふるぎ) 헌옷　懐古(かいこ) 회고
의미 오래되다 옛날	古典(こてん)を読(よ)むのは楽(たの)しい。 고전을 읽는 것은 즐겁다. 彼(かれ)はよく古着屋(ふるぎや)で服(ふく)を買(か)う。 그는 자주 헌옷가게에서 옷을 산다.

呼

8획 口
小6 N2

음독 こ 훈독 よぶ	呼応(こおう) 호응　呼(よ)び捨(す)て 경칭 없이 이름을 부름 称呼(しょうこ) 칭호　点呼(てんこ) 점호
의미 숨을 내쉬다 부르다 명명하다	呼(よ)び捨(す)てでいいよ。 이름으로 불러도 돼. 人員(じんいん)を点呼(てんこ)する。 인원점호를 하다.

固

8획 囗
小4 N2

음독 こ 훈독 かためる·かたまる·かたい	固定(こてい) 고정　固有(こゆう) 고유 頑固(がんこ) 완고　断固(だんこ) 단호
의미 딱딱하다 완고함 원래	各国(かっこく)にはその国(くに)の固有(こゆう)の文化(ぶんか)がある。 각국에는 그 나라 고유의 문화가 있다. 断固(だんこ)とした態度(たいど)を取(と)る。 단호한 태도를 취하다.

故

9획 攵
小5 N1

음독 こ	故国(ここく) 고국　故障(こしょう) 고장
훈독 ゆえ	事故(じこ) 사고　世故(せこ) 세상 물정
의미	故国(ここく)に戻(もど)る。
사정·형편	고국으로 돌아가다.
옛날 일	世故(せこ)に暗(くら)い。
일부러	세상 물정에 어둡다.

個

10획 亻
小5 N2

음독 こ	個人(こじん) 개인　個性(こせい) 개성
훈독 —	好個(こうこ) 적당함　別個(べっこ) 별개
의미	個人的(こじんてき)に連絡(れんらく)する。
	개인적으로 연락하다.
한 개·한사람	好個(こうこ)の見本(みほん)。
물건을 세는 말	적당한 견본.

庫

10획 广
小3 N2

음독 こ·く	庫裏(くり) 절의 부엌　在庫(ざいこ) 재고
훈독 —	書庫(しょこ) 서고　倉庫(そうこ) 창고
의미	在庫(ざいこ)を処分(しょぶん)することにした。
	재고를 처분하기로 했다.
물건을 넣어두는	暑(あつ)くなったから、倉庫(そうこ)から扇風機(せんぷうき)を出(だ)した。
(간직하는) 곳	더워져서 창고에서 선풍기를 꺼냈다.

湖

12획 氵
小3 N2

음독 こ	湖岸(こがん) 호숫가　湖水(こすい) 호수
훈독 みずうみ	塩湖(えんこ) 염호　淡水湖(たんすいこ) 담수호
의미	湖水(こすい)があるキャンパス。
	호수가 있는 캠퍼스.
호수	死海(しかい)は塩湖(えんこ)だとも言(い)われる。
	사해는 염호라고도 한다.

五

4획 二
小1 N4

음독 ご
훈독 いつ·いつつ

五感(ごかん) 오감　五色(ごしき) 오색
七五三(しちごさん) 시치고산 행사　十五夜(じゅうごや) 십오야

의미
다섯

五感(ごかん)を刺激(しげき)する。
오감을 자극하다.

日本(にほん)には七五三(しちごさん)という子供(こども)たちの成長(せいちょう)を祝(いわ)う行事(ぎょうじ)がある。
일본에는 시치고산이라고 하는 아이들의 성장을 축하하는 행사가 있다.

午

4획 十
小2 N4

음독 ご
훈독 —

午後(ごご) 오후　午前(ごぜん) 오전
正午(しょうご) 정오　端午(たんご) 단오

의미
12지신의 7번째·말
한낮
남쪽

午前(ごぜん)の授業(じゅぎょう)を受(う)けると、一日(いちにち)が長(なが)く感(かん)じられる。
오전수업을 들으면 하루가 길게 느껴진다.

正午(しょうご)に会(あ)いましょう。
정오에 만납시다.

後

9획 彳
小2 N4

음독 ご·こう
훈독 のち·うしろ·あと·おくれる

後悔(こうかい) 후회　後輩(こうはい) 후배
最後(さいご) 최후　老後(ろうご) 노후

의미
뒤·나중
늦다

後悔(こうかい)のない人生(じんせい)を生(い)きる。
후회없는 인생을 살다.

彼女(かのじょ)の最後(さいご)は悲惨(ひさん)だった。
그녀의 최후는 비참했다.

語

14획 言
小2 N4

음독 ご
훈독 かたる·かたらう

語学(ごがく) 어학　語法(ごほう) 어법
熟語(じゅくご) 숙어　物語(ものがたり) 이야기

의미
말
말하다·이야기하다

謝(あやま)った語法(ごほう)。
틀린 어법.

熟語(じゅくご)を覚(おぼ)える。
숙어를 외우다.

誤

14획 言
小6 N2

음독 ご 훈독 あやまる	誤解(ごかい) 오해 誤訳(ごやく) 오역 過誤(かご) 과오 錯誤(さくご) 착오
의미 틀리다 잘못됨	お互(たが)いの誤解(ごかい)を解(と)く。 서로의 오해를 풀다. 錯誤(さくご)を犯(おか)す。 착오를 범하다.

護

20획 言
小5 N1

음독 ご 훈독 —	護衛(ごえい) 호위 護身(ごしん) 호신 弁護(べんご) 변호 保護(ほご) 보호
의미 지키다	護身術(ごしんじゅつ)を学(まな)ぶ。 호신술을 배우다. 将来(しょうらい)の夢(ゆめ)は弁護士(べんごし)になることです。 장래 희망은 변호사가 되는 것입니다.

口

3획 口
小1 N5

음독 こう·く 훈독 くち	口頭(こうとう) 구두 口伝(くでん) 구전 人口(じんこう) 인구 手口(てぐち) 수법
의미 입 출입하는 곳 말하다	口頭契約(こうとうけいやく)を結(むす)ぶ。 구두계약을 맺다. 犯人(はんにん)の手口(てぐち)を把握(はあく)した。 범인의 수법을 파악했다.

工

3획 工
小2 N3

음독 こう·く 훈독 —	工業(こうぎょう) 공업 工事(こうじ) 공사 加工(かこう) 가공 人工(じんこう) 인공
의미 물건을 만들다 물건을 만드는 사람	この道(みち)は工事中(こうじちゅう)だ。 이 길은 공사 중이다. 加工品(かこうひん)を買(か)う。 가공품을 사다.

公

음독 こう	公開(こうかい) 공개　公私(こうし) 공사
훈독 おおやけ	公式(こうしき) 공식　主人公(しゅじんこう) 주인공
의미	生放送(なまほうそう)で公開(こうかい)する。
관청	생방송에서 공개하다.
사회 일반	小説(しょうせつ)の主人公(しゅじんこう)になる想像(そうぞう)をする。
기울지 않다	소설의 주인공이 되는 상상을 하다.

4획 八
小2 N1

功

음독 こう·く	功績(こうせき) 공적　功利(こうり) 공리
훈독 —	勲功(くんこう) 훈공　成功(せいこう) 성공
의미	功利主義的(こうりしゅぎてき)な考(かんが)えは危(あぶ)ない。
	공리주의적 생각은 위험하다.
공훈	成功事例(せいこうじれい)を教(おし)えてください。
효과	성공사례를 알려주세요.

5획 力
小4 N1

広

음독 こう	
훈독 ひろい·ひろまる·ひろめる·ひろがる·ひろげる	広域(こういき) 광역　広告(こうこく) 광고 末広(すえひろ) 끝이 퍼져감　幅広(はばひろ) 폭이 넓음
의미	広告(こうこく)を見(み)てこの商品(しょうひん)を買(か)いに来(き)ました。
	광고를 보고 이 상품을 사러 왔습니다.
넓다	幅広(はばひろ)い経験(けいけん)をする。
넓히다	폭넓은 경험을 하다.

5획 广
小2 N3

交

음독 こう	
훈독 まじわる·まじえる·まじる·まざる·まぜる·かう·かわす	交換(こうかん) 교환　交通(こうつう) 교통 外交(がいこう) 외교　社交(しゃこう) 사교
의미	不良品(ふりょうひん)を交換(こうかん)する。
서로 어울리다	불량품을 교환하다.
사귀다	社交的(しゃこうてき)な性格(せいかく)。
교대로	사교적인 성격.

6획 亠
小2 N2

光		
6획 儿 小2 N3	음독 こう 훈독 ひかる·ひかり	光陰(こういん) 세월　光明(こうみょう) 광명 栄光(えいこう) 영광　観光(かんこう) 관광
	의미 빛나다 빛 명예	光陰(こういん)やのごとし。 세월은 화살같다. 栄光(えいこう)を得(え)る。 영광을 얻다.

向		
6획 口 小3 N2	음독 こう 훈독 むく·むける· むかう·むこう	向後(こうご) 향후　向上(こうじょう) 향상 傾向(けいこう) 경향　方向(ほうこう) 방향
	의미 향하다 방향	日本語能力(にほんごのうりょく)が向上(こうじょう)する。 일본어능력이 향상하다. 方向感覚(ほうこうかんかく)が優(すぐ)れている人(ひと)。 방향감각이 뛰어난 사람.

后		
6획 口 小6 N4	음독 こう 훈독 —	后王(こうおう) 후왕　后宮(こうぐう) 황후궁 皇太后(こうたいごう) 황태후　太皇太后(たいこうたいごう) 태황태후
	의미 황후	皇太后(こうたいごう)は天皇(てんのう)の母(はは)であり、太皇太后(たいこうたいごう)は祖母(そぼ)である。 황태후는 천황의 어머니이고, 태황태후는 조모이다.

好		
6획 女 小4 N3	음독 こう 훈독 このむ·すく	好意(こうい) 호의　好感(こうかん) 호감 友好(ゆうこう) 우호　良好(りょうこう) 양호
	의미 선호하다·좋아하다 딱 좋음 사이가 좋다	お互(たが)いに好感(こうかん)を持(も)っている。 서로 호감을 가지고 있다. 友好的(ゆうこうてき)な態度(たいど)を見(み)せる。 우호적인 태도를 보이다.

考

考		
음독 こう	考察(こうさつ) 고찰	考慮(こうりょ) 고려
훈독 かんがえる	参考(さんこう) 참고	思考(しこう) 사고
의미	考慮(こうりょ)に入(い)れる。 고려하다.	
생각하다 조사하다	論文(ろんぶん)を参考(さんこう)する。 논문을 참고하다.	
6획 耂 小2 N3		

行

行		
음독 こう·ぎょう·あん	行為(こうい) 행위	行動(こうどう) 행동
훈독 いく·ゆく·おこなう	実行(じっこう) 실행	旅行(りょこう) 여행
의미 가다	単独行動(たんどくこうどう)が多(おお)い人(ひと)は自己中心的(じこちゅうしんてき)なのか。 단독행동이 많은 사람은 자기 중심적인 것인가.	
행하다 문자의 열	命令(めいれい)を実行(じっこう)する。 명령을 실행하다.	
6획 行 小2 N5		

孝

孝		
음독 こう	孝心(こうしん) 효심	孝道(こうどう) 효도
훈독 —	忠孝(ちゅうこう) 충효	不孝(ふこう) 불효
의미	孝心(こうしん)が深(ふか)い娘(むすめ)。 효심이 깊은 딸.	
부모를 소중히 여김	親不孝者(おやふこうもの)。 불효자	
7획 子 小6 N1		

効

効		
음독 こう	効果(こうか) 효과	効率(こうりつ) 효율
훈독 きく	発効(はっこう) 발효	有効(ゆうこう) 유효
의미	効果的(こうかてき)な方法(ほうほう)を選(えら)ぶ。 효과적인 방법을 택하다.	
효과	有効(ゆうこう)な手段(しゅだん)を選(えら)ぶ。 유효한 수단을 택하다.	
8획 力 小5 N2		

幸

8획 干
小3 N2

음독 こう 훈독 さいわい·さち·しあわせ	幸運(こううん) 행운　幸福(こうふく) 행복 多幸(たこう) 다행　不幸(ふこう) 불행
의미 행복 천황의 외출	幸福(こうふく)を願(ねが)う。 행복을 바라다. 不幸中(ふこうちゅう)の幸(さいわい)。 불행 중 다행.

厚

9획 厂
小5 N4

음독 こう 훈독 あつい	厚顔(こうがん) 뻔뻔스러움　厚着(あつぎ) 옷을 껴입음 重厚(じゅうこう) 중후　濃厚(のうこう) 농후
의미 두껍다 극진하다 풍부하게 하다	厚着(あつぎ)して出(で)かける。 옷을 껴입고 나가다. このプリンは濃厚(のうこう)な味(あじ)が最高(さいこう)だ。 이 푸딩은 농후한 맛이 최고다.

皇

9획 白
小6 N1

음독 こう·おう 훈독 —	皇位(こうい) 황위　皇帝(こうてい) 황제 皇族(こうぞく) 황족　天皇(てんのう) 천황
의미 황제 천황	皇位(こうい)を継承(けいしょう)する。 황위를 계승하다. ここが皇族(こうぞく)が泊(とま)ったホテルだ。 여기가 황족이 머문 호텔이다.

紅

9획 糸
小6 N2

음독 こう·く 훈독 べに·くれない	紅茶(こうちゃ) 홍차　紅葉(こうよう) 단풍 深紅(しんく) 심홍(진홍색)　口紅(くちべに) 립스틱
의미 다홍·주홍색 화장용 연지	紅葉(こうよう)の山(やま)。 단풍이 든 산. 口紅(くちべに)を塗(ぬ)る。 립스틱을 바르다.

候

10획 亻

小4 N4

음독 こう	候鳥(こうちょう) 철새　　候補(こうほ) 후보
훈독 そうろう	気候(きこう) 기후　　居候(いそうろう) 식객
의미	候補(こうほ)に上(あ)がる。
기다리다	후보에 오르다.
일의 상황	韓国(かんこく)は大陸性(たいりくせい)気候(きこう)で、日本(にほん)は海洋性(かいようせい)気候(きこう)である。
기회를 살피다	한국은 대륙성 기후고, 일본은 해양성 기후다.

校

10획 木

小1 N5

음독 こう	校長(こうちょう) 교장　　校門(こうもん) 교문
훈독 —	学校(がっこう) 학교　　登校(とうこう) 등교
의미	校長先生(こうちょうせんせい)の訓話(くんわ)を聞(き)く。
	교장선생님의 훈화를 듣다.
학교	具合(ぐあい)が悪(わる)くて、遅(おそ)く登校(とうこう)してしまった。
조사하다·비교하다	몸이 안 좋아서 늦게 등교해 버렸다.

耕

10획 耒

小5 N2

음독 こう	耕作(こうさく) 경작　　耕地(こうち) 경지
훈독 たがやす	帰耕(きこう) 귀경　　農耕(のうこう) 농경
의미	共同耕作(きょうどうこうさく)する。
	공동경작하다.
(논밭을)갈다	最近(さいきん)、帰耕(きこう)する若者(わかもの)が多(おお)くなった。
일해서 생활하다	최근 귀농하는 젊은이가 많아졌다.

航

10획 舟

小4 N2

음독 こう	航海(こうかい) 항해　　航路(こうろ) 항로
훈독 —	運航(うんこう) 운항　　密航(みっこう) 밀항
의미	航路(こうろ)を変(か)える。
	항로를 바꾸다.
배로 항해하다	密航(みっこう)を計画(けいかく)する。
비행기로 비행하다	밀항을 계획하다.

降		
	음독 こう 훈독 おりる·おろす·ふる	降下(こうか) 강하(하강) 降伏(こうふく) 항복 以降(いこう) 이후 昇降(しょうこう) 승강
	의미 내리다 하늘에서 내리다 져서 따르다	敵(てき)に降伏(こうふく)する。 적에게 항복하다. 卒業(そつぎょう)以降(いこう)、彼(かれ)にはもう会(あ)えなかった。 졸업 이후, 그를 다시 만날 수 없었다.
10획 阝 小6 N2		

高		
	음독 こう 훈독 たかい·たか·たかまる·たかめる	高熱(こうねつ) 고열 高値(たかね) 고가 最高(さいこう) 최고 残高(ざんだか) 잔고
	의미 높다 정도가 높음 고상하다	高熱(こうねつ)を出(だ)して苦(くる)しむ。 고열을 내며 괴로워하다. 残高(ざんだか)を確認(かくにん)する。 잔고를 확인하다.
10획 高 小2 N4		

康		
	음독 こう 훈독 —	安康(あんこう) 안강 健康(けんこう) 건강 小康(しょうこう) 소강 清康(せいこう) 청강
	의미 편안함 몸이 건강한	国家(こっか)の安康(あんこう)を願(ねが)う。 국가의 안강을 바라다. 小康(しょうこう)を得(え)る。 소강을 얻다.
11획 广 小4 N1		

黄		
	음독 こう·おう 훈독 き	黄泉(こうせん) 황천 硫黄(いおう) 유황 黄金(おうごん) 황금 浅黄(あさぎ) 연노랑
	의미 황 노랑	硫黄(いおう)が燃(も)える臭(にお)いがする。 유황이 타는 냄새가 난다. 浅黄色(あさぎいろ)の着物(きもの)。 연노랑색의 기모노.
11획 黄 小2 N2		

港

12획 氵
小3 N2

음독 こう
훈독 みなと

港口(こうこう) 항구　港湾(こうわん) 항만
空港(くうこう) 공항　出港(しゅっこう) 출항

의미
항구

港口(こうこう)に船(ふね)が入(はい)る。
항구에 배가 들어오다.

インチョン空港(くうこう)はとても広(ひろ)い。
인천공항은 매우 넓다.

鉱

13획 金
小5 N2

음독 こう
훈독 —

鉱山(こうざん) 광산　鉱物(こうぶつ) 광물
金鉱(きんこう) 금광　炭鉱(たんこう) 탄광

의미
캐낸 상태에서
가공하지 않은 금속

鉱物(こうぶつ)を掘(ほ)り出(だ)す。
광물을 캐내다.

昔(むかし)は炭鉱(たんこう)労働者(ろうどうしゃ)が多(おお)かった。
옛날에는 탄광노동자가 많았다.

構

14획 木
小5 N2

음독 こう
훈독 かまえる·かまう

構成(こうせい) 구성　構造(こうぞう) 구조
機構(きこう) 기구　結構(けっこう) 꽤

의미
조립·구성하다
둘러쌈

学生会(がくせいかい)を構成(こうせい)する。
학생회를 구성하다.

小(ちい)さな店(みせ)だけど、お客(きゃく)は結構(けっこう)来(く)るんですよ。
작은 가게지만 손님이 꽤 온답니다.

興

16획 臼
小5 N1

음독 こう·きょう
훈독 おこる·おこす

興行(こうぎょう) 흥행　興味(きょうみ) 흥미
新興(しんこう) 신흥　遊興(ゆうきょう) 유흥

의미
흥하게 하다
재미있다

子供(こども)のころから日本語(にほんご)に興味(きょうみ)がありました。
어렸을 때부터 일본어에 흥미가 있었습니다.

新興勢力(しんこうせいりょく)が登場(とうじょう)する。
신흥세력이 등장하다.

鋼

16획 金
小6 N1

음독 こう	鋼橋(こうきょう) 강철교 鋼製(こうせい) 강철제
훈독 はがね	硬鋼(こうこう) 경강 鉄鋼(てっこう) 철강
의미	鋼製(こうせい)の機械(きかい)を作(つく)る。
	강철제 기계를 만들다.
강철	鉄鋼業(てっこうぎょう)が発達(はったつ)した町(まち)。
단단하게 만든 철	철강업이 발달한 마을.

講

17획 言
小5 N2

음독 こう	講座(こうざ) 강좌 講読(こうどく) 강독
훈독 —	開講(かいこう) 개강 補講(ほこう) 보강
의미	日本語(にほんご)を講読(こうどく)する授業(じゅぎょう)。
설명하다	일본어를 강독하는 수업.
배우다	来週(らいしゅう)、補講授業(ほこうじゅぎょう)を行(おこな)います。
화해하다	다음 주에 보강수업을 하겠습니다.

号

5획 口
小3 N2

음독 ごう	号音(ごうおん) 신호소리 号令(ごうれい) 호령
훈독 —	暗号(あんごう) 암호 番号(ばんごう) 번호
의미	号音(ごうおん)と共(とも)に陸上選手(りくじょうせんしゅ)たちが走(はし)り始(はじ)めた。
큰소리로 울다	신호소리와 함께 육상선수들이 달리기 시작했다.
신호	電話番号(でんわばんごう)を教(おし)えてください。
통명	전화번호를 알려 주세요.

合

6획 口
小2 N3

음독 ごう·がっ·かっ	合意(ごうい) 합의 合格(ごうかく) 합격
훈독 あう·あわす·あわせる	結合(けつごう) 결합 適合(てきごう) 적합
의미	入学試験(にゅうがくしけん)に合格(ごうかく)する。
맞추다	입학시험에 합격하다.
합해지다	条件(じょうけん)に適合(てきごう)する。
10분의 1	조건에 적합하다.

告

7획 口

小4 N2

음독 こく
훈독 つげる

告白(こくはく) 고백　告別(こくべつ) 고별
申告(しんこく) 신고　忠告(ちゅうこく) 충고

의미
고하다·알리다
고소하다

罪(つみ)を告白(こくはく)する。
죄를 고백하다.
先輩(せんぱい)として忠告(ちゅうこく)する。
선배로서 충고하다.

谷

7획 谷

小2 N2

음독 こく
훈독 たに

谷川(たにがわ)골짜기를 흐르는 계곡　谷間(たにま) 골짜기
峡谷(きょうこく) 협곡　空谷(くうこく) 빈 골짜기

의미
골짜기

谷間(たにま)の村(むら)で育(そだ)った。
골짜기 마을에서 자랐다.
険(けわ)しい峡谷(きょうこく)を通(とお)る。
험한 협곡을 지나다.

刻

8획 刂

小6 N2

음독 こく
훈독 きざむ

刻印(こくいん) 각인　刻々(こっこく) 시시각각
深刻(しんこく) 심각　遅刻(ちこく) 지각

의미
새기다
엄격하다
시간

刻々(こっこく)と変(か)わる。
시시각각으로 변하다.
事態(じたい)が深刻(しんこく)になる。
사태가 심각해지다.

国

8획 口

小2 N5

음독 こく
훈독 くに

国際(こくさい) 국제　国民(こくみん) 국민
帰国(きこく) 귀국　母国(ぼこく) 모국

의미
나라·영지
고향

国際交流(こくさいこうりゅう)が活発(かっぱつ)になる。
국제교류가 활발해지다.
来月(らいげつ)に帰国(きこく)します。
다음 달에 귀국합니다.

黒

11획 黒
小2 N3

음독 こく	黒衣(こくい) 흑의	黒幕(くろまく) 흑막
훈독 くろ·くろい	暗黒(あんこく) 암흑	白黒(しろくろ) 흑백

의미	
검은색	事件(じけん)の黒幕(くろまく)を明(あ)かす。
어두움	사건의 흑막을 밝히다.
바르지 않음	白黒映画(しろくろえいが)だけの魅力(みりょく)がある。
	흑백영화만의 매력이 있다.

穀

14획 禾
小6 N1

음독 こく	穀倉(こくそう) 곡창	穀物(こくもつ) 곡물
훈독 —	雑穀(ざっこく) 잡곡	米穀(べいこく) 미곡

의미	
	穀物(こくもつ)を輸出(ゆしゅつ)する。
	곡물을 수출하다.
논밭에서 기른	最近(さいきん)、雑穀(ざっこく)の需要(じゅよう)が増(ふ)えた。
식용 식물	최근 잡곡의 수요가 늘어났다.

骨

10획 骨
小6 N2

음독 こつ	骨折(こっせつ) 골절	骨身(ほねみ) 뼈와 살
훈독 ほね	遺骨(いこつ) 유골	小骨(こぼね) 잔가시

의미	
뼈	骨身(ほねみ)を削(けず)る。
사물의 중심·중추	뼈와 살을 깎으며 노력하다
몸	戦争時代(せんそうじだい)の遺骨(いこつ)が発見(はっけん)された。
	전쟁시대의 유골이 발견되었다.

今

4획 人
小2 N5

음독 こん·きん	今度(こんど) 이번·다음	現今(げんこん) 현재
훈독 いま	今日(きょう) 오늘	今朝(けさ) 오늘 아침

의미	
지금·현재	また今度(こんど)会(あ)いましょう。
이번	다음에 또 봐요.
곧	今朝(けさ)大雨(おおあめ)が降(ふ)った。
	오늘 아침 비가 많이 내렸다.

困

7획 口

小6 N2

음독 こん	困難(こんなん) 곤란 / 困惑(こんわく) 곤혹
훈독 こまる	窮困(きゅうこん) 곤궁 / 貧困(ひんこん) 빈곤
의미	無理(むり)を言(い)う客(きゃく)が来(き)て、困難(こんなん)だ。 진상 손님이 와서 곤란하다.
곤란하다 괴로워하다	貧困(ひんこん)との闘(たたか)い。 빈곤과의 싸움.

根

10획 木

小3 N2

음독 こん	根拠(こんきょ) 근거 / 根本(こんぽん) 근본
훈독 ね	禍根(かこん) 화근 / 無根(むこん) 무근
의미 초목의 뿌리	根本的(こんぽんてき)に間違(まちが)う。 근본적으로 틀리다.
사물의 근본 원래 가지고 있는 성질	噂(うわさ)の内容(ないよう)は事実(じじつ)無根(むこん)だ。 소문의 내용은 사실무근이다.

混

11획 氵

小5 N4

음독 こん	混合(こんごう) 혼합 / 混雑(こんざつ) 혼잡
훈독 まじる·まざる·まぜる·こむ	混同(こんどう) 혼동 / 混乱(こんらん) 혼란
의미	市場(いちば)が混雑(こんざつ)している。 시장이 혼잡하다.
섞다·섞이다 깔끔하지 못한 모양	漢字(かんじ)を混同(こんどう)する。 한자를 혼동하다.

左

5획 工

小1 N5

음독 さ	左折(させつ) 좌회전 / 左右(さゆう) 좌우
훈독 ひだり	証左(しょうさ) 증거 / 右左(みぎひだり) 좌우·반대
의미 왼쪽	この面接(めんせつ)が合格(ごうかく)を左右(さゆう)する。 이 면접이 합격을 좌우한다.
증거 급진파(좌파)	証左(しょうさ)を求(もと)める。 증거를 요구하다.

査	음독 さ 훈독 —	査察(ささつ) 사찰	査定(さてい) 사정
		検査(けんさ) 검사	調査(ちょうさ) 조사
9획 木 小5 N2	의미 조사하다 잘 보고 밝히다	民間人(みんかんじん)を査察(ささつ)する。 민간인을 사찰하다. 組織(そしき)検査(けんさ)を受(う)ける。 조직검사를 받다.	

砂	음독 さ·しゃ 훈독 すな	砂丘(さきゅう) 사구	砂漠(さばく) 사막
		白砂(はくさ) 백사	土砂(どしゃ) 토사
9획 石 小6 N2	의미 모래 모래같이 작은 알	砂漠(さばく)に行(い)ったことがありますか。 사막에 가본 적 있어요? 白砂(はくさ)の海岸(かいがん)を歩(ある)く。 백사장이 깔린 해안을 걷다.	

差	음독 さ 훈독 さす	差異(さい) 차이	差別(さべつ) 차별
		格差(かくさ) 격차	時差(じさ) 시차
10획 工 小4 N2	의미 차이 차감 조금	差別(さべつ)を受(う)ける。 차별받다. 韓国(かんこく)と日本(にほん)は時差(じさ)がない。 한국과 일본은 시차가 없다.	

座	음독 ざ 훈독 すわる	座席(ざせき) 좌석	座談(ざだん) 좌담
		正座(せいざ) 정좌	即座(そくざ) 즉석
10획 广 小6 N2	의미 앉는 위치 사람들의 모임 앉다	今回(こんかい)のイベントは座席(ざせき)が指定(してい)されています。 이번 행사에서는 좌석이 지정되어 있습니다. 即座(そくざ)に断(ことわ)る。 앉은 자리에서 거절하다.	

才

3획 扌

小2 N2

음독 さい	才覚(さいかく) 재치　才能(さいのう) 재능
훈독 —	英才(えいさい) 영재　天才(てんさい) 천재
의미	文学的才能(ぶんがくてきさいのう)がある。
태어나면서 가지고	문학적 재능이 있다.
있는 능력	漢字(かんじ)の天才(てんさい)になりたい。
歳(さい)(연령)의 약자	한자 천재가 되고 싶다.

再

6획 冂

小5 N2

음독 さい·さ	再会(さいかい) 재회　再現(さいげん) 재현
훈독 ふたたび	再考(さいこう) 재고　再々(さいさい) 여러 번
의미	同窓会(どうそうかい)で旧友(きゅうゆう)と再会(さいかい)する。
	동창회에서 옛 친구와 재회하다.
다시	再考(さいこう)の余地(よち)はない。
두 번	재고의 여지가 없다.

災

7획 火

小5 N1

음독 さい	災害(さいがい) 재해　災難(さいなん) 재난
훈독 わざわい	火災(かさい) 화재　震災(しんさい) 지진
의미	自然災害(しぜんさいがい)に対(たい)する対策(たいさく)が必要(ひつよう)だ。
	자연재해에 대한 대책이 필요하다.
재앙	東日本大震災(ひがしにほんだいしんさい)から数年(すうねん)が経(た)った。
자연에 의한 재해	동일본 대지진 이후로 수년이 지났다.

妻

8획 女

小5 N2

음독 さい	妻君(さいくん) 아내　妻戸(つまど) 여닫이문
훈독 つま	愛妻(あいさい) 애처　夫妻(ふさい) 부부
의미	妻戸(つまど)を開(あ)ける。
	여닫이문을 열다.
아내	夫妻同伴(ふさいどうはん)のパーティーに行(い)く。
	부부동반 파티에 가다.

採

11획 扌 / 小5 N2	음독 さい 훈독 とる	採取 채취　採点 채점 採用 채용　伐採 벌채
	의미 손에 잡다 주워 모으다 골라 잡다	厳しく採点する。 엄하게 채점하다. 樹木を伐採する。 수목을 벌채하다.

済

11획 氵 / 小6 N2	음독 さい 훈독 すむ·すます	済生 목숨을 구함　済世 세상을 구함 救済 구제　経済 경제
	의미 돕다 살다·살게 하다 많이 홍하는 모습	済世救民。 제세구민. 経済的な生活。 경제적인 생활

祭

11획 示 / 小3 N2	음독 さい 훈독 まつる·まつり	祭事 제사　祭典 제전 祝祭 축제　文化祭 문화제
	의미 신에게 제사 지내다 행사	おごそかに祭事を行う。 엄숙하게 제사를 지내다. 学園祭が始まった。 학교 축제가 시작됐다.

細

11획 糸 / 小2 N2	음독 さい 훈독 ほそい·ほそる こまか·こまかい	細部 세부　細密 세밀 詳細 상세·자세한 내용　微細 미세
	의미 가늘다 미세하다 자세하다	細部的な内容まで検討する。 세부적인 내용까지 검토하다. 詳細は後で聞きます。 자세한 내용은 나중에 듣겠습니다.

菜

11획 艹

小4 N3

음독 さい

훈독 な

菜園(さいえん) 채소밭　菜食(さいしょく) 채식

野菜(やさい) 야채　青菜(あおな) 푸른 채소

의미

나물

따서 식용으로 먹는 풀

반찬

菜食(さいしょく)する人(ひと)が増(ふ)えている。

채식하는 사람이 늘어나고 있다.

子供(こども)に野菜(やさい)を食(た)べさせる。

아이에게 야채를 먹게 하다.

最

12획 日

小4 N2

음독 さい

훈독 もっとも

最悪(さいあく) 최악　最高(さいこう) 최고

最終(さいしゅう) 최종　最初(さいしょ) 최초

의미

가장

제일

最悪(さいあく)のシナリオ。

최악의 시나리오.

最終的(さいしゅうてき)に確認(かくにん)する。

최종적으로 확인하다.

裁

12획 衣

小6 N1

음독 さい

훈독 たつ·さばく

裁判(さいばん) 재판　裁量(さいりょう) 재량

決裁(けっさい) 결재　体裁(ていさい) 체재

의미

재판하다

천을 자르다

형태

裁判所(さいばんしょ)の決定(けってい)に従(したが)う。

재판소(법원)의 결정에 따르다.

案件(あんけん)を決裁(けっさい)する。

안건을 결재하다.

際

14획 阝

小5 N2

음독 さい

훈독 きわ

際限(さいげん) 제한　際目(さいめ) 경계

実際(じっさい) 실제　間際(まぎわ) 직전

의미

직전

시기

교차하다

人(ひと)の欲望(よくぼう)には際限(さいげん)がない。

사람의 욕심은 끝이 없다.

発車(はっしゃ)の間際(まぎわ)に乗車(じょうしゃ)する。

차가 출발하기 직전에 승차하다.

在		
	음독 ざい 훈독 ある	在庫(ざいこ) 재고　在留(ざいりゅう) 재류 存在(そんざい) 존재　現在(げんざい) 현재
	의미	在庫(ざいこ)の整理(せいり)が必要(ひつよう)だ。 재고 정리가 필요하다.
6획 土 小5 N2	존재하다	人間(にんげん)は社会的(しゃかいてき)な存在(そんざい)だ。 인간은 사회적 존재이다.

材		
	음독 ざい 훈독 —	材質(ざいしつ) 재질　材料(ざいりょう) 재료 人材(じんざい) 인재　素材(そざい) 소재
	의미	実験(じっけん)のための材料(ざいりょう)を集(あつ)める。 실험을 위한 재료를 모으다.
7획 木 小4 N2	원료가 되는 것 천성	人材(じんざい)を発掘(はっくつ)する。 인재를 발굴하다.

財		
	음독 ざい·さい 훈독 —	財産(ざいさん) 재산　財布(さいふ) 지갑 資財(しざい) 자재　文化財(ぶんかざい) 문화재
	의미	財布(さいふ)をなくしていらいらした。 지갑을 잃어버려 짜증이 났다.
10획 貝 小5 N2	보물 가치가 있는 것	文化財(ぶんかざい)を発掘(はっくつ)する。 문화재를 발굴하다.

罪		
	음독 ざい 훈독 つみ	罪(つみ) 죄　罪悪(ざいあく) 죄악 謝罪(しゃざい) 사죄　犯罪(はんざい) 범죄
	의미	罪(つみ)を犯(おか)す。 죄를 범하다.
13획 罒 小5 N2	법을 어기다 양심·도덕에 어긋남	彼(かれ)は心(こころ)から謝罪(しゃざい)している。 그는 진심으로 사죄하고 있다.

作

7획 亻

小2 N3

음독 さく·さ

훈독 つくる

作品(さくひん) 작품　作家(さっか) 작가

製作(せいさく) 제작　名作(めいさく) 명작

의미

만들다

기능

활동

この作品(さくひん)の作家(さっか)は有名(ゆうめい)だ。

이 작품의 작가는 유명하다.

パブロ·ピカソの作品(さくひん)は名作(めいさく)だ。

파블로 피카소의 작품은 명작이다.

昨

9획 日

小4 N2

음독 さく

훈독 —

昨日(さくじつ) 어제　昨年(さくねん) 작년

一昨日(おととい) 그저께　一昨年(おととし) 재작년

의미

전날

한차례 이전의 시기

옛날

昨日(さくじつ)、先生(せんせい)のお宅(たく)に伺(うかが)いました。

어제 선생님 댁을 방문했습니다.

一昨年(おととし)の運動会(うんどうかい)で優勝(ゆうしょう)をした。

재작년 운동회에서 우승을 했다.

策

12획 ⺮

小6 N1

음독 さく

훈독 —

策士(さくし) 책사·모사　策略(さくりゃく) 책략

対策(たいさく) 대책　秘策(ひさく) 비책

의미

꾀

대나무 패

채찍질하다

彼(かれ)は策略家(さくりゃくか)だ。

그는 책략가다.

対策(たいさく)を立(た)てる。

대책을 세우다.

冊

5획 冂

小6 N2

음독 さつ·さく

훈독 —

冊子(さっし) 책자　冊数(さっすう) 권수

書冊(しょさつ) 서책　別冊(べっさつ) 별책

의미

책

책을 세는 말

황제·천황의 명령

小冊子(しょうさっし)を贈呈(ぞうてい)する。

소책자를 증정하다.

別冊付録(べっさつふろく)。

별책부록.

札

5획 木 | 小4 N2

음독 さつ	札束(さつたば) 돈다발　札幌(さっぽろ) 삿포로
훈독 ふだ	改札(かいさつ) 개찰　検札(けんさつ) 검표
의미	札束(さつたば)を拾(ひろ)う。
패·지폐	돈다발을 줍다.
쓸 것	車掌(しゃしょう)が検札(けんさつ)する。
받침	차장이 검표하다.

刷

8획 刂 | 小4 N2

음독 さつ	刷新(さっしん) 쇄신　印刷(いんさつ) 인쇄
훈독 する	色刷(いろず)り 컬러 인쇄　手刷(てず)り 손으로 찍어냄
의미	発表資料(はっぴょうしりょう)を印刷(いんさつ)する。
	발표자료를 인쇄하다.
인쇄하다	色刷(いろず)りの漫画(まんが)を買(か)う。
닦아내다	컬러 인쇄 만화책을 사다.

殺

10획 殳 | 小4 N2

음독 さつ·さい·せつ	殺害(さつがい) 살해　殺生(さっしょう) 살생
훈독 ころす	暗殺(あんさつ) 암살　毒殺(どくさつ) 독살
의미	仏教(ぶっきょう)では殺生(さっしょう)を禁(きん)ずる。
죽이다	불교에서는 살생을 금한다.
없애다	大統領(だいとうりょう)暗殺(あんさつ)事件(じけん)。
매우 난폭하다	대통령 암살 사건.

察

14획 宀 | 小4 N2

음독 さつ	察知(さっち) 감지　観察(かんさつ) 관찰
훈독 —	視察(しさつ) 시찰　診察(しんさつ) 진찰
의미	危険(きけん)を察知(さっち)する。
	위험을 감지하다.
잘 보고 조사하다	診察(しんさつ)を受(う)ける。
헤아리다·추측하다	진찰을 받다.

雑

14획　隹

小5　N2

음독 ざつ·ぞう	雑誌(ざっし) 잡지	雑談(ざつだん) 잡담
훈독 —	混雑(こんざつ) 혼잡	乱雑(らんざつ) 난잡

의미	
섞이다	授業(じゅぎょう)での雑談(ざつだん)は他(ほか)の学生(がくせい)たちに迷惑(めいわく)だ。 수업시간의 잡담은 다른 학생들에게 민폐다.
정리되지 않음 중요하지 않음	教室(きょうしつ)が乱雑(らんざつ)だ。 교실이 난잡하다.

皿

5획　皿

小3　N2

음독 —	皿洗(さらあら)い 설거지	皿回(さらまわ)し 접시돌리기
훈독 さら	絵皿(えざら) 장식용 접시	大皿(おおざら) 큰 접시

의미	
	皿洗(さらあら)いのアルバイトをしている。 설거지 아르바이트를 하고 있다.
접시	見事(みごと)な絵皿(えざら)だ。 훌륭한 장식용 접시다.

三

3획　一

小1　N5

음독 さん	三角(さんかく) 삼각	三流(さんりゅう) 삼류
훈독 み·みつ·みっつ	再三(さいさん) 여러 번	第三者(だいさんしゃ) 제 3자

의미	
	三流人生(さんりゅうじんせい)を描(えが)く。 삼류인생을 그리다.
세 개 여러 번	再三(さいさん)強調(きょうちょう)する。 여러 번 강조하다.

山

3획　山

小1　N5

음독 さん	山荘(さんそう) 산장	山林(さんりん) 산림
훈독 やま	下山(げざん) 하산	登山(とざん) 등산

의미	
	山荘(さんそう)で休日(きゅうじつ)を過(す)ごす。 산장에서 휴일을 보내다.
산 사원	暗(くら)くなる前(まえ)に、下山(げざん)しよう。 어두워지기 전에 하산하자.

参

8획 厶
小4 N2

음독 さん 훈독 まいる	参加(さんか) 참가　参照(さんしょう) 참조 持参(じさん) 지참　墓参(ぼさん) 성묘
의미 비교하다 어울리다 가다	学科(がっか)の行事(ぎょうじ)に参加(さんか)する。 학과 행사에 참가하다. 筆記(ひっき)用具(ようぐ)は各自(かくじ)に持参(じさん)してください。 필기도구는 각자 지참해주세요.

蚕

10획 虫
小6 N1

음독 さん 훈독 かいこ	蚕業(さんぎょう) 양잠업　蚕糸(さんし) 명주실 原蚕(げんさん) 원누에　養蚕(ようさん) 양잠
의미 누에	蚕業試験場(さんぎょうしけんじょう)を見学(けんがく)する。 양잠업시험장을 견학하다. 原蚕種(げんさんしゅ)を確保(かくほ)する。 원누에종을 확보하다.

産

11획 生
小4 N3

음독 さん 훈독 うむ·うまれる うぶ	産業(さんぎょう) 산업　産物(さんぶつ) 산물 国産(こくさん) 국산　生産(せいさん) 생산
의미 낳다·태어나다 만들어내다 자본	努力(どりょく)の産物(さんぶつ)だ。 노력의 산물이다. 国産品(こくさんひん)を愛用(あいよう)する。 국산품을 애용하다.

散

12획 攵
小4 N2

음독 さん 훈독 ちる·ちらす· ちらかす·ちらかる	散歩(さんぽ) 산책　散漫(さんまん) 산만 解散(かいさん) 해산　分散(ぶんさん) 분산
의미 지다 끝이 없음 한가함	天気(てんき)がいいから、散歩(さんぽ)しましょう。 날씨가 좋으니까 산책합시다. 視線(しせん)を分散(ぶんさん)させる。 시선을 분산시키다.

算

14획 ⺮
小2 N2

음독 さん	算出(さんしゅつ) 산출	算数(さんすう) 산수
훈독 —	計算(けいさん) 계산	予算(よさん) 예산

의미	算数(さんすう)は数学(すうがく)の基礎(きそ)である。
	산수는 수학의 기초이다.
세다	これから緊縮予算(きんしゅくよさん)に突入(とつにゅう)します。
꾀	지금부터 긴축 예산에 돌입합니다.

酸

14획 酉
小5 N1

음독 さん	酸化(さんか) 산화	酸性(さんせい) 산성
훈독 すい	胃酸(いさん) 위산	炭酸(たんさん) 탄산

의미	酸性雨(さんせいう)の被害(ひがい)が深刻(しんこく)になってきた。
시다	산성비의 피해가 심각해졌다.
괴로움	炭酸飲料(たんさんいんりょう)の飲(の)み過(す)ぎは虫歯(むしば)の原因(げんいん)になる。
산소	탄산음료의 과음은 충치의 원인이 된다.

賛

15획 貝
小5 N2

음독 さん	賛成(さんせい) 찬성	賛美(さんび) 찬미
훈독 —	賞賛(しょうさん) 칭찬	自賛(じさん) 자찬

의미	提案(ていあん)に賛成(さんせい)する。
칭찬하다	제안에 찬성하다.
돕다	彼女(かのじょ)はいつも自画自賛(じがじさん)する。
그림에 덧붙이는 문장	그녀는 항상 자화자찬한다.

残

10획 歹
小4 N2

음독 ざん	残額(ざんがく) 잔액	残念(ざんねん) 분함·유감스러움
훈독 のこる·のこす	敗残(はいざん) 패잔	居残(いのこ)り 잔업

의미	残念(ざんねん)に思(おも)う。
남다	분하게·유감스럽게 생각하다.
손상하다	会社(かいしゃ)で居残(いのこ)りをする。
모질게 굴다	회사에서 잔업하다.

士

3획 士
小4 N1

음독 し	士気(しき) 사기	士官(しかん) 사관
훈독 —	武士(ぶし) 무사	博士(はかせ) 박사

의미	
사무라이	士気(しき)が高(たか)まる。
훌륭한 남성	사기가 높아지다.
어떤 자격을 가진 자	博士論文(はかせろんぶん)を書(か)く。
	박사 논문을 쓰다.

子

3획 子
小1 N5

음독 し·す	子供(こども) 어린이	子孫(しそん) 자손
훈독 こ	親子(おやこ) 부모와 자식	双子(ふたご) 쌍둥이

의미	
아이	子孫(しそん)に遺言(ゆいごん)を残(のこ)す。
열매·씨앗	자손에게 유언을 남기다.
작은 것	親子丼(おやこどん)というどんぶりがあります。
	닭고기 계란덮밥이라는 덮밥이 있습니다.

支

4획 支
小5 N2

음독 し	支援(しえん) 지원	支社(ししゃ) 지사
훈독 ささえる	差(さ)し支(つか)える 지장이 있다	気管支(きかんし) 기관지

의미	
시시하다	支援(しえん)を受(う)ける。
나뉘어지다	지원을 받다.
금전을 지불하다	予定(よてい)に差(さ)し支(つか)える。
	예정에 지장을 초래하다.

止

4획 止
小2 N4

음독 し	止血(しけつ) 지혈	止痛(しつう) 지통·진통
훈독 とまる·とめる	禁止(きんし) 금지	防止(ぼうし) 방지

의미	
	怪我(けが)をしたら、まず止血(しけつ)をしてください。
	상처가 나면 우선 지혈해주세요.
멈추다	立(た)ち入(い)り禁止(きんし)。
그만두다	출입금지.

氏

4획 氏
小4 N1

음독 し	氏族(しぞく) 씨족　氏名(しめい) 성명
훈독 うじ	彼氏(かれし) 남자친구　摂氏(せっし) 섭씨
의미	先史時代(せんしじだい)は氏族(しぞく)の社会(しゃかい)だった。
성(姓)	선사시대는 씨족 사회였다.
사람 이름에	いよいよ、彼氏(かれし)と結婚(けっこん)することになった。
붙이는 경칭	드디어 남자친구와 결혼하게 되었다.

仕

5획 亻
小3 N3

음독 し·じ	仕方(しかた) 수단, 방식　仕事(しごと) 일
훈독 つかえる	出仕(しゅっし) 출사　奉仕(ほうし) 봉사
의미	特定(とくてい)の仕事(しごと)のないフリーターが増(ふ)えています。
	특정한 일이 없는 프리터가 늘고 있습니다.
봉사하다	老人(ろうじん)ホームで奉仕活動(ほうしかつどう)をしている。
일하다	양로원에서 봉사활동을 하고 있다.

史

5획 口
小4 N2

음독 し	史跡(しせき) 사적　史観(しかん) 사관
훈독 —	歴史(れきし) 역사　外史(がいし) 외사
의미	彼(かれ)は民族主義(みんぞくしゅぎ)史観(しかん)を持(も)っている。
	그는 민족주의 사관을 가지고 있다.
문서·역사	歴史(れきし)は繰(く)り返(かえ)される。
문필에 종사하는 사람	역사는 반복된다.

司

5획 日
小4 급수 외

음독 し	司会(しかい) 사회　司令(しれい) 사령
훈독 —	上司(じょうし) 상사　祭司(さいし) 제사장
의미	会議(かいぎ)で司会(しかい)をする。
	회의에서 사회를 보다.
관청·관직·관리	彼(かれ)は頼(たの)もしい上司(じょうし)だ
맡다·지배하다	그는 믿음직한 상사다.

四

四 5획 口 小1 N5	음독 し 훈독 よ·よつ·よっつ·よん	四季(しき) 사계　四角(しかく) 사각형 再三再四(さいさんさいし) 재삼재사·거듭　真四角(ましかく) 정사각형
	의미 넷	韓国(かんこく)は四季(しき)がある国(くに)だ。 한국은 사계절이 있는 나라다. 再三再四(さいさんさいし)注意(ちゅうい)した。 거듭해서 주의했다.

市

市 5획 巾 小2 N3	음독 し 훈독 いち	市価(しか) 시가　市民(しみん) 시민 都市(とし) 도시　互市(ごし) 무역
	의미 시장 번화한 마을 지방자치체의 하나	産地(さんち)で市価(しか)より安(やす)く買(か)える。 산지에서 시가보다 싸게 살 수 있다. 都市建設計画(としけんせつけいかく)が行(おこな)われた。 도시건설계획이 행해졌다.

矢

矢 5획 矢 小2 N1	음독 し 훈독 や	矢印(やじるし) 화살표　矢玉(やだま) 화살과 탄알 嚆矢(こうし) 효시　弓矢(ゆみや) 궁시
	의미 화살·활로 쏘는 물건	地図(ちず)に矢印(やじるし)がある。 지도에 화살표가 있다 彼(かれ)は近代文学(きんだいぶんがく)の嚆矢(こうし)と呼(よ)ばれる 그는 근대문학의 효시라고 일컬어진다.

死

死 6획 歹 小3 N3	음독 し 훈독 しぬ	死因(しいん) 사인　死刑(しけい) 사형 生死(せいし) 생사　必死(ひっし) 필사
	의미 죽다·활동이 멈추다 목숨을 검	彼(かれ)の死因(しいん)は病死(びょうし)だった。 그의 사인은 병사였다. 彼女(かのじょ)は必死的(ひっしてき)に努力(どりょく)した。 그녀는 필사적으로 노력했다.

糸

6획 糸
小1 N1

음독 し 훈독 いと	糸雨(しう) 이슬비　　糸口(いとぐち) 실마리 絹糸(けんし) 명주실　　毛糸(けいと) 털실
의미	やっと事件(じけん)の糸口(いとぐち)を見(み)つけた。 겨우 사건의 실마리를 발견했다.
실 실처럼 가는 것	毛糸(けいと)で手袋(てぶくろ)を編(あ)む。 털실로 장갑을 뜨다.

至

6획 至
小6 N1

음독 し 훈독 いたる	至上(しじょう) 최상·최고　　至誠(しせい) 매우 성실함 夏至(げし) 하지　　冬至(とうじ) 동지
의미 이르다·다다르다	至誠天(しせいてん)に通(つう)ず。 지성이면 감천이다.
더할 나위 없이 극점	韓国(かんこく)では冬至(とうじ)に小豆(あずき)がゆを食(た)べる。 한국에서는 동짓날에 팥죽을 먹는다.

志

7획 心
小5 N1

음독 し 훈독 こころざす· 　　こころざし	志向(しこう) 지향　　志士(しし) 지사 意志(いし) 의지　　闘志(とうし) 투지
의미	彼女(かのじょ)は未来志向的(みらいしこうてき)だ。 그녀는 미래지향적이다.
뜻하다·뜻을 두다	不屈(ふくつ)の闘志(とうし)で作品(さくひん)を完成(かんせい)する。 불굴의 투지로 작품을 완성하다.

私

7획 禾
小6 N3

음독 し 훈독 わたくし·わたし	私情(しじょう) 사정　　私鉄(してつ) 사철 公私(こうし) 공사
의미 나	鉄道(てつどう)が民営化(みんえいか)で私鉄(してつ)になった。 철도가 민영화로 사철이 됐다.
공적이지 않은 몰래	あの人(ひと)は公私(こうし)を混同(こんどう)することが多(おお)い。 그 사람은 공사를 혼동하는 일이 많다.

使

8획 亻

小3 N3

음독 し 훈독 つかう	使役(しえき) 사역 行使(こうし) 행사	使節(しせつ) 사절 酷使(こくし) 혹사
의미	親善使節団(しんぜんしせつだん)を送(おく)る。 친선사절단을 보내다.	
쓰다 사용하다	彼(かれ)は武力(ぶりょく)を行使(こうし)した。 그는 무력을 행사했다.	

始

8획 女

小3 N3

음독 し 훈독 はじめる·はじまる	始終(しじゅう) 시종 開始(かいし) 개시	始末(しまつ) 시말 終始(しゅうし) 종시
의미	彼女(かのじょ)は始終(しじゅう)ニコニコしている。 그녀는 언제나 생글생글 웃고 있다.	
시작하다 처음·기원	戦闘(せんとう)を開始(かいし)する。 전투를 개시한다.	

姉

8획 女

小2 N3

음독 し 훈독 あね	姉妹(しまい) 자매 実姉(じっし) 친누이	姉御(あねご) 누님 諸姉(しょし) 숙녀 여러분
의미	彼女(かのじょ)は双子(ふたご)の姉妹(しまい)だ。 그녀는 쌍둥이 자매다.	
언니 여성에 대한 경칭	彼女(かのじょ)は夫(おっと)の実姉(じっし)だ。 그녀는 남편의 친누이다.	

枝

8획 木

小5 N2

음독 し 훈독 えだ	枝折(しお)り 안내서 楊枝(ようじ) 이쑤시개	枝豆(えだまめ) 줄기째 자른 풋콩 連枝(れんし) 연지
의미 가지·갈라진 것	おつまみで枝豆(えだまめ)が出(で)た。 안주로 풋콩이 나왔다.	
갈라지다 받침	食後(しょくご)、楊枝(ようじ)を使(つか)う。 식사 후 이쑤시개를 사용한다.	

姿

9획 女
小6 N2

음독 し	姿勢(しせい) 자세	姿見(すがたみ) 전신거울
훈독 すがた	容姿(ようし) 얼굴과 몸매	麗姿(れいし) 아름다운 모습
의미	正(ただ)しい姿勢(しせい)。 바른 자세.	
모양 몸매	山(やま)の麗姿(れいし)を見(み)る。 산의 아름다운 모습을 보다.	

思

9획 心
小2 N3

음독 し	思慮(しりょ) 사려	思想(しそう) 사상
훈독 おもう	沈思(ちんし) 심사	相思(そうし) 상사
의미	彼女(かのじょ)は思慮分別(しりょふんべつ)がある。 그녀는 사려분별이 있다.	
생각하다 배려	相思病(そうしびょう)にかかる。 상사병에 걸리다.	

指

9획 扌
小3 N2

음독 し	指針(ししん) 지침	指定(してい) 지정
훈독 ゆび·さす	一指(いっし) 일지·손가락 하나	屈指(くっし) 굴지
의미	記録指針(きろくししん)の指(さ)す方向(ほうこう)に行(い)く。 기록지침이 가리키는 방향으로 간다.	
손가락 가리키다	彼女(かのじょ)は国内屈指(こくないくっし)の会社(かいしゃ)に就職(しゅしょく)した。 그녀는 국내 굴지의 회사에 취직했다.	

師

10획 巾
小5 N2

음독 し	師恩(しおん) 사은	師弟(してい) 사제
훈독 —	恩師(おんし) 은사	教師(きょうし) 교사
의미	師弟関係(していかんけい)を結(むす)ぶ。 사제관계를 맺다.	
선생 전문가 군대	彼(かれ)は尊敬(そんけい)される教師(きょうし)だ。 그는 존경받는 교사다.	

紙		
	음독 し	紙幣(しへい) 지폐　紙面(しめん) 지면
	훈독 かみ	表紙(ひょうし) 표지　用紙(ようし) 용지
	의미	紙面(しめん)をにぎわす。
		지면을 떠들썩하게 하다.
10획 糸	종이	本(ほん)の表紙(ひょうし)が破(やぶ)れた。
小2 N3	신문지의 준말	책의 표지가 찢어졌다.

視		
	음독 し	視界(しかい) 시계·시야　視線(しせん) 시선
	훈독 —	監視(かんし) 감시　重視(じゅうし) 중시
	의미	視線(しせん)を感(かん)じる。
	보다	시선을 느끼다.
11획 見	~으로 보다	伝統(でんとう)を重視(じゅうし)する。
小6 N1	~라고 생각하다	전통을 중시하다.

詞		
	음독 し	詞章(ししょう) 시가와 문장　詞藻(しそう) 사조·시가와 문장
	훈독 —	歌詞(かし) 가사　動詞(どうし) 동사
	의미	彼(かれ)は詞藻(しそう)ゆたかな人(ひと)だ。
		그는 시문의 재능이 많은 사람이다.
12획 言	말	動詞(どうし)の活用(かつよう)を勉強(べんきょう)する。
小6 N2	문법 상 말의 분류	동사의 활용을 공부한다.

歯		
	음독 し	歯科(しか) 치과　歯列(しれつ) 치열
	훈독 は	乳歯(にゅうし) 유치　虫歯(むしば) 충치
	의미	歯科(しか)で歯列(しれつ)を矯正(きょうせい)する。
	치아	치과에서 치열을 교정하다.
12획 歯	치아의 모양을 한 것	娘(むすめ)の乳歯(にゅうし)が抜(ぬ)けはじめた。
小3 N2	나이·연령	딸의 유치가 빠지기 시작했다.

試

13획 言
小4 N1

음독 し 훈독 こころみる·ためす	試合(しあい) 시합　試験(しけん) 시험 考試(こうし) 고시　入試(にゅうし) 입학시험
의미 시험하다 해보다	明日(あした)はサッカーの試合(しあい)がある。 내일은 축구시합이 있다. 11月(がつ)に入試(にゅうし)を受(う)けた。 11월에 입학시험을 봤다.

詩

13획 言
小3 N1

음독 し 훈독 —	詩句(しく) 시구　詩人(しじん) 시인 漢詩(かんし) 한시　律詩(りっし) 율시
의미 시 문학의 한 장르	将来(しょうらい)の夢(ゆめ)は詩人(しじん)になることだ。 장래희망은 시인이 되는 것이다. 漢詩(かんし)を吟(ぎん)する。 한시를 읊다

資

13획 貝
小5 N2

음독 し 훈독 —	資格(しかく) 자격　資源(しげん) 자원 物資(ぶっし) 물자　融資(ゆうし) 융자
의미 자본 천성·신분	資源(しげん)を浪費(ろうひ)してはいけない。 자원을 낭비해서는 안 된다. 銀行(ぎんこう)から融資(ゆうし)を受(う)ける。 은행에서 융자를 받다.

飼

13획 食
小5 N1

음독 し 훈독 かう	飼育(しいく) 사육　飼料(しりょう) 사료 野飼(のが)い 방목　鵜飼(うか)い 가마우지를 훈련시켜 물고기를 잡게 함
의미 기르다 사육하다	家畜(かちく)を飼育(しいく)する。 가축을 사육하다. 羊(ひつじ)を野飼(のが)いする。 양을 방목하다.

誌

14획 言
小6 N2

음독 し	誌上(しじょう) (잡지의) 지면 위	誌面(しめん) 지면
훈독 —	雑誌(ざっし) 잡지	日誌(にっし) 일지
의미 쓰다 쓴 것 잡지의 준말	彼(かれ)の話(はなし)が誌面(しめん)を飾(かざ)った。 그의 이야기가 지면을 장식했다. 月刊雑誌(げっかんざっし)を買(か)う。 월간 잡지를 사다.	

示

5획 示
小5 N2

음독 じ·し	示威(じい) 시위	示唆(しさ) 시사
훈독 しめす	暗示(あんじ) 암시	告示(こくじ) 고시
의미 보이다·가르치다 알리다·지도하다	一人(ひとり)で示威行動(じいこうどう)をする。 혼자서 시위행동을 하다. 将来(しょうらい)を暗示(あんじ)する。 장래를 암시하다.	

字

6획 子
小1 N3

음독 じ	字義(じぎ) 자의	字画(じかく) 자획
훈독 あざ	赤字(あかじ) 적자	漢字(かんじ) 한자
의미 문자 별명	辞書(じしょ)で字義(じぎ)を調(しら)べる。 사전에서 한자의 뜻을 조사하다. 漢字(かんじ)の勉強(べんきょう)は難(むずか)しい。 한자 공부는 어렵다.	

寺

6획 寸
小2 N2

음독 じ	寺院(じいん) 사원	寺子屋(てらこや) 서당
훈독 てら	古寺(こじ) 고사	尼寺(あまでら) 여승
의미 절	休(やす)みに有名(ゆうめい)な寺院(じいん)を訪(たず)ねた。 휴일에 유명한 사원을 방문했다. あの寺(てら)は最古(さいこ)の古寺(こじ)だ。 그 절은 가장 오래된 고찰이다.	

次

6획 欠
小3 N3

음독 じ·し 훈독 つぐ·つぎ	次回(じかい) 차회 次元(じげん) 차원 席次(せきじ) 석차 年次(ねんじ) 연차
의미 다음·두 번째 순서 횟수를 나타내는 말	次回(じかい)を狙(ねら)う。 다음 기회를 노린다. 前(まえ)より席次(せきじ)が上(あ)がった。 전보다 석차가 올랐다.

耳

6획 耳
小1 N5

음독 じ 훈독 みみ	耳目(じもく) 이목 耳順(じじゅん) 이순 初耳(はつみみ) 처음 듣는 일 中耳(ちゅうじ) 중이
의미 귀 귀 같은 모양을 한 것	耳順(じじゅん)は60歳(さい)を意味(いみ)する。 이순은 60세를 의미한다. そんな話(はなし)は初耳(はつみみ)だ。 그런 이야기는 처음 듣는다.

自

6획 自
小2 N3

음독 じ·し 훈독 みずから	自我(じが) 자아 自身(じしん) 자신 各自(かくじ) 각자 独自(どくじ) 독자
의미 몸소 자신 자신의 생각대로	それは自分自身(じぶんじしん)の問題(もんだい)である。 그것은 자기 자신의 문제이다. 独自(どくじ)の道(みち)を選(えら)ぶ。 독자적인 길을 선택하다.

似

7획 亻
小5 N2

음독 じ 훈독 にる	似合(にあ)う 어울리다 似顔(にがお) 닮은 얼굴 類似(るいじ) 유사 近似(きんじ) 근사
의미 닮다 비슷하게 하다	二人(ふたり)はよく似合(にあ)う。 둘은 잘 어울린다. 類似商品(るいじしょうひん)に注意(ちゅうい)してください。 유사상품에 주의해 주세요.

児

7획 儿
小4 N2

음독 じ·に 훈독 —	児童(じどう) 아동　児女(じじょ) 여자아이 乳児(にゅうじ) 유아　孤児(こじ) 고아
의미 어린아이 아들 젊은이	児童用(じどうよう)の服(ふく)を買(か)う。 아동용 옷을 사다. 孤児(こじ)を養(やしな)う。 고아를 기르다.

事

8획 亅
小3 N3

음독 じ·ず 훈독 こと	事実(じじつ) 사실　事情(じじょう) 사정 行事(ぎょうじ) 행사　家事(かじ) 가사
의미 일·형편·사정 소행·직업	内部(ないぶ)の事情(じじょう)に詳(くわ)しい。 내부의 사정에 정통하다. 母(はは)は家事(かじ)と仕事(しごと)で忙(いそが)しい。 어머니는 가사와 일로 바쁘다

治

8획 氵
小4 N2

음독 じ·ち 훈독 おさめる·おさまる なおる·なおす	治安(ちあん) 치안　治療(ちりょう) 치료 政治(せいじ) 정치　統治(とうち) 통치
의미 다스리다 단속하다 병을 고치다	そこは治安(ちあん)が悪(わる)い。 그곳은 치안이 나쁘다. 女王(じょおう)はよい政治(せいじ)をした。 여왕은 좋은 정치를 했다.

持

9획 扌
小3 N3

음독 じ 훈독 もつ	持久(じきゅう) 오랫동안 견딤　持参(じさん) 지참 維持(いじ) 유지　所持(しょじ) 소지
의미 쥐다 가지다	あの選手(せんしゅ)は持久戦(じきゅうせん)に強(つよ)い。 저 선수는 지구전에 강하다. 所持品(しょじひん)の検査(けんさ)をする。 소지품 검사를 하다.

時

10획　日
小2　N1

음독 じ	時間(じかん) 시간　時代(じだい) 시대
훈독 とき	当時(とうじ) 당시　臨時(りんじ) 임시
의미	時間(じかん)があまりない。
	시간이 별로 없다.
시간	彼(かれ)は臨時(りんじ)の担任(たんにん)だ。
때·기회	그는 임시 담임이다.

辞

13획　辛
小4　N2

음독 じ	辞書(じしょ) 사전　辞職(じしょく) 사직
훈독 やめる	答辞(とうじ) 답사　賛辞(さんじ) 찬사
의미	彼女(かのじょ)はついに辞職(じしょく)した。
	그녀는 결국 사직했다.
말	彼(かれ)に賛辞(さんじ)を送(おく)る。
사절하다·그만두다	그에게 찬사를 보낸다.

磁

14획　石
小6　N1

음독 じ	磁性(じせい) 자성　磁石(じしゃく) 자석
훈독 —	青磁(せいじ) 청자　陶磁器(とうじき) 도자기
의미	磁性(じせい)のある石(いし)。
	자성이 있는 돌.
자석·자력	美(うつく)しい高麗青磁(こうらいせいじ)。
도자기	아름다운 고려청자.

式

6획　弋
小3　N2

음독 しき	式場(しきじょう) 식장　式服(しきふく) 예복
훈독 —	公式(こうしき) 공식　正式(せいしき) 정식
의미	式場(しきじょう)に入場(にゅうじょう)する。
일정한 방식	식장에 입장한다.
의식	公式的(こうしきてき)に発表(はっぴょう)される。
수학의 식	공식적으로 발표되다.

識		
	음독 しき 훈독 —	識者(しきしゃ) 학식과 견문이 있는 사람　識別(しきべつ) 식별 見識(けんしき) 견식　常識(じょうしき) 상식
19획 言 小5 N2	의미 분별하다 생각 아는 사이	二人(ふたり)は優劣(ゆうれつ)を識別(しきべつ)しにくい。 두 사람은 우열을 식별하기 어렵다. あの学者(がくしゃ)は高(たか)い見識(けんしき)を持(も)っている。 그 학자는 높은 견식을 가지고 있다.

七		
	음독 しち 훈독 なな·ななつ·なの	七輪(しちりん) 풍로　七夕(たなばた) 칠석 五七調(ごしちちょう) 5・7조　五七日(ごしちにち) 5・7일
2획 一 小1 N4	의미 일곱	七夕祭(たなばたまつ)りに行(い)く。 칠석 축제에 가다. 五七調(ごしちちょう)の詩(し)を歌(うた)う。 5・7조의 시를 읊다.

失		
	음독 しつ 훈독 うしなう	失格(しっかく) 실격　失言(しつげん) 실언 過失(かしつ) 과실　損失(そんしつ) 손실
5획 大 小4 N2	의미 잃다·여의다 실수	学者(がくしゃ)としては失格(しっかく)だ。 학자로서는 실격이다. 損失(そんしつ)の穴埋(あなう)めで忙(いそが)しい。 손실을 메꾸느라 바쁘다.

室		
	음독 しつ 훈독 むろ	室温(しつおん) 실온　室内(しつない) 실내 個室(こしつ) 독실　病室(びょうしつ) 병실
9획 宀 小2 N3	의미 방 가족 동굴	室内(しつない)では靴(くつ)を脱(ぬ)いでください。 실내에서는 구두를 벗어주세요. あのレストランは全(すべ)て個室(こしつ)だ。 그 레스토랑은 전부 독실이다.

質

15획 貝

小5 N3

음독 しつ·しち·ち

훈독 —

質素(しっそ) 질소　質問(しつもん) 질문

性質(せいしつ) 성질　良質(りょうしつ) 양질

의미

타고난 성질

물질

묻다

先生(せんせい)に質問(しつもん)する。

선생님에게 질문한다.

工場(こうじょう)で良質(りょうしつ)の商品(しょうひん)を製造(せいぞう)する。

공장에서 양질의 상품을 제조하다.

実

8획 宀

小3 N2

음독 じつ

훈독 み·みのる

実態(じったい) 실태　実用(じつよう) 실용

真実(しんじつ) 진실　忠実(ちゅうじつ) 충실

의미

초목의 열매

여물다

내용

참된

実態(じったい)を見(み)て驚(おどろ)いた。

실태를 보고 놀랐다.

彼(かれ)は忠実(ちゅうじつ)な部下(ぶか)だ。

그는 충실한 부하이다.

写

5획 冖

小3 N3

음독 しゃ

훈독 うつす·うつる

写真(しゃしん) 사진　写実(しゃじつ) 사실

筆写(ひっしゃ) 필사　模写(もしゃ) 모사

의미

베껴 쓰다

사진·영화를 찍다

写真(しゃしん)を見(み)て思(おも)い出(で)に浸(ひた)った。

사진을 보고 추억에 잠겼다.

彼(かれ)は模写(もしゃ)がうまい。

그는 모사에 능하다.

社

7획 ネ

小2 N5

음독 しゃ

훈독 やしろ

社員(しゃいん) 사원　社会(しゃかい) 사회

退社(たいしゃ) 퇴사　神社(じんじゃ) 신사

의미

회사

궁·신사

세상

彼女(かのじょ)は優秀社員(ゆうしゅうしゃいん)に選(えら)ばれた。

그녀는 우수사원으로 뽑혔다.

日本(にほん)には神社(じんじゃ)が多(おお)い。

일본에는 신사가 많다.

車

7획 車
小1 N5

음독 しゃ	車庫(しゃこ) 차고　車窓(しゃそう) 차창
훈독 くるま	停車(ていしゃ) 정차　汽車(きしゃ) 기차
의미	車窓(しゃそう)から野原(のはら)が見(み)える。
차	차창 밖에 들판이 보인다.
차바퀴를 달다	車体(しゃたい)が重(おも)い。
탈 것	차체가 무겁다.

舎

8획 人
小5 N1

음독 しゃ	舎監(しゃかん) 사감　舎利(しゃり) 사리(불교용어)
훈독 —	官舎(かんしゃ) 관사　庁舎(ちょうしゃ) 청사
의미	彼女(かのじょ)は寮(りょう)の舎監(しゃかん)だ。
여인숙	그녀는 기숙사 사감이다.
집	新(あたら)しく官舎(かんしゃ)を建(た)てた。
자신의	새롭게 관사를 지었다.

者

8획 耂
小3 N3

음독 しゃ	者流(しゃりゅう) 별것 아닌 무리　者共(ものども) 너희들
훈독 もの	医者(いしゃ) 의사　前者(ぜんしゃ) 전자
의미	者共(ものども)、用意(ようい)は良(よ)いか。
	모두들 준비가 되었느냐?
사람·자	医者(いしゃ)になるため、医学部(いがくぶ)に進学(しんがく)した。
물건과 일	의사가 되기 위해서 의학부로 진학했다.

射

10획 寸
小6 N1

음독 しゃ	射撃(しゃげき) 사격　射手(しゃしゅ) 사수
훈독 いる	注射(ちゅうしゃ) 주사　発射(はっしゃ) 발사
의미	一斉(いっせい)に射撃(しゃげき)する。
활을 쏘다	일제히 사격하다.
빛이 발하다	風邪(かぜ)を引(ひ)いて注射(ちゅうしゃ)を打(う)たれた。
겨냥해서 맞추다	감기에 걸려서 주사를 맞았다.

捨

11획 扌
小6 N2

음독 しゃ	捨象(しゃしょう) 사상	捨て金(すてがね) 쓴 보람도 없이 돼버린 돈
훈독 すてる	取捨(しゅしゃ) 취사	切り捨て(きりすて) 잘라서 버림
의미	せっかく資(し)を投(とう)じたのに捨(す)て金(がね)になってしまった。 기껏 투자했더니 헛돈이 되어 버렸다.	
버리다 적선하다	取捨選択(しゅしゃせんたく)してください。 취사선택해 주세요.	

謝

17획 言
小5 N1

음독 しゃ	謝金(しゃきん) 사례금	謝罪(しゃざい) 사죄
훈독 あやまる	感謝(かんしゃ) 감사	多謝(たしゃ) 깊이 감사함
의미 감사하다	謝罪(しゃざい)の意味(いみ)で頭(あたま)を下(さ)げた。 사죄의 의미로 머리를 숙였다.	
사과하다 거절하다	いつも感謝(かんしゃ)しております。 항상 감사드리고 있습니다.	

尺

4획 尸
小6 N1

음독 しゃく	尺度(しゃくど) 척도	尺寸(しゃくすん) 척촌
훈독 —	一尺(いっしゃく) 일척	間尺(ましゃく) 공사에서 쓰는 치수
의미 길이의 단위	文明(ぶんめい)の尺度(しゃくど)。 문명의 척도.	
길이·기장 척도	一尺二寸(いっしゃくにすん)。 한 자 두 치.	

借

10획 亻
小4 N3

음독 しゃく	借用(しゃくよう) 차용	借金(しゃっきん) 빚
훈독 かりる	仮借(かしゃ) 가차	転借(てんしゃく) 남이 빌린 것을 다시 빌림
의미	彼(かれ)は借金(しゃっきん)のせいで苦労(くろう)した。 그는 빚 때문에 고생했다.	
빌리다 빌려주다	仮借(かしゃく)なき追求(ついきゅう)。 가차 없는 추궁.	

若

5획 艹
小6 N2

음독 じゃく·にゃく	若年(じゃくねん) 나이가 젊음　若気(わかげ) 젊은 혈기
훈독 わかい·もしくは	自若(じじゃく) 자약　老若(ろうじゃく) 노약·노소
의미	彼(かれ)の若年(じゃくねん)の頃(ころ)。
젊다	그의 젊은 시절.
약간	老若男女(ろうじゃくだんじょ)。
비슷하다	남녀노소.

弱

10획 弓
小2 N3

음독 じゃく	弱小(じゃくしょう) 약소　弱点(じゃくてん) 약점
훈독 よわい·よわる·よわまる·よわめる	虚弱(きょじゃく) 허약　軟弱(なんじゃく) 연약
의미	私(わたし)の弱点(じゃくてん)を相手(あいて)にばれてしまった。
약하다	나의 약점을 상대방에게 들켜버렸다.
약해지다	軟弱(なんじゃく)な少女(しょうじょ)。
젊다	연약한 소녀.

手

4획 手
小1 N5

음독 しゅ	手記(しゅき) 수기　手紙(てがみ) 편지
훈독 て·た	握手(あくしゅ) 악수　歌手(かしゅ) 가수
의미	遠(とお)くの友人(ゆうじん)へ手紙(てがみ)を書(か)いた。
손	멀리 있는 친구에게 편지를 썼다
손으로 하다	将来(しょうらい)の夢(ゆめ)は歌手(かしゅ)になることだ。
사람	장래희망은 가수가 되는 것이다.

主

5획 丶
小3 N3

음독 しゅ·す	主位(しゅい) 중요한 지위　主演(しゅえん) 주연
훈독 ぬし·おも	君主(くんしゅ) 군주　自主(じしゅ) 자주
의미	山田(やまだ)さんはやっと主位(しゅい)に就(つ)いた。
주인·남편	야마다씨는 드디어 주요한 지위에 올랐다.
말다	君主政治(くんしゅせいじ)。
주된·중심	군주 정치.

守

6획 宀

小3 N2

음독 しゅ·す	守衛(しゅえい) 수위	守備(しゅび) 수비
훈독 まもる·もり	看守(かんしゅ) 교도관	攻守(こうしゅ) 공수

의미	예문
지키다	守備(しゅび)を固(かた)める。 수비를 강화하다.
공무원	攻守(こうしゅ)ともに強(つよ)い。 공격, 수비 모두 강하다.

取

8획 又

小3 N2

음독 しゅ	取材(しゅざい) 취재	取得(しゅとく) 취득
훈독 とる	摂取(せっしゅ) 섭취	聴取(ちょうしゅ) 청취

의미	예문
잡다	去年(きょねん)、ドライバーライセンスを取得(しゅとく)した。 작년에 면허증을 취득했다.
자기 것으로 갖다	ビタミンの摂取(せっしゅ)は大事(だいじ)だ。 비타민 섭취는 중요하다.

首

9획 首

小2 N3

음독 しゅ	首相(しゅしょう) 수상	首脳(しゅのう) 수뇌
훈독 くび	部首(ぶしゅ) 부수	手首(てくび) 손목

의미	예문
목·머리	先月(せんげつ)、首脳会談(しゅのうかいだん)が開(ひら)かれた。 지난 달, 정상 회담이 열렸다.
가장 위	手首(てくび)を取(と)られる。 손목을 잡히다.

酒

10획 酉

小3 N2

음독 しゅ	酒席(しゅせき) 술자리	酒屋(さかや) 술을 빚는 사람
훈독 さけ·さか	飲酒(いんしゅ) 음주	洋酒(ようしゅ) 양주

의미	예문
술	酒席(しゅせき)をも設(もう)ける。 술자리를 마련하다
술을 마시다	飲酒運転(いんしゅうんてん)は禁止(きんし)だ。 음주운전은 금지다.

種		
14획 禾 小4 N2	음독 しゅ 훈독 たね	種子(しゅし) 종자　種別(しゅべつ) 종별 人種(じんしゅ) 인종　品種(ひんしゅ) 품종
	의미 식물의 씨앗 씨를 뿌리다 같은 부류·동료	種子(しゅし)の芽(め)が出(で)た。 종자의 싹이 텄다 人種差別(じんしゅさべつ)。 인종차별.

受		
8획 又 小3 N2	음독 じゅ 훈독 うける·うかる	受益(じゅえき) 수익　受験(じゅけん) 수험 感受(かんじゅ) 감수　収受(しゅうじゅ) 받아들임
	의미 받다·수취하다	弟(おとうと)は大学(だいがく)の受験(じゅけん)に失敗(しっぱい)した。 대학 입시에 실패하다. 男(おとこ)なのに感受性(かんじゅせい)が豊(ゆた)かだ。 남자인데 감수성이 풍부하다.

授		
11획 扌 小5 N1	음독 じゅ 훈독 さずける·さずかる	授業(じゅぎょう) 수업　授乳(じゅにゅう) 수유 教授(きょうじゅ) 교수　親授(しんじゅ) 친수·친히 줌
	의미 내려주다 수여하다 가르치다	授業(じゅぎょう)は午後(ごご)5時(じ)に終(お)わる。 수업은 오후 5시에 끝난다. 教授(きょうじゅ)として採用(さいよう)された。 교수로서 채용되었다.

樹		
16획 木 小6 N1	음독 じゅ 훈독	樹氷(じゅひょう) 수빙　樹林(じゅりん) 수림 果樹(かじゅ) 과일 나무　風樹(ふうじゅ) 풍수
	의미 입목 심다 세우다	蒼々(そうそう)たる樹林(じゅりん)。 창창한 수림. 両親(りょうしん)は果樹園(かじゅえん)を運営(うんえい)している。 부모님은 과수원을 운영하고 있다.

収

4획 又
小6 N2

음독 しゅう	収穫(しゅうかく) 수확	収集(しゅうしゅう) 수집
훈독 おさめる·おさまる	押収(おうしゅう) 압수	回収(かいしゅう) 회수

의미	
안에 넣다	趣味(しゅみ)は切手(きって)を収集(しゅうしゅう)することだ。
정리하다	취미는 우표수집이다.
수취하다	投資(とうし)を回収(かいしゅう)した。
	투자를 회수했다.

州

6획 川
小3 N2

음독 しゅう	州境(しゅうきょう) 주의 경계	州法(しゅうほう) 주에서 정한 법
훈독 す	欧州(おうしゅう) 유럽	九州(きゅうしゅう) 규슈

의미	
강 가운데의 모래톱	窃盗(せっとう)は州法(しゅうほう)で禁(きん)じられている。
대륙	절도는 주법으로 금지되어 있다.
행정구역의 하나	冬休(ふゆやす)みには九州旅行(きゅうしゅうりょこう)をする予定(よてい)だ。
	겨울 방학에 규슈 여행을 할 예정이다.

周

8획 口
小4 N2

음독 しゅう	周囲(しゅうい) 주위	周知(しゅうち) 주지
훈독 まわり	一周(いっしゅう) 일주	外周(がいしゅう) 바깥 둘레

의미	
구석구석까지 미치다	主知(しゅち)のごとく。
주변	주지하는 바와 같이.
돌다	世界一週(せかいいっしゅう)。
	세계 일주.

宗

8획 宀
小6 N1

음독 しゅう·そう	宗教(しゅうきょう) 종교	宗派(しゅうは) 종파
훈독 —	改宗(かいしゅう) 개종	禅宗(ぜんしゅう) 선종

의미	
수석인 사람	我々(われわれ)には宗教(しゅうきょう)の自由(じゆう)がある。
종가·선조	우리에게는 종교의 자유가 있다.
종교	キリスト教(きょう)に改宗(かいしゅう)した。
	기독교로 개종했다.

拾

9획 扌
小3 N2

음독 しゅう、じゅう	拾得(しゅうとく) 습득	拾い物(ひろいもの) 주운 물건
훈독 ひろう	収拾(しゅうしゅう) 수습	落ち穂拾い(おちぼひろい) 이삭줍기

의미
줍다
숫자 10의 대용

偶然(ぐうぜん)、町中(まちなか)で財布(さいふ)を拾得(しゅうとく)した。
우연히 시내에서 지갑을 습득했다.

大統領(だいとうりょう)は急(いそ)いで民心(みんしん)の収拾(しゅうしゅう)に乗(の)り出(だ)した。
대통령은 서둘러 민심수습에 착수했다.

秋

9획 禾
小2 N3

음독 しゅう	秋期(しゅうき) 추기	秋分(しゅうぶん) 추분
훈독 あき	昨秋(さくしゅう) 지난 가을	春秋(しゅんじゅう) 춘추

의미
가을
연월

秋分(しゅうぶん)の日(ひ)は祝日(しゅくじつ)である。
추분의 날은 공휴일이다.

昨秋(さくしゅう)、ここに引(ひ)っ越(こ)した。
지난 가을, 이곳으로 이사왔다.

修

10획 亻
小5 N1

음독 しゅう·しゅ	修飾(しゅうしょく) 수식	修正(しゅうせい) 수정
훈독 おさめる·おさまる	改修(かいしゅう) 개수	監修(かんしゅう) 감수

의미
꾸미다
수양하다
고치다

論文(ろんぶん)の内容(ないよう)を少(すこ)し修正(しゅうせい)した。
논문 내용을 조금 수정했다.

道路(どうろ)の改修工事(かいしゅうこうじ)が終(お)わった。
도로 개수공사가 끝났다.

終

11획 糸
小3 N3

음독 しゅう	終業(しゅうぎょう) 종업	終電(しゅうでん) 막차
훈독 おわる·おえる	最終(さいしゅう) 최종	臨終(りんじゅう) 임종

의미
끝나다
끝까지
맨 마지막

残業(ざんぎょう)で終電(しゅうでん)を逃(のが)してしまった。
야근 때문에 막차를 놓쳐버렸다.

明日(あした)は授業(じゅぎょう)の最終日(さいしゅうび)だ。
어제는 수업 마지막 날이었다.

習

11획 羽

小3 N3

음독 しゅう	習慣(しゅうかん) 습관　習性(しゅうせい) 습성
훈독 ならう	悪習(あくしゅう) 나쁜 버릇　復習(ふくしゅう) 복습

의미	彼女(かのじょ)は毎晩(まいばん)遅(おそ)く寝(ね)る習慣(しゅうかん)がある。
	그녀는 매일 밤 늦게 자는 습관이 있다.
배우다	最近(さいきん)、復習(ふくしゅう)に力(ちから)を注(そそ)いでいる。
습관	최근 복습에 힘을 기울이고 있다.

週

11획 辶

小2 N5

음독 しゅう	週間(しゅうかん) 주간　週給(しゅうきゅう) 주급
훈독 —	一週(いっしゅう) 일주일　今週(こんしゅう) 이번 주

의미	アルバイト代(だい)は週給(しゅうきゅう)でもらっている。
순환하다	아르바이트비는 주급으로 받고 있다.
일요일부터	今週(こんしゅう)の日曜日(にちようび)に彼氏(かれし)と映画館(えいがかん)に行(い)くことにした。
토요일까지 7일간	이번 주 일요일에 남자친구와 영화관에 가기로 했다.

就

12획 尤

小6 N1

음독 しゅう·じゅ	就職(しゅうしょく) 취직　就任(しゅうにん) 취임
훈독 つく·つける	去就(きょしゅう) 진퇴　成就(じょうじゅ) 성취

의미	彼(かれ)は4年生(ねんせい)だから就職活動(しゅうしょくかつどう)で忙(いそが)しい。
향하여 가다	그는 4학년이라서 취업준비로 바쁘다.
일에 착수하다	念願(ねんがん)をやっと成就(じょうじゅ)した。
이뤄내다	소원을 드디어 성취했다.

衆

12획 血

小6 N1

음독 しゅう·しゅ	衆議(しゅうぎ) 중의　衆知(しゅうち) 중지
훈독 —	会衆(かいしゅう) 회합에 모인 사람들　大衆(たいしゅう) 대중

의미	その件(けん)は衆議(しゅうぎ)に決(けっ)することにした。
수가 많다	그 안건은 민중의 뜻에 따라 결정하기로 했다.
많은 사람들	この曲(きょく)はかなり大衆性(たいしゅうせい)がある。
여러 가지	이 곡은 상당히 대중성이 있다.

集		
	음독 しゅう 훈독 あつまる·あつめる·つどう	集合(しゅうごう) 집합　集中(しゅうちゅう) 집중 採集(さいしゅう) 채집　特集(とくしゅう) 특집
12획 隹 小3 N3	의미 모으다·모이다 모은 것	学生(がくせい)が授業(じゅぎょう)に集中(しゅうちゅう)している。 학생들이 수업에 집중하고 있다. 話題(わだい)の特集記事(とくしゅうきじ)を読(よ)んだ。 화제의 특집기사를 읽었다.

十		
	음독 じゅう·じっ 훈독 とお·と	十分(じゅうぶん) 충분　十日(とおか) 10일간 数十(すうじゅう) 수십　二十歳(はたち) 스무 살
2획 十 小1 N4	의미 10 수가 많은 것 완전	材料(ざいりょう)は十分(じゅうぶん)だ。 재료는 충분하다. 私(わたし)の妹(いもうと)は今年(ことし)二十歳(はたち)になる。 내 여동생은 올해 스무 살이 된다.

住		
	음독 じゅう 훈독 すむ·すまう	住所(じゅうしょ) 주소　住宅(じゅうたく) 주택 安住(あんじゅう) 안주　永住(えいじゅう) 영주
7획 亻 小3 N3	의미 머물다 살다 거처 주된 직업의 줄임말	ご住所(じゅうしょ)を教(おし)えてください。 주소를 알려주세요. 先月(せんげつ)、永住権(えいじゅうけん)を申請(しんせい)した。 지난 달, 영주권을 신청했다.

重		
	음독 じゅう、ちょう 훈독 え·おもい·かさねる·かさなる	重厚(じゅうこう) 중후　重罪(じゅうざい) 중죄 加重(かじゅう) 가중　体重(たいじゅう) 체중
9획 里 小3 N3	의미 무겁다 중요한 겹치다	おじいさんは重厚(じゅうこう)な性格(せいかく)を持(も)っている。 할아버지는 중후한 성격을 가지고 계시다. 最近(さいきん)、体重(たいじゅう)が増(ふ)えて心配(しんぱい)だ。 최근 체중이 늘어 걱정이다.

従	음독 じゅう·じょう·じゅ 훈독 したがう·したがえる	従軍(じゅうぐん) 종군　従事(じゅうじ) 종사 随従(ずいじゅう) 추종　服従(ふくじゅう) 복종
10획 彳 小6 N1	의미 따라가다 관계하다·종사하다 거스르지 않다	坂本(さかもと)さんは農業(のうぎょう)に従事(じゅうじ)している。 사카모토 씨는 농업에 종사하고 있다. 絶対服従(ぜったいふくじゅう)。 절대 복종.

縦	음독 じゅう 훈독 たて	縦横(じゅうおう) 종횡　縦断(じゅうだん) 종단 操縦(そうじゅう) 조종　放縦(ほうじゅう) 제멋대로 함부로 행동함
16획 糸 小6 N1	의미 세로 허가하다·놓아주다 그대로 두다	台風(たいふう)が大陸(たいりく)を縦断(じゅうだん)した。 태풍이 대륙을 종단했다. ドローンの操縦(そうじゅう)は以外(いがい)と簡単(かんたん)だ。 드론 조종은 의외로 간단하다.

祝	음독 しゅく·しゅう 훈독 いわう	祝日(しゅくじつ) 축일　祝宴(しゅくえん) 축연 慶祝(けいしゅく) 경축　奉祝(ほうしゅく) 봉축
9획 ネ 小4 N2	의미 축하하다 빌다 신사의 신관	仕事(しごと)で祝宴(しゅくえん)に参加(さんか)できなかった。 일 때문에 축연에 참가할 수 없었다. 慶祝行事(けいしゅくぎょうじ)が行(おこな)われた。 경축행사가 열렸다.

宿	음독 しゅく 훈독 やど·やどる· やどす	宿駅(しゅくえき) 역참　宿舎(しゅくしゃ) 숙사 合宿(がっしゅく) 합숙　下宿(げしゅく) 하숙
11획 宀 小3 N2	의미 사는 곳 묵다 원래	共同宿舎(きょうどうしゅくしゃ)はすごく古(ふる)い。 공동숙사는 몹시 낡았다. 家賃(やちん)の節約(せつやく)のため、下宿(げしゅく)を探(さが)している。 집세 절약을 위해 하숙집을 찾고 있다.

縮

17획 糸
小6 N4

음독 しゅく
훈독 ちぢむ·ちぢまる·ちぢめる·ちぢれる·ちぢらす

縮減(しゅくげん) 감축　縮写(しゅくしゃ) 축사
圧縮(あっしゅく) 압축　恐縮(きょうしゅく) 송구함·감사함

의미
작게 하다·줄어들다

映画製作(えいがせいさく)の予算(よさん)が縮減(しゅくげん)された。
영화제작 예산이 감축되었다.
恐縮(きょうしゅく)ですが。
죄송합니다만.

熟

15획 灬
小6 N4

음독 じゅく
훈독 うれる

熟語(じゅくご) 숙어　熟睡(じゅくすい) 숙면
円熟(えんじゅく) 원숙　成熟(せいじゅく) 성숙

의미
익히다
익다
충분히 하다

飛行機(ひこうき)で熟睡(じゅくすい)した。
비행기에서 숙면했다.
最近(さいきん)の青少年(せいしょうねん)は年齢(ねんれい)より成熟(せいじゅく)している。
요즘 청소년들은 나이보다 성숙하다.

出

5획 凵
小1 N5

음독 しゅつ·すい
훈독 でる·だす

出現(しゅつげん) 출현　出身(しゅっしん) 출신
外出(がいしゅつ) 외출　支出(ししゅつ) 지출

의미
나가다·내놓다
나타나다
활동에 참가하다

新人社員(しんじんしゃいん)は大阪出身(おおさかしゅっしん)だそうだ。
신입사원은 오사카 출신이라고 한다.
貯金(ちょきん)のために支出(ししゅつ)をおさえている。
저금을 위해서 지출을 참고 있다.

述

8획 辶
小5 N2

음독 じゅつ
훈독 のべる

述語(じゅつご) 술어　述部(じゅつぶ) 술부
記述(きじゅつ) 기술　論述(ろんじゅつ) 논술

의미
말하다
말로 표현하다

主語(しゅご)と述語(じゅつご)を倒置(とうち)した。
주어와 술어를 도치했다.
いよいよ明日(あした)が論述(ろんじゅつ)テストの日(ひ)だ。
드디어 내일이 논술시험 날이다.

術

11획 行

小5 N2

음독 じゅつ	術策(じゅっさく) 술책　術数(じゅっすう) 술수
훈독 ―	医術(いじゅつ) 의술　技術(ぎじゅつ) 기술

의미	예문
기술·학문	術策(じゅっさく)を弄(ろう)する。
일의 방식	술책을 부리다.
계략	目覚(めざ)ましい科学技術(かがくぎじゅつ)の発展(はってん)。
	눈부신 과학 기술의 발전.

春

9획 日

小2 N3

음독 しゅん	春季(しゅんき) 춘계　春分(しゅんぶん) 춘분
훈독 はる	青春(せいしゅん) 청춘　晩春(ばんしゅん) 늦봄

의미	예문
봄	春季(しゅんき)体育大会(たいいくたいかい)に参加(さんか)した。
해의 시작	춘계 체육대회에 참가했다.
알맞은 나이·적령	花(はな)の青春(せいしゅん)。
	꽃다운 청춘.

純

10획 糸

小6 N2

음독 じゅん	純益(じゅんえき) 순익　純粋(じゅんすい) 순수
훈독 ―	清純(せいじゅん) 청순　単純(たんじゅん) 단순

의미	예문
아무 것도 섞이지 않음	彼女(かのじょ)ほど純粋(じゅんすい)な人(ひと)は本当(ほんとう)に珍(めずら)しい。
꾸미지 않음	그녀만큼 순수한 사람은 몹시 드물다.
	就職難(しゅうしょくなん)は単純(たんじゅん)な問題(もんだい)ではない。
	취직난은 단순한 문제가 아니다.

順

12획 頁

小4 N2

음독 じゅん	順位(じゅんい) 순위　順守(じゅんしゅ) 준수
훈독 ―	温順(おんじゅん) 온순함　手順(てじゅん) 수순

의미	예문
따르다	国法(こくほう)を順守(じゅんしゅ)すべきだ。
순서	국법을 준수해야 한다.
형편이 좋다	柴犬(しばいぬ)は温順(おんじゅん)な性格(せいかく)を持(も)っている。
	시바견은 온순한 성격을 지녔다.

準

13획 氵
小5 N2

음독 じゅん	準備(じゅんび) 준비　準則(じゅんそく) 준칙
훈독 —	照準(しょうじゅん) 조준　標準(ひょうじゅん) 표준
의미	受験準備(じゅけんじゅんび)で毎日(まいにち)が忙(いそが)しい。
근거	수험준비로 매일이 바쁘다.
기준으로 삼고 따르다	規格(きかく)の標準(ひょうじゅん)を決(き)めた。
그 뒤를 잇다	규격의 표준을 정했다.

処

5획 几
小6 N2

음독 しょ	処遇(しょぐう) 처우　処罰(しょばつ) 처벌
훈독 —	区処(くしょ) 구별하여 처리함　出処(しゅっしょ) 출처
의미	社員(しゃいん)たちが処遇(しょぐう)の改善(かいぜん)を要求(ようきゅう)している。
	사원들은 처우개선을 요구하고 있다.
있다	
꾸려 나가다	資料(しりょう)の出処(しゅっしょ)を明(あき)らかにしなければならない。
장소	자료의 출처를 밝혀야 한다.

初

7획 刀
小4 N2

음독 しょ	初級(しょきゅう) 초급　初心(しょしん) 초심
훈독 はじめ·はじめて はつ·うい·そめる	最初(さいしょ) 최초　当初(とうしょ) 당초
의미	いつも初心(しょしん)を忘(わす)れるな。
	언제나 초심을 잊지 말라.
처음	最初(さいしょ)の写真(しゃしん)が気(き)に入(い)る。
처음으로	맨 처음 사진이 마음에 든다.

所

8획 戸
小3 N3

음독 しょ	所得(しょとく) 소득　所有(しょゆう) 소유
훈독 ところ	近所(きんじょ) 근처　台所(だいどころ) 부엌
의미	これは私(わたし)の所有(しょゆう)する車(くるま)です。
곳	이것은 내가 소유하는 차다.
기관	家(いえ)はこの近所(きんじょ)にある。
것	집은 이 근처에 있다.

書

10획 日
小2 N5

음독 しょ	書店(しょてん) 서점　書類(しょるい) 서류
훈독 かく	辞書(じしょ) 사전　図書(としょ) 도서
의미	書類審査(しょるいしんさ)に通(とお)る。
쓰다	서류심사를 통과하다.
문자	連絡(れんらく)は文章(ぶんしょう)でする。
책	연락은 문서로 한다.

暑

12획 日
小3 N3

음독 しょ	暑気(しょき) 더위　暑中(しょちゅう) 복중
훈독 あつい	残暑(ざんしょ) 늦더위　避暑(ひしょ) 피서
의미	暑中見舞(しょちゅうみまい)いのハガキを書(か)く。
	복중문안 엽서를 쓰다.
더움·더위	今年(ことし)は残暑(ざんしょ)が厳(きび)しい。
여름	올해는 늦더위가 심하다.

署

13획 罒
小6 N2

음독 しょ	署員(しょいん) 관청에서 근무하는 사람　署名(しょめい) 서명
훈독 —	税務署(ぜいむしょ) 세무서　本署(ほんしょ) 본서
의미	駅(えき)の前(まえ)で署名運動(しょめいうんどう)をする。
나누다	역 앞에서 서명운동을 하다.
관청	税務署(ぜいむしょ)に問(と)い合(あ)わせる。
쓰다	세무서에 문의하다.

諸

15획 言
小6 N2

음독 しょ	諸国(しょこく) 제국　諸島(しょとう) 제도
훈독 —	諸種(しょしゅ) 여러 종류　忽諸(こつしょ) 금방 없어짐
의미	ヨーロッパ諸国(しょこく)を旅行(りょこう)する。
	유럽 제국을 여행하다.
여러 가지	学校(がっこう)には諸種(しょしゅ)の花(はな)がある。
많은	학교에서는 여러 종류의 꽃이 있다.

女	음독 じょ·にょ·にょう 훈독 おんな·め	女性(じょせい) 여성　女優(じょゆう) 여배우 王女(おうじょ) 왕녀　美女(びじょ) 미녀
3획 女 小1 N5	의미 여자 처녀	この席(せき)は老人優先(ろうじんゆうせん)だ。 이 좌석은 노인 우선이다. 残酷(ざんこく)な王女(おうじょ)。 잔혹한 왕녀.

助	음독 じょ 훈독 たすける· たすかる·すけ	助言(じょげん) 조언　助力(じょりょく) 조력 援助(えんじょ) 원조　補助(ほじょ) 보조
7획 力 小3 N2	의미 돕다 첨부·첨가의 정도	助力(じょりょく)を求(もと)める。 조력을 구하다. 親(おや)の援助(えんじょ)を受(う)ける。 부모의 원조를 받다.

序	음독 じょ 훈독 —	序文(じょぶん) 서문　序論(じょろん) 서론 順序(じゅんじょ) 순서　秩序(ちつじょ) 질서
7획 广 小5 N1	의미 처음 머리말 순서를 매기다	本(ほん)の序文(じょぶん)を書(か)く。 책의 서문을 쓰다. 椅子(いす)を順序(じゅんじょ)よく並(なら)べる。 의자를 순서대로 놓다.

除	음독 じょ·じ 훈독 のぞく	除去(じょきょ) 제거　除名(じょめい) 제명 解除(かいじょ) 해제　免除(めんじょ) 면제
10획 阝 小6 N2	의미 없애다 나눗셈하다	染(し)みを除去(じょきょ)する。 얼룩을 제거하다. 学費(がくひ)を免除(めんじょ)してもらう。 학비를 면제받다.

小

3획 小
小1 N5

음독 しょう	小説(しょうせつ) 소설　小言(こごと) 잔소리
훈독 ちいさい·こ·お	最小(さいしょう) 최소　中小(ちゅうしょう) 중소
의미	推理小説(すいりしょうせつ)を読(よ)んでいる。
작다	추리소설을 읽고 있다.
어리다	中小企業(ちゅうしょうきぎょう)に就職(しゅうしょく)した。
자기를 낮추다	중소기업에 취직했다.

少

4획 小
小2 N5

음독 しょう	少女(しょうじょ) 소녀　少量(しょうりょう) 소량
훈독 すくない·すこし	減少(げんしょう) 감소　年少(ねんしょう) 연하
의미	スープに少量(しょうりょう)の塩(しお)を加(くわ)える。
조금	국에 소량의 소금을 더하다.
젊다	人口(じんこう)が減少(げんしょう)する。
줄이다	인구가 감소하다.

招

8획 扌
小5 N2

음독 しょう	招集(しょうしゅう) 초집　招待(しょうたい) 초대
훈독 まねく	手招(てまね)き 손짓하여 부름
의미	結婚式(けっこんしき)の招待状(しょうたいじょう)をもらう。
	결혼식의 초대장을 받다.
초대하다	手招(てまね)きして呼(よ)ぶ。
야기하다	손짓하여 부르다.

承

8획 手
小4 N2

음독 しょう	承知(しょうち) 승낙　承認(しょうにん) 승인
훈독 うけたまわる	継承(けいしょう) 계승　了承(りょうしょう) 승낙
의미	承認(しょうにん)を得(え)る。
	승인을 얻다.
받아들이다	彼(かれ)は仕方(しかた)なく了承(りょうしょう)した。
이어받다	그는 어쩔 수 없이 승낙했다.

松

8획 木
小4 N1

음독 しょう	松竹梅(しょうちくばい) 송죽매　　松茸(まつたけ) 송이
훈독 まつ	若松(わかまつ) 어린 소나무　門松(かどまつ) 장식용 소나무
의미	秋(あき)に松茸(まつたけ)を食(た)べる。 가을에 송이를 먹는다.
소나무	正月(しょうがつ)は玄関(げんかん)に門松(かどまつ)を立(た)てる。 설은 현관에 장식용 소나무를 세운다.

昭

9획 日
小3 급수 외

음독 しょう	昭光(しょうこう) 소광(밝게 반짝이는 빛)
훈독 —	昭和(しょうわ) 쇼와
의미	
빛나다 분명함	東京(とうきょう)オリンピックは昭和(しょうわ)39年(ねん)に開催(かいさい)された。 도쿄올림픽은 쇼와39년에 개최되었다.

将

10획 寸
小6 N2

음독 しょう	将棋(しょうぎ) 장기　　将校(しょうこう) 장교
훈독 —	大将(たいしょう) 대장　　武将(ぶしょう) 무장
의미	将来(しょうらい)の夢(ゆめ)を考(かんが)える。 장래의 꿈을 생각하다.
군대를 이끄는 사람 바로·당장에라도·금방	大将(たいしょう)の命令(めいれい)に従(したが)う。 대장의 명령에 따르다.

消

10획 氵
小3 N2

음독 しょう	消化(しょうか) 소화　　消毒(しょうどく) 소독
훈독 きえる·けす	解消(かいしょう) 해소　　毒消(どくけ)し 독을 없앰
의미 사라지다·꺼지다	消化剤(しょうかざい)を飲(の)む。 소화제를 먹다.
끄다 소극적임	会社(かいしゃ)の契約(けいやく)を解消(かいしょう)する。 회사의 계약을 해소하다.

笑

10획 ⺮
小4 N2

음독 しょう 훈독 わらう·えむ	笑劇(しょうげき) 희극　笑顔(えがお) 미소 爆笑(ばくしょう) 폭소　微笑(びしょう) 미소
의미 웃다	お客様(きゃくさま)には笑顔(えがお)で対応(たいおう)する。 손님에게는 웃는 얼굴로 응대한다. みんなの笑(わら)いを誘(さそ)う。 모두의 웃음을 자아내다.

唱

11획 口
小4 N1

음독 しょう 훈독 となえる	唱歌(しょうか) 창가　唱導(しょうどう) 부르짖어 이끌어 나감 合唱(がっしょう) 합창　復唱(ふくしょう) 복창
의미 외치다 노래하다	みんなで唱歌(しょうか)を歌(うた)う。 다 같이 창가를 노래하다. 合唱団(がっしょうだん)に入団(にゅうだん)する。 합창단에 입단하다.

商

11획 口
小3 N2

음독 しょう 훈독 あきなう	商談(しょうだん) 상담　商人(しょうにん) 상인 行商(ぎょうしょう) 행상　通商(つうしょう) 통상
의미 장사하다 상담하다 나누기의 답	取引(とりひき)の商談(しょうだん)が成立(せいりつ)する。 거래의 상담이 성립하다. 他国(たこく)と通商条約(つうしょうじょうやく)を結(むす)ぶ。 타국과 통상 조약을 맺다.

章

11획 立
小3 N2

음독 しょう 훈독 —	章句(しょうく) 문장의 단락　章節(しょうせつ) 장절 印章(いんしょう) 도장　勲章(くんしょう) 훈장
의미 표시 문장 시·문의 한 구절	章節(しょうせつ)に分(わ)ける。 장절로 나누다. 勲章(くんしょう)を授与(じゅよ)される。 훈장을 수여받다.

勝

12획 力
小3 N2

음독 しょう	勝者(しょうしゃ) 승자	勝(か)ち目(め) 승산
훈독 かつ·まさる	優勝(ゆうしょう) 우승	必勝(ひっしょう) 필승
의미	歴史(れきし)は勝者(しょうしゃ)の記録(きろく)だ。 역사는 승자의 기록이다.	
이기다 뛰어나다	リレー大会(たいかい)で優勝(ゆうしょう)した。 릴레이 대회에서 우승했다.	

焼

12획 火
小4 N2

음독 しょう	焼却(しょうきゃく) 소각	焼(や)き肉(にく) 구운 고기
훈독 やく·やける	燃焼(ねんしょう) 연소	夕焼(ゆうや)け 노을
의미	昔(むかし)の書類(しょるい)を焼却(しょうきゃく)する。 옛날 서류를 소각하다.	
태우다	夕焼(ゆうや)けを眺(なが)める。 노을을 바라보다.	

証

12획 言
小5 N1

음독 しょう	証拠(しょうこ) 증거	証言(しょうげん) 증언
훈독 —	確証(かくしょう) 확증	物証(ぶっしょう) 물증
의미	明日(あした)法廷(ほうてい)で証言(しょうげん)する。 내일 법정에서 증언할 것이다.	
증명 증명서	事件(じけん)の確証(かくしょう)を得(え)る。 사건의 확증을 얻다.	

象

12획 豕
小4 N2

음독 しょう·ぞう	象形(しょうけい) 상형·형상을 본뜸	象徴(しょうちょう) 상징
훈독 —	現象(げんしょう) 현상	対象(たいしょう) 대상
의미	鳩(はと)は平和(へいわ)の象徴(しょうちょう)である。 비둘기는 평화의 상징이다.	
코끼리 모양	不思議(ふしぎ)な現象(げんしょう)が起(お)こる。 신기한 현상이 생기다.	

傷

13획 亻

小6 N1

음독 しょう 훈독 きず·いたむ·いためる	傷害(しょうがい) 상해　傷跡(きずあと) 흉터 凍傷(とうしょう) 동상　無傷(むきず) 상처가 없음
의미 상처 상처를 입히다 마음을 해치다	傷跡(きずあと)が痛(いた)む。 흉터가 아프다. 雪山(ゆきやま)で指(ゆび)が凍傷(とうしょう)にかかる。 설산에서 손가락이 동상에 걸리다.

照

13획 灬

小4 N2

음독 しょう 훈독 てる·てらす てれる	照会(しょうかい) 조회　照明(しょうめい) 조명 参照(さんしょう) 참조　対照(たいしょう) 대조
의미 비치다 비추다	身元(みもと)を照会(しょうかい)する。 신원을 조회하다. 辞書(じしょ)を参照(さんしょう)する。 사전을 참조하다.

障

14획 阝

小5 N1

음독 しょう 훈독 さわる	障害(しょうがい) 장애　障子(しょうじ) 장지 故障(こしょう) 고장　保障(ほしょう) 보장
의미 방해가 되다 칸막이	障子(しょうじ)に穴(あな)を開(あ)ける。 장지에 구멍을 뚫다 車(くるま)が故障(こしょう)する。 차가 고장이 나다.

賞

15획 貝

小4 N2

음독 しょう 훈독 —	賞状(しょうじょう) 상장　賞品(しょうひん) 상품 鑑賞(かんしょう) 감상　入賞(にゅうしょう) 입상
의미 칭찬하다 포상	表彰(ひょうしょう)され賞状(しょうじょう)を授与(じゅよ)された。 표창되어 상장을 받았다. 趣味(しゅみ)は映画鑑賞(えいがかんしょう)だ。 취미는 영화감상이다.

上

3획 一
小1 N5

음독 じょう·しょう 훈독 うえ·うわ·かみ·あげる·あがる·のぼる·のぼせる·のぼす	上下(じょうげ) 상하　上着(うわぎ) 겉옷 以上(いじょう) 이상　路上(ろじょう) 노상
의미 위 올라가다 뛰어나다	寒(さむ)いので上着(うわぎ)を着(き)る。 추워서 겉옷을 입다. 子供(こども)たちが路上(ろじょう)で遊(あそ)んでいる。 아이들이 길 위에서 놀고 있다.

条

7획 木
小5 N1

음독 じょう 훈독 —	条件(じょうけん) 조건　条約(じょうやく) 조약 箇条(かじょう) 개조　成城(せいじょう) 세이조(지명)
의미 한 단락씩 나눠 쓴 문장 사리·절차	条件(じょうけん)に合(あ)う商談(しょうだん)をすすめる。 조건에 맞는 거래를 진행하다. 作文(さくぶん)を箇条書(かじょうが)きにする。 개조식으로 작문하다.

状

7획 犬
小5 N2

음독 じょう 훈독 —	状況(じょうきょう) 상황　状態(じょうたい) 상태 異状(いじょう) 이상　令状(れいじょう) 영장
의미 모양 상태 문서	現在(げんざい)の状況(じょうきょう)を把握(はあく)する。 현재의 상황을 파악하다. 健康診断(けんこうしんだん)の結果(けっか)、異状(いじょう)はなかった。 건강 진단 결과 이상은 없었다.

城

9획 土
小6 N2

음독 じょう 훈독 しろ	城下(じょうか) 성 아래　城跡(しろあと) 성지 入城(にゅうじょう) 입성　落城(らくじょう) 낙성
의미 성 성벽을 두른 곳	名所(めいしょ)の城跡(しろあと)を訪(たず)ねる。 명소의 성지를 방문하다. 敵(てき)に攻(せ)められて落城(らくじょう)した。 적에게 공격당해 낙성했다.

乗

9획 ノ
小3 N3

음독 じょう	乗客(じょうきゃく) 승객	乗船(じょうせん) 승선
훈독 のる·のせる	試乗(しじょう) 시승	搭乗(とうじょう) 탑승

의미	
타다·태우다	船(ふね)の乗船(じょうせん)許可(きょか)をもらう。
불법(仏法)	배의 승선 허가를 받다.
합하다	彼(かれ)の車(くるま)に同乗(どうじょう)する。
	그의 차에 동승하다.

常

11획 巾
小5 N2

음독 じょう	常識(じょうしき) 상식	常備(じょうび) 상비
훈독 つね·とこ	異常(いじょう) 이상	通常(つうじょう) 통상

의미	
언제나	非常食(ひじょうしょく)を常備(じょうび)する。
당연하다	비상식을 상비하다.
관습	あの人(ひと)は異常(いじょう)な性格(せいかく)で有名(ゆうめい)だ。
	그 사람은 이상한 성격으로 유명하다.

情

11획 忄
小5 N2

음독 じょう·せい	情景(じょうけい) 정경	情勢(じょうせい) 정세
훈독 なさけ	感情(かんじょう) 감정	友情(ゆうじょう) 우정

의미	
인정	その情景(じょうけい)が忘(わす)れられない。
마음의 활동	그 정경을 잊을 수가 없다.
상태·사실	彼(かれ)の友情(ゆうじょう)に感謝(かんしゃ)する。
	그의 우정에 감사하다.

場

12획 土
小2 N3

음독 じょう	場外(じょうがい) 장외	場所(ばしょ) 장소
훈독 ば	工場(こうじょう) 광장	職場(しょくば) 직장

의미	
곳·장소	息子(むすこ)が場外(じょうがい)ホームランを打(う)った。
시기	아들이 장외 홈런을 쳤다.
극의 한 장면	広場(ひろば)に集合(しゅうごう)する。
	광장에 집합하다.

蒸

13획 艹
小6 N2

음독 じょう 훈독 むす·むれる むらす	蒸気(じょうき) 증기　蒸発(じょうはつ) 증발 炎蒸(えんじょう) 찌는 듯한 더위　水蒸気(すいじょうき) 수증기
의미 찌다 액체가 열로 인해 기체가 되다	蒸気機関車(じょうききかんしゃ)に乗(の)る。 증기 기관차를 타다. 水蒸気(すいじょうき)が吹(ふ)き出(だ)す。 수증기가 뿜어져 나오다.

色

6획 色
小2 N3

음독 しょく·しき 훈독 いろ	色彩(しきさい) 색채　色白(いろじろ) 살갗이 흼 配色(はいしょく) 배색　変色(へんしょく) 변색
의미 색 얼굴의 표정 상태	花(はな)の色彩(しきさい)が鮮(あざ)やかで綺麗(きれい)だ。 꽃의 색채가 선명해서 아름답다. 絵(え)の具(ぐ)の配色(はいしょく)が良(よ)い。 물감 배색이 좋다.

食

9획 食
小2 N4

음독 しょく·じき 훈독 くう·くらう·たべる	食後(しょくご) 식후　食欲(しょくよく) 식욕 外食(がいしょく) 외식　夜食(やしょく) 야식
의미 먹다 음식 좀먹다·해치다	食後(しょくご)は散歩(さんぽ)をする。 식후에는 산책을 한다. お腹(なか)が空(す)いたので夜食(やしょく)を食(た)べる。 배가 고파서 야식을 먹다.

植

12획 木
小3 N2

음독 しょく 훈독 うえる·うわる	植物(しょくぶつ) 식물　植(う)え込(こ)み 나무를 많이 심은 곳 移植(いしょく) 이식　田植(たう)え 모심기
의미 심다 풀이나 나무 사람을 이동시켜 개척하다	毎日(まいにち)植物(しょくぶつ)を観察(かんさつ)する。 매일 식물을 관찰한다. 臓器(ぞうき)を移植(いしょく)する。 장기를 이식하다.

織	음독 しょく·しき 훈독 おる	織(お)り糸(いと) 직물에 이용한 실　織物(おりもの) 직물 組織(そしき) 조직　羽織(はおり) 우직
18획 糸 小5 N1	의미 짜다 조립하다	絹(きぬ)を織(お)る。 비단을 짜다. 会社(かいしゃ)の組織(そしき)を拡大(かくだい)する。 회사의 조직을 확대하다.

職	음독 しょく 훈독 —	職員(しょくいん) 직원　職場(しょくば) 직장 教職(きょうしょく) 교직　転職(てんしょく) 전직
18획 耳 小5 N2	의미 역할 임무·일 영위함	新(あたら)しい職員(しょくいん)を採用(さいよう)する。 새로운 직원을 채용하다. 大学(だいがく)を卒業(そつぎょう)して、教職(きょうしょく)に就(つ)く。 대학을 졸업하고 교직에 취직하다.

心	음독 しん 훈독 こころ	心身(しんしん) 심신　心理(しんり) 심리 安心(あんしん) 안심　気心(きごころ) 속마음
4획 心 小2 N3	의미 심장 마음 중앙	忙(いそが)しくて、心身(しんしん)ともに疲(つか)れる。 바빠서 심신이 모두 피곤하다. 彼(かれ)が無事(ぶじ)だと聞(き)いて安心(あんしん)した。 그가 무사하다고 듣고 안심했다.

申	음독 しん 훈독 もうす	申告(しんこく) 신고　申請(しんせい) 신청 具申(ぐしん) 일의 상황 등을 윗사람에게 자세히 아룀 内申(ないしん) 내신
5획 田 小3 N2	의미 말하다 원숭이	ビザを申請(しんせい)する。 비자를 신청하다. 上司(じょうし)に意見(いけん)を具申(ぐしん)する。 상사에게 의견을 구신하다.

臣

7획 臣
小4 N2

음독 しん·じん 훈독 —	臣下(しんか) 신하　臣民(しんみん) 신민 家臣(かしん) 가신　大臣(だいじん) 대신
의미 가신 신하가 군주에게 사용하는 자칭(自称)	忠良(ちゅうりょう)な臣民(しんみん)。 충성스럽고 선량한 신민. 文部科学大臣(もんぶかがくだいじん)が発表(はっぴょう)される。 문부과학대신이 발표되다.

身

7획 身
小3 N2

음독 しん 훈독 み	身体(しんたい) 신체　身長(しんちょう) 신장(키) 全身(ぜんしん) 전신　親身(しんみ) 친절함
의미 몸 자신 물건의 속	彼(かれ)はクラスで一番(いちばん)身長(しんちょう)が高(たか)い。 그는 반에서 가장 키가 크다. 親身(しんみ)になって介護(かいご)する。 친절히 간호하다.

信

9획 亻
小4 N2

음독 しん 훈독 —	信念(しんねん) 신념　信頼(しんらい) 신뢰 確信(かくしん) 확신　自信(じしん) 자신
의미 진실 믿다 소식	彼(かれ)は信念(しんねん)が固(かた)い。 그는 신념이 강하다. そのことには自信(じしん)がある。 그 일에는 자신이 있다.

神

9획 ネ
小3 N4

음독 しん·じん 훈독 かみ·かん·こう	神経(しんけい) 신경　神話(しんわ) 신화 精神(せいしん) 정신　天神(てんじん) 천신
의미 신 넋·마음	神経(しんけい)が敏感(びんかん)に反応(はんのう)する。 신경이 민감하게 반응하다. 試験(しけん)では精神力(せいしんりょく)を集中(しゅうちゅう)させる。 시험에서는 정신력을 집중시킨다.

真

10획 目
小3 N3

음독 しん 훈독 ま	真実(しんじつ) 진실　真理(しんり) 진리 写真(しゃしん) 사진　純真(じゅんしん) 순진
의미 진실 타고남	真実(しんじつ)を証明(しょうめい)する。 진실을 증명하다. 家族写真(かぞくしゃしん)を撮(と)る。 가족사진을 찍다.

針

10획 金
小6 N2

음독 しん 훈독 はり	針葉樹(しんようじゅ) 침엽수　針金(はりがね) 철사 秒針(びょうしん) 초침　方針(ほうしん) 방침
의미 바늘	松(まつ)は針葉樹(しんようじゅ)だ。 소나무는 침엽수이다. 会社(かいしゃ)の方針(ほうしん)を熟知(じゅくち)する。 회사의 방침을 숙지하다.

深

11획 氵
小3 N2

음독 しん 훈독 ふかい·ふかまる· ふかめる	深刻(しんこく) 심각　深夜(しんや) 심야 海深(かいしん) 해심　水深(すいしん) 수심
의미 깊음 사람의 눈을 벗어남 정도가 큼	深刻(しんこく)に悩(なや)む。 심각하게 고민하다. 水深(すいしん)を測(はか)る。 수심을 재다.

進

11획 辶
小3 N3

음독 しん 훈독 すすむ·すすめる	進学(しんがく) 진학　進出(しんしゅつ) 진출 行進(こうしん) 행진　前進(ぜんしん) 전진
의미 나아가다 오르다 올리다·드리다	大学院(だいがくいん)に進学(しんがく)する。 대학원에 진학하다. オリンピックの開幕式(かいまくしき)で選手(せんしゅ)たちが行進(こうしん)する。 올림픽 개막식에서 선수들이 행진하다.

森

12획 木
小1 N3

음독 しん 훈독 もり	森林(しんりん) 삼림　森道(もりみち) 숲길 森々(しんしん) 나무가 울창함·무게가 있음
의미 수목이 우거지다 엄숙함	家(いえ)の近(ちか)くに森林公園(しんりんこうえん)がある。 집 근처에 삼림공원이 있다.

新

13획 斤
小2 N4

음독 しん 훈독 あたらしい·あらた·にい	新鮮(しんせん) 신선　新聞(しんぶん) 신문 革新(かくしん) 혁신　最新(さいしん) 최신
의미 새로움 새롭게 하다	新鮮(しんせん)な野菜(やさい)で料理(りょうり)する。 신선한 야채로 요리하다. 最新機器(さいしんきき)で調査(ちょうさ)する。 최신기기로 조사하다.

親

16획 見
小2 N3

음독 しん 훈독 おや·したしい·したしむ	親戚(しんせき) 친척　親切(しんせつ) 친절 懇親(こんしん) 친목　両親(りょうしん) 부모
의미 부모 집안 친하다	案内員(あんないいん)はとても親切(しんせつ)だった。 안내원은 매우 친절했다. 懇親会(こんしんかい)に参加(さんか)する。 친목회에 참가하다.

人

2획 人
小1 N5

음독 じん·にん 훈독 ひと	人生(じんせい) 인생　人間(にんげん) 인간 友人(ゆうじん) 친구　犯人(はんにん) 범인
의미 사람 인품 사람을 세는 말	人生(じんせい)ははかないものだ。 인생은 덧없는 것이다. 彼女(かのじょ)は私(わたし)の古(ふる)い友人(ゆうじん)です。 그녀는 제 오래된 친구입니다.

仁

4획 亻
小6 N1

음독 じん·に	仁義(じんぎ) 인의　仁徳(じんとく) 인덕
훈독 —	御仁(ごじん) ~분　至仁(しじん) 더없이 자애로운 사람
의미 사랑·자애 유교의 근본이념 사람	仁徳(じんとく)が備(そな)わる。 인덕이 갖추어지다. 祖父(そふ)はりっぱな御仁(ごじん)だ。 할아버지는 훌륭한 분이시다.

図

7획 口
小2 N3

음독 ず·と	図表(ずひょう) 도표　図書館(としょかん) 도서관
훈독 はかる	合図(あいず) 신호　意図(いと) 의도
의미 생각하다·꾀하다 계획 그림 그림 그리다	データを図表化(ずひょうか)する。 데이터를 도표화하다. 特(とく)に意図(いと)のある発言(はつげん)ではなかった。 특별히 의도가 있는 발언은 아니었다.

水

4획 水
小1 N5

음독 すい	水泳(すいえい) 수영　水着(みずぎ) 수영복
훈독 みず	香水(こうすい) 향수　雨水(あまみず) 빗물
의미 물 수요일	水泳(すいえい)が得意(とくい)です。 수영이 특기입니다. 香水(こうすい)をつける。 향수를 뿌리다.

垂

8획 土
小6 N1

음독 すい	垂線(すいせん) 수직선　垂直(すいちょく) 수직
훈독 たれる·たらす	懸垂(けんすい) 턱걸이　雨垂れ(あまだれ) 낙숫물
의미 늘어지다·드리우다 나타내다 가장자리	ハゲワシが垂直降下(すいちょくこうか)する。 독수리가 수직강하하다. 雨垂(あまだ)れ石(いし)を穿(うが)つ。 낙숫물이 댓돌을 뚫는다.

推

11획 扌
小6 N1

음독 すい	推薦(すいせん) 추천　推理(すいり) 추리
훈독 おす	邪推(じゃすい) 의심　類推(るいすい) 유추
의미	推理小説(すいりしょうせつ)が好(す)きだ。
밀다·추진시키다	추리소설을 좋아한다.
헤아리다·추량하다	むやみに人(ひと)を邪推(じゃすい)するな。
추천하다	함부로 사람을 의심하지 말아라.

数

13획 攵
小2 N2

음독 すう·す	数字(すうじ) 숫자　数量(すうりょう) 수량
훈독 かず·かぞえる	点数(てんすう) 점수　人数(にんずう) 인원 수
의미	あんな大(おお)きな数字(すうじ)も見(み)えないの。
	저 큰 숫자도 안보여?
수	参加(さんか)する人数(にんずう)を調(しら)べる。
세다	참가인원 수를 조사하다.

寸

3획 寸
小6 N1

음독 すん	寸劇(すんげき) 토막극　寸前(すんぜん) 직전
훈독 —	一寸(いっすん) 한 치·짧은 거리　方寸(ほうすん) 마음속
의미	終了(しゅうりょう)の寸前(すんぜん)で逆転(ぎゃくてん)される。
길이의 단위	종료 직전에 역전되다.
길이	すべては方寸(ほうすん)にある。
매우 적은	모든 것은 마음속에 있다.

世

5획 一
小3 N3

음독 せい·せ	世界(せかい) 세계　世代(せだい) 세대
훈독 よ	永世(えいせい) 영세　出世(しゅっせ) 출세
의미	新旧世代(しんきゅうせだい)の交代(こうたい)。
세상·사회	신구세대의 교체.
일생	あの課長(かちょう)の出世(しゅっせ)には裏(うら)があるらしい。
시대	그 과장의 출세에는 내막이 있는 모양이다.

正

5획 止
小1 N3

음독 せい·しょう
훈독 ただしい·ただす·まさ

正解(せいかい) 정답　正面(しょうめん) 정면
改正(かいせい) 개정　不正(ふせい) 부정

의미
바르다
바로잡다
정확히·마침

この問題(もんだい)は正解率(せいかいりつ)が低(ひく)い。
이 문제는 정답률이 낮다.
試験(しけん)での不正行為(ふせいこうい)が発覚(はっかく)される。
시험에서의 부정행위가 발각되다.

生

5획 生
小1 N5

음독 せい·しょう
훈독 いきる·いかす·いける·うまれる·うむ·おう·はえる·はやす·き·なま

生産(せいさん) 생산　生物(せいぶつ) 생물
先生(せんせい) 선생　誕生(たんじょう) 탄생

의미
살다
낳다·태어나다
나다·자라다

機械(きかい)の部品(ぶひん)を生産(せいさん)する工場(こうじょう)です。
기계의 부품을 생산하는 공장입니다.
お誕生日(たんじょうび)おめでとう。
생일 축하해.

成

6획 戈
小4 N2

음독 せい·じょう
훈독 なる·なす

成功(せいこう) 성공　成績(せいせき) 성적
完成(かんせい) 완성　構成(こうせい) 구성

의미
끝까지 해내다
완성되다

今度(こんど)の試験(しけん)では成績(せいせき)が悪(わる)かった。
이번 시험에서는 성적이 나빴다.
学生会(がくせいかい)を構成(こうせい)する。
학생회를 구성하다.

西

6획 西
小2 N5

음독 せい·さい
훈독 にし

西洋(せいよう) 서양　西側(にしがわ) 서쪽
関西(かんさい) 관서　東西(とうざい) 동서

의미
서쪽
서양

西洋(せいよう)の教育方式(きょういくほうしき)を研究(けんきゅう)する。
서양의 교육방식을 연구하다.
関西方言(かんさいほうげん)に興味(きょうみ)がある。
관서방언에 흥미가 있다.

声

7획 士

小2 N3

음독 せい·しょう	声楽(せいがく) 성악　　声帯(せいたい) 성대
훈독 こえ·こわ	音声(おんせい) 음성　　発声(はっせい) 발성
의미	母(はは)は声楽家(せいがくか)です。 어머니는 성악가입니다.
목소리·울림 소문	音声(おんせい)を分析(ぶんせき)する。 음성을 분석하다.

制

8획 刂

小5 N2

음독 せい	制限(せいげん) 제한　　制度(せいど) 제도
훈독 —	規制(きせい) 규제　　統制(とうせい) 통제
의미 결정하다	この映画(えいが)は年齢制限(ねんれいせいげん)がある。 이 영화는 연령제한이 있다.
못하게 하다 만들다	交通(こうつう)を規制(きせい)する。 교통을 규제하다.

性

8획 忄

小5 N2

음독 せい·しょう	性格(せいかく) 성격　　性能(せいのう) 성능
훈독	異性(いせい) 이성　　個性(こせい) 개성
의미 성품	彼(かれ)は普通(ふつう)の性格(せいかく)ではない。 그는 보통 성격이 아니다.
못하게 하다·말리다 만들다	個性(こせい)を生(い)かす。 개성을 살리다.

青

8획 青

小1 N3

음독 せい·しょう	青春(せいしゅん) 청춘　　青年(せいねん) 청년
훈독 あお·あおい	緑青(ろくしょう) 녹청(녹색)　　真(ま)っ青(さお) 새 파람·사색
의미 파랑	この小説(しょうせつ)は青春(せいしゅん)の成長(せいちょう)を描(えが)いている。 이 소설은 청춘의 성장을 그리고 있다.
봄·젊음 미숙함	顔色(かおいろ)が真(ま)っ青(さお)だ。 얼굴이 새파랗다.

政

9획 攵
小5 N2

음독 せい·しょう	政策(せいさく) 정책　政治(せいじ) 정치
훈독 まつりごと	国政(こくせい) 국정　行政(ぎょうせい) 행정
의미	新(あら)たな政策(せいさく)を発表(はっぴょう)する。
영토와 국민을 다스림	새로운 정책을 발표하다.
	行政学(ぎょうせいがく)を専攻(せんこう)する。
	행정학을 전공하다.

星

9획 日
小2 N2

음독 せい·しょう	星座(せいざ) 별자리　星空(ほしぞら) 별이 총총한 밤하늘
훈독 ほし	北極星(ほっきょくせい) 북극성　流(なが)れ星(ぼし) 유성
의미	私(わたし)の星座(せいざ)は羊座(ひつじざ)です。
별	제 별자리는 양자리입니다.
월일	流(なが)れ星(ぼし)を見(み)て、願(ねが)い事(ごと)をする。
표시·표지	유성을 보고 소원을 빌다.

省

9획 目
小4 N4

음독 せい·しょう	省察(せいさつ) 성찰　省略(しょうりゃく) 생략
훈독 かえりみる·はぶく	帰省(きせい) 귀성　反省(はんせい) 반성
의미	表(ひょう)の説明(せつめい)は省略(しょうりゃく)します。
돌이켜보다·반성하다	표 설명은 생략하겠습니다.
생략하다	子供(こども)が反省文(はんせいぶん)を書(か)く。
관청	아이가 반성문을 쓰다.

清

11획 氵
小4 N2

음독 せい·しょう	清潔(せいけつ) 청결　清浄(しょうじょう) 청정
훈독 きよい·きよまる·きよめる	河清(かせい) 황하강의 탁류가 깨끗해지는 것·원해도 이루어지지 않는 일　血清(けっせい) 혈청
의미	清潔(せいけつ)を保(たも)つ。
깨끗하다·맑다	청결을 유지하다.
상쾌하다·시원하다	血清(けっせい)を注射(ちゅうしゃ)する。
깨끗하게 하다	혈청을 주사하다.

盛

盛	음독 せい·じょう 훈독 もる·さかる·さかん	盛況(せいきょう) 성황	盛大(せいだい) 성대함
		全盛(ぜんせい) 전성	隆盛(りゅうせい) 융성
11획 皿 小6 N1	의미 쌓은 것·쌓아올리다 번창함·번창하다	盛大(せいだい)な晩餐会(ばんさんかい)を開(ひら)く。 성대한 만찬회를 열다. あの歌手(かしゅ)は今(いま)が全盛期(ぜんせいき)だ。 그 가수는 지금이 전성기다.	

晴

晴	음독 せい 훈독 はれる·はらす	晴天(せいてん) 맑은 하늘	晴(は)れ着(ぎ) 나들이옷
		快晴(かいせい) 쾌청	気晴(きば)らし 기분전환
12획 日 小2 N2	의미 (날씨가)맑다·개다 개게 하다 공공연함	秋(あき)は晴天(せいてん)の日(ひ)が多(おお)い。 가을은 하늘이 맑은 날이 많다. 気晴(きば)らしに髪(かみ)の毛(け)を染(そ)める。 기분전환으로 머리를 염색하다.	

勢

勢	음독 せい 훈독 いきおい	勢威(せいい) 권세와 위력	勢力(せいりょく) 세력
		運勢(うんせい) 운세	姿勢(しせい) 자세
13획 力 小5 N2	의미 기세·기운 형편·추세 인원 수·군대	勢力(せいりょく)が大(おお)きくなる。 세력이 커지다. 姿勢(しせい)を正(ただ)す。 자세를 바로잡다.	

聖

聖	음독 せい 훈독 —	聖書(せいしょ) 성서	聖人(せいじん) 성인
		賢聖(けんせい) 현인과 성인	神聖(しんせい) 신성
13획 耳 小6 N1	의미 성인 saint(성자)의 번역 깨끗한	聖書(せいしょ)をもって教会(きょうかい)に行(い)く。 성경책을 가지고 교회에 가다. 教会(きょうかい)は神聖(しんせい)な場所(ばしょ)だ。 교회는 신성한 장소다.	

誠

13획 言
小6 N1

음독 せい 훈독 まこと	誠意(せいい) 성의 誠実(せいじつ) 성실 忠誠(ちゅうせい) 충성 熱誠(ねっせい) 열성
의미 진실·진심 참으로·정말로	誠実(せいじつ)に勉強(べんきょう)する。 성실하게 공부하다. 熱誠的(ねっせいてき)に応援(おうえん)する。 열성적으로 응원하다.

精

14획 米
小5 N2

음독 せい·しょう 훈독 —	精神(せいしん) 정신 精密(せいみつ) 정밀 丹精(たんせい) 정성을 들임 不精(ぶしょう) 귀찮아 함
의미 자세하다 순수한 것 정신	強(つよ)い精神力(せいしんりょく)をもつ。 강한 정신력을 가지다. 丹精(たんせい)込(こ)めて作(つく)る。 정성들여 만들다.

製

14획 衣
小5 N1

음독 せい 훈독 —	製本(せいほん) 제본 製薬(せいやく) 제약 作製(さくせい) 제작·작성 調製(ちょうせい) 조제
의미 만들다 제조하다 옷을 만들다	製薬会社(せいやくがいしゃ)に勤(つと)める。 제약회사에서 일하다. 洋服(ようふく)を調製(ちょうせい)する。 양복을 조제하다.

静

14획 青
小4 N2

음독 せい·じょう 훈독 しず·しずか· しずまる·しずめる	静寂(せいじゃく) 정적 静粛(せいしゅく) 정숙 安静(あんせい) 안정 冷静(れいせい) 냉정
의미 조용함·고요함 조용히 하다	重(おも)い静寂(せいじゃく)が流(なが)れる。 무거운 정적이 흐르다. 冷静(れいせい)に対応(たいおう)する。 냉정하게 대응하다.

整

16획 攵
小3 N1

음독 せい	整備(せいび) 정비 　 整理(せいり) 정리
훈독 ととのえる	修整(しゅうせい) 수정 　 調整(ちょうせい) 조정
의미	引(ひ)き出(だ)しの中(なか)を整理(せいり)する。
	서랍 속을 정리하다.
정돈하다	写真(しゃしん)を修整(しゅうせい)する。
가지런히 갖추다	사진을 수정하다.

税

12획 禾
小5 N2

음독 ぜい	税関(ぜいかん) 세관 　 税金(ぜいきん) 세금
훈독 —	消費税(しょうひぜい) 소비세 　 納税(のうぜい) 납세
의미	税金(ぜいきん)を納(おさ)める。
	세금을 납부하다.
세금	この値段(ねだん)は消費税(しょうひぜい)が込(こ)められている。
	이 가격은 소비세가 포함되어 있다.

夕

3획 夕
小1 N3

음독 せき	夕方(ゆうがた) 저녁 　 夕立(ゆうだち) 소나기
훈독 ゆう	朝夕(ちょうせき) 조석 　 七夕(たなばた) 칠석
의미	夕方(ゆうがた)に退勤(たいきん)する。
	저녁에 퇴근하다.
저녁	仙台(せんだい)の七夕祭(たなばたまつ)りは有名(ゆうめい)だ。
	센다이의 칠석 축제는 유명하다.

石

5획 石
小1 N2

음독 せき·しゃく·こく	石炭(せきたん) 석탄 　 石油(せきゆ) 석유
훈독 いし	化石(かせき) 화석 　 宝石(ほうせき) 보석
의미	石油戦争(せきゆせんそう)が勃発(ぼっぱつ)する。
돌·바위	석유전쟁이 발발하다.
딱딱한 것	宝石(ほうせき)が入(はい)った王冠(おうかん)。
용적의 단위	보석이 박힌 왕관.

赤		
7획 赤 小1 N3	음독 せき·しゃく 훈독 あか·あかい·あからむ·あからめる	赤十字(せきじゅうじ) 적십자　赤字(あかじ) 적자 発赤(ほっせき) 발적·충혈되어 빨갛게 됨　真っ赤(まっか) 새빨감
	의미 빨강 진심 드러냄	赤字(あかじ)を埋(う)める。 적자를 메우다. 彼女(かのじょ)を見(み)て顔(かお)が真(ま)っ赤(か)になる。 그녀를 보고 얼굴이 새빨개지다.

昔		
8획 日 小3 N2	음독 せき·しゃく 훈독 むかし	昔日(せきじつ) 옛날　昔話(むかしばなし) 옛날이야기 往昔(おうせき) 먼 옛날　今昔(こんじゃく) 지금과 옛날
	의미 옛날 이전	子供(こども)がおじいさんの昔話(むかしばなし)を聞(き)いている。 아이가 할아버지의 옛날이야기를 듣고 있다. 往昔(おうせき)を回顧(かいこ)する。 먼 옛날을 회상하다.

席		
10획 巾 小4 N2	음독 せき 훈독 —	席次(せきじ) 석차　席順(せきじゅん) 석순 欠席(けっせき) 결석　出席(しゅっせき) 출석
	의미 앉을 곳 회장 지위	席次(せきじ)が上(あ)がる。 석차가 오르다. この授業(じゅぎょう)は出席率(しゅっせきりつ)が高(たか)い。 이 수업은 출석률이 높다.

責		
11획 貝 小5 N2	음독 せき 훈독 せめる	責任(せきにん) 책임　責務(せきむ) 책무 自責(じせき) 자책　問責(もんせき) 문책
	의미 꾸짖다 다해야 할 임무	責任(せきにん)を取(と)る。 책임을 지다. 自責(じせき)の念(ねん)で苦(くる)しむ。 자책하는 마음으로 괴로워하다.

積

16획 禾
小4 N2

음독 せき 훈독 つむ·つもる	積雪(せきせつ) 적설　積極(せっきょく) 적극 蓄積(ちくせき) 축적　面積(めんせき) 면적
의미 쌓다·쌓이다 겹쳐 쌓이다 넓이	積極的(せっきょくてき)に発言(はつげん)する。 적극적으로 발언하다. 財産(ざいさん)を蓄積(ちくせき)する。 재산을 축적하다.

績

17획 糸
小5 N2

음독 せき 훈독 —	業績(ぎょうせき) 업적　実績(じっせき) 실적
의미 실을 뽑다 공로 일	偉人(いじん)の業績(ぎょうせき)を調(しら)べる。 위인의 업적을 조사하다. 実績(じっせき)を上(あ)げる。 실적을 올리다.

切

4획 刀
小2 N3

음독 せつ·さい 훈독 きる·きれる	切実(せつじつ) 절실　切断(せつだん) 절단 大切(たいせつ) 중요함·소중함　適切(てきせつ) 적절
의미 사르다 절박하다 빈번히·열심히	このチームは優勝(ゆうしょう)が切実(せつじつ)だ。 이 팀은 우승이 절실하다. 漢語(かんご)を適切(てきせつ)に使(つか)う。 한자어를 적절하게 사용하다.

折

7획 扌
小4 N2

음독 せつ 훈독 おる·おり·おれる	折角(せっかく) 모처럼　折衷(せっちゅう) 절충 骨折(こっせつ) 골절　挫折(ざせつ) 좌절
의미 접다·굽히다 나누다 꺾이다	折角(せっかく)準備(じゅんび)した料理(りょうり)が無駄(むだ)になった。 모처럼 준비한 요리가 쓸모없게 되었다. 事故(じこ)で腕(うで)を骨折(こっせつ)する。 사고로 팔이 골절되다.

接

11획 扌

小5 N2

음독 せつ	接近(せっきん) 접근	接触(せっしょく) 접촉
훈독 つぐ	直接(ちょくせつ) 직접	面接(めんせつ) 면접

의미	
교제하다	外部(がいぶ)と接触(せっしょく)する。
접근하다	외부와 접촉하다.
만나다·대접하다	レポートは直接提出(ちょくせつていしゅつ)してください。
	레포트는 직접 제출해주세요.

設

11획 言

小5 N2

음독 せつ	設計(せっけい) 설계	設備(せつび) 설비
훈독 もうける	建設(けんせつ) 건설	施設(しせつ) 시설

의미	
	子供(こども)のための遊(あそ)び場(ば)を設計(せっけい)する。
	아이들을 위한 놀이터를 설계하다.
마련하다	老人(ろうじん)むけの施設(しせつ)が必要(ひつよう)だ。
설치하다	노인을 위한 시설이 필요하다.

雪

11획 雨

小2 N2

음독 せつ	雪景(せっけい) 설경	雪国(ゆきぐに) 설국
훈독 ゆき	降雪(こうせつ) 강설	初雪(はつゆき) 첫눈

의미	
눈	北海道(ほっかいどう)の雪景(せっけい)は見事(みごと)だ。
닦다·씻다	홋카이도의 설경은 정말 멋지다.
흰색의 비유	ブータンでは初雪(はつゆき)の日(ひ)が祝日(しゅくじつ)になるという。
	부탄에서는 첫눈 오는 날이 공휴일이 된다고 한다.

節

13획 ⺮

小4 N1

음독 せつ·せち	節分(せつぶん) 입춘 전날	節約(せつやく) 절약
훈독 ふし	関節(かんせつ) 관절	調節(ちょうせつ) 조절

의미	
마디·관절	お金(かね)を節約(せつやく)するため自炊(じすい)する。
절기	돈을 절약하기 위해 직접 밥을 해 먹다.
알맞게 하다	音量(おんりょう)を調節(ちょうせつ)する。
	음량을 조절하다.

說		
	음독 せつ·ぜい 훈독 とく	説得(せっとく) 설득　説明(せつめい) 설명 演説(えんぜつ) 연설　解説(かいせつ) 해설
14획 言 小4 N3	의미 설명하다·설득하다 의견 이야기	留学説明会(りゅうがくせつめいかい)に参加(さんか)する。 유학설명회에 참가하다. 政治家(せいじか)の演説(えんぜつ)はもうけっこうだ。 정치가의 연설은 이것으로 충분하다.

舌		
	음독 ぜつ 훈독 した	舌戦(ぜっせん) 설전　舌端(ぜったん) 설단 毒舌(どくぜつ) 독설　弁舌(べんぜつ) 언변
6획 舌 小5 N1	의미 혀 말 말하다	会議(かいぎ)での舌戦(ぜっせん)は激(はげ)しかった。 회의에서의 설전은 격했다. 彼(かれ)は弁舌(べんぜつ)の下手(へた)な人(ひと)だ。 그는 언변이 없는 사람이다.

絶		
	음독 ぜつ 훈독 たえる·たやす·たつ	絶対(ぜったい) 절대　絶滅(ぜつめつ) 근절 拒絶(きょぜつ) 거절　断絶(だんぜつ) 단절
12획 糸 小5 N2	의미 끊다 없어지다 매우	絶対(ぜったい)負(ま)けない。 절대 지지 않는다. 握手(あくしゅ)を拒絶(きょぜつ)された。 악수를 거절당했다.

千		
	음독 せん 훈독 ち	千円(せんえん) 천 엔　千代(ちよ) 영원
3획 十 小1 N5	의미 1,000 매우 많은	千円札(せんえんさつ)を百円玉(ひゃくえんだま)に両替(りょうがえ)する。 천 엔짜리 지폐를 백 엔짜리 동전으로 바꾸다.

川

3획 川

小1 N5

음독 せん

훈독 かわ

川上(かわかみ) 상류　川辺(かわべ) 냇가

河川(かせん) 하천　谷川(たにがわ) 골짜기를 흐르는 내

의미

강

물의 흐름

川辺(かわべ)で休(やす)む。

냇가에서 쉬다.

透明(とうめい)な河川(かせん)の水(みず)。

투명한 하천의 물.

先

6획 儿

小1 N5

음독 せん

훈독 さき

先生(せんせい) 선생님　先輩(せんぱい) 선배

機先(きせん) 기선　優先(ゆうせん) 우선

의미

먼저·앞

최초

앞질러 가다·뛰어나다

先生(せんせい)に挨拶(あいさつ)をする。

선생님께 인사하다.

この列車(れっしゃ)には優先席(ゆうせんせき)があります。

이 열차에는 노약자석이 있습니다.

宣

9획 宀

小6 N1

음독 せん

훈독 —

宣言(せんげん) 선언　宣布(せんぷ) 선포

教宣(きょうせん) 노동조합·정당 등에서 행하는 교육과 선전

託宣(たくせん) 신탁

의미

널리 펴다

확실히 말하다

임금의 말씀

ストライキを宣言(せんげん)する。

파업을 선언하다.

ご託宣(たくせん)を受(う)ける。

신탁을 받다.

専

9획 寸

小6 N2

음독 せん

훈독 もっぱら

専攻(せんこう) 전공　専用(せんよう) 전용

의미

오로지

마음 내키는 대로 함

전문학교의 약어

哲学(てつがく)を専攻(せんこう)する。

철학을 전공하다.

ここは自転車専用(じてんしゃせんよう)の道路(どうろ)だ。

여기는 자전거전용도로다.

泉

9획 水

小6 N2

음독 せん	泉水(せんすい) 샘물·샘	泉石(せんせき) 뜰에 있는 연못과 돌
훈독 いずみ	温泉(おんせん) 온천	源泉(げんせん) 원천

의미	
샘·샘물	泉水(せんすい)を飲(の)む。
수원(水原)	샘물을 마시다.
사후세계	母(はは)と温泉旅行(おんせんりょこう)をする。
	어머니와 온천여행을 하다.

浅

9획 氵

小4 N2

음독 せん	浅学(せんがく) 학식이 얕음	浅薄(せんぱく) 천박함
훈독 あさい	深浅(しんせん) 깊고 얕음·깊이	

의미	
얕음	浅薄(せんぱく)な知識(ちしき)を振(ふ)り回(まわ)す。
색이 옅다	천박한 지식을 내세우다.
	川(かわ)の深浅(しんせん)を測(はか)る。
	강의 깊이를 재다.

洗

9획 氵

小6 N3

음독 せん	洗顔(せんがん) 세안	洗濯(せんたく) 세탁
훈독 あらう	お手洗(てあら)い 화장실	皿洗(さらあら)い 설거지

의미	
씻다	冷水(れいすい)で洗顔(せんがん)する。
물로 씻다	냉수로 세안하다.
때를 벗다	お手洗(てあら)いに行(い)ってくる。
	화장실을 다녀오다.

染

9획 氵

小6 N1

음독 せん	染色(せんしょく) 염색	染料(せんりょう) 염료·물감
훈독 あらう	汚染(おせん) 오염	感染(かんせん) 감염

의미	
물들이다	布(ぬの)を染色(せんしょく)する。
배다·물들다	천을 염색하다.
옮기다·변하다	マーズの感染者(かんせんしゃ)が出(で)た。
	메르스 감염자가 나왔다.

船	음독 せん 훈독 ふね·ふな	船長(せんちょう) 선장　船酔(ふなよ)い 뱃멀미 乗船(じょうせん) 승선　風船(ふうせん) 풍선
11획 舟 小2 N2	의미 배	船酔(ふなよ)いに苦(くる)しむ。 뱃멀미로 고생하다. 風船(ふうせん)を膨(ふく)らす。 풍선을 부풀리다.

戦	음독 せん 훈독 いくさ·たたかう	戦記(せんき) 전기　戦闘(せんとう) 전투 苦戦(くせん) 고전　作戦(さくせん) 작전
13획 戈 小4 N2	의미 싸우다 승부하다 시합 떨다	戦記(せんき)を映画(えいが)化(か)する。 전기를 영화화하다. 作戦(さくせん)を練(ね)る。 작전을 짜다.

銭	음독 せん 훈독 ぜに	銭湯(せんとう) 대중목욕탕　銭金(ぜにかね) 돈·금전 金銭(きんせん) 금전　小銭(こぜに) 잔돈
14획 金 小5 N1	의미 돈·화폐 통화 단위	子供(こども)の頃(ころ)、よく父(ちち)と銭湯(せんとう)に行(い)った。 어렸을 때, 아버지와 자주 대중목욕탕에 갔다. 小銭(こぜに)を全部(ぜんぶ)使(つか)う。 잔돈을 모두 쓰다.

線	음독 せん 훈독 —	線画(せんが) 선으로만 그린 그림　線路(せんろ) 선로 光線(こうせん) 광선　直線(ちょくせん) 직선
15획 糸 小2 N2	의미 선 철도 경계·갈림길	線路(せんろ)を渡(わた)る。 선로를 건너다. 白紙(はくし)に直線(ちょくせん)を引(ひ)く。 백지에 직선을 긋다.

選

15획 辶

小4 N2

음독 せん 훈독 えらぶ	選挙(せんきょ) 선거 当選(とうせん) 당선	選択(せんたく) 선택 予選(よせん) 예선
의미 고르다 선택하다	高校(こうこう)の選択科目(せんたくかもく)で日本語(にほんご)を勉強(べんきょう)した。 고등학교 선택과목으로 일본어를 공부했다. この小説(しょうせつ)は公募展(こうぼてん)の当選作(とうせんさく)だ。 이 소설은 공모전 당선작이다.	

全

6획 人

小3 N2

음독 ぜん 훈독 まったく·すべて	全般(ぜんぱん) 전반 健全(けんぜん) 건전	全部(ぜんぶ) 전부 保全(ほぜん) 보전
의미 모두·완전히 하나로 합침 결점이 없음	パーティーの全般的(ぜんぱんてき)な雰囲気(ふんいき)がいい。 파티의 전반적인 분위기가 좋다. 健全(けんぜん)な学校文化(がっこうぶんか)を作(つく)る。 건전한 학교문화를 만들다.	

前

9획 刂

小2 N5

음독 ぜん 훈독 まえ	前後(ぜんご) 전후 以前(いぜん) 이전	前者(ぜんしゃ) 전자 午前(ごぜん) 오전
의미 앞·전 과거 미리·앞서	前後(ぜんご)の状況(じょうきょう)を聞(き)く。 전후 상황을 듣다. 午前中(ごぜんちゅう)にやってしまおう。 오전 중으로 끝내버리자.	

善

12획 口

小6 N1

음독 ぜん 훈독 よい	善行(ぜんこう) 선행 改善(かいぜん) 개선	善良(ぜんりょう) 선량 最善(さいぜん) 최선
의미 바르다 훌륭한·뛰어난 친함·친목	ある政治家(せいじか)の善行(ぜんこう)が知(し)られる。 어느 정치가의 선행이 알려지다. 最善(さいぜん)を尽(つ)くす。 최선을 다하다.	

然

12획 灬
小4 N2

음독 ぜん·ねん 훈독 —	自然(しぜん) 자연　天然(てんねん) 천연
의미 그러하다 다른 단어 뒤에 붙어 상태를 나타냄	自然(しぜん)を守(まも)る。 자연을 보호하다. 最近(さいきん)は天然(てんねん)ガスを好(この)む。 최근에는 천연가스를 선호한다.

祖

9획 ネ
小5 N2

음독 そ 훈독 —	祖父(そふ) 할아버지　祖母(そぼ) 할머니 開祖(かいそ) 창시자　始祖(しそ) 시조
의미 선조 가계의 시조 창시자	私(わたし)が二十歳(はたち)の頃(ころ)、祖母(そぼ)が亡(な)くなった。 내가 스무 살 때, 할머니가 돌아가셨다. チョムスキーは変形生成文法論(へんけいせいせいぶんぽうろん)の始祖(しそ)だ。 촘스키는 변형생성문법론의 시조다.

素

10획 糸
小5 N1

음독 そ·す 훈독 —	素材(そざい) 소재　素養(そよう) 소양 酸素(さんそ) 산소　要素(ようそ) 요소
의미 본디 그대로 평상시	服(ふく)の素材(そざい)を確認(かくにん)する。 옷의 소재를 확인하다. 構成要素(こうせいようそ)を分析(ぶんせき)する。 구성요소를 분석하다.

組

11획 糸
小2 N2

음독 そ 훈독 くむ·くみ	組織(そしき) 조직　組合(くみあい) 조합 改組(かいそ) 개조　仕組(しく)み 짜임새·구조
의미 조합 조립하다 조·쌍·짝	あのメンバーは変(へん)な組合(くみあい)だ。 그 멤버는 이상한 조합이다. 社会(しゃかい)の仕組(しく)みを学(まな)ぶ。 사회구조를 배우다.

早		
	음독 そう·さっ 훈독 はやい·はやまる· はやめる	早退(そうたい) 조퇴　早朝(そうちょう) 조조 尚早(しょうそう) 상조　手早(てばや) 재빠름
6획　日 小1　N3	의미 새벽 시기가 이름 속도가 빠름	具合(ぐあ)いが悪(わる)くて、会社(かいしゃ)を早退(そうたい)する。 몸 상태가 좋지 않아서 회사를 조퇴하다. 手早(てばや)に措置(そち)する。 재빨리 조치하다.

争		
	음독 そう 훈독 あらそう	争奪(そうだつ) 쟁탈　争点(そうてん) 쟁점 競争(きょうそう) 경쟁　戦争(せんそう) 전쟁
6획　亅 小4　N2	의미 다투다·싸우다 싸움	敵(てき)から領土(りょうど)を争奪(そうだつ)する。 적으로부터 영토를 쟁탈하다. 限(かぎ)りのない競争社会(きょうそうしゃかい)を生(い)きる。 무한경쟁사회에서 살다.

走		
	음독 そう 훈녹 はしる	走行(そうこう) 주행　走者(そうしゃ) 주자 滑走(かっそう) 활주　逃走(とうそう) 도주
7획　走 小2　N3	의미 달리다 도망치다 잔심부름꾼	明日(あした)、道路(どうろ)の走行試験(そうこうしけん)がある。 내일 도로주행시험이 있다. 飛行機(ひこうき)が滑走路(かっそうろ)を離脱(りだつ)する。 비행기가 활주로를 이탈하다.

奏		
	음독 そう 훈독 かなでる	奏功(そうこう) 성공함　奏者(そうしゃ) 주자 演奏(えんそう) 연주　合奏(がっそう) 합주
9획　大 小6　N1	의미 아뢰다 성공하다 연주하다	長(なが)い間(あいだ)の努力(どりょく)が奏功(そうこう)する。 오랜 노력이 성공하다. バイオリンの演奏会(えんそうかい)に行(い)く。 바이올린 연주회에 가다.

相

9획 目
小3 N2

음독 そう·しょう
훈독 あい

相互(そうご) 상호　相談(そうだん) 상담
実相(じっそう) 실상　様相(ようそう) 양상

의미
대신(大臣)
모양·모습
서로

大学(だいがく)の進学(しんがく)について両親(りょうしん)に相談(そうだん)する。
대학 진학에 대해 부모님과 상담하다.
方言(ほうげん)の時代別(じだいべつ)様相(ようそう)を調(しら)べる。
방언의 시대별 양상을 조사하다.

草

9획 艹
小1 N2

음독 そう
훈독 くさ

草原(そうげん) 초원　草履(ぞうり) 짚신
海藻(かいそう) 해초　雑草(ざっそう) 잡초

의미
풀
변변치 않음
초고·초안

馬(うま)が草原(そうげん)を走(はし)る。
말이 초원을 달리다.
雑草(ざっそう)を取(と)る。
잡초를 뽑다.

送

9획 辶
小3 N3

음독 そう
훈독 おくる

送金(そうきん) 송금　送信(そうしん) 송신
発送(はっそう) 발송　返送(へんそう) 반송

의미
배웅하다
보내다

家賃(やちん)を送金(そうきん)する。
집세를 송금하다.
手紙(てがみ)が返送(へんそう)された。
편지가 반송됐다.

倉

10획 人
小4 N1

음독 そう
훈독 くら

倉庫(そうこ) 창고　倉卒(そうそつ) 갑작스러운
穀倉(こくそう) 곡식창고　船倉(せんそう) 선창

의미
곳간·창고
갑자기

倉庫(そうこ)を片付(かたづ)ける。
창고를 정리하다.
船倉(せんそう)に隠(かく)れて密入国(みつにゅうこく)する。
선창에 숨어서 밀입국하다.

巣

11획 ツ

小4 급수 외

음독 そう	巣窟(そうくつ) 소굴　巣立(すだ)ち 보금자리를 떠남
훈독 す	病巣(びょうそう) 병소　卵巣(らんそう) 난소
의미	巣立(すだ)ちする弟(おとうと)を応援(おうえん)する。 독립하는 남동생을 응원하다.
집·둥지·소굴	病巣(びょうそう)を取(と)り除(のぞ)く。 병소를 제거하다.

窓

11획 穴

小6 N2

음독 そう	窓外(そうがい) 창 밖　窓口(まどぐち) 창구
훈독 まど	学窓(がくそう) 학창　同窓(どうそう) 동창
의미	ポイントカードの発行(はっこう)は3番(ばん)窓口(まどぐち)をご利用(りよう)ください。 포인트 카드 발급은 3번 창구를 이용해주십시오.
창문 방	10年(ねん)ぶりに同窓会(どうそうかい)に出(で)る。 십 년 만에 동창회에 나가다.

創

12획 刂

小6 N1

음독 そう	創業(そうぎょう) 창업　創立(そうりつ) 창립
훈독 つくる	独創(どくそう) 독창
의미 상처	会社(かいしゃ)を創立(そうりつ)する。 회사를 창립하다.
시작하다 만들다	独創的(どくそうてき)なデザインだ。 독창적인 디자인이다.

装

12획 衣

小6 N2

음독 そう·しょう	装備(そうび) 장비　装飾(そうしょく) 장식
훈독 よそおう	包装(ほうそう) 포장　衣装(いしょう) 의상
의미 치장하다	最新装備(さいしんそうび)を備(そな)える。 최신장비를 갖추다.
장식하다·숨기다 모양·설비	演劇(えんげき)の舞台衣装(ぶたいいしょう)を準備(じゅんび)する。 연극 무대의상을 준비하다.

想

13획 心
小3 N2

음독 そう·そ	想像(そうぞう) 상상　想定(そうてい) 상정
훈독 —	思想(しそう) 사상　予想(よそう) 예상
의미	自分(じぶん)の未来(みらい)を想像(そうぞう)してみる。
	자신의 미래를 상상해보다.
생각하다	予想外(よそうがい)の結果(けっか)が出(で)た。
생각	예상외의 결과가 나왔다.

層

14획 尸
小6 N2

음독 そう	層雲(そううん) 층운　層積雲(そうせきうん) 층적운
훈독 —	階層(かいそう) 계층　地層(ちそう) 지층
의미	雨上(あめあ)がりの空(そら)に層雲(そううん)が見(み)える。
겹치다	비가 갠 하늘에 층운이 보인다.
층을 이룬 것	階層間(かいそうかん)の対立(たいりつ)が続(つづ)く。
계급	계층간의 대립이 계속되다.

総

14획 糸
小5 N2

음독 そう	総括(そうかつ) 총괄　総合(そうごう) 종합
훈독 —	
의미	私(わたし)が総括責任者(そうかつせきにんしゃ)です。
통합하다·합치다	제가 총괄책임자입니다.
단속하다·통치하다	総合病院(そうごうびょういん)に行(い)く。
모든	종합병원에 가다.

操

16획 扌
小6 N1

음독 そう	操作(そうさ) 조작　操縦(そうじゅう) 조종
훈독 みさお·あやつる	貞操(ていそう) 정조　体操(たいそう) 체조
의미	順番(じゅんばん)を操作(そうさ)する。
지조·절개·정조	순번을 조작하다.
손에 쥐다	運動(うんどう)を始(はじ)める前(まえ)に、体操(たいそう)をする。
조종하다	운동을 시작하기 전에 체조를 하다.

造

10획 辶
小5 N2

음독 ぞう	造形(ぞうけい) 조형	造船(ぞうせん) 조선
훈독 つくる	構造(こうぞう) 구조	木造(もくぞう) 목조

의미	예문
만들다	造船業(ぞうせんぎょう)が不況(ふきょう)に陥(おちい)る。
다다르다·이르다	조선업이 불황에 빠지다.
때·시대	別荘(べっそう)は木造(もくぞう)の建物(たてもの)だ。
	별장은 목조건물이다.

像

14획 亻
小5 N2

음독 ぞう	映像(えいぞう) 영상	現像(げんぞう) 현상
훈독 —		

의미	예문
모양	この映画(えいが)は映像美(えいぞうび)がすばらしい。
본뜨다·나타내다	이 영화는 영상미가 뛰어나다.
	フィルムを現像(げんぞう)する。
	필름을 현상하다.

増

14획 土
小5 N2

음독 ぞう	増加(ぞうか) 증가	増進(ぞうしん) 증진
훈독 ます·ふえる·ふやす	急増(きゅうぞう) 급증	倍増(ばいぞう) 배가

의미	예문
늘다·늘어나다	能率(のうりつ)を増進(ぞうしん)させる。
거만하게 굴다	능률을 증진시키다.
	人口(じんこう)が急増(きゅうぞう)する。
	인구가 급증하다.

蔵

15획 艹
小6 N2

음독 ぞう	蔵書(ぞうしょ) 장서	蔵出(くらだ)し 출고
훈독 くら	埋蔵(まいぞう) 매장	冷蔵(れいぞう) 냉장

의미	예문
창고	蔵出(くらだ)しの品(しな)を買(か)う。
넣어두다	갓 출고한 상품을 사다.
숨기다	冷蔵庫(れいぞうこ)で保管(ほかん)する。
	냉장고로 보관하다.

臓		
	음독 ぞう	臓器(ぞうき) 장기
	훈독 —	内臓(ないぞう) 내장　心臓(しんぞう) 심장
	의미	臓器移植手術(ぞうきいしょくしゅじゅつ)に成功(せいこう)する。
		장기이식수술에 성공하다.
19획 月	창자	魚(さかな)の内臓(ないぞう)を食(た)べる。
小6 N2	체내 기관	생선 내장을 먹다.

束		
	음독 そく	束縛(そくばく) 속박
	훈독 たば	結束(けっそく) 결속　約束(やくそく) 약속
	의미	たとえ親(おや)だとしても、子供(こども)を束縛(そくばく)してはいけない。
		설령 부모라고 해도 자식을 속박해서는 안 된다.
7획 木	다발·묶음	約束(やくそく)の時間(じかん)に遅(おく)れる。
小4 N2	묶다	약속시간에 늦다.

足		
	음독 そく	足跡(そくせき) 발자국　足元(あしもと) 발밑
	훈독 あし·たりる·たる·たす	不足(ふそく) 부족　満足(まんぞく) 만족
	의미	足元(あしもと)に注意(ちゅうい)してください。
	발	발밑을 조심해주세요.
7획 足	외출하다	結果(けっか)に満足(まんぞく)できない。
小1 N5	충분하다	결과에 만족할 수 없다.

則		
	음독 そく	規則(きそく) 규칙　反則(はんそく) 반칙
	훈독 —	
	의미	規則(きそく)を守(まも)る。
	법칙	규칙을 지키다.
9획 刂	본받다·준하다	反則(はんそく)を犯(おか)して退場(たいじょう)される。
小5 N2	즉	반칙을 해서 퇴장당하다.

息

10획 心
小3 N2

음독 そく 훈독 いき	息抜き(いきぬ) 숨을 돌림　息子(むすこ) 아들 休息(きゅうそく) 휴식　ため息(いき) 한숨
의미 숨·호흡 살다(생존하다) 쉬다	息子(むすこ)は今年(ことし)、二十歳(はたち)になります。 아들은 올해 스무 살이 됩니다. 休息(きゅうそく)を取(と)る。 휴식을 취하다.

速

10획 辶
小3 N2

음독 そく 훈독 はやい·はやめる· はやまる·すみやか	速度(そくど) 속도　速力(そくりょく) 속력 高速(こうそく) 고속　早速(さっそく) 즉시·곧장
의미 빠르다 속도 신속하게	速力(そくりょく)を出(だ)す。 속력을 내다. 高速道路(こうそくどうろ)ではシートベルトを着用(ちゃくよう)する。 고속도로에서는 안전벨트를 착용한다.

側

11획 亻
小4 N2

음독 そく 훈독 がわ	側面(そくめん) 측면　側近(そっきん) 측근 片側(かたがわ) 한쪽　両側(りょうがわ) 양쪽
의미 곁·옆 한쪽 귀를 기울이다	作品(さくひん)を別(べつ)の側面(そくめん)から解釈(かいしゃく)する。 자품을 다른 측면에서 해석하다. 道(みち)の両側(りょうがわ)に店(みせ)がある。 길 양쪽에 가게가 있다.

測

12획 氵
小5 N2

음독 そく 훈독 はかる	測定(そくてい) 측정　測量(そくりょう) 측량 計測(けいそく) 계측　推測(すいそく) 추측
의미 재다 추량하다	血圧(けつあつ)を測定(そくてい)する。 혈압을 측정하다. 結果(けっか)を推測(すいそく)する。 결과를 추측하다.

族

11획 方

小3 N3

음독 ぞく	族長(ぞくちょう) 족장
훈독 ―	家族(かぞく) 가족　民族(みんぞく) 민족
의미	族長(ぞくちょう)が先頭(せんとう)に立(た)つ。
가족	족장이 선두에 서다.
일가	家族(かぞく)で世界旅行(せかいりょこう)をする。
떼지어 모이다	가족이 세계여행을 하다.

属

12획 尸

小5 N1

음독 ぞく	属性(ぞくせい) 속성　属国(ぞっこく) 속국
훈독 ―	所属(しょぞく) 소속　付属(ふぞく) 부속
의미	属性別(ぞくせいべつ)に分類(ぶんるい)する。
맡기다	속성별로 분류하다.
뒤따라가다·따르다	所属(しょぞく)を言(い)う。
한 무리·동료	소속을 밝히다.

続

13획 糸

小4 N2

음독 ぞく	続出(ぞくしゅつ) 속출　続行(ぞっこう) 속행
훈독 つづく·つづける	継続(けいぞく) 계속　連続(れんぞく) 연속
의미	被害者(ひがいしゃ)が続出(ぞくしゅつ)する。
	피해자가 속출하다.
계속되다·계속하다	研究(けんきゅう)を継続(けいぞく)する。
잇다	연구를 계속하다.

卒

8획 十

小4 N2

음독 そつ	卒業(そつぎょう) 졸업　卒倒(そっとう) 졸도
훈독 ―	倉卒(そうそつ) 돌연·급작스러움　大卒(だいそつ) 대졸
의미	大学(だいがく)を卒業(そつぎょう)する。
하급군인	대학을 졸업하다.
갑자기·돌연	倉卒(そうそつ)の間(かん)に子供(こども)と離(はな)れる。
끝나다·끝내다	졸지에 아이와 헤어지다.

率		
11획 玄	음독 そつ·りつ	率先(そっせん) 솔선　率直(そっちょく) 솔직
小5 N1	훈독 ひきいる	能率(のうりつ) 능률　比率(ひりつ) 비율
	의미	率直(そっちょく)に答(こた)える。
	거느리다	솔직하게 대답하다.
	구애되지 않다	能率(のうりつ)を上(あ)げる。
	비율	능률을 올리다.

存		
6획 子	음독 そん·ぞん	存在(そんざい) 존재　存命(ぞんめい) 존명
小6 N2	훈독 —	既存(きそん) 기존　保存(ほぞん) 보존
	의미	存在価値(そんざいかち)がある。
	지키다	존재가치가 있다.
	있다·살아있다	既存(きそん)の規則(きそく)に従(したが)う。
	생각하다	기존의 규칙에 따르다.

村		
7획 木	음독 そん	村長(そんちょう) 촌장　村落(そんらく) 촌락
小1 N3	훈독 むら	漁村(ぎょそん) 어촌　農村(のうそん) 농촌
	의미	父(ちち)は村(むら)の村長(そんちょう)です。
	시골	아버지는 마을 촌장입니다.
	마을	老後(ろうご)を農村(のうそん)で過(す)ごす。
	지방자치체의 하나	노후를 농촌에서 보내다.

孫		
10획 子	음독 そん	孫子(まごこ) 자손　孫引(まごび)き 재인용
小4 N2	훈독 まご	王孫(おうそん) 왕손　子孫(しそん) 자손
	의미	図表(ずひょう)の孫引(まごび)きに注意(ちゅうい)する。
		도표의 재인용에 주의하다.
	손자	子孫(しそん)が繁栄(はんえい)する。
	이중 종속관계	자손이 번영하다.

尊

12획 寸

小6 N2

음독 そん 훈독 たっとい·とうとい· たっとぶ·とうとぶ	尊敬(そんけい) 존경　尊重(そんちょう) 존중 自尊(じそん) 자존　本尊(ほんぞん) 본존(가장 높은 불상)
의미 공경하다 고귀한 사람 경의를 나타내는 말	尊敬(そんけい)する先生(せんせい)へ。 존경하는 선생님께. 彼(かれ)は自尊心(じそんしん)が強(つよ)い。 그는 자존심이 세다.

損

13획 扌

小5 N2

음독 そん 훈독 そこなう·そこねる	損害(そんがい) 손해　損失(そんしつ) 손실 欠損(けっそん) 결손　破損(はそん) 파손
의미 파괴하다 줄다·줄이다 불이익을 받다	莫大(ばくだい)な損害(そんがい)を受(う)ける。 막대한 손해를 입다. 台風(たいふう)で窓(まど)が破損(はそん)した。 태풍으로 창문이 파손되었다.

他

5획 亻

小3 N3

음독 た 훈독 ほか	他国(たこく) 타국　他人(たにん) 타인 自他(じた) 자타　利他(りた) 이타
의미 그 밖·이외 딴 곳·다른 사람	他人(たにん)にはあまり興味(きょうみ)がない。 타인에게는 별로 관심 없다. 彼女(かのじょ)は利他主義者(りたしゅぎしゃ)だ。 그녀는 이타주의자다.

多

6획 夕

小2 N4

음독 た 훈독 おおい	多少(たしょう) 다소　多様(たよう) 다양 雑多(ざった) 잡다함　滅多(めった) 분별없음·마구
의미 많다	世界(せかい)には多様(たよう)な文化(ぶんか)がある。 세계에는 다양한 문화가 있다. 滅多(めった)に見(み)られない光景(こうけい)だ。 좀처럼 볼 수 없는 광경이다.

打

5획 扌
小3 N2

음독 だ 훈독 うつ	打者(だしゃ) 타자　打撲(だぼく) 타박 強打(きょうだ) 강타　乱打(らんだ) 난타
의미 치다 동사에 붙는 접두어	ころんで打撲傷(だぼくしょう)を受(う)ける。 넘어져서 타박상을 입다. 乱打(らんだ)の公演(こうえん)を見(み)に行(い)く。 난타공연을 보러가다.

太

4획 大
小2 N3

음독 たい·た 훈독 ふとい·ふとる	太平(たいへい) 태평　太陽(たいよう) 태양 丸太(まるた) 통나무　骨太(ほねぶと) 뼈가 굵은 모양·힘이 센 모양
의미 굵다 매우 크다 매우·몹시	太陽熱(たいようねつ)で動(うご)く車(くるま)が発明(はつめい)される。 태양열로 움직이는 차가 발명되다. 丸太(まるた)の別荘(べっそう)を立(た)てる。 통나무 별장을 짓다.

対

7획 寸
小3 N2

음독 たい·つい 훈독 —	対応(たいおう) 대응　対比(たいひ) 대비 絶対(ぜったい) 절대　相対(そうたい) 상대
의미 마주보다·상대하다 대답하다 한 쌍	顧客(こきゃく)のクレームに対応(たいおう)する。 고객의 불만에 대응하다. 娘(むすめ)の結婚(けっこん)に絶対反対(ぜったいはんたい)する。 딸의 결혼에 절대 반대하다.

体

7획 亻
小2 N3

음독 たい·てい 훈독 からだ	体質(たいしつ) 체질　体力(たいりょく) 체력 身体(しんたい) 신체　全体(ぜんたい) 전체
의미 몸 모양·형태 외관·모습	体力(たいりょく)を向上(こうじょう)させる。 체력을 향상시키다. 身体検査(しんたいけんさ)を受(う)ける。 신체검사를 받다.

待			
	음독 たい	待機 대기	待遇 대우
	훈독 まつ	期待 기대	招待 초대
	의미	外で待機する。 밖에서 대기하다.	
9획 彳	기다리다	彼と会うことを期待する。	
小3 N3	대접하다	그와 만나기를 기대하다.	

退			
	음독 たい	退院 퇴원	退場 퇴장
	훈독 しりぞく·しりぞける	引退 은퇴	後退 후퇴
	의미	試験場で携帯電話が鳴って退場になった。	
	물러가다	시험장에서 핸드폰이 울려서 퇴장당했다.	
9획 辶	쇠하다·쇠퇴하다	父の引退記念パーティーを開く。	
小5 N2	물리치다·거절하다	아버지의 은퇴기념파티를 열다.	

帯			
	음독 たい	帯出 비치된 물건(도서 등)을 가지고 나감	
	훈독 おびる·おび	携帯 휴대	地帯 지대
	의미	図書館の本を帯出してはいけない。 도서관 책을 그냥 가지고 나가서는 안 된다.	
10획 巾	띠·허리띠	携帯電話をなくしてしまった。	
小4 N2	띠다·달다·차다	휴대전화를 잃어버렸다.	

貸			
	음독 たい	貸借 대차	貸与 대여
	훈독 かす	賃貸 임대	金貸し 대금업
	의미	ベビーカーを貸与する。 유모차를 대여하다.	
12획 貝	빌려주다	賃貸住宅に住んでいる。	
小5 N3		임대 주택에 살고 있다.	

隊

12획 阝
小4 N1

음독 たい	隊員(たいいん) 대원　隊形(たいけい) 대형(질서있게 늘어선 형태)
훈독 —	軍隊(ぐんたい) 군대　入隊(にゅうたい) 입대
의미 군대 무리	隊形(たいけい)を維持(いじ)する。 대형을 유지하다. 軍(ぐん)に入隊(にゅうたい)する。 군에 입대하다.

態

14획 心
小5 N1

음독 たい	態勢(たいせい) 태세　態度(たいど) 태도
훈독 —	形態(けいたい) 형태　状態(じょうたい) 상태
의미 모습 마음의 준비·각오	彼(かれ)の消極的(しょうきょくてき)な態度(たいど)に飽(あ)きた。 그의 소극적인 태도에 질렸다. 今(いま)の状態(じょうたい)を維持(いじ)する。 지금 상태를 유지하다.

大

3획 大
小1 N4

음독 だい·たい 훈독 おお·おおきい· おおいに	大学(だいがく) 대학　大人(おとな) 성인·어른 過大(かだい) 과대　重大(じゅうだい) 중대
의미 크다 뛰어나다 대단히·많이	もう大人(おとな)なんだからしっかりしなさい。 이제 어른이니까 정신 좀 차려라. 重大(じゅうだい)な決定(けってい)を下(くだ)す。 중대한 결정을 내리다.

代

5획 亻
小3 N3

음독 だい·たい 훈독 かわる·かえる· よ·しろ	代表(だいひょう) 대표　代理(だいり) 대리 時代(じだい) 시대　交代(こうたい) 교대
의미 대신하다 시대 값	レポートを代理提出(だいりていしゅつ)する。 레포트를 대리제출하다. 変(か)わり行(ゆ)く時代(じだい)。 변해가는 시대.

台

5획 口

小2 N3

음독 だい·たい	台所(だいどころ) 부엌　台本(だいほん) 대본
훈독 —	灯台(とうだい) 등대　舞台(ぶたい) 무대
의미	台本(だいほん)通(どお)り演技(えんぎ)する。
(사방을 볼 수 있는) 높은 곳	대본대로 연기하다.
받침	灯台(とうだい)もと暗(くら)し。
바탕	등잔 밑이 어둡다.

第

11획 ⺮

小3 N1

음독 だい	第一(だいいち) 제일
훈독 —	次第(しだい) 순서　落第(らくだい) 낙제
의미	安全(あんぜん)が第一(だいいち)だ。
순서를 나타내는 숫자 앞에 붙임	안전이 제일이다.
시험	今学期(こんがっき)に落第(らくだい)した科目(かもく)が多(おお)い。
	이번 학기에 낙제한 과목이 많다.

題

18획 頁

小3 N3

음독 だい	題名(だいめい) 제명　題目(だいもく) 제목
훈독 —	課題(かだい) 과제　問題(もんだい) 문제
의미	題目(だいもく)を修正(しゅうせい)する。
이마	제목을 수정하다.
제목	課題(かだい)の締(し)め切(き)りに送(おく)れる。
문제	과제 마감날짜에 늦다.

宅

6획 宀

小6 N2

음독 たく	宅配(たくはい) 택배　宅地(たくち) 택지
훈독 —	帰宅(きたく) 귀가　自宅(じたく) 자택
의미	宅配便(たくはいびん)が届(とど)く。
	택배가 도착하다.
대지·저택	残業(ざんぎょう)で夜中(よなか)に帰宅(きたく)する。
댁	야근으로 밤중에 귀가하다.

達

12획 辶
小4 N2

음독 たつ	達人(たつじん) 달인	達成(たっせい) 달성
훈독 —	到達(とうたつ) 도달	配達(はいたつ) 배달

의미	
이루다	目標(もくひょう)を達成(たっせい)する。 목표를 달성하다.
깨닫다·이해하다	
닿다·도달하다	目的地(もくてきち)に到達(とうたつ)する。 목적지에 도달하다.

担

8획 扌
小6 N2

음독 たん	担当(たんとう) 담당	担任(たんにん) 담임
훈독 かつぐ·になう	負担(ふたん) 부담	分担(ぶんたん) 분담

의미	
	担当者(たんとうしゃ)と話(はな)す。 담당자와 얘기하다.
짊어지다·떠맡다	負担(ふたん)をかける。 부담을 주다.

単

9획 ツ
小4 N1

음독 たん	単位(たんい) 단위	単語(たんご) 단어
훈독 —	簡単(かんたん) 간단	伝単(でんたん) 전단

의미	
단 하나	単語(たんご)を覚(おぼ)える。 단어를 외우다.
복잡하지 않음	
홑겹	伝単(でんたん)をまく。 전단지를 뿌리다.

炭

9획 火
小3 N2

음독 たん	炭鉱(たんこう) 탄광	炭酸(たんさん) 탄산
훈독 すみ	石炭(せきたん) 석탄	練炭(れんたん) 연탄

의미	
숯	炭酸水(たんさんすい)の飲(の)み過(す)ぎは歯(は)に悪(わる)い。 탄산수를 너무 많이 마시면 이에 좋지 않다.
석탄	
원소의 하나	最近(さいきん)は練炭(れんたん)を使(つか)う家庭(かてい)は少(すく)ない。 최근에는 연탄을 사용하는 가정이 적다.

探

11획 扌

小6 N2

음독 たん	探検(たんけん) 탐험　探索(たんさく) 탐색
훈독 さぐる·さぐす	食探し(しょくさがし) 구직·구직활동　手探り(てさぐり) 손으로 더듬음
의미	洞窟(どうくつ)を探検(たんけん)する。 동굴을 탐험하다.
찾다·탐색하다 방문하다	闇(やみ)の中(なか)で携帯(けいたい)を手探(てさぐ)りで探(さが)す。 어둠 속에서 핸드폰을 손으로 더듬어 찾다.

短

12획 矢

小3 N3

음독 たん	短所(たんしょ) 단점　短縮(たんしゅく) 단축
훈독 みじかい	最短(さいたん) 최단　手短(てみじか) 간략함·간단함
의미	仕事(しごと)を二人(ふたり)で分(わ)けて時間(じかん)を短縮(たんしゅく)する。 일을 둘이 나눠서 시간을 단축하다.
짧음 부족하다	手短(てみじか)に説明(せつめい)する。 간략하게 설명하다.

誕

15획 言

小6 N1

음독 たん	誕生(たんじょう) 탄생
훈독 —	生誕(せいたん) 탄생　聖誕(せいたん) 성탄
의미 속이다	お誕生日(たんじょうび)はいつですか。 생일이 언제에요?
거짓말 태어나다	聖誕節(せいたんせつ)は12月(がつ)25日(にち)です。 성탄절은 12월 25일입니다.

団

6획 口

小5 N2

음독 だん·とん	団結(だんけつ) 단결　団体(だんたい) 단체
훈독 —	集団(しゅうだん) 집단　布団(ふとん) 이불
의미 둥글다	あのグループは団結力(だんけつりょく)が強(つよ)い。 그 그룹은 단결력이 강하다.
모이다 모임·단체	布団(ふとん)を敷(し)く。 이불을 깔다.

男

7획 田
小1 N5

음독 だん·なん 훈독 おとこ	男子(だんし) 남자　男性(だんせい) 남성 次男(じなん) 차남　長男(ちょうなん) 장남
의미 남자 아들	ここは男性(だんせい)トイレです。 여기는 남성화장실입니다. 長男(ちょうなん)は就職(しゅうしょく)して独(ひと)り暮(ぐ)らしをしています。 장남은 취직해서 혼자 살고 있습니다.

段

9획 殳
小6 N2

음독 だん 훈독 —	段位(だんい) 단위　段階(だんかい) 단계 階段(かいだん) 계단　手段(しゅだん) 수단
의미 단락 단·계단 등급	まだ準備段階(じゅんびだんかい)です。 아직 준비단계입니다. エレベーターは階段(かいだん)の右(みぎ)の方(ほう)にあります。 엘리베이터는 계단 오른쪽에 있습니다.

断

11획 斤
小5 N2

음독 だん 훈독 たつ·ことわる	断絶(だんぜつ) 단절　断定(だんてい) 단정 中断(ちゅうだん) 중단　判断(はんだん) 판단
의미 끊다·잘라버리다 정하다 거절하다	交流(こうりゅう)を断絶(だんぜつ)する。 교류를 단절하다. 勝手(かって)に判断(はんだん)する。 멋대로 판단하다.

暖

13획 日
小6 N1

음독 だん 훈독 あたたか·あたたかい·あたたまる·あたためる	暖房(だんぼう) 난방　暖炉(だんろ) 난로 温暖(おんだん) 온난　寒暖(かんだん) 한란(추위와 따뜻함)
의미 따뜻함 따뜻하게 하다	暖房(だんぼう)を入(い)れる。 난방을 하다. 寒暖(かんだん)の差(さ)が激(はげ)しい。 한란의 차가 크다.

談

15획 言
小3 N2

음독 だん	談判(だんぱん) 담판	談話(だんわ) 담화
훈독 —	相談(そうだん) 상담	面談(めんだん) 면담

의미	예문
말하다	上司(じょうし)と直接談判(ちょくせつだんぱん)する。 상사와 직접 담판하다.
이야기	学生(がくせい)との面談(めんだん)がある。 학생과의 면담이 있다.

地

6획 土
小2 N3

음독 ち·じ	地位(ちい) 지위	地図(ちず) 지도
훈독 —	現地(げんち) 현지	産地(さんち) 산지

의미	예문
땅·나라 신분·경우 천성	地図(ちず)を見(み)ながら前(まえ)に進(すす)む。 지도를 보며 앞으로 나아가다. 現地(げんち)で支払(しはら)う。 현지에서 지불하다.

池

6획 氵
小2 N3

음독 ち	池沼(ちしょう) 지소(못과 늪)	
훈독 いけ	貯水池(ちょすいち) 저수지	電池(でんち) 전지

의미	예문
못	あたりに池沼(ちしょう)がある。 근처에 지소가 있다. 電池(でんち)を取(と)り替(か)える。 건전지를 바꾸다.

知

8획 矢
小2 N3

음독 ち	知恵(ちえ) 지혜	知識(ちしき) 지식
훈독 しる	告知(こくち) 고지	通知(つうち) 통지

의미	예문
지혜 알다 · 알리다 지인	知識(ちしき)と人柄(ひとがら)が比例(ひれい)する人(ひと)だ。 지식과 인품이 비례하는 사람이다. 保険(ほけん)の告知書(こくちしょ)が届(とど)いた。 보험 고지서가 왔다.

値

10획 亻
小6 N2

음독 ち 훈독 ね·あたい	値上(ねあ)げ 값을 올림　値段(ねだん) 값·가격 価値(かち) 가치　数値(すうち) 수치
의미 값 수의 크기	値段(ねだん)が安(やす)い。 값이 싸다. この品物(しなもの)は希少価値(きしょうかち)がある。 이 물건은 희소가치가 있다.

置

13획 罒
小4 N2

음독 ち 훈독 おく	置換(ちかん) 치환　置物(おきもの) 장식물 位置(いち) 위치　配置(はいち) 배치
의미 놓다 버리다	あのリーダーは置物(おきもの)に過(す)ぎない。 그 리더는 허수아비에 지나지 않는다. 店(みせ)の位置(いち)がよく分(わ)からない。 가게 위치를 잘 모르겠다.

竹

6획 竹
小1 N2

음독 ちく 훈독 たけ	竹林(ちくりん) 죽림　竹(たけ)の子(こ) 죽순 松竹梅(しょうちくばい) 송죽매　爆竹(ばくちく) 폭죽
의미 대나무 피리	郊外(こうがい)にある竹林(ちくりん)を散歩(さんぽ)する。 교외에 있는 죽림을 산책하다. 爆竹遊(ばくちくあそ)びをする。 폭죽놀이를 하다.

築

16획 ⺮
小5 N2

음독 ちく 훈독 きずく	築造(ちくぞう) 축조 建築(けんちく) 건축　増築(ぞうちく) 증축
의미 쌓다 축조하다	要塞(ようさい)を築造(ちくぞう)する。 요새를 축조하다. 家(いえ)を増築(ぞうちく)する。 집을 증축하다.

茶

9획 艹
小2 N3

음독 ちゃ·さ	茶色(ちゃいろ) 갈색	茶道(さどう) 다도
훈독	紅茶(こうちゃ) 홍차	抹茶(まっちゃ) 말차

의미	예문
차	茶道体験(さどうたいけん)をする。
갈색	다도체험을 하다.
	抹茶(まっちゃ)を飲(の)んでみる。
	말차를 마셔보다.

着

12획 羊
小3 N3

음독 ちゃく·じゃく	着実(ちゃくじつ) 착실	着手(ちゃくしゅ) 착수
훈독 きる·きせる·つく·つける	執着(しゅうちゃく) 집착	到着(とうちゃく) 도착

의미	예문
붙다	着実(ちゃくじつ)に準備(じゅんび)する。
다다르다	착실하게 준비하다.
의복을 입다	成績(せいせき)に執着(しゅうちゃく)する。
	성적에 집착하다.

中

4획 丨
小1 N5

음독 ちゅう·じゅう	中心(ちゅうしん) 중심	中立(ちゅうりつ) 중립
훈독 なか	夢中(むちゅう) 몽중·몰두함	背中(せなか) 등

의미	예문
가운데	先生(せんせい)を中心(ちゅうしん)に子供(こども)たちが集(あつ)まる。
사이	선생님을 중심으로 아이들이 모이다.
안쪽·내면	夢中(むちゅう)になって絵(え)を描(か)く。
	몰두해서 그림을 그리다.

仲

6획 亻
小4 N2

음독 ちゅう	仲裁(ちゅうさい) 중재	仲間(なかま) 동료
훈독 なか		

의미	예문
사람과 사람 사이	喧嘩(けんか)を仲裁(ちゅうさい)する。
두 번째	싸움을 중재하다.
	困(こま)っている仲間(なかま)を見捨(みす)てる。
	곤경에 처한 동료를 보고도 내버려두다.

虫

6획 虫
小1 N2

음독 ちゅう 훈독 むし	虫害(ちゅうがい) 충해　虫歯(むしば) 충치 昆虫(こんちゅう) 곤충　害虫(がいちゅう) 해충
의미 벌레 마음·기분	虫歯(むしば)で歯科(しか)に行(い)く。 충치로 치과에 가다. 昆虫(こんちゅう)を採(と)る。 곤충을 채집하다.

宙

8획 宀
小6 N1

음독 ちゅう 훈독 —	宙返(ちゅうがえ)り 공중제비 宇宙(うちゅう) 우주
의미 넓은 하늘 마음이 들뜸·건성	見事(みごと)に宙返(ちゅうがえ)りをする 멋지게 공중제비를 하다. 宇宙(うちゅう)に行(い)ってみたい。 우주에 가보고 싶다.

忠

8획 心
小6 N1

음독 ちゅう 훈독 —	忠告(ちゅうこく) 충고　忠実(ちゅうじつ) 충실
의미 진심·성심 충성	友人(ゆうじん)として忠告(ちゅうこく)する。 친구로서 충고하다. 基本(きほん)に忠実(ちゅうじつ)している。 기본에 충실하다.

注

8획 氵
小3 N3

음독 ちゅう 훈독 そそぐ	注意(ちゅうい) 주의　注文(ちゅうもん) 주문 脚注(きゃくちゅう) 각주　発注(はっちゅう) 발주
의미 붓다 한 곳에 모으다 설명	ご注文(ちゅうもん)はお決(き)まりですか。 주문하시겠습니까. 部品(ぶひん)を発注(はっちゅう)する。 부품을 발주하다.

昼

9획 日
小2 N3

음독 ちゅう	昼食(ちゅうしょく) 점심식사　　昼寝(ひるね) 낮잠
훈독 ひる	春昼(しゅんちゅう) 춘주　　真昼(まひる) 한낮
의미	昼食(ちゅうしょく)を食(た)べてちょっと昼寝(ひるね)する。
	점심을 먹고 잠깐 낮잠을 자다.
낮	真昼(まひる)の街(まち)を歩(ある)く。
정오	한낮의 거리를 걷다.

柱

9획 木
小3 N2

음독 ちゅう	柱状(ちゅうじょう) 기둥모양　　柱石(ちゅうせき) 중요한 사람
훈독 はしら	円柱(えんちゅう) 원기둥　　電柱(でんちゅう) 전봇대
의미	国家(こっか)の柱石(ちゅうせき)になる。
	나라의 기둥이 되다
기둥	電柱(でんちゅう)に登(のぼ)るなんてあぶないよ！
떠받치는 사람(물건)	전봇대에 오르다니 위험해!

著

11획 艹
小6 N2

음독 ちょ	著者(ちょしゃ) 저자　　著名(ちょめい) 저명
훈독 あらわす·いちじるしい	共著(きょうちょ) 공저　　顕著(けんちょ) 현저
의미	著者(ちょしゃ)のサインをもらう。
저술하다	저자의 싸인을 받다.
유명해지다	変化(へんか)が顕著(けんちょ)に現(あらわ)れる。
현저하다·명백하다	변화가 현저하게 나타나다.

貯

12획 貝
小4 N2

음독 ちょ	貯金(ちょきん) 저금　　貯蓄(ちょちく) 저축
훈독 —	郵貯(ゆうちょ) 우편저금
의미	
대비해두다	老後(ろうご)のために貯金(ちょきん)する。
저장·저축해두다	노후를 위해 저금하다.
저축	

丁

2획 一
小3 N3

음독 ちょう·てい	丁目(ちょうめ) 번지·번가	丁寧(ていねい) 정중함·공손함
훈독 —	落丁(らくちょう) 낙장	装丁(そうてい) 표지를 붙여 책의 모양을 갖춤

의미	예문
마을의 구분	子供(こども)の丁寧(ていねい)さに驚(おどろ)く。
책의 한 장	아이의 공손함에 놀라다.
물건을 세는 말	雑誌(ざっし)の落丁(らくちょう)を見(み)つける。
	잡지의 낙장을 발견하다.

庁

5획 广
小6 N2

음독 ちょう	庁舎(ちょうしゃ) 청사	庁務(ちょうむ) 관청의 사무
훈독 —	官庁(かんちょう) 관청	県庁(けんちょう) 현청

의미	예문
관청	姉(あね)は庁舎(ちょうしゃ)に勤(つと)めている。
	누나·언니는 청사에서 일한다.
	県庁(けんちょう)を移転(いてん)する。
	현청을 이전하다.

兆

6획 儿
小4 N2

음독 ちょう	兆候(ちょうこう) 징조·징후	
훈독 きざす·きざし	吉兆(きっちょう) 길조	前兆(ぜんちょう) 전조

의미	예문
조짐·징조	風邪(かぜ)の兆候(ちょうこう)が現(あらわ)れる。
1조	감기기운이 나타나다.
수가 많음	韓国(かんこく)ではカササギが吉兆(きっちょう)の鳥(とり)だと思(おも)われている。
	한국에서는 까치를 길조의 새로 여긴다.

町

7획 田
小1 N3

음독 ちょう	町家(ちょうか) 상가에 있는 집·저자	町角(まちかど) 길모퉁이
훈독 まち	全町(ぜんちょう) 모든 마을	港町(みなとまち) 항구마을

의미	예문
마을	町角(まちかど)で友達(ともだち)に出会(であ)う。
지방자치체의 하나	길모퉁이에서 친구와 우연히 만나다.
거리의 단위	港町出身(みなとまちしゅっしん)で、魚(さかな)が好(す)きです。
	항구마을 출신이라서 생선을 좋아합니다.

長	음독 ちょう 훈독 ながい	長所(ちょうしょ) 장점　長生き(ながいき) 장수 成長(せいちょう) 성장　気長(きなが) 느긋함
8획 長 小2 N5	의미 길다 뻗다 머리·우두머리	自分(じぶん)の長所(ちょうしょ)を言(い)ってください。 자신의 장점을 말해주세요. 気長(きなが)に待(ま)つ。 느긋하게 기다리다.

帳	음독 ちょう 훈독 —	帳簿(ちょうぼ) 장부 手帳(てちょう) 수첩　通帳(つうちょう) 통장
11획 巾 小3 N1	의미 장막 장면 노트	帳簿(ちょうぼ)を付(つ)ける。 장부를 기입하다. 誰(だれ)かの手帳(てちょう)を拾(ひろ)った。 누군가의 수첩을 주웠다.

張	음독 ちょう 훈독 はる	張本人(ちょうほんにん) 장본인 拡張(かくちょう) 확장　緊張(きんちょう) 긴장
11획 弓 小5 급수 외	의미 넓히다 과장하다 (끝까지) 우기다	事件(じけん)の張本人(ちょうほんにん)が現(あらわ)れた。 사건의 장본인이 나타나다. 緊張(きんちょう)して面接(めんせつ)でミスをしてしまう。 긴장해서 면접에서 실수해버리다.

頂	음독 ちょう 훈독 いただく·いただき	頂上(ちょうじょう) 정상　頂点(ちょうてん) 정점 山頂(さんちょう) 산 정상　絶頂(ぜっちょう) 절정
11획 頁 小6 N2	의미 받들다·받다 정수리 가장 높은 곳	頂点(ちょうてん)を取(と)る。 정점을 찍다. 山頂(さんちょう)で記念写真(きねんしゃしん)を撮(と)る。 산 정상에서 기념사진을 찍다.

鳥		
11획 鳥 小2 N3	음독 ちょう 훈독 とり	鳥類(ちょうるい) 조류　鳥肌(とりはだ) 닭살·소름 一石二鳥(いっせきにちょう) 일석이조　白鳥(はくちょう) 백조
	의미 새	怖(こわ)い話(はなし)を聞(き)いて、鳥肌(とりはだ)が立(た)つ。 무서운 이야기를 듣고 닭살이 돋다. 公園(こうえん)の池(いけ)で白鳥(はくちょう)が泳(およ)いでいる。 공원 연못에서 백조가 헤엄치고 있다.

朝		
12획 月 小2 N3	음독 ちょう 훈독 あさ	朝刊(ちょうかん) 조간　朝食(ちょうしょく) 조식 王朝(おうちょう) 왕조　早朝(そうちょう) 조조
	의미 아침 국가·나라	ホテルの朝食(ちょうしょく)を食(た)べる。 호텔의 조식을 먹다. 朝鮮(ちょうせん)王朝(おうちょう)の王名(おうめい)を全部(ぜんぶ)知(し)っている。 조선왕조의 왕명을 모두 알고 있다.

腸		
13획 月 小4 N1	음독 ちょう 훈독 —	腸炎(ちょうえん) 장염　腸壁(ちょうへき) 장벽 胃腸(いちょう) 위장　盲腸(もうちょう) 맹장
	의미 창자	腸炎(ちょうえん)で学校(がっこう)を休(やす)む。 장염으로 학교를 쉬다. 盲腸(もうちょう)の手術(しゅじゅつ)をする。 맹장수술을 하다.

潮		
15획 氵 小6 N1	음독 ちょう 훈독 しお	潮流(ちょうりゅう) 조류　潮風(しおかぜ) 바닷바람 干潮(かんちょう) 간조(썰물)　満潮(まんちょう) 만조(밀물)
	의미 바닷물 조수의 간만 세상의 흐름	気持(きも)ちいい潮風(しおかぜ)が吹(ふ)く。 기분 좋은 바닷바람이 분다. もうすぐ、満潮(まんちょう)になる。 곧 만조가 된다.

調

15획 言
小3 N2

음독 ちょう
훈독 しらべる·ととのう·ととのえる

調査(ちょうさ) 조사　調子(ちょうし) 상태
協調(きょうちょう) 협조　順調(じゅんちょう) 순조로움

의미
정돈하다
상태·리듬
조사하다

今日(きょう)は調子(ちょうし)がいい。
오늘은 컨디션이 좋다.
実験(じっけん)が順調(じゅんちょう)に進(すす)む。
실험이 순조롭게 진행되다.

直

8획 目
小2 N2

음독 ちょく·じき
훈독 ただちに·なおす·なおる

直接(ちょくせつ) 직접　直線(ちょくせん) 직선
正直(しょうじき) 정직함　率直(そっちょく) 솔직함

의미
똑바로
바르다
즉시·곧

上司(じょうし)に不満(ふまん)を直接(ちょくせつ)言(い)う。
상사에게 불만을 직접 얘기하다.
彼(かれ)は正直(しょうじき)な人(ひと)だ。
그는 정직한 사람이다.

賃

13획 貝
小6 N1

음독 ちん
훈독 —

賃貸(ちんたい) 임대　賃借(ちんしゃく) 임차
運賃(うんちん) 운임　家賃(やちん) 집세

의미
임금·품삯
대가로 주는 돈

賃貸(ちんたい)のマンションに住(す)む。
임대아파트에 살다.
家賃(やちん)の安(やす)い家(いえ)を探(さが)す。
집세가 싼 집을 찾다.

追

9획 辶
小3 N2

음독 つい
훈독 おう

追加(ついか) 추가　追求(ついきゅう) 추구
急追(きゅうつい) 급추·추궁　訴追(そつい) 소추·기소

의미
쫓다
추구하다
추가하다

追求(ついきゅう)する価値観(かちかん)が異(こと)なる。
추구하는 가치관이 다르다.
答(こた)えを急追(きゅうつい)される。
대답을 추궁당하다.

通

10획 辶
小2 N3

음독 つう·つ
훈독 とおる·とおす·かよう

通学(つうがく) 통학　通用(つうよう) 통용
交通(こうつう) 교통　疎通(そつう) 소통

의미
통하다
다니다
알리다

デジョンからソウルまで通学(つうがく)するなんて、あり得(え)ない！
대전에서 서울까지 통학한다니 말도 안 돼!
この町(まち)は交通(こうつう)が不便(ふべん)だ。
이 마을은 교통이 불편하다.

痛

12획 疒
小6 N2

음독 つう
훈독 いたい·いたむ·いためる

痛覚(つうかく) 통각　痛烈(つうれつ) 통렬함
頭痛(ずつう) 두통　腹痛(ふくつう) 복통

의미
참혹하다·애처롭다
아프다·괴롭다
심하게

痛烈(つうれつ)に批判(ひはん)する。
통렬하게 비판하다.
ストレス性(せい)頭痛(ずつう)があります。
스트레스성 두통이 있습니다.

低

7획 亻
小4 N3

음독 てい
훈독 ひくい·ひくめる·ひくまる

低下(ていか) 저하　低調(ていちょう) 저조
高低(こうてい) 고저　最低(さいてい) 최저

의미
낮다
정도가 떨어지다

体力(たいりょく)が低下(ていか)する。
체력이 저하되다.
最低点数(さいていてんすう)は30点(てん)です。
최저점수는 30점입니다.

弟

7획 弓
小2 N3

음독 てい·だい·で
훈독 おとうと

弟子(でし) 제자
兄弟(きょうだい) 형제　師弟(してい) 사제

의미
남동생
제자·문인
자신의 겸칭

弟子入(でしい)りする。
제자가 되다.
あの兄弟(きょうだい)は仲(なか)がいい。
그 형제는 사이가 좋다.

定

8획 宀

小3 N1

음독 てい·じょう

훈독 さだめる·さだまる·さだか

定価(ていか) 정가 定着(ていちゃく) 정착

限定(げんてい) 한정 否定(ひてい) 부정

의미

정하다

결정

변하지 않음

彼(かれ)はアメリカに定着(ていちゃく)した。

그는 미국에 정착했다.

このタンブラーは春限定商品(はるげんていしょうひん)です。

이 텀블러는 봄 한정 상품입니다.

底

8획 广

小4 N2

음독 てい

훈독 そこ

低位(ていい) 낮은 위치 底辺(ていへん) 저변

根底(こんてい) 근저·근본 徹底(てってい) 철저

의미

바닥·끝

근본이 되는 것

이르다(다다르다)

底辺(ていへん)に生(い)きる。

밑바닥 생활을 하다.

徹底(てってい)に調(しら)べる。

철저하게 조사하다.

庭

10획 广

小3 N2

음독 てい

훈독 にわ

庭園(ていえん) 정원 庭師(にわし) 정원사

家庭(かてい) 가정 校庭(こうてい) 교정

의미

궁중

정원

庭園(ていえん)で猫(ねこ)が遊(あそ)んでいる。

정원에서 고양이가 놀고 있다.

子供(こども)の家庭教育(かていきょういく)が重要(じゅうよう)だ。

아이의 가정교육이 중요하다.

停

11획 亻

小4 N2

음독 てい

훈독 —

停電(ていでん) 정전 停留所(ていりゅうじょ) 정류소

의미

머무르다·멈추다

그만두다

停電(ていでん)に備(そな)える。

정전에 대비하다.

家(いえ)の前(まえ)にバスの停留所(ていりゅうじょ)ができた。

집 앞에 버스 정류장이 생겼다.

提

12획 扌
小5 N1

음독 てい 훈독 さげる	提示(ていじ) 제시　提出(ていしゅつ) 제출 前提(ぜんてい) 전제
의미 손에 들다 서로 돕다 제기하다·말을 꺼내다	企画書(きかくしょ)を提出(ていしゅつ)する。 기획서를 제출하다. 結婚(けっこん)を前提(ぜんてい)に交際(こうさい)する。 결혼을 전제로 교제하다.

程

12획 禾
小5 N2

음독 てい 훈독 ほど	程度(ていど) 정도　程々(ほどほど) 적당히 過程(かてい) 과정　日程(にってい) 일정
의미 결정·규칙 알맞은 정도 거리	冗談(じょうだん)も程々(ほどほど)にしてよ。 농담도 적당히 해라. 日程(にってい)を確認(かくにん)する。 일정을 확인하다.

的

8획 白
小4 N2

음독 てき 훈독 まと	的確(てきかく) 적확　的中(てきちゅう) 적중 公的(こうてき) 공적　目的(もくてき) 목적
의미 과녁·표적 확실히 ～와 같은	予感(よかん)が的中(てきちゅう)する。 예감이 적중하다. 私(わたし)には確実(かくじつ)な目的(もくてき)がある。 나에게는 확실한 목표가 있다.

笛

11획 ⺮
小3 N1

음독 てき 훈독 ふえ	汽笛(きてき) 기적·고동　警笛(けいてき) 경적
의미 피리	汽車(きしゃ)が汽笛(きてき)を鳴(な)らす。 기차가 기적을 울리다. 車(くるま)が警笛(けいてき)を鳴(な)らす。 자동차가 경적을 울리다.

適		
	음독 てき	適応(てきおう) 적응　　適切(てきせつ) 적절
	훈독 ―	快適(かいてき) 쾌적함　　最適(さいてき) 최적
	의미	異国(いこく)の生活(せいかつ)に適応(てきおう)する。
	가다	이국생활에 적응하다.
11획 辶	들어맞다	このホテルはとても快適(かいてき)だ。
小5 N2	마음에 들다	이 호텔은 매우 쾌적하다.

敵		
	음독 てき	敵意(てきい) 적의　　敵対(てきたい) 적대
	훈독 かたき	強敵(きょうてき) 강적　　宿敵(しゅくてき) 숙적
	의미	彼(かれ)には敵意(てきい)がない。
		그에게는 적의가 없다.
15획 攵	적·상대	強敵(きょうてき)に会(あ)う。
小5 N1	대적하다	강적을 만나다.

鉄		
	음독 てつ	鉄道(てつどう) 철도　　鉄棒(てつぼう) 철봉
	훈독 ―	金鉄(きんてつ) 금철　　製鉄(せいてつ) 제철
	의미	宮沢賢治(みやざわけんじ)の作品(さくひん)の中(なか)で、『銀河鉄道(ぎんがてつどう)の夜(よる)』が一番(いちばん)好(す)きだ。
	쇠	미야자와 겐지 작품 중, 『은하철도의 밤』이 제일 좋다.
13획 金	날붙이·무기	この町(まち)は製鉄業(せいてつぎょう)が発達(はったつ)している。
小3 N2	딱딱하고 강한 것	이 마을은 제철업이 발달해있다.

天		
	음독 てん	天気(てんき) 날씨　　天国(てんごく) 천국
	훈독 あめ·あま	雨天(うてん) 우천　　露天(ろてん) 노천
	의미	天気(てんき)がいいから、散歩(さんぽ)しましょう。
	하늘	날씨가 좋으니까 산책합시다.
4획 大	신	露天風呂(ろてんぶろ)を楽(たの)しむ。
小1 N5	천성	노천온천을 즐기다.

典		
	음독 てん 훈독 —	典型(てんけい) 전형 古典(こてん) 고전　辞典(じてん) 사전
8획 八 小4 N1	의미 책 근거·기반 규칙	典型的(てんけいてき)なサラリーマンだ。 전형적인 샐러리맨이다. 古典(こてん)を読(よ)むのは楽(たの)しい。 고전을 읽는 것은 즐겁다.

店		
	음독 てん 훈독 みせ	店員(てんいん) 점원　店長(てんちょう) 점장 商店(しょうてん) 상점　売店(ばいてん) 매점
8획 广 小2 N5	의미 가게	この店(みせ)の店員(てんいん)さんはとてもきれいだ。 이 가게 점원은 정말 아름답다. 商店街(しょうてんがい)で買(か)い物(もの)をする。 상점가에서 쇼핑하다.

点		
	음독 てん 훈독 —	点火(てんか) 점화　点数(てんすう) 점수 汚点(おてん) 오점　終点(しゅうてん) 종점
9획 灬 小2 N2	의미 점·표시 조사하다·평가 표시하다	今度(こんど)の試験(しけん)は点数(てんすう)が悪(わる)かった。 이번 시험은 점수가 별로였다. まもなく終点(しゅうてん)です。 곧 종점입니다.

展		
	음독 てん 훈독 —	展示(てんじ) 전시　展覧(てんらん) 전람 進展(しんてん) 진전　発展(はってん) 발전
10획 尸 小6 N1	의미 넓히다 늘어놓다 왕성해지다	展示会(てんじかい)に行(い)ってくる。 전시회에 다녀오다. この分野(ぶんや)は発展可能性(はってんかのうせい)がない。 이 분야는 발전가능성이 없다.

転

음독 てん 훈독 ころがる·ころげる·ころがす·ころぶ	転換(てんかん) 전환　転職(てんしょく) 전직 運転(うんてん) 운전　逆転(ぎゃくてん) 역전
의미 돌다 구르다 변천하다	転換期(てんかんき)を迎(むか)える。 전환기를 맞이하다. 車(くるま)の運転(うんてん)の練習(れんしゅう)をする。 자동차 운전연습을 하다.

11획　車
小3　N3

田

음독 でん 훈독 た	田園(でんえん) 전원　田舎(いなか) 시골 塩田(えんでん) 염전　油田(ゆでん) 유전
의미 밭·논 시골	両親(りょうしん)は田舎(いなか)に住(す)んでいます。 부모님은 시골에 살고 있습니다. この町(まち)は塩田(えんでん)が発達(はったつ)している。 이 마을은 염전이 발달했다.

5획　田
小1　N3

伝

음독 でん 훈독 つたわる·つたえる·つたう	伝言(でんごん) 전언　伝説(でんせつ) 전설 遺伝(いでん) 유전　宣伝(せんでん) 선전
의미 전하다 전언	家(いえ)に帰(かえ)ったら、伝言(でんごん)が届(とど)いていた。 집에 오니, 메시지가 와 있었다. 遺伝子(いでんし)の神秘(しんぴ)に驚(おどろ)く。 유전자의 신비에 놀라다.

6획　亻
小4　N2

電

음독 でん 훈독 —	電気(でんき) 전기　電話(でんわ) 전화 市電(しでん) 시영전차　充電(じゅうでん) 충전
의미 전기 번개 전차 등의 약어	家(いえ)に電話(でんわ)する。 집에 전화하다. 日本(にほん)に来(き)て、初(はじ)めて市電(しでん)に乗(の)ってみました。 일본에 와서 처음으로 시영전차를 타봤습니다.

13획　雨
小2　N5

徒	음독 と 훈독 —	徒歩(とほ) 도보 信徒(しんと) 신도　　生徒(せいと) 학생
10획 彳 小4 N2	의미 걸어가다 헛된 제자	家(いえ)から学校(がっこう)まで徒歩(とほ)5分(ふん)の距離(きょり)です。 집에서 학교까지 도보 5분 거리입니다. 生徒(せいと)を引率(いんそつ)する。 학생을 인솔하다.

都	음독 と·つ 훈독 みやこ	都市(とし) 도시　　都合(つごう) 형편·사정 首都(しゅと) 수도　　古都(こと) 옛 도읍
11획 阝 小3 N3	의미 수도 (인구가 많은) 도시 지방자치체의 하나	都合(つごう)がよければ、また会(あ)いましょう！ 사정이 괜찮으면 다시 만나요! ソウルは韓国(かんこく)の首都(しゅと)だ。 서울은 한국의 수도다.

土	음독 ど·と 훈독 つち	土砂(どしゃ) 토사　　土地(とち) 토지 国土(こくど) 국토　　風土(ふうど) 풍토
3획 土 小1 N5	의미 땅 나라 흙·진흙	土地(とち)を召(め)し上(あ)げる。 토지를 몰수하다. 国土(こくど)を開発(かいはつ)する。 국토를 개발하다.

努	음독 ど 훈독 つとめる	努力(どりょく) 노력
7획 力 小4 N2	의미 노력하다 힘쓰다	合格(ごうかく)するため努力(どりょく)する。 합격하기 위해 노력하다.

度

9획 广
小3 N3

음독 ど·と·たく	度合(どあ)い 정도	度数(どすう) 도수·횟수
훈독 たび	今度(こんど) 이번	支度(したく) 준비·채비

의미
정도
눈대중
~할 때마다

強弱(きょうじゃく)の度合(どあ)いがよく現(あらわ)れている。
강약의 정도가 잘 나타나있다.

今度(こんど)の週末(しゅうまつ)に、映画(えいが)を見(み)に行(い)きませんか。
이번 주말에 영화 보러 가지 않을래요?

刀

2획 刀
小2 N1

음독 とう	刀剣(とうけん) 도검	
훈독 かたな	短刀(たんとう) 단도	日本刀(にほんとう) 일본도

의미
검

刀剣(とうけん)の不法所持(ふほうしょじ)を禁(きん)ずる。
도검의 불법소지를 금하다.

日本刀(にほんとう)を見(み)たことがありますか。
일본도를 본 적이 있습니까?

冬

5획 夂
小2 N3

음독 とう	冬季(とうき) 동계	冬着(ふゆぎ) 겨울옷
훈독 ふゆ	立冬(りっとう) 입동	真冬(まふゆ) 한겨울

의미
겨울

2018年(ねん)、韓国(かんこく)のピョンチャンで冬季(とうき)オリンピックが開催(かいさい)される。
2018년에 한국 평창에서 동계올림픽이 개최된다.

真冬(まふゆ)の絶景(ぜっけい)は最高(さいこう)だ。
한겨울의 절경은 최고다.

灯

6획 火
小4 N2

음독 とう	灯台(とうだい) 등대	灯油(とうゆ) 등유
훈독 ひ	街灯(がいとう) 가로등	電灯(でんとう) 전등

의미
등불
빛을 내는 장치

遠(とお)くに灯台(とうだい)が見(み)える。
저 멀리 등대가 보인다.

停電(ていでん)で街灯(がいとう)が消(き)えた。
정전으로 가로등이 꺼졌다.

当		
6획 小 小2 N2	음독 とう 훈독 あたる·あてる	当日(とうじつ) 당일　当然(とうぜん) 당연 該当(がいとう) 해당　担当(たんとう) 담당
	의미 맞다 당연함 이·그	予約(よやく)の当日取消(とうじつとりけ)しは不可能(ふかのう)です。 예약의 당일취소는 불가능합니다. 該当者(がいとうしゃ)は手(て)を上(あ)げてください。 해당자는 손을 들어주세요.

投		
7획 扌 小3 N2	음독 とう 훈독 なげる	投資(とうし) 투자　投手(とうしゅ) 투수
	의미 던지다 이루어지다	投資(とうし)が無駄(むだ)になる。 투자가 헛되게 되었다. 投手(とうしゅ)を交替(こうたい)する。 투수를 교체하다.

豆		
7획 豆 小3 N1	음독 とう·ず 훈독 まめ	豆乳(とうにゅう) 두유　豆腐(とうふ) 두부 納豆(なっとう) 낫토　枝豆(えだまめ) 풋콩
	의미 콩 소형	豆腐(とうふ)が好(す)きです。 두부를 좋아합니다. 納豆(なっとう)が苦手(にがて)です。 낫토를 별로 좋아하지 않습니다.

東		
8획 木 小2 N5	음독 とう 훈독 ひがし	東京(とうきょう) 도쿄　東洋(とうよう) 동양 関東(かんとう) 관동　北東(ほくとう) 북동
	의미 동쪽 도쿄의 약어	東京(とうきょう)タワーを見(み)たことがありますか。 도쿄타워를 본 적이 있습니까? 関東地方(かんとうちほう)に地震(じしん)があった。 관동지방에서 지진이 있었다.

島

10획 山
小3 N2

음독 とう	島民(とうみん) 도민　島国(しまぐに) 섬나라
훈독 しま	無人島(むじんとう) 무인도　列島(れっとう) 열도
의미	日本(にほん)は島国(しまぐに)です。
	일본은 섬나라입니다.
섬	無人島(むじんとう)に行(い)くとしたら、何(なに)をもって行(い)きますか。
	무인도에 간다면 무엇을 가지고 갈 것입니까.

討

10획 言
小6 N1

음독 とう	討議(とうぎ) 토의　討論(とうろん) 토론
훈독 うつ	検討(けんとう) 검토　征討(せいとう) 정벌
의미	高校生討論会(こうこうせいとうろんかい)で優勝(ゆうしょう)する。
추궁하다	고등학생 토론대회에서 우승하다.
찾다	資料(しりょう)を検討(けんとう)する。
치다·공격하다	자료를 검토하다.

党

10획 儿
小6 N2

음독 とう	党首(とうしゅ) 당수　党派(とうは) 당파
훈독 —	野党(やとう) 야당　与党(よとう) 여당
의미	会議(かいぎ)が党派(とうは)の争(あらそ)いになってしまった。
동료	회의가 당파싸움이 돼버렸다.
정당	野党(やとう)と与党(よとう)が対立(たいりつ)する。
고향	야당과 여당이 대립하다.

湯

12획 氵
小3 N2

음독 とう	湯治(とうじ) 온천요양　湯気(ゆげ) 김·수증기
훈독 ゆ	銭湯(せんとう) 대중목욕탕　熱湯(ねっとう) 열탕
의미	温泉(おんせん)の湯気(ゆげ)で前(まえ)が見(み)えない。
	온천의 김 때문에 앞이 안 보인다.
뜨거운 물·목욕·온천	子供(こども)のころは熱湯(ねっとう)が苦手(にがて)だった。
탕약	어렸을 때에는 열탕을 싫어했다.

登		
	음독 とう·と	登場(とうじょう) 등장　　登録(とうろく) 등록
	훈독 のぼる	山登り(やまのぼ) 등산
	의미	主人公(しゅじんこう)が登場(とうじょう)する。
	오르다	주인공이 등장하다.
12획 癶	공적인 자리에 가다	趣味(しゅみ)は山登り(やまのぼ)です。
小3　N2	기재하다	취미는 등산입니다.

答		
	음독 とう	答案(とうあん) 답안　　答弁(とうべん) 답변
	훈독 こたえる·こたえ	応答(おうとう) 응답　　解答(かいとう) 해답
	의미	答案用紙(とうあんようし)を集(あつ)めます。
		답안지를 걷겠습니다.
12획 ⺮	대답하다	相手(あいて)の応答(おうとう)がない。
小2　N3	대답	상대의 응답이 없다.

等		
	음독 とう	等級(とうきゅう) 등급　　等式(とうしき) 등식
	훈독 ひとしい	同等(どうとう) 동등　　平等(びょうどう) 평등
	의미	等級別(とうきゅうべつ)に分(わ)ける。
	같다	등급별로 나누다.
12획 ⺮	계급·순위	男女(だんじょ)は平等(びょうどう)だ。
小3　N2	~등	남녀는 평등하다.

統		
	음독 とう	統一(とういつ) 통일　　統合(とうごう) 통합
	훈독 すべる	系統(けいとう) 계통　　伝統(でんとう) 전통
	의미	諸学科(しょがっか)を一(ひと)つの学部(がくぶ)に統合(とうごう)する。
		여러 학과를 하나의 학부로 통합하다.
12획 糸	줄기·혈통	伝統的(でんとうてき)な雰囲気(ふんいき)の店(みせ)だ。
小5　N1	합치다·통합하다	전통적인 분위기의 가게다.

糖

16획 米 / 小6 N1		
	음독 とう	糖尿病(とうにょうびょう) 당뇨병　糖分(とうぶん) 당분
	훈독 —	果糖(かとう) 과당　砂糖(さとう) 설탕
	의미	糖分(とうぶん)の取(と)り過(す)ぎはよくない。
		당분의 과다섭취는 좋지 않다.
	당·설탕	トッポッキを作(つく)る時(とき)、砂糖(さとう)を入(い)れます。
		떡볶이를 만들 때, 설탕이 들어갑니다.

頭

16획 頁 / 小2 N3		
	음독 とう·ず·と	頭角(とうかく) 두각　頭脳(ずのう) 두뇌
	훈독 あたま·かしら	先頭(せんとう) 선두　目頭(めがしら) 눈시울
	의미	数学(すうがく)に頭角(とうかく)を現(あらわ)す。
	머리	수학에 두각을 나타내다.
	시작	目頭(めがしら)が熱(あつ)くなる。
	통솔하는 사람	눈시울이 뜨거워지다.

同

6획 口 / 小2 N3		
	음독 どう	同一(どういつ) 동일　同僚(どうりょう) 동료
	훈독 おなじ	共同(きょうどう) 공동　混同(こんどう) 혼동
	의미	同僚(どうりょう)を集(あつ)める。
	같음	동료를 모으다.
	일을 같이하다	漢字(かんじ)を混同(こんどう)する。
	모이다	한자를 혼동하다.

動

11획 力 / 小3 N3		
	음독 どう	動作(どうさ) 동작　動物(どうぶつ) 동물
	훈독 うごく·うごかす	移動(いどう) 이동　運動(うんどう) 운동
	의미	動物(どうぶつ)が好(す)きです。
	움직이다	동물을 좋아합니다.
	사람의 동작	目的地(もくてきち)に移動(いどう)する。
	(보통과는)다르다·놀라다	목적지로 이동하다.

堂

11획 土
小4 N3

음독 どう	堂々(どうどう) 당당
훈독 —	講堂(こうどう) 강당　食堂(しょくどう) 식당
의미	堂々(どうどう)とした態度(たいど)を取(と)る。
높은 건물	당당한 태도를 취하다.
신불의 건물	学生(がくせい)たちが講堂(こうどう)に集(あつ)まる。
사람이 많이 모이는 건물	학생들이 강당에 모이다.

童

12획 立
小3 N2

음독 どう	童顔(どうがん) 동안　童話(どうわ) 동화
훈독 わらべ	児童(じどう) 아동
의미	彼女(かのじょ)はとても童顔(どうがん)だ。
	그녀는 정말 동안이다.
어린이	児童心理学(じどうしんりがく)を専攻(せんこう)する。
아이	아동심리학을 전공하다.

道

12획 辶
小2 N5

음독 どう·とう	道具(どうぐ) 도구　道理(どうり) 도리
훈독 みち	街道(かいどう) 가도　歩道(ほどう) 보도
의미	道具(どうぐ)を使(つか)って火(ひ)をつける。
길	도구를 사용해서 불을 붙이다.
도리	横断歩道(おうだんほどう)を渡(わた)る。
방법	횡단보도를 건너다.

働

13획 亻
小4 N3

음독 どう	働(はたら)き者(もの) 부지런한 사람
훈독 はたらく	稼働(かどう) 가동·기계가 움직임　労働(ろうどう) 노동
의미	山田先輩(やまだせんぱい)は働(はたら)き者(もの)だ。
	야마다 선배는 부지런한 사람이다.
일하다	労働歌(ろうどうか)を歌(うた)いながら働(はたら)く。
일	노동요를 부르며 일하다.

銅

14획 金　小5 N2

음독 どう	銅貨(どうか) 동전　銅像(どうぞう) 동상
훈독 —	黄銅(おうどう) 황동　青銅(せいどう) 청동
의미	正門(せいもん)の近(ちか)くに学校(がっこう)の設立者(せつりつしゃ)の銅像(どうぞう)がある。
	정문 근처에 학교 설립자의 동상이 있다.
금속원소의 하나	青銅(せいどう)で仏像(ぶつぞう)を作(つく)る。
동·구리	청동으로 불상을 만들다.

導

15획 寸　小5 N2

음독 どう	導入(どうにゅう) 도입
훈독 みちびく	指導(しどう) 지도　主導(しゅどう) 주도
의미	最新教育法(さいしんきょういくほう)を導入(どうにゅう)する。
	최신 교육법을 도입하다.
안내하다·인도하다	学生(がくせい)を指導(しどう)する。
가르치다	학생을 지도하다.

特

10획 牛　小4 N3

음독 とく	特殊(とくしゅ) 특수　特別(とくべつ) 특별
훈독 —	独特(どくとく) 독특
의미	特殊児童教育(とくしゅじどうきょういく)を専攻(せんこう)する。
	특수아동교육을 전공하다.
특별하다	独特(どくとく)な音色(おんしょく)の歌手(かしゅ)だ。
	독특한 음색의 가수다.

得

11획 彳　小4 N2

음독 とく	得意(とくい) 특기　得点(とくてん) 득점
훈독 える·うる	獲得(かくとく) 획득　納得(なっとく) 납득
의미	歌(うた)を歌(うた)うのが得意(とくい)です。
손에 넣다·얻다	노래 부르기가 특기입니다.
알다·할 수 있다	あの人(ひと)の説明(せつめい)は納得(なっとく)がいかない。
벌이·이익	저 사람 설명은 납득이 가질 않는다.

徳

14획 彳
小5 N1

음독 とく	得意(とくい) 덕의 　 徳望(とくぼう) 덕망
훈독 —	悪徳(あくとく) 악덕 　 道徳(どうとく) 도덕
의미	徳望(とくぼう)の高(たか)い人材(じんざい)だ。
품성	덕망 높은 인재다.
덕	基本的(きほんてき)な道徳(どうとく)も知(し)らない人(ひと)だ。
이익	기본적인 도덕도 모르는 사람이다.

毒

8획 毌
小4 N2

음독 どく	毒素(どくそ) 독소 　 毒薬(どくやく) 독약
훈독 —	消毒(しょうどく) 소독 　 中毒(ちゅうどく) 중독
의미	毒薬(どくやく)を飲(の)ませる。
	독약을 마시게 하다.
독약	傷口(きずぐち)を消毒(しょうどく)する。
마음을 다치게 하는 것	상처 난 곳을 소독하다.

独

9획 犭
小5 N1

음독 どく	独特(どくとく) 독특 　 独立(どくりつ) 독립
훈독 ひとり	孤独(こどく) 고독 　 単独(たんどく) 단독
의미	独特(どくとく)なスタイルの歌(うた)だ。
독신	독특한 스타일의 노래다.
혼자·한 사람	人性(じんせい)は孤独(こどく)なものだ。
독선적	인생은 고독한 것이다.

読

14획 言
小2 N5

음독 どく·とく·とう	読書(どくしょ) 독서 　 読解(どっかい) 독해
훈독 よむ	愛読(あいどく) 애독 　 精読(せいどく) 정독
의미	読書会(どくしょかい)の会員(かいいん)を募集(ぼしゅう)する。
소리 내어 읽다	독서회 회원을 모집하다.
의미를 이해하다	教科書(きょうかしょ)を精読(せいどく)する。
문장의 단락	교과서를 정독하다.

届

8획 尸
小6 N2

음독 —
훈독 とどける·とどく

届け先(とどさき) 보낼 곳
婚姻届(こんいんとどけ) 혼인신고

의미
이르다·도착하다
상대에게 통하다
보내다

届け先(とどさき)が不明(ふめい)だ。
보낼 곳이 분명하지 않다.
婚姻届(こんいんとどけ)を出(だ)す。
혼인신고를 하다.

内

4획 冂
小2 N2

음독 ない·だい
훈독 うち

内科(ないか) 내과
内緒(ないしょ) 비밀
案内(あんない) 안내
国内(こくない) 국내

의미
안·안쪽
한패거리
내부적·공표되지 않은

二人(ふたり)だけの内緒(ないしょ)だよ！
둘만의 비밀이야!
キャンパスを案内(あんない)する。
캠퍼스를 안내하다.

南

9획 十
小2 N5

음독 なん·な
훈독 みなみ

南極(なんきょく) 남극
南向(みなみむ)き 남향
西南(せいなん) 서남
東南(とうなん) 동남

의미
남

南向(みなみむ)きの部屋(へや)を選(えら)ぶ。
남향 방을 선택하다.
彼(かれ)は東南(とうなん)アジアからの留学生(りゅうがくせい)だ。
그는 동남아시아에서 온 유학생이다.

難

18획 隹
小6 N2

음독 なん
훈독 かたい·むずかしい

難易(なんい) 난이
難解(なんかい) 난해
困難(こんなん) 곤란
災難(さいなん) 재난

의미
어렵다
괴로움
결점

難易度(なんいど)を調節(ちょうせつ)する。
난이도를 조절하다.
財布(さいふ)をなくして困難(こんなん)だ。
지갑을 잃어버려서 곤란하다.

二

음독 に	二次(にじ) 2차　二倍(にばい) 두 배
훈독 ふた·ふたつ	十二支(じゅうにし) 십이지
의미	二次実験(にじじっけん)を行(おこな)う。
2·두 개	2차 실험을 행하다.
다음·두 번째	今年(ことし)は十二支(じゅうにし)の羊(ひつじ)の年(とし)だ。
두 번·재차	올해는 십이지의 양의 해다.

2획 二
小1 N5

肉

음독 にく	肉食(にくしょく) 육식　肉声(にくせい) 육성
훈독 —	牛肉(ぎゅうにく) 소고기　豚肉(ぶたにく) 돼지고기
의미	肉声(にくせい)で話(はな)す。
고기	육성으로 말하다.
인간의 신체	最近(さいきん)、牛肉(ぎゅうにく)が安(やす)い。
매우 가까움·직접	요즘 소고기가 싸다.

6획 肉
小2 N3

日

음독 にち·じつ	日常(にちじょう) 일상　日程(にってい) 일정
훈독 ひ·か	毎日(まいにち) 매일　平日(へいじつ) 평일
의미	日常生活(にちじょうせいかつ)の満足度(まんぞくど)に対(たい)するアンケート調査(ちょうさ)を行(おこな)う。
	일상생활 만족도에 대한 앙케이트 조사를 하다.
태양·해	平日(へいじつ)には時間(じかん)が空(あ)きませんね。
날·낮·하루	평일에는 시간이 없네요.
나날	

4획 日
小1 N5

入

음독 にゅう	入学(にゅうがく) 입학　入場(にゅうじょう) 입장
훈독 いる·いれる·はいる	購入(こうにゅう) 구입　収入(しゅうにゅう) 수입
의미	大学(だいがく)に入学(にゅうがく)する。
들어오다	대학에 입학하다.
넣다	収入(しゅうにゅう)が減(へ)る。
필요하다	수입이 줄다.

2획 入
小1 N4

乳

8획 乚
小6 N2

음독 にゅう	乳児(にゅうじ) 유아·젖먹이	乳製品(にゅうせいひん) 유제품
훈독 ちち·ち	牛乳(ぎゅうにゅう) 우유	母乳(ぼにゅう) 모유

의미
유아
젖
유방

乳児期(にゅうじき)に母(はは)との連帯感(れんたいかん)を形成(けいせい)するのが大切(たいせつ)だ。
유아기에 어머니와의 유대감을 형성하는 것이 중요하다.

毎朝(まいあさ)、牛乳(ぎゅうにゅう)を飲(の)む。
매일 아침 우유를 마신다.

任

6획 亻
小5 N2

음독 にん	任意(にんい) 임의	任務(にんむ) 임무
훈독 まかせる·まかす	辞任(じにん) 사임	責任(せきにん) 책임

의미
임무·근무
맡기다
일임하다

任意(にんい)に選(えら)ぶ。
임의로 고르다.

妹(いもうと)は責任感(せきにんかん)が強(つよ)い。
여동생은 책임감이 강하다.

認

14획 言
小6 N2

음독 にん	認証(にんしょう) 인증	認知(にんち) 인지
훈독 みとめる	確認(かくにん) 확인	誤認(ごにん) 오인

의미
인정하다
분별하다
적다

問題点(もんだいてん)を認知(にんち)する。
문제점을 인지하다.

順番(じゅんばん)を確認(かくにん)する。
순번을 확인하다.

熱

15획 灬
小4 N2

음독 ねつ	熱気(ねっき) 열기	熱心(ねっしん) 열심
훈독 あつい	加熱(かねつ) 가열	高熱(こうねつ) 고열

의미
덥다
일에 열중하다
체온

熱気(ねっき)が感(かん)じられる試合(しあい)だ。
열기가 느껴지는 시합이다.

高熱(こうねつ)を出(だ)す。
고열이 나다.

年

6획 干
小1 N5

음독 ねん 훈독 とし	年金(ねんきん) 연금　年齢(ねんれい) 연령 学年(がくねん) 학년　来年(らいねん) 내년
의미 1년 연령 매년	書類(しょるい)に年齢(ねんれい)を記入(きにゅう)する。 서류에 연령을 기입하다. 来年(らいねん)、日本(にほん)に留学(りゅうがく)することになった。 내년에 일본에 유학하게 되었다.

念

8획 心
小4 N2

음독 ねん 훈독 —	念願(ねんがん) 염원　念頭(ねんとう) 염두 記念(きねん) 기념　信念(しんねん) 신념
의미 생각 조심하다· 염두하다 기억하다	値段(ねだん)を念頭(ねんとう)に置(お)く。 가격을 염두에 두다. 結婚記念日(けっこんきねんび)には家族(かぞく)で外食(がいしょく)をする。 결혼기념일에는 가족과 외식한다.

燃

16획 火
小5 N2

음독 ねん 훈독 もえる·もやす·もす	燃素(ねんそ) 연소　燃料(ねんりょう) 연료 可燃(かねん) 가연　不燃(ふねん) 불연
의미 타다· 태우다	燃料(ねんりょう)を備蓄(びちく)する。 연료를 비축하다 可燃性(かねんせい)の物質(ぶっしつ)の保管(ほかん)には注意(ちゅうい)してください。 가연성 물질의 보관은 주의해주세요.

納

10획 糸
小6 N1

음독 のう·なっ·な·なん·とう 훈독 おさめる·おさまる	納税(のうぜい) 납세　納付(のうふ) 납부 返納(へんのう) 반납　出納(すいとう) 출납
의미 받아들이다· 수납하다 간직하다 내밀다· 제출하다	国民(こくみん)には納税(のうぜい)の義務(ぎむ)かある。 국민은 납세의 의무가 있다. 図書(としょ)を返納(へんのう)する。 도서를 반납하다.

能

10획 月
小5 N2

음독 のう	能動(のうどう) 능동　能力(のうりょく) 능력
훈독 —	可能(かのう) 가능　才能(さいのう) 재능
의미	学生(がくせい)が能動的(のうどうてき)に授業(じゅぎょう)に参加(さんか)する。
기능	학생이 능동적으로 수업에 참여하다.
효과·효능	ピアノに才能(さいのう)がある。
할 수 있다	피아노에 재능이 있다.

脳

11획 月
小6 N2

음독 のう	脳波(のうは) 뇌파
훈독 —	首脳(しゅのう) 수뇌　頭脳(ずのう) 두뇌
의미	脳波(のうは)を検査(けんさ)する。
뇌	뇌파를 검사하다.
신경의 기능	この薬(くすり)は頭脳(ずのう)の働(はたら)きを促進(そくしん)します。
주요인물	이 약은 두뇌의 기능을 촉진시킵니다.

農

13획 辰
小3 N2

음독 のう	農業(のうぎょう) 농업　農村(のうそん) 농촌
훈독 —	帰農(きのう) 귀농　貧農(ひんのう) 빈농
의미	農業人口(のうぎょうじんこう)が減少(げんしょう)している。
	농업인구가 감소하고 있다.
작물을 재배하다	仕事(しごと)を辞(や)めて帰農(きのう)する。
농업인	일을 그만두고 귀농하다.

波

8획 氵
小3 N2

음독 は	波及(はきゅう) 파급　波長(はちょう) 파장
훈독 なみ	電波(でんぱ) 전파　津波(つなみ) 쓰나미(해일)
의미	波及効果(はきゅうこうか)が現(あらわ)れる。
	파급효과가 나타나다.
물결·파도	津波(つなみ)に備(そな)える。
파도 같은 성질의 것	해일에 대비하다.

派

9획 氵
小6 N1

음독 は	派遣(はけん) 파견　　派生(はせい) 파생
훈독 —	党派(とうは) 당파　　立派(りっぱ) 훌륭함·뛰어남
의미	特使(とくし)を派遣(はけん)する。
	특사를 파견하다.
갈래	立派(りっぱ)な研究者(けんきゅうしゃ)になりたいです。
근본에서 갈라져 나가다	훌륭한 연구자가 되고 싶습니다.

破

10획 石
小5 N2

음독 は	破壊(はかい) 파괴　　破産(はさん) 파산
훈독 やぶる·やぶれる	撃破(げきは) 격파　　突破(とっぱ) 돌파
의미	台風(たいふう)でビルが破壊(はかい)される。
깨뜨리다	태풍으로 빌딩이 파괴되다.
안되다	難関(なんかん)を突破(とっぱ)する。
끝까지 해내다	난관을 돌파하다.

馬

10획 馬
小2 N2

음독 ば	馬車(ばしゃ) 마차
훈독 うま·ま	乗馬(じょうば) 승마　　競馬(けいば) 경마
의미	馬車(ばしゃ)に乗(の)る。
	마차에 타다.
말	競馬場(けいばじょう)の熱気(ねっき)はすごい。
	경마장의 열기는 대단하다.

拝

8획 扌
小6 N2

음독 はい	拝見(はいけん) 삼가 봄　　拝啓(はいけい) 삼가 아뢺
훈독 おがむ	参拝(さんぱい) 참배　　崇拝(すうはい) 숭배
의미	資料(しりょう)を拝見(はいけん)してもいいでしょうか。
절하다	자료를 봐도 되겠습니까?
신불에게 절하다	神社(じんじゃ)に参拝(さんぱい)する。
신심이 깊음을 나타내다	신사에 참배하다.

背

背	음독 はい 훈독 せ·せい· そむく·そむける	背景(はいけい) 배경　背中(せなか) 등 違背(いはい) 위배　上背(うわぜい) 신장
9획　月 小6　N2	의미 뒤 등 등지다	時代(じだい)の背景(はいけい)を調(しら)べる。 시대의 배경을 조사하다. 上背(うわぜい)がある。 신장이 크다.

肺

肺	음독 はい 훈독 —	肺炎(はいえん) 폐렴　肺活量(はいかつりょう) 폐활량
9획　月 小6　N1	의미 폐 속마음	肺炎(はいえん)で入院(にゅういん)する。 폐렴으로 입원하다. 水泳(すいえい)を始(はじ)めて、肺活量(はいかつりょう)がよくなった。 수영을 시작하고서 폐활량이 좋아졌다.

俳

俳	음독 はい 훈독 —	俳人(はいじん) 시인　俳優(はいゆう) 배우
10획　亻 小6　N1	의미 배우·예능인 농담·해학 하이쿠·하이카이의 약어	彼(かれ)は有名(ゆうめい)な俳人(はいじん)である。 그는 유명한 시인이다. あの俳優(はいゆう)は実物(じつぶつ)もうつくしい。 그 배우는 실물도 아름답다.

配

配	음독 はい 훈독 くばる	配置(はいち) 배치　配慮(はいりょ) 배려 気配(けはい) 기미·기색　心配(しんぱい) 걱정
10획　酉 小3　N1	의미 나눠주다 나란히 서다·어울리다 배우자·부부	円満(えんまん)な人間関係(にんげんかんけい)のためには配慮(はいりょ)が重要(じゅうよう)だ。 원만한 인간관계를 위해서는 배려가 중요하다. 娘(むすめ)が夜(よる)遅(おそ)くまで帰(かえ)って来(こ)なくて心配(しんぱい)する。 딸이 밤늦게까지 돌아오지 않아서 걱정하다.

敗

11획 攵
小4 N2

음독 はい	敗因(はいいん) 패인	敗戦(はいせん) 패전
훈독 やぶれる	勝敗(しょうはい) 승패	失敗(しっぱい) 실패

의미 패하다 잘못하다·실수하다 싸움에서 지다	敗因(はいいん)を探(さぐ)る。 패인을 찾다. 緊張(きんちょう)して実践(じっせん)で失敗(しっぱい)してしまった。 긴장해서 실전에서 실패해버렸다.

売

7획 士
小2 N3

음독 ばい	売却(ばいきゃく) 매각	売店(ばいてん) 매점
훈독 うる·うれる	商売(しょうばい) 장사	発売(はつばい) 발매

의미	友達(ともだち)と売店(ばいてん)に行(い)く。 친구랑 매점에 가다.
팔다	新(あたら)しいモデルのパソコンが発売(はつばい)される。 새로운 모델의 컴퓨터가 발매되다.

倍

10획 亻
小3 N2

음독 ばい	倍数(ばいすう) 배수	倍率(ばいりつ) 배율
훈독 —	二倍(にばい) 두 배	

의미 많게 하다 더하다 배로 늘어나다	顕微鏡(けんびきょう)の倍率(ばいりつ)を調節(ちょうせつ)する。 현미경의 배율을 조절하다. 収入(しゅうにゅう)が二倍(にばい)に増(ふ)える。 수입이 두 배로 늘다.

梅

10획 木
小4 N1

음독 ばい	梅雨(ばいう) 장마	梅毒(ばいどく) 매독
훈독 うめ	紅梅(こうばい) 홍매	松竹梅(しょうちくばい) 송죽매

의미	梅雨(ばいう)に入(はい)る。 장마에 접어들다.
매화 장마	この絵(え)には松竹梅(しょうちくばい)が描(えが)かれている。 이 그림에는 송죽매가 그려져 있다.

買

12획 貝
小2 N5

음독 ばい 훈독 かう	買収(ばいしゅう) 매수 購買(こうばい) 구매	買い物(かもの) 쇼핑 売買(ばいばい) 매매
의미 사다	デパートで買い物(かもの)をする。 백화점에서 쇼핑하다. 購買力(こうばいりょく)のある顧客(こきゃく)を留置(りゅうち)する。 구매력이 있는 고객을 유치하다.	

白

5획 白
小1 N5

음독 はく·びゃく 훈독 しろ·しら·しろい	白紙(はくし) 백지 告白(こくはく) 고백	白夜(びゃくや) 백야 明白(めいはく) 명백함
의미 흰색 밝음 말하다·고하다	白紙(はくし)に直線(ちょくせん)を引(ひ)く。 백지에 직선을 긋다. 罪(つみ)を告白(こくはく)する。 죄를 고백하다.	

博

12획 十
小4 N1

음독 はく·ばく 훈독	博識(はくしき) 박식	博物館(はくぶつかん) 박물관
의미 크고 넓다 폭넓게 많이 알다 도박	彼(かれ)は幅広(はばひろ)い分野(ぶんや)に博識(はくしき)な人(ひと)だ。 그는 폭 넓은 분야에 박식한 사람이다. 夏休(なつやす)みに友達(ともだち)と博物館(はくぶつかん)に行(い)く。 여름방학에 친구와 박물관에 가다.	

麦

7획 麦
小2 N2

음독 ばく 훈독 むぎ	麦芽(ばくが) 맥아 玄麦(げんばく) 현맥	麦茶(むぎちゃ) 보리차 小麦(こむぎ) 밀
의미 보리	夏(なつ)になると麦茶(むぎちゃ)が飲(の)みたくなる。 여름이 되면 보리차가 마시고 싶어진다. 小巻粉(こまきこ)を練(ね)る。 밀가루를 반죽하다.	

箱

15획 ⺮
小3 N2

음독 — 훈독 はこ	箱入り(ばこいり) 상자 속에 들어있음　箱詰め(ばこづめ) 꽉 채움 薬箱(くすりばこ) 약상자　筆箱(ふでばこ) 필통
의미 상자 열차의 차량	お菓子(かし)を箱詰(ばこづ)めする。 상자를 과자로 꽉 채우다. 薬箱(くすりばこ)が見当(みあた)らない。 약상자가 보이지 않는다.

畑

9획 田
小3 N2

음독 — 훈독 はた·はたけ	畑作(はたさく) 밭농사 田畑(たはた) 논밭
의미 밭 전문분야의 범위	この村(むら)は畑作(はたさく)が中心(ちゅうしん)になっている。 이 마을은 밭농사가 중심이다.

八

2획 八
小1 N4

음독 はち 훈독 や·やつ·やっつ·よう	八月(はちがつ) 8월　八百屋(やおや) 채소가게
의미 8 여덟개	八月(はちがつ)には花火(はなび)がよく見(み)られる。 8월에는 불꽃놀이를 자주 볼 수 있다. 八百屋(やおや)の売(う)り声(ごえ)が聞(き)こえる。 채소가게의 장사소리가 들린다.

発

9획 癶
小3 N3

음독 はつ·ほつ 훈독 —	発表(はっぴょう) 발표　発明(はつめい) 발명 開発(かいはつ) 개발　出発(しゅっぱつ) 출발
의미 발하다·쏘다 밝혀지다 나가다	自分(じぶん)の研究分野(けんきゅうぶんや)について発表(はっぴょう)する。 자신의 연구 분야에 대해 발표하다. 出発時間(しゅっぱつじかん)は午前(ごぜん)9時(じ)だ。 출발시간은 오전 9시다.

反

4획 又

小3 N2

음독 はん·ほん·たん	反映(はんえい) 반영	反対(はんたい) 반대
훈독 そる·そらす	違反(いはん) 위반	謀反(むほん) 모반

의미	世論(よろん)を反映(はんえい)した決定(けってい)。
뒤집다	여론을 반영한 결정.
반복하다	法律(ほうりつ)に違反(いはん)した行動(こうどう)をする。
등지다·반대	법률에 위반되는 행동을 하다.

半

5획 十

小2 N5

음독 はん	半額(はんがく) 반액	半分(はんぶん) 절반
훈독 なかば	後半(こうはん) 후반	大半(たいはん) 과반·대부분

의미	一部(いちぶ)損傷(そんしょう)した品物(しなもの)を半額(はんがく)に売(う)る。
2분의 1	일부 손상된 물건을 반값에 팔다.
도중	大半(たいはん)の学生(がくせい)が満点(まんてん)を取(と)った。
불완전·조금	대부분의 학생이 만점을 받았다.

犯

5획 犭

小5 N2

음독 はん	犯罪(はんざい) 범죄	犯人(はんにん) 범인
훈독 おかす	共犯(きょうはん) 공범	侵犯(しんぱん) 침범

의미	犯人(はんにん)を逮捕(たいほ)する。
	범인을 체포하다.
법을 어기다	他(ほか)に共犯者(きょうはんしゃ)がいるらしい。
범죄·범인	공범이 있는 것 같다.

判

7획 刂

小5 N2

음독 はん·ばん	判断(はんだん) 판단	判定(はんてい) 판정
훈독 —	裁判(さいばん) 재판	批判(ひはん) 비판

의미	十分(じゅうぶん)に考慮(こうりょ)して判断(はんだん)する。
도장	충분히 고려해서 판단하다.
재판·시비를 가리다	論理(ろんり)の矛盾(むじゅん)を批判(ひはん)する。
확실히 하다	논리의 모순을 비판하다.

坂

7획 土
小3 N2

음독 はん 훈독 さか	坂道(さかみち) 고갯길·비탈길 急坂(きゅうはん) 가파른 비탈　登坂(とうはん) 고갯길을 올라감
의미 고갯길 경사가 있는 길	子供(こども)が坂道(さかみち)で転(ころ)んだ。 아이가 비탈길에서 넘어졌다. 急坂(きゅうはん)を越(こ)えると海(うみ)が見(み)えた。 가파른 비탈을 넘자 바다가 보였다.

板

8획 木
小3 N2

음독 はん·ばん 훈독 いた	板本(はんぽん) 판목　板前(いたまえ) 주방·요리사 看板(かんばん) 간판　鉄板(てっぱん) 철판
의미 판자·널빤지 변화가 없는 인쇄용 판목	あの店(みせ)の板前(いたまえ)さんは腕(うで)がいい。 그 가게 요리사는 솜씨가 좋다. 鉄板焼(てっぱんやき)の料理(りょうり)が好(す)きだ。 철판구이 요리를 좋아한다.

版

8획 片
小5 N2

음독 はん 훈독 —	版画(はんが) 판화　版権(はんけん) 판권 改版(かいはん) 개판　出版(しゅっぱん) 출판
의미 호적 판목 인쇄해서 책을 만듦	この子(こ)は版画(はんが)が得意(とくい)だ。 이 아이는 판화를 잘한다. 出版者(しゅっぱんしゃ)に勤(つと)めています。 출판사에서 일하고 있습니다.

班

10획 王
小6 N1

음독 はん 훈독 —	班長(はんちょう) 반장　班別(はんべつ) 반별 救護班(きゅうごはん) 구호반　取材班(しゅざいはん) 취재반
의미 분배하다 반·조	救護班(きゅうごはん)の班長(はんちょう)は前(まえ)に出(で)てください。 구호반 반장은 앞으로 나와 주세요.

飯

飯		
	음독 はん 훈독 めし	炊飯器(すいはんき) 밥솥　　夕飯(ゆうはん) 저녁밥
12획 飠 小4 N3	의미 밥 먹다 식사	電気炊飯器(でんきすいはんき)で御飯(ごはん)を炊(た)く。 전기밥솥으로 밥을 짓다. 夕飯(ゆうはん)は外(そと)で食(た)べようか。 저녁은 밖에서 먹을까?

晩

晩		
	음독 ばん 훈독 —	晩学(ばんがく) 만학·야학　　晩酌(ばんしゃく) 저녁 반주 今晩(こんばん) 오늘밤　　毎晩(まいばん) 매일 밤
12획 日 小6 N2	의미 저녁·밤 늦다·늦어지다	父(ちち)は毎晩(まいばん)晩酌(ばんしゃく)をする。 아버지는 매일 저녁 반주를 드신다. 今晩(こんばん)は特(とく)に暑(あつ)い。 오늘 밤은 특히 덥다.

番

番		
	음독 ばん 훈독 —	番組(ばんぐみ) 방송·프로그램　　番号(ばんごう) 번호 交番(こうばん) 파출소　　順番(じゅんばん) 순번
12획 田 小2 N2	의미 순번을 정해 일을 맡다 순번·차례 망보다	番号札(ばんごうふだ)を返(かえ)す。 번호표를 반납하다. 順番(じゅんばん)を待(ま)つ。 차례를 기다리다.

比

比		
	음독 ひ 훈독 くらべる	比較(ひかく) 비교　　比率(ひりつ) 비율 対比(たいひ) 대비　　等比(とうひ) 등비
4획 比 小5 N2	의미 비교하다 비율 동료	実験(じっけん)の結果(けっか)を比較(ひかく)する。 실험 결과를 비교하다. 二人(ふたり)は対比的(たいひてき)な性格(せいかく)をもっている。 두 사람은 대비적인 성격을 가지고 있다.

皮			
	음독 ひ	皮肉(ひにく) 비꼼	皮膚(ひふ) 피부
	훈독 かわ	外皮(がいひ) 외피	脱皮(だっぴ) 탈피
	의미	皮肉(ひにく)に言(い)う。 비꼬아 말하다.	
5획 皮	가죽	セミの脱皮(だっぴ)を観察(かんさつ)する。	
小3 N2	표면	매미의 탈피를 관찰하다.	

否			
	음독 ひ	否定(ひてい) 부정	否認(ひにん) 부인
	훈독 いな	拒否(きょひ) 거부	成否(せいひ) 성부·성패
	의미 아니다	嫌疑(けんぎ)を否認(ひにん)する。 혐의를 부인하다.	
7획 口	긍정하지 않음	アンケート調査(ちょうさ)を拒否(きょひ)された。	
小6 N2	반대	앙케이트 조사를 거부당했다.	

批			
	음독 ひ 훈독 —	批判(ひはん) 비판	批評(ひひょう) 비평
	의미	相手(あいて)の主張(しゅちょう)を批判(ひはん)する。 상대의 주장을 비판하다.	
7획 扌	좋고 나쁨을 가림	彼女(かのじょ)は有名(ゆうめい)な批評家(ひひょうか)だ。	
小6 N1		그녀는 유명한 비평가다.	

肥			
	음독 ひ	肥料(ひりょう) 비료	肥沃(ひよく) 비옥함
	훈독 こえる·こえ· こやす·こやし	堆肥(たいひ) 퇴비	追肥(ついひ) 추비
	의미 살찌다	彼(かれ)の農地(のうち)はとても肥沃(ひよく)だ。 그의 농지는 매우 비옥하다.	
8획 月	토지가 비옥하다	堆肥(たいひ)を施(ほどこ)す。	
小5 N1	거름·비료	퇴비를 주다.	

非

8획 非
小5 N2

음독 ひ 훈독 —	非常(ひじょう) 비상·심함·대단함　非難(ひなん) 비난 是非(ぜひ) 시비·아무쪼록·꼭
의미 나쁘다 등지다 ~가 아닌	非常(ひじょう)におかしい文章(ぶんしょう)だ。 매우 이상한 문장이다. 是非(ぜひ)いらっしゃってください。 꼭 와주세요.

飛

9획 飛
小4 N2

음독 ひ 훈독 とぶ·とばす	飛行(ひこう) 비행　飛躍(ひやく) 비약 突飛(とっぴ) 엉뚱함·별남
의미 날다 나는 것처럼 빠름 뛰어오르다	飛行機(ひこうき)に乗(の)るのは10年(ねん)ぶりだ。 비행기에 타는 건 10년만이다. 息子(むすこ)は時々(ときどき)突飛(とっぴ)なことを言(い)う。 아들은 가끔 엉뚱한 말을 한다.

秘

10획 禾
小6 N1

음독 ひ 훈독 ひめる	秘密(ひみつ) 비밀　秘書(ひしょ) 비서 極秘(ごくひ) 극비　神秘(しんぴ) 신비
의미 숨기다 헤아릴 수 없다·신비롭다 막히다	秘密(ひみつ)を守(まも)る。 비밀을 지키다. 極秘(ごくひ)に作戦(さくせん)を練(ね)る。 극비로 작전을 짜다.

悲

12획 心
小3 N2

음독 ひ 훈독 かなしい·かなしむ	悲哀(ひあい) 비애　悲劇(ひげき) 비극 慈悲(じひ) 자비
의미 슬퍼하다 슬픔 불쌍히 여김·동정	今回(こんかい)、悲劇(ひげき)を演(えん)じることになりました。 이번에 비극을 연기하게 되었습니다. 慈悲(じひ)を施(ほどこ)す。 자비를 베풀다.

費

12획 貝
小4 N2

음독 ひ 훈독 ついやす	費用(ひよう) 비용　消費(しょうひ) 소비 経費(けいひ) 경비　浪費(ろうひ) 낭비
의미 쓰다 소비하다 비용	旅行(りょこう)の費用(ひよう)を貯(た)める。 여행 비용을 저축하다. 経費(けいひ)を節約(せつやく)する。 경비를 절약하다.

美

9획 羊
小3 N2

음독 び 훈독 うつくしい	美術(びじゅつ) 미술　美食(びしょく) 미식 美(うつく)しい 아름답다　賛美(さんび) 찬미
의미 아름답다 훌륭하다 칭찬할 만하다	彼女(かのじょ)は美食家(びしょくか)だ。 그녀는 미식가다. 美(うつく)しい賛美歌(さんびか)が聞(き)こえる。 아름다운 찬송가가 들린다.

備

12획 亻
小5 N2

음독 び 훈독 そなえる·そなわる	備蓄(びちく) 비축　準備(じゅんび) 준비 準備(じゅんび) 준비　完備(かんび) 완비
의미 갖추다 대비하다 준비	石油(せきゆ)を備蓄(びちく)する。 석유를 비축하다. 受験(じゅけん)の準備(じゅんび)をする。 수험 준비를 하다.

鼻

14획 鼻
小3 N2

음독 び 훈독 はな	鼻音(びおん) 비음　鼻孔(びこう) 비강 鼻歌(はなうた) 콧노래　鼻先(はなさき) 코끝
의미 코 시작	鼻歌(はなうた)を歌(うた)いながら料理(りょうり)をする。 콧노래를 부르면서 요리를 하다. 鼻先(はなさき)であしらう。 깔보다.

必

5획 心
小4 N2

음독 ひつ	必要(ひつよう) 필요　必読(ひつどく) 필독
훈독 かならず	必死(ひっし) 필사　必携(ひっけい) 필휴
의미	必要(ひつよう)は発明(はつめい)の母(はは)である。
반드시	필요는 발명의 어머니다.
틀림없이	必死(ひっし)に努力(どりょく)する。
꼭	필사적으로 노력하다.

筆

12획 ⺮
小3 N2

음독 ひつ	筆記(ひっき) 필기　筆者(ひっしゃ) 필자
훈독 ふで	自筆(じひつ) 자필　執筆(しっぴつ) 집필
의미	筆記試験(ひっきしけん)に合格(ごうかく)する。
	필기시험에 합격하다.
붓	筆者(ひっしゃ)の考(かんが)えに賛成(さんせい)だ。
글씨를 쓰다	필자의 생각에 찬성한다.

百

6획 白
小1 N5

음독 ひゃく	百害(ひゃくがい) 백해　百科(ひゃっか) 백과
훈독 —	百姓(ひゃくしょう) 백성　八百屋(やおや) 채소가게
의미	百科事典(ひゃっかじてん)で調(しら)べる。
백	백과사전으로 조사하다.
많음·충분함	八百屋(やおや)で大根(だいこん)を買(か)う。
여러 가지	채소가게에서 무를 사다.

氷

5획 水
小3 N2

음독 ひょう	氷山(ひょうざん) 빙산　氷点(ひょうてん) 빙점
훈독 こおり	氷水(こおりみず)빙수　流氷(りゅうひょう) 유빙
의미	氷山(ひょうざん)の一角(いっかく)にすぎない。
	빙산의 일각에 지나지 않는다.
얼음	流氷(りゅうひょう)の季節(きせつ)が近(ちか)づいた。
얼다	유빙의 계절이 가까워졌다.

表

8획 衣
小3 N2

음독 ひょう	表現(ひょうげん) 표현　表面(ひょうめん) 표면
훈독 おもて·あらわす·あらわれる	発表(はっぴょう) 발표　裏表(うらおもて) 안팎
의미	思(おも)ったことを文章(ぶんしょう)で表現(ひょうげん)する。
표	생각한 것을 문장으로 표현하다.
나타내다	彼女(かのじょ)は裏表(うらおもて)のない性格(せいかく)だ。
바깥	그녀는 겉과 속이 다르지 않은 성격이다.

俵

10획 亻
小5 N1

음독 ひょう	土俵(どひょう) 씨름판　一俵(いっぴょう) 한 가마
훈독 たわら	米俵(こめだわら) 쌀가마니　炭俵(すみだわら) 숯가마니·숯섬
의미	力士(りきし)が土俵(どひょう)に上(あ)がる。
	역사가 씨름판에 오르다.
섬·가마	米俵(こめだわら)を担(にな)う。
가마니	쌀가마니를 짊어지다.

票

11획 示
小4 N1

음독 ひょう	票決(ひょうけつ) 표결　票数(ひょうすう) 표수
훈독 —	開票(かいひょう) 개표　投票(とうひょう) 투표
의미	票決(ひょうけつ)で会長(かいちょう)を決(き)める。
옛말 표	표결로 회장을 정하다.
숫자·용건을 적어놓은 용지	開票(かいひょう)の結果(けっか)を報告(ほうこく)する。
투표수를 세는 말·표	투표 결과를 보고하다.

評

12획 言
小5 N1

음독 ひょう	評価(ひょうか) 평가　評判(ひょうばん) 평판
훈독 —	好評(こうひょう) 호평　批評(ひひょう) 비평
의미	彼(かれ)の作品(さくひん)は高(たか)く評価(ひょうか)された。
	그의 작품은 높이 평가되었다.
평하다	彼女(かのじょ)の演技(えんぎ)は好評(こうひょう)だった。
세간의 평판	그녀의 연기는 호평을 받았다.

標

15획 木
小4 N1

음독 ひょう	標識(ひょうしき) 표지	標準(ひょうじゅん) 표준
훈독 —	商標(しょうひょう) 상표	目標(もくひょう) 목표

의미	
표지	交通標識(こうつうひょうしき)をよく見(み)て運転(うんてん)する。 교통표지를 보고 운전하다.
목표 견본	人生(じんせい)の目標(もくひょう)を立(た)てる。 인생의 목표를 세우다.

秒

9획 禾
小3 N2

음독 びょう	秒針(びょうしん) 초침	秒速(びょうそく) 초속
훈독 —	一秒(いちびょう) 일초	分秒(ふんびょう) 분초

의미	
시간의 단위·초	この時計(とけい)は秒針(びょうしん)が遅(おく)れている。 이 시계는 초침이 늦는다. 分秒(ふんびょう)を争(あらそ)う問題(もんだい)だ。 분초를 다투는 문제다.

病

10획 疒
小3 N3

음독 びょう	病院(びょういん) 병원	病気(びょうき) 병
훈독 やまい	看病(かんびょう) 간병	病弱(びょうじゃく) 병약

의미	
병	病気(びょうき)で入院(にゅういん)する。 병으로 입원하다.
병을 앓다 나쁜 버릇	父(ちち)の看病(かんびょう)をする。 아버지 간병을 하다.

品

9획 口
小3 N3

음독 ひん	品格(ひんかく) 품격	品物(しなもの) 물건
훈독 しな	作品(さくひん) 작품	商品(しょうひん) 상품

의미	
물건·물품	その人(ひと)には品格(ひんかく)が感(かん)じられる。 그 사람한테는 품격이 느껴진다.
품질 종류·분류	作品(さくひん)を出品(しゅっぴん)する。 작품을 출품하다.

貧

11획 貝
小5 N2

음독 ひん·びん	貧血(ひんけつ) 빈혈	貧富(ひんぷ) 빈부
훈독 まずしい	貧乏(びんぼう) 가난	極貧(ごくひん) 극빈

의미	
가난하다 적다·부족하다	貧血(ひんけつ)で倒(たお)れた。 빈혈로 쓰러졌다. 彼(かれ)は貧乏(びんぼう)に暮(くら)した。 그는 가난하게 살았다.

不

4획 一
小4 N3

음독 ふ·ぶ	不意(ふい) 불의	不況(ふきょう) 불황
훈독 —	不正(ふせい) 부정	不足(ふそく) 부족

의미	
(명사 등에 붙어) 불·부	不況(ふきょう)で就職(しゅうしょく)が難(むずか)しい。 불황으로 취직이 어렵다. 人手(ひとで)が不足(ふそく)する。 일손이 부족하다.

夫

4획 大
小4 N2

음독 ふ·ふう	夫妻(ふさい) 부처	夫婦(ふうふ) 부부
훈독 おっと	人夫(にんぷ) 인부	工夫(くふう) 궁리

의미	
남편	田中(たなか)夫妻(ふさい)を夕食(ゆうしょく)に招待(しょうたい)した。 다나카부부를 저녁 식사에 초대했다.
제 몫을 하는 어엿한 남자 일을 하는 남성	人夫(にんぷ)を雇(やと)う。 인부를 고용하다.

父

4획 父
小2 N4

음독 ふ	父系(ふけい) 부계	父子(ふし) 부자
훈독 ちち	神父(しんぷ) 신부	父親(ちちおや) 부친

의미	
부친	父子(ふし)ともに背(せ)が高(たか)い。 부자가 함께 키가 크다. 父親(ちちおや)に厳(きび)しく育(そだ)てられた。 부친에게 엄하게 양육되었다.

付

13획 亻
小3 N2

음독 ふ 훈독 つける·つく	付近(ふきん) 부근　付属(ふぞく) 부속 寄付(きふ) 기부　配付(はいふ)배부
의미 붙이다·붙다 주다	この付近(ふきん)に銀行(ぎんこう)がある。 이 부근에 은행이 있다. 多額(たがく)の寄付(きふ)をする。 다액의 기부를 하다.

布

13획 巾
小3 N2

음독 ふ 훈독 ぬの	布教(ふきょう) 포교　布地(ぬのじ) 천 公布(こうふ) 공포　財布(さいふ) 지갑
의미 직물 펴다 널리 퍼지다	布教(ふきょう)に努(つと)める。 포교에 힘쓰다. 財布(さいふ)を落(お)とす。 지갑을 잃어버리다.

府

13획 广
小3 N2

음독 ふ 훈독 —	府県(ふけん) 부현　府立(ふりつ) 부립 政府(せいふ) 정부　幕府(ばくふ) 막부
의미 관청 행정 구획의 하나 도읍	新(あたら)しい府立病院(ふりつびょういん)を建設(けんせつ)する。 새로운 부립 병원을 건설하다. 政府(せいふ)の代表(だいひょう)が視察(しさつ)した。 정부 대표가 시찰했다.

負

13획 貝
小3 N4

음독 ふ 훈독 まける·まかす· おう	負傷(ふしょう) 부상　負担(ふたん) 부담 勝負(しょうぶ) 승부　抱負(ほうふ) 포부
의미 짊어지다·입다 지다	事故(じこ)で多(おお)くの人(ひと)が負傷(ふしょう)した。 사고로 많은 사람이 부상당했다. 勝負(しょうぶ)を争(あらそ)う。 승부를 겨루다.

婦

13획 女
小3 N2

음독 ふ	婦女(ふじょ) 부녀　婦人(ふじん) 부인
훈독 —	主婦(しゅふ) 주부　妊婦(にんぷ) 임부
의미	主婦(しゅふ)の仕事(しごと)は楽(らく)ではない。
부인	주부의 일은 쉽지 않다.
남편이 있는 여성	妊婦(にんぷ)の健康(けんこう)に留意(りゅうい)する。
여성	임산부의 건강에 유의하다.

富

12획 宀
小5 N2

음독 ふ·ふう	富強(ふきょう) 부강　富裕(ふゆう) 부유
훈독 とむ·とみ	貧富(ひんぷ) 빈부　豊富(ほうふ) 풍부
의미	国(くに)の富強(ふきょう)を図(はか)る。
	나라의 부강을 꾀하다.
재산이 많다	貧富(ひんぷ)の差(さ)をなくする。
풍부하다	빈부의 차를 없애다.

武

8획 止
小5 N2

음독 ぶ·む	武器(ぶき) 무기　武士(ぶし) 무사
훈독 —	武力(ぶりょく) 무력　文武(ぶんぶ) 문무
의미	武器(ぶき)を投(な)げ捨(す)てる。
강하다	무기를 내던지다.
싸움	武力(ぶりょく)に訴(うった)える。
무사	무력에 호소하다.

部

13획 邑
小3 N2

음독 ぶ	部首(ぶしゅ) 부수　部分(ぶぶん) 부분
훈독 —	全部(ぜんぶ) 전부　部屋(へや) 방
의미	漢字(かんじ)の部首(ぶしゅ)を調(しら)べる。
나누다	한자 부수를 조사하다.
구분	本(ほん)を全部(ぜんぶ)読(よ)んだ。
책 등을 세는 말	책을 전부 읽었다.

風

9획 風

小2 N3

음독 ふう·ふ	風雨(ふうう) 풍우	風刺(ふうし) 풍자
훈독 かぜ·かざ	古風(こふう) 고풍	風邪(かぜ) 감기

의미	
바람	風雨(ふうう)が激(はげ)しくなる。 비바람이 세차진다.
풍습 모습	古風(こふう)な家(いえ)に住(す)む。 고풍스런 집에 살다.

服

8획 月

小3 N3

음독 ふく	服従(ふくじゅう) 복종	服用(ふくよう) 복용
훈독 —	衣服(いふく) 의복	制服(せいふく) 제복

의미	
옷·의복	薬(くすり)を服用(ふくよう)する。 약을 복용하다.
따르다·복종하다 차·약 등을 마시다	制服(せいふく)を着(き)る。 제복을 입다.

副

11획 刀

小4 N2

음독 ふく	副業(ふくぎょう) 부업	副賞(ふくしょう) 부상
훈독 —	副葬(ふくそう) 부장	正副(せいふく) 정부(으뜸과 버금)

의미	
곁들이다·덧붙다	副賞(ふくしょう)として海外(かいがい)旅行(りょこう)が付(つ)いている。 부상으로 해외여행이 붙어있다.
부(↔정) 곁에서 거들다	正副(せいふく)の班長(はんちょう)を選(えら)ぶ。 정부반장을 뽑는다.

復

12획 彳

小5 N2

음독 ふく	復習(ふくしゅう) 복습	復活(ふっかつ) 부활
훈독 —	回復(かいふく) 회복	反復(はんぷく) 반복

의미	
원래상태로 돌아가다	数学(すうがく)の復習(ふくしゅう)をする。 수학 복습을 하다.
보복하다 되풀이하다	病気(びょうき)が回復(かいふく)した。 병이 회복되었다.

福		
13획 ネ 小3 N2	음독 ふく 훈독 —	福音(ふくいん) 복음　福祉(ふくし) 복지 祝福(しゅくふく) 축복　冥福(めいふく) 명복
	의미	国民(こくみん)の福祉(ふくし)に力(ちから)を入(い)れる。 국민 복지에 힘을 쏟다.
	복·행복	長男(ちょうなん)の誕生(たんじょう)を祝福(しゅくふく)する。 장남의 탄생을 축복하다.

腹		
13획 肉 小6 N2	음독 ふく 훈독 はら	腹案(ふくあん) 복안　腹痛(ふくつう) 복통 空腹(くうふく) 공복　立腹(りっぷく) 역정
	의미 배·복부	腹痛(ふくつう)で学校(がっこう)を休(やす)む。 복통으로 학교를 쉬다.
	중간 정도 마음·심중	ひどく立腹(りっぷく)する。 몹시 화를 내다.

複		
14획 衣 小5 N2	음독 ふく 훈독 —	複雑(ふくざつ) 복잡　複数(ふくすう) 복수 複写(ふくしゃ) 복사　重複(じゅうふく) 중복
	의미 중복되다	複雑(ふくざつ)な問題(もんだい)を解(と)く。 복잡한 문제를 풀다.
	이중·겹 옷 다시하다	この文(ぶん)は重複(じゅうふく)して出(で)てくる。 이 문장은 중복하여 나온다.

仏		
4획 亻 小5 N2	음독 ぶつ 훈독 ほとけ	仏教(ぶっきょう) 불교　仏様(ほとけさま) 부처님 神仏(しんぶつ) 신불　念仏(ねんぶつ) 염불
	의미	仏教(ぶっきょう)を信仰(しんこう)する。 불교를 믿다.
	부처 프랑스의 약자	念仏(ねんぶつ)を唱(とな)える。 염불을 외다.

物

8획 牛
小3 N3

음독 ぶつ·もつ
훈독 もの

物価(ぶっか) 물가　物語(ものがたり)이야기
植物(しょくぶつ) 식물　貨物(かもつ) 화물

의미
물건·사람
일·사항·사정
견주어 판단한다

物価(ぶっか)が安定(あんてい)する。
물가가 안정되다.
貨物(かもつ)列車(れっしゃ)が通(とお)る。
화물 열차가 지나가다.

粉

10획 米
小4 N2

음독 ふん
훈독 こ·こな

粉末(ふんまつ) 분말　粉雪(こなゆき) 가랑눈
花粉(かふん) 화분·꽃가루　小麦粉(こむぎこ) 밀가루

의미
가루·분말

粉末(ふんまつ)のスープを買(か)う。
분말 스프를 사다.
小麦粉(こむぎこ)でうどんを作(つく)る。
밀가루로 우동을 만들다.

奮

16획 大
小6 N1

음독 ふん
훈독 ふるう

奮然(ふんぜん) 분연　奮闘(ふんとう) 분투
奮発(ふんぱつ) 분발　興奮(こうふん) 흥분

의미
분발하다
힘을 내다
기운을 내다

奮然(ふんぜん)として戦(たたか)う。
분연히 싸우다.
興奮(こうふん)してなかなか眠(ねむ)れない。
흥분되어 좀처럼 잠들 수 없다.

分

4획 刀
小2 N5

음독 ぶん·ふん·ぶ
훈독 わける·わかれる·わかる·わかつ

分野(ぶんや) 분야　分別(ふんべつ) 분별
身分(みぶん) 신분　五分(ごぶ) 오분

의미
나누다
시간·온도·각도의 단위
분량

物理(ぶつり)は彼(かれ)の得意(とくい)な分野(ぶんや)です。
물리는 그의 자신 있는 분야입니다.
身分(みぶん)証明書(しょうめいしょ)を忘(わす)れた。
신분증명서를 잊고 왔다.

文		
	음독 ぶん·もん	文明(ぶんめい) 문명　文句(もんく) 문구·불만
	훈독 ふみ	作文(さくぶん) 작문　恋文(こいぶみ) 연애편지
	의미	高度(こうど)に文明(ぶんめい)が発達(はったつ)する。
	글	고도로 문명이 발달하다.
4획 文	문장	母(はは)のことを作文(さくぶん)に書(か)く。
小1 N3	학문·예술	엄마에 대해 작문에 쓰다.

聞		
	음독 ぶん·もん	聞知(ぶんち) 들어 앎　見聞(けんぶん) 견문
	훈독 きく·きこえる	風聞(ふうぶん) 풍문　未聞(みもん) 미문·아직 못한 일
	의미	見聞(けんぶん)を広(ひろ)める。
		견문을 넓히다.
14획 耳	듣다·들리다	彼(かれ)の風聞(ふうぶん)を耳(みみ)にした。
小2 N5	소문·평판	그의 풍문을 듣다.

平		
	음독 へい·びょう	平気(へいき) 태연　平等(びょうどう) 평등
	훈독 たいら·ひら	公平(こうへい) 공평　不平(ふへい) 불평
	의미	何(なに)を言(い)われても平気(へいき)だ。
	평평한	뭐라 하더라도 태연하다.
5획 干	평온함	不平(ふへい)を言(い)わずに黙々(もくもく)と働(はたら)く。
小3 N2	보통	불평하지 않고 묵묵하게 일하다.

兵		
	음독 へい·ひょう	兵役(へいえき) 병역　兵士(へいし) 병사
	훈독 —	出兵(しゅっぺい) 출병　徴兵(ちょうへい) 징병
	의미	負傷(ふしょう)した兵士(へいし)の手当(てあ)てをする。
	무기	부상당한 병사의 치료를 하다.
7획 八	군인·군대	徴兵(ちょうへい)制度(せいど)を廃止(はいし)する。
小4 N2	전쟁	징병 제도를 폐지하다.

並		
	음독 へい 훈독 なみ·ならべる· ならぶ·ならびに	並行(へいこう) 병행　並列(へいれつ) 병렬 並木(なみき) 가로수　人並(ひとな)み (남과 같은) 보통정도
8획 一 小6 N2	의미 늘어서다·늘어놓다 및·또 보통	二(ふた)つの計画(けいかく)を並行(へいこう)する。 두 가지 계획을 병행하다. 並木道(なみきみち)を散歩(さんぽ)する。 가로수 길을 산책하다.

陛		
	음독 へい 훈독 —	陛下(へいか) 폐하
10획 阝 小6 N1	의미 궁전의 계단 황제나 천왕에 경의를 표하는 말	天皇陛下(てんのうへいか)がお見(み)えになる。 천왕 폐하가 오시다.

閉		
	음독 へい 훈독 とじる·とざす しめる·しまる	閉会(へいこう) 폐회　閉口(へいこう) 질림 開閉(かいへい) 개폐　密閉(みっぺい) 밀폐
11획 門 小6 N2	의미 닫히다·닫다 가두다 끝내다	閉会(へいこう)の辞(じ)を述(の)べる。 폐회사를 말하다. ドアの開閉(かいへい)に注意(ちゅうい)してください。 도어의 개폐에 주의하세요.

米		
	음독 べい·まい 훈독 こめ	米価(べいか) 쌀값　米屋(こめや) 쌀장수 欧米(おうべい) 구미　新米(しんまい) 햅쌀
6획 米 小2 N2	의미 쌀 아메리카의 약어	米価(べいか)が上(あ)がる。 쌀값이 오르다. 欧米(おうべい)を視察(しさつ)する。 구미를 시찰하다.

別

7획　刀
小4　N3

음독 べつ	別個(べっこ) 별개　別荘(べっそう) 별장
훈독 わかれる	格別(かくべつ) 각별　差別(さべつ) 차별
의미	それぞれ別個(べっこ)に会見(かいけん)する。
나누다	각각 별개로 회견하다.
갈리다	男女(だんじょ)の差別(さべつ)をなくそう。
다르다	남녀 차별을 없앱시다.

片

4획　片
小6　N2

음독 へん	片隅(かたすみ) 한 구석　片手(かたて) 한쪽 손
훈독 かた	一片(いっぺん) 한 조각　断片(だんぺん) 단편
의미	玄関(げんかん)の片隅(かたすみ)に置(お)く。
조각	현관의 한 구석에 놓다.
반·다른 한편	断片的(だんぺんてき)な記憶(きおく)しかない。
아주 소량	단편적인 기억 밖에 없다.

辺

5획　辶
小4　N2

음독 へん	辺境(へんきょう) 변경·나라의 경계가 되는 변두리
훈독 あたり·べ	周辺(しゅうへん) 주변　身辺(しんぺん) 신변　窓辺(まどべ) 창가
의미	駅(えき)の周辺(しゅうへん)を清掃(せいそう)する。
국경·변두리	역 부근을 청소하다.
주변·근처	身辺(しんぺん)を整理(せいり)する。
변·도형을 이루는 직선	신변을 정리하다.

返

7획　辶
小3　N2

음독 へん	返還(へんかん) 반환　返事(へんじ) 대답
훈독 かえす·かえる	恩返(おんがえ)し 은혜를 갚음　若返(わかがえ)り 젊어짐
의미	明日(あした)までに返事(へんじ)をしてください。
돌려주다	내일까지 대답을 해 주세요.
되돌리다	これが若返(わかがえ)りの秘訣(ひけつ)です。
횟수를 세는 말	이것이 젊어지는 비결입니다.

変

음독 へん	変化(へんか) 변화	変更(へんこう) 변경
훈독 かわる·かえる	急変(きゅうへん) 급변	大変(たいへん) 대단함

9획 夂
小4 N2

의미
- 변하다
- 보통과 다르다
- 특이한 사건

約束(やくそく)の場所(ばしょ)を変更(へんこう)する。
약속 장소를 변경하다

態度(たいど)が急変(きゅうへん)する。
태도가 급변하다.

編

음독 へん	編集(へんしゅう) 편집	編(あ)み物(もの) 뜨개질
훈독 あむ	改編(かいへん) 개편	短編(たんぺん) 단편

15획 糸
小5 N2

의미
- 책을 만들다
- 책
- 차례로 구성하다

卒業論文(そつぎょうろんぶん)を編集(へんしゅう)する。
졸업 논문을 편집하다.

短編小説(たんぺんしょうせつ)を読(よ)む。
단편 소설을 읽다.

弁

음독 べん	弁護(べんご) 변호	弁明(べんめい) 변명
훈독 —	花弁(かべん) 꽃잎	答弁(とうべん) 답변

5획 廾
小5 N1

의미
- 꽃잎
- 변명하다
- 언변·말투

友人(ゆうじん)の失敗(しっぱい)を弁護(べんご)する。
친구의 실패를 변호하다.

桜(さくら)の花弁(かべん)を観察(かんさつ)する。
벚꽃의 꽃잎을 관찰하다.

便

음독 べん·びん	便利(べんり) 편리	便乗(びんじょう) 편승
훈독 たより	不便(ふべん) 불편	郵便(ゆうびん) 우편

9획 亻
小4 N3

의미
- 편리하다
- 소식·편지
- 교통 수단
- 배설물

地下鉄(ちかてつ)が開通(かいつう)して便利(べんり)になった。
지하철이 개통되어 편리해졌다.

郵便(ゆうびん)を出(だ)す。
우편을 보내다.

勉

10획 力

小3 N3

음독 べん	勉学(べんがく) 면학　勉強(べんきょう) 공부
훈독 —	勤勉(きんべん) 근면　猛勉(もうべん) 굉장히 열심히 공부함
의미	夜(よる)遅(おそ)くまで勉強(べんきょう)する。
	밤늦게까지 공부하다.
힘쓰다	彼(かれ)はとても勤勉(きんべん)だ。
열심히 하다	그는 매우 근면하다.

歩

8획 止

小2 N3

음독 ほ·ぶ·ふ	歩行(ほこう) 보행　歩調(ほちょう) 보조
훈독 あるく·あゆむ	初歩(しょほ) 초보　進歩(しんぽ) 진보
의미	一列(いちれつ)で歩行(ほこう)する。
걷다	일렬로 보행하다.
진보	医学(いがく)の進歩(しんぽ)はめざましい。
발걸음의 단위·비율	의학의 진보는 놀랄 만 하다.

保

9획 亻

小5 N1

음독 ほ	保険(ほけん) 보험　保存(ほぞん) 보존
훈독 たもつ	安保(あんぽ) 안보　確保(かくほ) 확보
의미	重要(じゅうよう)書類(しょるい)を保存(ほぞん)する。
유지하다	중요 서류를 보존하다.
보증하다	人員(じんいん)を確保(かくほ)する。
지키다	인원을 확보하다.

補

12획 衣

小6 N2

음독 ほ	補給(ほきゅう) 보급　補充(ほじゅう) 보충
훈독 おぎなう	候補(こうほ) 후보　増補(ぞうほ) 증보
의미	栄養(えいよう)を補給(ほきゅう)する。
보충하다	영양을 보급하다.
돕다	この本(ほん)の増補(ぞうほ)版(はん)が出版(しゅっぱん)された。
견습	이 책의 증보판이 출판되었다.

母	음독 ぼ 훈독 はは	母校 모교　母国 모국 祖母 조모　分母 분모
5획 母 小2 N5	의미 어머니 출신지 근본이 되는 것	久し振りに母校を訪れる。 오랜만에 모교를 방문하다. 祖母が亡くなった。 조모가 돌아가셨다.

墓	음독 ぼ 훈독 はか	墓地 묘지　墓碑 묘비 墓石 묘석　墓場 묘지
13획 土 小5 N1	의미 무덤	その墓地からは港が見える。 그 묘지에서는 항구가 보인다. 墓石を水で洗う。 묘석을 물로 닦다.

暮	음독 ぼ 훈독 くれる·くらす	暮雪 저녁 눈　歳暮 세모 野暮 촌스러움　夕暮れ 해질 녘
14획 日 小6 N2	의미 해가 지다·한 해가 끝나다 세월을 보내다 망설이다	暮雪で枝がたわむ。 모설로 가지가 휘다. 野暮なことは言わないで。 촌스런 소리 하지 마요.

方	음독 ほう 훈독 かた	方向 방향　方法 방법 地方 지방　味方 자기 편
4획 方 小2 N3	의미 방향 방법 네모·사각	いい方法を思い付く。 좋은 방법이 떠오르다. あなたの味方になりましょう。 당신 편이 되겠어요.

包		
	음독 ほう 훈독 つつむ	包含(ほうがん) 포함　包装(ほうそう) 포장 内包(ないほう) 내포　小包(こづつ)み 소포
	의미	商品(しょうひん)を包装(ほうそう)する。 상품을 포장하다.
5획 勹 小4 N2	싸다	息子(むすこ)に小包(こづつ)みを送(おく)る。 아들에게 소포를 보내다.

宝		
	음독 ほう 훈독 たから	宝庫(ほうこ) 보고　宝石(ほうせき) 보석 財宝(ざいほう) 재보　国宝(こくほう) 국보
	의미	宝石(ほうせき)が盗(ぬす)まれる。 보석이 도난당하다.
8획 宀 小6 N2	보물·중요한 것 중요하게 여기다	これは国宝(こくほう)の仏像(ぶつぞう)だ。 이것은 국보인 불상이다.

放		
	음독 ほう 훈독 はなす·はなつ はなれる·ほうる	放火(ほうか) 방화　放送(ほうそう) 방송 解放(かいほう) 해방　追放(ついほう) 추방
	의미 풀어놓다·놓아주다	テレビの放送(ほうそう)が始(はじ)まる。 텔레비전 방송이 시작되다.
8획 攵 小3 N2	풀리다 내버려 두다	広場(ひろば)を子供達(こどもたち)に開放(かいほう)する。 광장을 아이들에게 개방하다.

法		
	음독 ほう·ほっ·はっ 훈독 —	法律(ほうりつ) 법률　法華(ほっけ) 법화 合法(ごうほう) 합법　作法(さほう) 작법·예의범절·만드는 법
	의미 규칙·법률	法律(ほうりつ)の勉強(べんきょう)をする。 법률 공부를 하다.
8획 氵 小4 N2	하는 방법 부처의 가르침	礼儀作法(れいぎさほう)を身(み)に付(つ)ける。 예의작법을 익히다.

訪

11획 言
小6 N2

음독 ほう	訪客(ほうきゃく) 방문객	訪問(ほうもん) 방문
훈독 おとずれる	探訪(たんぼう) 탐방	来訪(らいほう) 내방

의미	예문
방문하다 찾다	訪客(ほうきゃく)をもてなす。 방문객을 대접하다. 社会(しゃかい)探訪(たんぼう)の番組(ばんぐみ)を放映(ほうえい)する。 사회 탐방 프로그램을 방영하다.

報

12획 土
小5 N2

음독 ほう	報告(ほうこく) 보고	報道(ほうどう) 보도
훈독 むくいる	情報(じょうほう) 정보	予報(よほう) 예보

의미	예문
보답하다 보답 알림·통보	調査(ちょうさ)の結果(けっか)を報告(ほうこく)する。 조사 결과를 보고하다. 正確(せいかく)な情報(じょうほう)を手(て)に入(い)れる。 정확한 정보를 손에 넣다.

豊

13획 豆
小5 N2

음독 ほう	豊凶(ほうきょう) 풍흉	豊作(ほうさく) 풍작
훈독 ゆたか	豊年(ほうねん) 풍년	豊富(ほうふ) 풍부

의미	예문
풍년들다 풍부함	今年(ことし)は豊作(ほうさく)だ。 올해는 풍작이다. この国(くに)は地下(ちか)資源(しげん)が豊富(ほうふ)だ。 이 나라는 지하 자원이 풍부하다.

亡

3획 亠
小6 N2

음독 ぼう·もう	亡国(ぼうこく) 망국	亡命(ぼうめい) 망명
훈독 ない	死亡(しぼう) 사망	逃亡(とうぼう) 도망

의미	예문
죽다 도망치다 없어지다·잃다	アメリカに亡命(ぼうめい)する。 아메리카로 망명하다. 地震(じしん)で多(おお)くの人(ひと)が死亡(しぼう)する。 지진으로 많은 사람이 사망하다.

忘		
	음독 ぼう	忘却(ぼうきゃく) 망각　忘失(ぼうしつ) 잃어버림
	훈독 わすれる	健忘(けんぼう) 건망　備忘(びぼう) 비망
	의미	記憶(きおく)を忘失(ぼうしつ)する。 기억을 상실하다.
7획 心 小6 N2	잊다 생각해낼 수 없다	健忘症(けんぼうしょう)にかかったらしい。 건망증에 걸린 것 같다.

防		
	음독 ぼう	防止(ぼうし) 방지　防犯(ぼうはん) 방범
	훈독 ふせぐ	消防(しょうぼう) 소방　予防(よぼう) 예방
	의미	事故(じこ)を防止(ぼうし)する。 사고를 방지하다.
7획 阝 小5 N2	제방 막다·조심하다	風邪(かぜ)の予防(よぼう)に努(つと)める。 감기 예방에 힘쓰다.

望		
	음독 ぼう·もう	望遠(ぼうえん) 망원　望郷(ぼうきょう) 망향
	훈독 のぞむ	希望(きぼう) 희망　絶望(ぜつぼう) 절망
	의미	望遠鏡(ぼうえんきょう)を買(か)う。 망원경을 사다.
11획 月 小4 N2	바라다 먼 곳을 바라보다	絶望(ぜつぼう)するのはまだ早(はや)い。 절망하기에는 아직 빠르다.

棒		
	음독 ぼう	棒線(ぼうせん) 막대선　棒引(ぼうび)き 말소
	훈독 —	鉄棒(てつぼう) 철봉　棒暗記(ぼうあんき) 무턱대고 외움
	의미 막대기	棒線(ぼうせん)グラフで表(あらわ)す。 막대그래프로 나타내다.
12획 木 小6 N2	직선 변화가 없다	鉄棒(てつぼう)で逆上(さかあ)がりの練習(れんしゅう)をする。 철봉으로 거꾸로 오르기 연습을 하다.

貿

12획 貝

小5 N2

음독 ぼう 훈독 —	貿易(ぼうえき) 무역
의미 물건을 사고팔다	外国(がいこく)との貿易(ぼうえき)が盛(さか)んになる。 외국과의 무역이 번성해지다.

暴

15획 日

小5 N2

음독 ぼう·ばく 훈독 あばく あばれる	暴行(ぼうこう) 폭행 横暴(おうぼう) 횡포	暴露(ばくろ) 폭로 自暴(じぼう) 자폭
의미 난폭하다·거칠다 폭로하다 도를 넘다	秘密(ひみつ)を暴露(ばくろ)する。 비밀을 폭로하다. 横暴(おうぼう)な態度(たいど)を反省(はんせい)する。 난폭한 태도를 반성하다.	

北

5획 匕

小2 N5

음독 ほく 훈독 きた	北上(ほくじょう) 북상 東北(とうほく) 동북	北風(きたかぜ) 북풍 敗北(はいぼく) 패배
의미 북쪽 도망치다	桜前線(さくらぜんせん)が北上(ほくじょう)する。 벚꽃 전선이 북상하다. 試合(しあい)は完全(かんぜん)な敗北(はいぼく)だった。 시합은 완전한 패배였다.	

木

4획 木

小1 N5

음독 ぼく·もく 훈독 き·こ	木造(もくぞう) 목조 土木(どぼく) 토목	木戸(きど) 흥행장의 출입문 並木(なみき) 가로수
의미 나무 재목 목요일의 약어	木造(もくぞう)の家(いえ)に住(す)む。 목조 집에 산다. 土木工事(どぼくこうじ)が始(はじ)まる。 토목 공사가 시작되다.	

牧

8획 牛

小4 N1

음독 ぼく

훈독 まき

牧師(ぼくし) 목사　　牧畜(ぼくちく) 목축

放牧(ほうぼく) 방목　　遊牧(ゆうぼく) 유목

의미

- 방목하다
- 다스리다

北海道(ほっかいどう)で牧場(ぼくじょう)を経営(けいえい)する。

홋카이도에서 목장을 경영하다.

遊牧民(ゆうぼくみん)の生活(せいかつ)を研究(けんきゅう)する。

유목민 생활을 연구하다.

本

5획 木

小1 N5

음독 ほん

훈독 もと

本気(ほんき) 진심　　本分(ほんぶん) 본분

手本(てほん) 모범　　旗本(はたもと) 만석이하 녹봉받던 무사

의미

- 사물의 근본
- 책
- 진실의

本気(ほんき)で勝負(しょうぶ)する。

진지하게 승부하다.

後輩(こうはい)の手本(てほん)となって努力(どりょく)する。

후배의 모범이 되어 노력하다.

毎

13획 母

小3 N5

음독 まい

훈독 —

毎朝(まいあさ) 매일 아침　　毎月(まいげつ) 매달

毎度(まいど) 매번　　毎日(まいにち) 매일

의미

- 그 때마다
- 언제나

毎度(まいど)ありがとうございます。

매번 고맙습니다.

毎日(まいにち)欠(か)かさず日記(にっき)を付(つ)ける。

매일 거르지 않고 일기를 쓰다.

妹

8획 女

小2 N3

음독 まい

훈독 いもうと

妹分(いもうとぶん) 누이동생 뻘　　妹婿(いもうとむこ) 매제

姉妹(しまい) 자매　　令妹(れいまい) 영매

의미

- 여동생

妹婿(いもうとむこ)と食事(しょくじ)をする。

매제와 식사를 하다.

あの二人(ふたり)はとても仲(なか)のよい姉妹(しまい)だ。

저 두 사람은 사이가 좋은 자매다.

枚

8획 木
小6 N2

음독 まい	枚挙(まいきょ) 하나하나 셈　　枚数(まいすう) 매수
훈독 —	一枚(いちまい) 한 장　　二枚目(にまいめ) 미남
의미 하나하나 세다 얇고 평평한 것을 세는 말	枚挙(まいきょ)に暇(いとま)がない。 너무 많아서 일일이 셀 수가 없다. 一枚(いちまい)の紙(かみ)を有効(ゆうこう)に使(つか)う。 한 장의 종이를 유효하게 쓰다.

幕

13획 巾
小6 N1

음독 まく·ばく	幕府(ばくふ) 막부　　幕末(ばくまつ) 막부말기
훈독 —	開幕(かいまく) 개막　　銀幕(ぎんまく) 은막
의미 무대의 막 연극의 한 단락 막부	幕末(ばくまつ)を舞台(ぶたい)にした小説(しょうせつ)を読(よ)む。 막부 말기를 무대로 한 소설을 읽는다. 彼(かれ)は銀幕(ぎんまく)のスータだ。 그는 은막의 스타다.

末

5획 木
小4 N2

음독 まつ·ばつ	末期(まっき) 말기　　結末(けつまつ) 결말
훈독 すえ	粗末(そまつ) 변변치 못함　　場末(ばすえ) 변두리
의미 끝 최후 중요하지 않다	彼(かれ)は昭和(しょうわ)末期(まっき)に生(う)まれた。 그는 쇼와 말기에 태어났다. 食(た)べ物(もの)を粗末(そまつ)にするな。 음식을 소홀히 하지 말아라

万

3획 一
小2 N5

음독 まん·ばん	万一(まんいち) 만일　　万歳(ばんざい) 만세
훈독 —	万能(ばんのう) 만능　　千万(せんまん) 천만
의미 천의 열 배 수가 많다 전부·전체	万一(まんいち)の場合(ばあい)を備(そな)える。 만일의 경우를 대비하다. 彼(かれ)はスポーツが万能(ばんのう)だ。 그는 스포츠가 만능이다.

満

12획 氵
小4 N2

음독 まん	満員(まんいん) 만원	満足(まんぞく) 만족
훈독 みちる·みたす	充満(じゅうまん) 충만·가득함	肥満(ひまん) 비만
의미	今(いま)の生活(せいかつ)に満足(まんぞく)している。	
	지금 생활에 만족하고 있다.	
가득차다	部屋(へや)にガスが充満(じゅうまん)する。	
풍족하다	방에 가스가 가득하다.	

未

5획 木
小4 N2

음독 み	未開(みかい) 미개	未熟(みじゅく) 미숙
훈독 —	未知(みち) 미지	未来(みらい) 미래
의미	未開(みかい)の土地(とち)を開発(かいはつ)する。	
	미개의 토지를 개발하다	
아직·부정하는 말	未来(みらい)を予測(よそく)するのは難(むずか)しい。	
십이지의 여덟째·양	미래를 예측하는 것은 어렵다.	

味

8획 口
小3 N3

음독 み	味覚(みかく) 미각	味噌(みそ) 된장
훈독 あじ·あじわう	興味(きょうみ) 흥미	地味(じみ) 검소함
의미	冬(ふゆ)の味覚(みかく)と言(い)えばカニである。	
맛	겨울 미각은 게이다	
정취·재미·흥미	音楽(おんがく)に興味(きょうみ)がある。	
맛보다·음미하다	음악에 흥미가 있다.	

密

11획 宀
小6 N1

음독 みつ	密接(みっせつ) 밀접	密輸(みつゆ) 밀수
훈독 —	厳密(げんみつ) 엄밀	親密(しんみつ) 친밀
의미	密接(みっせつ)なかかわりを持(も)つ。	
비밀의	밀접한 관계를 맺다.	
촘촘함	報告書(ほうこくしょ)を厳密(げんみつ)にチェックする。	
세밀함	보고서를 엄밀하게 체크하다.	

脈

10획 月
小4 N1

음독 みゃく	脈拍(みゃくはく) 맥박　脈絡(みゃくらく) 맥락
훈독 —	山脈(さんみゃく) 산맥　文脈(ぶんみゃく) 문맥
의미	脈拍(みゃくはく)を測定(そくてい)する。
혈관	맥박을 측정하다.
길게 이어져 있는 것	脈絡(みゃくらく)のない文章(ぶんしょう)を読(よ)む。
조리·순서	맥락이 없는 문장을 읽다.

民

5획 氏
小4 N3

음독 みん	民主(みんしゅ) 민주　民族(みんぞく) 민족
훈독 たみ	移民(いみん) 이민　住民(じゅうみん) 주민
의미	民族学(みんぞくがく)に興味(きょうみ)を持(も)つ。
	민족학에 흥미를 갖다.
일반 사람	住民(じゅうみん)の代表(だいひょう)と話(はな)し合(あ)う。
사람	주민 대표와 이야기를 나누다.

務

11획 力
小5 N2

음독 む	義務(ぎむ) 의무　勤務(きんむ) 근무
훈독 つとめる·つとまる	事務(じむ) 사무　職務(しょくむ) 직무
의미	質問(しつもん)に答(こた)える義務(ぎむ)がある。
	질문에 대답할 의무가 있다.
노력하다·힘쓰다	食品会社(しょくひんがいしゃ)に勤務(きんむ)する。
직책·맡은 일	식품회사에 근무하다.

無

12획 火
小4 N2

음독 む·ぶ	無口(むくち) 말수가 없음　無事(ぶじ) 무사
훈독 ない	有無(うむ) 유무　虚無(きょむ) 허무
의미	彼(かれ)は無口(むくち)な男(おとこ)だ。
없음	그는 과묵한 남자다.
부정·금지를	虚無(きょむ)な思想(しそう)を持(も)つ。
나타내는 말	허무한 사상을 갖다.

夢

13획 夕
小3 N2

음독 む 훈독 ゆめ	夢想(むそう) 몽상　夢中(むちゅう) 열중함 悪夢(あくむ) 악몽　夢物語(ゆめものがたり) 꿈 이야기
의미 꿈 현실이 아닌 것 헤맴	夢中(むちゅう)でしゃべる。 정신없이 말하다. 悪夢(あくむ)にうなされる。 악몽에 시달리어 신음하다.

名

6획 口
小1 N5

음독 めい·みょう 훈독 な	名声(めいせい) 명성　名前(なまえ) 이름 有名(ゆうめい) 유명　本名(ほんみょう) 본명
의미 이름 유명하다 사람 수를 세는 말	地位(ちい)や名声(めいせい)に憧(あこが)れる。 지위나 명성을 동경하다. 彼女(かのじょ)は有名(ゆうめい)な詩人(しじん)だ。 그녀는 유명한 시인이다.

命

8획 口
小3 N2

음독 めい·みょう 훈독 いのち	命名(めいめい) 명명　命令(めいれい) 명령 生命(せいめい) 생명　寿命(しゅみょう) 수명
의미 명령하다 생명 운명	彼(かれ)の命令(めいれい)には背(そむ)けない。 그의 명령에는 거역할 수 없다. 生命(せいめい)の危険(きけん)はありません。 생명의 위험은 없습니다.

明

8획 日
小2 N3

음독 めい·みょう 훈독 あかり·あかるい あきらか·あける	明確(めいかく) 명확　明晩(みょうばん) 내일 밤 照明(しょうめい) 조명　鮮明(せんめい) 선명
의미 밝다·밝히다 명확히 날이 새다	明確(めいかく)に判断(はんだん)する。 명확하게 판단하다. 部屋(へや)の照明(しょうめい)を明(あか)るくする。 방 조명을 밝게 하다.

迷

9획 辶
小3 N2

음독 めい	迷宮(めいきゅう) 미궁　迷惑(めいわく) 폐
훈독 まよう	混迷(こんめい) 혼미　低迷(ていめい) 저미
의미	事件(じけん)が迷宮(めいきゅう)入(い)りする。
헤매다	사건이 미궁에 빠지다.
현혹시키다	他人(たにん)に迷惑(めいわく)を掛(か)けるな。
진묘한	타인에게 폐를 끼치지 마라.

盟

13획 皿
小3 N1

음독 めい	盟主(めいしゅ) 맹주　盟邦(めいほう) 맹방
훈독 —	加盟(かめい) 가맹　連盟(れんめい) 연맹
의미	盟邦(めいほう)との友好(ゆうこう)を深(ふか)める。
	맹방과의 우호를 깊게 하다.
굳게 약속하다	国際連盟(こくさいれんめい)を脱退(だったい)する。
동맹	국제 연맹을 탈퇴하다.

鳴

14획 鳥
小3 N2

음독 めい	鳴動(めいどう) 크게 울리어 움직임　鳴き声(なきごえ) (새 등의)울음소리
훈독 なく·なる·ならす	悲鳴(ひめい) 비명　雷鳴(らいめい) 천둥소리
의미	うぐいすの鳴(な)き声(ごえ)に耳(みみ)を傾(かたむ)ける。
새가 울다	휘파람새의 울음소리에 귀를 기울이다.
소리가 나다	女(おんな)の人(ひと)の悲鳴(ひめい)を聞(き)く。
소리를 내다	여인의 비명을 듣다.

面

9획 面
小3 N2

음독 めん	面接(めんせつ) 면접　対面(たいめん) 대면
훈독 おも·おもて·つら	面影(おもかげ) 모습　鼻面(はなづら) 콧등
의미	二次(にじ)試験(しけん)は面接(めんせつ)だ。
얼굴	2차시험은 면접이다.
탈	父(ちち)に似(に)た面影(おもかげ)。
표면	아버지를 닮은 모습.

綿

14획 糸
小3 N2

음독 めん	綿花(めんか) 면화　綿密(めんみつ) 면밀
훈독 わた	石綿(せきめん) 석면　真綿(まわた) 풀솜

의미	예문
면 길게 이어지다 상세하다	綿密(めんみつ)な計画(けいかく)を立(た)てる。 면밀한 계획을 세우다. 木綿(もめん)のシャツを愛用(あいよう)する。 목면 샤츠를 애용하다.

模

14획 木
小6 N1

음독 も・ぼ	模索(もさく) 모색　模擬(もぎ) 모의
훈독 —	模範(もはん) 모범　規模(きぼ) 규모

의미	예문
본보기 모방하다 모양	模擬(もぎ)テストを受(う)ける。 모의 테스트를 보다. 大規模(だいきぼ)な工事(こうじ)が始(はじ)まる。 대규모 공사가 시작되다.

毛

4획 毛
小2 N2

음독 もう	毛髪(もうはつ) 모발　毛糸(けいと) 털실
훈독 け	毛穴(けあな) 모공　不毛(ふもう) 불모

의미	예문
머리카락 머리카락처럼 가늘다 작물 재배	毛糸(けいと)でセーターを編(あ)む。 털실로 스웨터를 짜다. 砂漠(さばく)は不毛(ふもう)の地(ち)と言(い)われる。 사막은 불모지라 한다.

目

5획 目
小1 N5

음독 もく	目標(もくひょう) 목표　目撃(もくげき) 목격
훈독 め·ま	注目(ちゅうもく) 주목　役目(やくめ) 임무

의미	예문
눈 보다 중요한 곳 목차	交通事故(こうつうじこ)を目撃(もくげき)する。 교통사고를 목격하다. 役目(やくめ)を果(は)たす。 임무를 다하다.

門

8획 門

小2 N3

음독 もん	門限(もんげん) 폐문 시간　門出(かどで) 집을 나섬
훈독 かど	入門(にゅうもん) 입문　専門(せんもん) 전문
의미	門限(もんげん)は十時(じゅうじ)です。
출입구	폐문 시간은 열시입니다.
가문	彼(かれ)の専門(せんもん)は物理学(ぶつりがく)だ。
동문	그의 전문은 물리학이다.

問

11획 口

小3 N3

음독 もん	問題(もんだい) 문제　問屋(とんや) 도매상
훈독 とう·とい	学問(がくもん) 학문　慰問(いもん) 위문
의미	この問題(もんだい)はとても難(むずか)しい。
물어 밝히다.	이 문제는 매우 어렵다.
방문하다	老人(ろうじん)ホームを慰問(いもん)する。
문안하다	양로원을 위문하다.

夜

8획 夕

小2 N3

음독 や	夜空(よぞら) 밤하늘　夜中(よなか) 한밤중
훈독 よ·よる	深夜(しんや) 심야　徹夜(てつや) 철야
의미	夜空(よぞら)に無数(むすう)の星(ほし)が見(み)える。
	밤하늘에 무수한 별이 보인다.
밤	徹夜(てつや)で仕事(しごと)をする。
	철야로 일을 하다.

野

11획 里

小2 N3

음독 や	野外(やがい) 야외　野原(のはら) 들판
훈독 の	在野(ざいや) 재야　分野(ぶんや) 분야
의미	野外(やがい)コンサートを開(ひら)く。
들	야외 콘서트를 열다.
세련되지 않다	退職(たいしょく)して在野(ざいや)の身(み)となる。
민간	퇴직하고 재야의 몸이 되다.

役

7획 彳
小3 N2

음독 やく·えき	役所(やくしょ) 관청　役員(やくいん) 임원
훈독 —	主役(しゅやく) 주역　現役(げんえき) 현역

의미	会社(かいしゃ)の役員(やくいん)になる。
임무	회사의 임원이 되다.
역할	現役(げんえき)で大学(だいがく)に合格(ごうかく)する。
일을 시키다	현역으로 대학에 합격하다.

約

9획 糸
小4 N2

음독 やく	約定(やくじょう) 규정　約束(やくそく) 약속
훈독 —	契約(けいやく) 계약　要約(ようやく) 요약

의미	約定書(やくじょうしょ)を交(か)わす。
약정	약정서를 교환하다.
줄이다	小説(しょうせつ)を要約(ようやく)して話(はな)す。
대강	소설을 요약하여 이야기하다.

訳

11획 言
小6 N1

음독 やく	訳語(やくご) 역어　訳者(やくしゃ) 역자
훈독 わけ	通訳(つうやく) 통역　内訳(うちわけ) 내역

의미	この本(ほん)の訳者(やくしゃ)は誰(だれ)ですか。
	이 책의 역자는 누구입니까?
다른 언어로 바꾸다	費用(ひよう)の内訳(うちわけ)を説明(せつめい)する。
의미·이유	비용의 내역을 설명하다.

薬

16획 艹
小3 N3

음독 やく	薬局(やっきょく) 약국　薬指(くすりゆび) 약지
훈독 くすり	医薬(いやく) 의약　火薬(かやく) 화약

의미	薬局(やっきょく)で目薬(めぐすり)を買(か)う。
약	약국에서 눈약을 사다.
화학 변화를	火薬(かやく)が爆発(ばくはつ)する。
일으키게 하는 재료	화약이 폭발하다.

由

5획 田
小3 N2

음독 ゆ·ゆう
훈독 よし

由縁(ゆえん) 까닭　由緒(ゆいしょ) 유서
理由(りゆう) 이유　自由(じゆう) 자유

의미
의거하다
유래
경유하다

由緒(ゆいしょ)ある神社(じんじゃ)だ。
유서있는 신사다.
けんかの理由(りゆう)を尋(たず)ねる。
싸움의 이유를 묻다.

油

8획 氵
小3 N2

음독 ゆ
훈독 あぶら

油断(ゆだん) 방심　油絵(あぶらえ) 유화
肝油(かんゆ) 간유　石油(せきゆ) 석유

의미

油断(ゆだん)は禁物(きんもつ)だ。
방심은 금물이다.

기름

肝油(かんゆ)を飲(の)む。
간유를 먹다.

輸

16획 車
小5 N3

음독 ゆ
훈독 —

輸血(ゆけつ) 수혈　輸出(ゆしゅつ) 수출
運輸(うんゆ) 운수　空輸(くうゆ) 공수

의미

自動車(じどうしゃ)を輸出(ゆしゅつ)する。
자동차를 수출하다.

운반하다
보내다

ハワイから果物(くだもの)を空輸(くうゆ)する。
하와이에서 과일을 공수하다.

友

4획 又
小2 N5

음독 ゆう
훈독 とも

友情(ゆうじょう) 우정　友好(ゆうこう) 우호
交友(こうゆう) 교우　親友(しんゆう) 친우

의미

中国(ちゅうごく)との友好条約(ゆうこうじょうやく)を結(むす)ぶ。
중국과의 우호 조약을 맺다.

친구
친구로서의 친밀감

彼女(かのじょ)は一番(いちばん)の親友(しんゆう)だ。
그녀는 가장 친한 친구다.

有

6획 月

小3 N3

음독 ゆう·ゆ	有益(ゆうえき) 유익	有害(ゆうがい) 유해·해로움
훈독 ある	特有(とくゆう) 특유	所有(しょゆう) 소유
의미	タバコは体(からだ)に有害(ゆうがい)だ。	
	담배는 몸에 해롭다.	
있다	特有(とくゆう)の香(かお)りが有(あ)る。	
가지고 있다	특유의 향기가 있다.	

勇

9획 力

小4 N4

음독 ゆう	勇敢(ゆうかん) 용감	勇気(ゆうき) 용기
훈독 いさむ	義勇(ぎゆう) 의용	武勇(ぶゆう) 무용
의미	彼(かれ)は勇気(ゆうき)のある人(ひと)だ。	
	그는 용기가 있는 사람이다.	
용감하다	義勇軍(ぎゆうぐん)に志願(しがん)する。	
결단성이 있다	의용군에 지원하다.	

郵

11획 邑

小6 N2

음독 ゆう	郵政(ゆうせい) 우정	郵送(ゆうそう) 우송
훈독 —	郵船(ゆうせん) 우편선	郵便(ゆうびん) 우편
의미	息子(むすこ)に小包(こづつみ)を郵送(ゆうそう)する。	
우편	아들에게 소포를 우송하다.	
편지나 소포를	郵便局(ゆうびんきょく)で切手(きって)を買(か)った。	
운송하는 제도	우체국에서 우표를 사다.	

遊

12획 辶

小3 N2

음독 ゆう·ゆ	外遊(がいゆう) 외유	遊覧(ゆうらん) 유람
훈독 あそぶ	周遊(しゅうゆう) 주유	浮遊(ふゆう) 부유
의미	首相(しゅしょう)は外遊中(がいゆうちゅう)です。	
놀다	수상은 외유중입니다.	
여행하다	世界(せかい)を周遊(しゅうゆう)する。	
여기저기 움직이다	세계를 주유하다.	

優	음독 ゆう 훈독 やさしい·すぐれる	優秀(ゆうしゅう) 우수　優先(ゆうせん) 우선 声優(せいゆう) 성우　俳優(はいゆう) 배우
17획 亻 小6 N2	의미 상냥하다 뛰어나다 배우	優秀(ゆうしゅう)な成績(せいせき)で卒業(そつぎょう)する。 우수한 성적으로 졸업하다. 俳優(はいゆう)の演技(えんぎ)に感動(かんどう)する。 배우의 연기에 감동하다.

予	음독 よ 훈독 —	予感(よかん) 예감　予報(よほう) 예보 予約(よやく) 예약　猶予(ゆうよ) 유예
4획 亅 小3 N2	의미 나 미리	いやな予感(よかん)がする。 싫은 예감이 들다. 座席(ざせき)の予約(よやく)をする。 좌석 예약을 하다.

余	음독 よ 훈독 あまる·あまりほか	余地(よち) 여지　余裕(よゆう) 여유 残余(ざんよ) 잔여　剰余(じょうよ) 잉여
7획 人 小5 N2	의미 나 남다 ~남짓 그 밖	疑(うたが)いの余地(よち)もない。 의심의 여지도 없다. 剰余金(じょうよきん)を渡(わた)す。 잉여금을 내주다.

預	음독 よ 훈독 あずける·あずかる	預金(よきん) 예금　預言(よげん) 예언 預託(よたく) 예탁　預(あず)かり状(じょう) 보관증
13획 頁 小5 N2	의미 맡기다 미리	郵便局(ゆうびんきょく)で定期預金(ていきよきん)を解約(かいやく)する。 우체국에서 정기 예금을 해약하다. 預(あず)かり状(じょう)を書(か)いておきます。 보관증을 써 둡니다.

幼

5획 幺
小6 N2

음독 よう	幼児(ようじ) 유아　幼稚(ようち) 유치
훈독 おさない	幼心(おさなごころ) 동심　長幼(ちょうよう) 장유
의미	弟(おとうと)は幼稚園(ようちえん)に通(かよ)っている。
	동생은 유치원에 다니고 있다.
어리다	長幼(ちょうよう)の序(じょ)に従(したが)う。
미숙하다	장유유서에 따르다.

用

5획 用
小2 N3

음독 よう	用意(ようい) 준비　用件(ようけん) 용건
훈독 もちいる	作用(さよう) 작용　利用(りよう) 이용
의미	旅行(りょこう)の用意(ようい)をする。
사용하다	여행 준비를 하다.
일	学生(がくせい)食堂(しょくどう)を利用(りよう)する。
쓸모	학생 식당을 이용하다.

羊

6획 羊
小3 N1

음독 よう	羊皮紙(ようひし) 양피지　羊毛(ようもう) 양모
훈독 ひつじ	牧羊(ぼくよう) 양을 기름　綿羊(めんよう) 면양
의미	オーストラリアから羊毛(ようもう)を輸入(ゆにゅう)する。
	호주에서 양모를 수입하다.
양	綿羊(めんよう)の毛(け)で作(つく)ったシャツは保温(ほおん)が良(よ)い。
	면양 털로 만든 셔츠는 보온이 좋다.

洋

9획 氵
小3 N3

음독 よう	洋風(ようふう) 서양풍　洋服(ようふく) 양복
훈독 —	遠洋(えんよう) 원양　東洋(とうよう) 동양
의미	洋風(ようふう)の建物(たてもの)を設計(せっけい)する。
큰 바다	서양풍의 건물을 설계하다.
서양	西洋(せいよう)と東洋(とうよう)を比較(ひかく)する。
크고 넓다	서양과 동양을 비교하다.

要

9획 襾

小4 N2

음독 よう	要求(ようきゅう) 요구　　要約(ようやく) 요약
훈독 かなめ·いる	主要(しゅよう) 주요　　必要(ひつよう) 필요
의미	賃上(ちんあ)げを要求(ようきゅう)する。
중요한 부분	임금 인상을 요구하다.
요점	主要(しゅよう)メンバーを選(えら)ぶ。
요구하다	주요 멤버를 뽑다.

容

10획 宀

小5 N2

음독 よう	容易(ようい) 용이　　容赦(ようしゃ) 용서
훈독 —	許容(きょよう) 허용　　内容(ないよう) 내용
의미	容易(ようい)に解決(かいけつ)する。
넣다	용이하게 해결하다.
허용하다	許容範囲(きょようはんい)を超(こ)える。
모양·형태	허용 범위를 넘다.

葉

12획 艹

小3 N2

음독 よう	葉脈(ようみゃく) 엽맥　　葉書(はがき) 엽서
훈독 は	枝葉(しよう) 지엽　　言葉(ことば) 말
의미	旅先(たびさき)から葉書(はがき)を出(だ)す。
식물의 잎	여행지에서 엽서를 보내다.
얇고 평평한 것	言葉(ことば)を濁(にご)す。
시대	말을 얼버무리다.

陽

12획 阜

小3 N2

음독 よう	陽気(ようき) 명랑함　　陽極(ようきょく) 양극
훈독 —	斜陽(しゃよう) 사양　　太陽(たいよう) 태양
의미	陽気(ようき)な歌(うた)を歌(うた)う。
태양	명랑한 노래를 부르다.
표면	地球(ちきゅう)は太陽(たいよう)の周(まわ)りを回(まわ)っている。
적극적인 성향	지구는 태양의 주위를 돌고 있다.

様

14획 木
小3 N2

음독 よう 훈독 さま	様子(ようす) 모습　様相(ようそう) 양상 仕様(しよう) 방법　奥様(おくさま) 부인
의미 모양·형태 일정한 형식 무늬	彼(かれ)の様子(ようす)がおかしい。 그의 모습이 이상하다. どうにも仕様(しよう)がない。 아무리 해도 어쩔 도리가 없다.

養

15획 食
小4 N1

음독 よう 훈독 やしなう	養育(よういく) 양육　養成(ようせい) 양성 栄養(えいよう) 영양　教養(きょうよう) 교양
의미 기르다 마음을 풍부하게 하다 양자로 기른	技術者(ぎじゅつしゃ)を養成(ようせい)する。 기술자를 양성하다. 栄養(えいよう)のバランスに気(き)を付(つ)ける。 영양의 균형에 주의하다.

曜

18획 日
小2 N3

음독 よう 훈독 —	曜日(ようび) 요일　火曜(かよう) 화요일 土曜(どよう) 토요일　日曜(にちよう) 일요일
의미 빛나다 요일	曜日(ようび)の感覚(かんかく)がない。 요일 감각이 없다. 五月(ごがつ)の第二日曜(だいににちよう)は母(はは)の日(ひ)だ。 5월의 두 번째 일요일은 어머니 날이다.

浴

10획 氵
小4 N2

음독 よく 훈독 あびる·あびせる	浴室(よくしつ) 욕실　浴衣(ゆかた) 유카타 混浴(こんよく) 혼욕　日光浴(にっこうよく) 일광욕
의미 목욕하다 햇볕 등을 쬐다 물에 몸을 담그다 은혜를 입다	浴室(よくしつ)の修理(しゅうり)をする。 욕실 수리를 하다. 庭(にわ)で日光浴(にっこうよく)をする。 정원에서 일광욕을 하다.

欲

11획 欠
小6 N2

음독 よく	欲張り(よくば) 욕심쟁이　欲望(よくぼう) 욕망
훈독 ほっする·ほしい	私欲(しよく) 사욕　物欲(ぶつよく) 물욕
의미	人間(にんげん)の欲望(よくぼう)は切(き)りがない。 인간의 욕망은 한이 없다.
욕심 원하다	物欲(ぶつよく)が強(つよ)い。 물욕이 강하다.

翌

11획 羽
小6 N2

음독 よく	翌週(よくしゅう) 다음주　翌朝(よくあさ) 다음날 아침
훈독 —	翌年(よくとし) 다음 해　翌晩(よくばん) 다음날 밤
의미	翌週(よくしゅう)の計画(けいかく)を立(た)てる。 다음 주의 계획을 세우다.
(달력 상) 다음의	翌朝(よくあさ)はできるだけ早(はや)く出発(しゅっぱつ)したい。 다음날 아침은 될 수 있는 대로 빨리 출발하고 싶다.

来

7획 木
小2 N5

음독 らい	来客(らいきゃく) 내객　来年(らいねん) 내년
훈독 くる·きたる·きたす	往来(おうらい) 왕래　由来(ゆらい) 유래
의미 오다	今日(きょう)は来客(らいきゃく)が多(おお)い。 오늘은 내방객이 많다.
다가오다 이후	車(くるま)の往来(おうらい)が激(はげ)しい。 차 왕래가 빈번하다.

落

12획 艹
小3 N2

음독 らく	落着(らくちゃく) 낙착　落選(らくせん) 낙선
훈독 おりる·おとす	下落(げらく) 하락　段落(だんらく) 단락
의미 떨어지다	惜(お)しくも落選(らくせん)した。 애석하게도 낙선했다.
끝나다 마을	段落(だんらく)ごとに要約(ようやく)する。 단락마다 요약하다.

乱

7획 乙
小6 N2

음독 らん	乱雑(らんざつ) 난잡	乱(みだ)れ髪(がみ) 난발
훈독 みだれる·みだす	混乱(こんらん) 혼란	騒乱(そうらん) 소란

의미	예문
흐트러지다	机(つくえ)が乱雑(らんざつ)に並(なら)べられている。 책상이 난잡하게 늘어져 있다.
소동 마구	会場(かいじょう)が混乱(こんらん)する。 회장이 혼란하다.

卵

7획 卩
小6 N2

음독 らん	卵黄(らんおう) 난황	卵子(らんし) 난자
훈독 たまご	魚卵(ぎょらん) 어란	産卵(さんらん) 산란

의미	예문
	卵黄(らんおう)と卵白(らんぱく)を別々(べつべつ)にする。 노른자와 흰자를 분리하다.
달걀	サケは川(かわ)で産卵(さんらん)する。 연어는 강에서 산란한다.

覧

17획 見
小6 N1

음독 らん	閲覧(えつらん) 열람	観覧(かんらん) 관람
훈독 —	展覧(てんらん) 전람	便覧(びんらん) 편람

의미	예문
	展覧会(てんらんかい)に出品(しゅっぴん)する。 전람회에 출품하다.
보다 간단명료하게 정리한 것	学生便覧(がくせいびんらん)を配(くば)る。 학생 편람을 배부하다.

利

7획 刀
小4 N2

음독 り	利益(りえき) 이익	利用(りよう) 이용
훈독 きく	権利(けんり) 권리	便利(べんり) 편리

의미	예문
도움이 되다	利益(りえき)が少(すく)ない。 이익이 적다.
이익 잘 들다·날카롭다	権利(けんり)を主張(しゅちょう)する。 권리를 주장하다.

里

7획 里
小2 N1

음독 り 훈독 さと	里程(りてい) 이정 海里(かいり) 해리	里親(さとおや) 양부모 郷里(きょうり) 향리

의미 마을 거리의 단위	海上(かいじょう)の里程(りてい)の単位(たんい)は海里(かいり)を用(もち)いる。 해상의 이정 단위는 해리를 사용한다. 郷里(きょうり)は岡山(おかやま)です。 고향은 오카야마입니다.

理

11획 ⺩
小2 N3

음독 り 훈독 —	理解(りかい) 이해 合理(ごうり) 합리	理想(りそう) 이상 整理(せいり) 정리

의미 정리하다·다스리다 사리·이치·도리 깨닫다	事情(じじょう)を理解(りかい)する。 사정을 이해하다. 事務(じむ)を合理化(ごうりか)する。 사무를 합리화하다.

裏

13획 衣
小6 N2

음독 り 훈독 うら	裏面(りめん) 이면 脳裏(のうり) 뇌리	裏口(うらぐち) 뒷문 表裏(ひょうり) 표리

의미 뒷면 안쪽 그 상태 속에서	社会(しゃかい)の裏面(りめん)を探(さぐ)る。 사회의 이면을 살피다. 彼(かれ)は表裏(ひょうり)のない人(ひと)だ。 그는 겉과 속이 같은 사람이다.

陸

11획 阜
小4 N2

음독 りく 훈독 —	陸地(りくち) 육지 上陸(じょうりく) 상륙	陸橋(りっきょう) 육교 着陸(ちゃくりく) 착륙

의미 육지	遠(とお)くに陸地(りくち)が見(み)える。 멀리 육지가 보인다. 無人島(むじんとう)に上陸(じょうりく)する。 무인도에 상륙하다.

立

5획 日
小1 N5

음독 りつ·りゅう 훈독 たつ·たてる	立証(りっしょう) 입증　立場(たちば) 입장 創立(そうりつ) 창립　建立(こんりゅう) 건립
의미 서다·세우다 성립시키다	無実(むじつ)を立証(りっしょう)する。 무고함을 입증하다. 寺(てら)を建立(こんりゅう)する。 절을 건립하다.

律

9획 彳
小6 N2

음독 りつ·りち 훈독 —	律動(りつどう) 율동　律令(りつりょう) 율령 規律(きりつ) 규율　旋律(せんりつ) 선율
의미 법칙·규칙 음악의 가락	律令制(りつりょうせい)を確立(かくりつ)する。 율령제를 확립하다. 美(うつく)しい旋律(せんりつ)が流(なが)れて来(き)た。 아름다운 선율이 흘러왔다.

略

11획 田
小5 N2

음독 りゃく 훈독 —	略語(りゃくご) 약어　略奪(りゃくだつ) 약탈 計略(けいりゃく) 계략　省略(しょうりゃく) 생략
의미 계략 줄이다·간략하게 하다 노략질하다	財宝(ざいほう)を略奪(りゃくだつ)する。 재산과 보물을 약탈하다. 挨拶(あいさつ)は省略(しょうりゃく)します。 인사는 생략합니다.

流

10획 氵
小3 N2

음독 りゅう·る 훈독 ながれる·ながす	流行(りゅうこう) 유행　流布(るふ) 유포 主流(しゅりゅう) 주류　上流(じょうりゅう) 상류
의미 널리 퍼지다 흐르다 흐름 방식	若者(わかもの)は流行(りゅうこう)に敏感(びんかん)だ。 젊은 사람은 유행에 민감하다. 上流(じょうりゅう)に向(む)かってボートを漕(こ)ぐ。 상류로 향하여 보트를 젓다.

留		
	음독 りゅう·る	留意(りゅうい) 유의　　留守(るす) 부재중
	훈독 とめる·とまる	保留(ほりゅう) 유보　　書留(かきとめ) 등기 우편
	의미	この点(てん)に留意(りゅうい)してください。
		이 점에 유의해 주세요.
10획 田	붙들어 두다	重要書類(じゅうようしょるい)を書留(かきとめ)で送(おく)る。
小5 N2	그곳에 그대로 있다	중요서류를 등기 우편으로 보내다.

旅		
	음독 りょ	旅行(りょこう) 여행　　旅人(たびびと) 여행자
	훈독 たび	行旅(こうりょ) 여행·여행지　　船旅(ふなたび) 배 여행
	의미	海外旅行(かいがいりょこう)に出発(しゅっぱつ)する。
	여행	해외여행을 출발하다.
10획 方	여행하다	一週間(いっしゅうかん)の船旅(ふなたび)を楽(たの)しむ。
小3 N3	여행자	일주간의 선박여행을 즐기다.

両		
	음독 りょう	両替(りょうがえ) 환전　　両親(りょうしん) 양친
	훈독 —	一両(いちりょう) 한냥　　車両(しゃりょう) 차량
	의미	千円札(せんえんさつ)を百円玉(ひゃくえんだま)に両替(りょうがえ)する。
	양쪽·둘	천엔 지폐를 백 엔 동전으로 바꾸다.
6획 一	차량을 세는 말	車両(しゃりょう)の整備(せいび)をする。
小3 N2	옛날 돈의 단위	차량 정비를 하다.

良		
	음독 りょう	良識(りょうしき) 양식　　良心(りょうしん) 양심
	훈독 よい	改良(かいりょう) 개량　　不良(ふりょう) 불량
	의미	良識(りょうしき)のある行動(こうどう)を取(と)る。
	좋음·훌륭함	양식 있는 행동을 취하다.
7획 良	4단계의 성적평가에서 두 번째	不良品(ふりょうひん)を交換(こうかん)する。
小4 N2	약간·다소	불량품을 교환하다.

料		
	음독 りょう	料金(りょうきん) 요금　料簡(りょうけん) 생각
	훈독 —	給料(きゅうりょう) 급료　資料(しりょう) 자료
	의미	公共料金(こうきょうりょうきん)が値上(ねあ)がりする。
	생각하다·계산하다	공공요금이 오르다.
10획 斗	재료	社員(しゃいん)に給料(きゅうりょう)を払(はら)う。
小4 N3	대금	사원에게 급료를 지불하다.

量		
	음독 りょう	量産(りょうさん) 양산　量子(りょうし) 양자(물리 에너지 최소량 단위)
	훈독 はかる	器量(きりょう) 기량　計量(けいりょう) 계량
	의미	量子力学(りょうしりきがく)を勉強(べんきょう)する。
	계량하다·헤아리다	양자 역학을 공부하다.
12획 里	부피·중량	計量(けいりょう)カップで水(みず)を注(そそ)ぐ。
小4 N2	마음·능력의 크기	계량 컵으로 물을 붓다.

領		
	음독 りょう	領域(りょういき) 영역　領収(りょうしゅう) 영수
	훈독 —	占領(せんりょう) 점령　横領(おうりょう) 횡령
	의미	領収書(りょうしゅうしょ)をもらう。
	지배하다	영수증을 받다.
14획 頁	중요한 곳	公金(こうきん)を横領(おうりょう)する。
小5 N2	받다	공금을 횡령하다.

力		
	음독 りょく·りき	力作(りきさく) 역작　力説(りきせつ) 역설
	훈독 ちから	実力(じつりょく) 실력　底力(そこぢから) 저력
	의미	この絵(え)はなかなかの力作(りきさく)だ。
	힘	이 그림은 상당한 역작이다.
2획 力	힘쓰다	彼女(かのじょ)の底力(そこぢから)はたいしたものだ。
小1 N3	작동·활동·작용	그녀의 저력은 대단하다.

緑

14획 糸

小3 N2

음독 りょく·ろく

훈독 みどり

緑地(りょくち) 녹지　緑茶(りょくちゃ) 녹차

新緑(しんりょく) 신록　葉緑素(ようりょくそ) 엽록소

의미

초록

都市(とし)では緑地(りょくち)が少(すく)ない。

도시에서는 녹지가 적다.

野山(のやま)が新緑(しんりょく)に包(つつ)まれる。

야산이 신록에 둘러싸여 있다.

林

8획 林

小1 N3

음독 りん

훈독 はやし

林業(りんぎょう) 임업　林道(りんどう) 임도

植林(しょくりん) 조림(숲을 조성)　松林(まつばやし) 송림

의미

수풀

사물의 집합

この村(むら)では林業(りんぎょう)が盛(さか)んだ。

이 마을에서는 임업이 번성하다.

植林(しょくりん)に力(ちから)を入(い)れる。

숲을 조성하는 데 힘을 쏟다.

輪

15획 車

小4 N2

음독 りん

훈독 わ

輪郭(りんかく) 윤곽　輪読(りんどく) 윤독

年輪(ねんりん) 연륜　内輪(うちわ) 가정 내·집안

의미

차바퀴

돌다

둘레

計画(けいかく)の輪郭(りんかく)を説明(せつめい)する。

계획의 윤곽을 설명하다.

内輪(うちわ)でお祝(いわ)いをする。

내부 사람끼리 축하하다.

臨

18획 臣

小6 N1

음독 りん

훈독 のぞむ

臨時(りんじ) 임시　臨終(りんじゅう) 임종

君臨(くんりん) 군림　降臨(こうりん) 강림

의미

내려다보다

높은 사람이 오다

그 때가 되다

明日(あす)は臨時休業(りんじきゅうぎょう)にします。

내일은 임시 휴업합니다.

政界(せいかい)に君臨(くんりん)する。

정계에 군림하다.

類

18획 頁
小4 N2

음독 るい	類似(るいじ) 유사　類推(るいすい) 유추
훈독 たぐい	種類(しゅるい) 종류　親類(しんるい) 친척
의미 종류 생물의 분류 단위 비슷하다	類似品(るいじひん)にご注意(ちゅうい)ください。 유사품에 주의하세요. この店(みせ)は品物(しなもの)の種類(しゅるい)が豊富(ほうふ)だ。 이 가게는 물건 종류가 풍부하다.

令

5획 人
小4 N2

음독 れい	令嬢(れいじょう) 영애　令名(れいめい) 영명
훈독 —	指令(しれい) 지령　命令(めいれい) 명령
의미 명령 남의 가족을 높여 부르는 말 규정·법률 훌륭한	社長(しゃちょう)の令嬢(れいじょう)をお招(まね)きする。 사장의 영애를 초청하다. 隊長(たいちょう)の指令(しれい)に従(したが)う。 대장의 지령에 따르다.

礼

5획 ネ
小3 N2

음독 れい·らい	礼儀(れいぎ) 예의　礼讃(れいさん) 예찬
훈독 —	失礼(しつれい) 실례　謝礼(しゃれい) 사례
의미 예의 절 감사의 마음	彼(かれ)は礼儀(れいぎ)正(ただ)しい人(ひと)だ。 그는 예의 바른 사람이다. 失礼(しつれい)を詫(わ)びる。 실례를 사과하다.

冷

7획 冫
小4 N2

음독 れい	冷酷(れいこく) 냉혹　冷房(れいぼう) 냉방
훈독 つめたい·ひえる·ひやかす·さめる	寒冷(かんれい) 한랭　花冷(はなび)え 꽃샘추위
의미 차다 인정이 없다·쌀쌀맞다	部屋(へや)を冷房(れいぼう)する。 방을 냉방하다. 寒冷前線(かんれいぜんせん)が通過(つうか)する。 한랭 전선이 통과하다.

例

8획 亻

小4 N2

음독 れい	例外(れいがい) 예외　例題(れいだい) 예제
훈독 たとえる	慣例(かんれい) 관례　用例(ようれい) 용례

의미	例外(れいがい)は認(みと)めない。
관례	예외는 인정하지 않는다.
항상 같다	慣例(かんれい)に従(したが)う。
보기	관례에 따르다.

歴

14획 止

小4 N2

음독 れき	歴史(れきし) 역사　歴任(れきにん) 역임
훈독 —	経歴(けいれき) 경력　履歴(りれき) 이력

의미	姉(あね)は歴史(れきし)が得意(とくい)だ。
경과하다	언니·누나는 역사를 잘 한다.
계속하여	履歴書(りれきしょ)に学歴(がくれき)を記入(きにゅう)する。
뚜렷하다	이력서에 학력을 기입하다.

列

6획 刀

小3 N2

음독 れつ	列挙(れっきょ) 열거　列島(れっとう) 열도
훈독 —	行列(ぎょうれつ) 행렬　配列(はいれつ) 배열

의미	欠点(けってん)と長所(ちょうしょ)を列挙(れっきょ)する。
늘어서다	결점과 장점을 열거하다.
늘어놓다	行列(ぎょうれつ)を作(つく)って順番(じゅんばん)を待(ま)つ。
열·줄	행렬을 만들어 순번을 기다리다.

連

10획 辶

小4 N2

음독 れん	連結(れんけつ) 연결　連絡(れんらく) 연락
훈독 つらなる·つらねる つれる	関連(かんれん) 관련　常連(じょうれん) 단골손님

의미	列車(れっしゃ)が自動的(じどうてき)に連結(れんけつ)する。
줄지어 있다	열차가 자동적으로 연결되다.
계속하여	関連(かんれん)する資料(しりょう)を集(あつ)める。
한 패	관련된 자료를 모으다.

練	음독 れん 훈독 ねる	練習(れんしゅう) 연습　練乳(れんにゅう) 연유 訓練(くんれん) 훈련　洗練(せんれん) 세련
14획 糸 小3 N2	의미 단련하다·익히다 좋은 것을 가리다·고르다	イチゴに練乳(れんにゅう)を掛(か)ける。 딸기에 연유를 끼얹다. 洗練(せんれん)された服装(ふくそう)をする。 세련된 복장을 하다.

路	음독 ろ 훈독 じ	路地(ろじ) 노지　路面(ろめん) 노면 活路(かつろ) 활로　旅路(たびじ) 여로
13획 足 小6 N2	의미 길·도로 도리 중요한 지위	路面電車(ろめんでんしゃ)が廃止(はいし)された。 노면 전차가 폐지되었다. 活路(かつろ)を見出(みいだ)す。 활로를 찾아내다.

老	음독 ろう 훈독 おいる	老眼(ろうがん) 노안　老人(ろうじん) 노인 敬老(けいろう) 경로　養老(ようろう) 양로
6획 老 小4 N2	의미 나이들다 연장자 노련하다	老後(ろうご)の生活(せいかつ)が不安(ふあん)だ。 노후 생활이 불안하다. 敬老(けいろう)の日(ひ)に招(まね)かれた。 경로의 날에 초대되었다.

労	음독 ろう 훈독 —	労苦(ろうく) 노고　労働(ろうどう) 노동 慰労(いろう) 위로　苦労(くろう) 고생
7획 力 小4 N2	의미 일하다 피로하다 노고를 위로하다	労苦(ろうく)を惜(お)しまない。 노고를 아끼지 않는다. 社員(しゃいん)の慰労会(いろうかい)を開(ひら)く。 사원의 위로회를 열다.

朗

10획 月

小6 급수 외

음독 ろう	朗吟(ろうぎん) 소리높여 읊음 朗報(ろうほう) 낭보
훈독 ほがらか	清朗(せいろう) 청명 明朗(めいろう) 명랑
의미	優勝(ゆうしょう)の朗報(ろうほう)に喜(よろこ)ぶ。
	우승의 낭보에 기뻐하다.
명랑하다	彼女(かのじょ)は明朗(めいろう)な性格(せいかく)だ。
소리가 낭랑하다	그녀는 명랑한 성격이다.

六

4획 八

小1 N5

음독 ろく	六親(ろくしん) 육친 六腑(ろっぷ) 육부
훈독 む·むつ·むっつ むい	丈六(じょうろく) 16척 불상 双六(すごろく) 쌍륙
의미	五臓六腑(ごぞうろっぷ)にしみわたる。
	오장육부에 스며들다.
육	双六(すごろく)をして遊(あそ)ぶ。
	주사위 놀이를 하면서 놀다.

録

16획 金

小4 N2

음독 ろく	録音(ろくおん) 녹음 録画(ろくが) 녹화
훈독 —	記録(きろく) 기록 目録(もくろく) 목록
의미	発表会(はっぴょうかい)の歌(うた)を録音(ろくおん)する。
적다	발표회 노래를 녹음하다.
기록하다	記録(きろく)を更新(こうしん)する。
문서	기록을 갱신하다.

論

15획 言

小6 N2

음독 ろん	論議(ろんぎ) 논의 論旨(ろんし) 논지
훈독 —	結論(けつろん) 결론 口論(こうろん) 말다툼
의미	論旨(ろんし)がよくわからない。
사물의 이치를 말하다	논지를 잘 모르겠다.
의견	なかなか結論(けつろん)が出(で)ない。
논쟁하다·왈가왈부하다	좀처럼 결론이 나지 않는다.

和	음독 わ·お 훈독 やわらぐ·やわらげるなごむ·なごやか	和歌(わか) 와카 調和(ちょうわ) 조화	和解(わかい) 화해 平和(へいわ) 평화
8획 口 小3 N2	의미 온화하다 화목하다 둘 이상을 합치다 일본·일본어	誤解(ごかい)が解(と)けて和解(わかい)する。 오해가 풀려서 화해하다. 庭(にわ)と建物(たてもの)が見事(みごと)に調和(ちょうわ)している。 정원과 건물이 멋있게 조화되어 있다.	

話	음독 わ 훈독 はなす·はなし	話術(わじゅつ) 화술 電話(でんわ) 전화	話題(わだい) 화제 昔話(むかしばなし) 옛날 이야기
13획 言 小2 N5	의미 이야기하다 이야기	みんなの話題(わだい)になる。 모두의 화제가 되다. 電話(でんわ)で連絡(れんらく)する。 전화로 연락하다.	

제3부

일본어 상용한자

(교육한자 외)

亜

7획 二
中 급수 외

음독 あ
훈독 —

亜熱帯(あねったい) 아열대　亜細亜(あじあ) 아시아
欧亜(おうあ) 유럽과 아시아　東亜(とうあ) 동부아시아

의미
뒤를 잇다
적다
아시아의 준말

沖縄(おきなわ)は亜熱帯(あねったい)気候(きこう)の地域(ちいき)だ。
오키나와는 아열대 기후 지역이다.
第二次世界大戦(だいにじせかいたいせん)の前(まえ)まで欧亜(おうあ)国際(こくさい)連絡(れんらく)列車(れっしゃ)があった。
제2차 세계대전 전까지 구아국제연락열차가 있었다.

哀

9획 口
中 N1

음독 あい
훈독 あわれ·あわれむ

哀願(あいがん) 애원　哀悼(あいとう) 애도
傷哀(しょうあい) 상애　悲哀(ひあい) 비애

의미
슬프다
불쌍히 여기다
자비를 베풀다

遺族(いぞく)に哀悼(あいとう)の意(い)を表(ひょう)する。
유가족에게 애도의 뜻을 표하다.
人生(じんせい)の悲哀(ひあい)を感(かん)じる。
인생의 비애를 느끼다.

挨

10획 扌
中 급수 외

음독 あい
훈독 —

挨拶(あいさつ) 인사

의미
밀다
억누르다

先生(せんせい)に挨拶(あいさつ)する。
선생님께 인사하다.

曖

17획 日
中 급수 외

음독 あい
훈독 —

曖昧(あいまい) 애매

의미
어둡다
흐려지다

曖昧(あいまい)にぼかす。
애매하게 얼버무리다.

握		
	음독 あく 훈독 にぎる	握手 악수　握力 악력 掌握 장악　把握 파악
12획 扌 中 N1	의미 쥐다 잡다 손에 넣다	久しぶりに会った友人と握手をする。 오랜만에 만난 친구와 악수하다. 彼の演技はこの舞台を掌握した。 그의 연기는 이 무대를 장악했다.

扱		
	음독 ― 훈독 あつかう	扱い方 다루는 방법 取り扱い 취급
6획 扌 中 N1	의미 취급하다 처리하다 대접하다	パソコンの扱い方を習う。 컴퓨터 다루는 방법을 배우다. 取り扱いする商品をリストアップする。 취급상품을 리스트업하다.

宛		
	음독 ― 훈독 あてる	宛先 수신인의 주소　宛名 수신인 이름
8획 宀 中 N1	의미 보낼 곳 할당하다	宛先不明の手紙が来た。 수신인불명의 편지가 왔다. 雨に濡れて宛名が読み取れない。 비에 젖어서 수신인 이름을 알아볼 수 없다.

嵐		
	음독 ― 훈독 あらし	砂嵐 모래폭풍　雪嵐 눈폭풍
12획 山 中 N1	의미 태풍 폭풍우	雪嵐が起きて山に孤立された。 눈폭풍이 일어나서 산에 고립되었다.

依

8획 亻
中 N2

음독 い·え	依存(いそん) 의존　依頼(いらい) 의뢰
훈독 —	憑依(ひょうい) 빙의　帰依(きえ) 귀의
의미	人探(ひとさが)しの依頼(いらい)が入(はい)った。 사람을 찾아달라는 의뢰가 들어왔다.
의지하다	仏教(ぶっきょう)に帰依(きえ)する。 불교에 귀의하다.

威

9획 女
中 N1

음독 い	威厳(いげん) 위엄　威信(いしん) 위신
훈독 —	脅威(きょうい) 위협　権威(けんい) 권위
의미 군세다 위협하다 두려워하다	彼(かれ)は威厳(いげん)のある人(ひと)だ。 그는 위엄이 있는 사람이다. 脅威(きょうい)にさらされる。 위협에 노출되다.

為

9획 灬
中 N1

음독 い	為政(いせい) 위정　為替(かわせ) (경제)환
훈독 —	行為(こうい) 행위　無作為(むさくい) 무작위
의미 행하다 가장하다 다스리다	為政者(いせいしゃ)の脱税(だつぜい)が国民(こくみん)を怒(いか)らせた。 위정자의 탈세가 국민을 분노케 했다. 不法行為(ふほうこうい)を告発(こくはつ)する。 불법행위를 고발하다.

畏

9획 田
中 급수 외

음독 い 훈독 おそれる	畏敬(いけい) 경외　畏怖(いふ) 두려워함
의미	畏敬(いけい)の心(こころ)を抱(いだ)く。 경외심을 품다.
두려워하다 존경하다	自然(しぜん)を畏怖(いふ)する。 자연을 두려워하다.

尉

11획 寸
中 N1

음독 い 훈독 —	尉官(いかん) 위관 大尉(たいい) 대위 少尉(しょうい) 소위
의미 억누르다 편안하게 하다 군대계급의 하나	父(ちち)は尉官将校(いかんしょうこう)です。 아버지는 위관장교입니다. 大尉(たいい)に昇進(しょうしん)する。 대위로 승진하다.

萎

11획 艹
中 급수 외

음독 い 훈독 なえる	萎弱(いじゃく) 위약 萎縮(いしゅく) 위축 衰萎(すいい) 쇠하여 시듦 凋萎(ちょうい) 시듦
의미 시들다 쇠하다	彼(かれ)の前(まえ)ではいつも萎縮(いしゅく)する。 그의 앞에서는 항상 위축된다. 経済(けいざい)の衰萎(すいい)は国家(こっか)の危機(きき)だ。 경제 쇠위는 국가의 위기다.

偉

12획 亻
中 N2

음독 い 훈독 えらい	偉人(いじん) 위인 偉大(いだい) 위대 英偉(えいい) 영특하고 위대함 雄偉(ゆうい) 웅장하고 훌륭함
의미 위대하다 뛰어나다 성대하다	息子(むすこ)はよく偉人伝(いじんでん)を読(よ)む。 아들은 위인전을 자주 읽는다. 彼(かれ)は雄偉(ゆうい)な身体(しんたい)の所有者(しょゆうしゃ)だ。 그는 웅위한 신체의 소유자다.

椅

12획 木
中 급수 외

음독 い 훈독 —	椅子(いす) 의자
의미 의자	椅子(いす)に腰(こし)かける。 의자에 앉다.

彙		
13획 彑	음독 い	彙報(いほう) 휘보·종류별로 분류하여 편집
中 급수 외	훈독 —	語彙(ごい) 어휘
	의미	雑誌(ざっし)の彙報欄(いほうらん)を見(み)る。
	고습도치	잡지 휘보란을 보다.
	모이다	外国語(がいこくご)の勉強(べんきょう)においては語彙(ごい)の暗記(あんき)が大事(だいじ)です。
	모임	외국어 공부에 있어서는 어휘 암기가 중요합니다.

違			
13획 辶	음독 い	違反(いはん) 위반	違和感(いわかん) 위화감
中 N2	훈독 ちがう·ちがえる	相違(そうい) 서로 다름	場違(ばちが)い 자리에 어울리지 않음
	의미	違和感(いわかん)を感(かん)じる。	
		위화감을 느끼다.	
	틀리다	彼(かれ)の場違(ばちが)いな服装(ふくそう)が目立(めだ)つ。	
	떨어지다	그의 자리에 어울리지 않는 복장이 눈에 띈다.	

維			
14획 糸	음독 い	維持(いじ) 유지	維新(いしん) 유신
中 N1	훈독 —	綱維(こうい) 굵은 밧줄·국가의 법	繊維(せんい) 섬유
	의미	この小説(しょうせつ)は明治維新(めいじいしん)を描(えが)いている。	
	지속하다·잇다	이 소설은 메이지유신을 그리고 있다.	
	밧줄	人造(じんぞう)の繊維製品(せんいせいひん)を作(つく)る。	
	가닥·줄기	인조 섬유제품을 만들다.	

慰			
15획 心	음독 い	慰謝料(いしゃりょう) 위자료	慰労(いろう) 위로
中 N1	훈독 なぐさめる·なぐさむ	安慰(あんい) 편안하게 위안함	弔慰(ちょうい) 조위
	의미	就職活動(しゅうしょくかつどう)を頑張(がんば)った友達(ともだち)を慰労(いろう)する。	
		취직활동에 힘쓴 친구를 위로하다.	
	위로하다	遺族(いぞく)に弔慰金(ちょういきん)を送(おく)る。	
		유가족에게 조위금을 보내다.	

緯		
16획 糸 / 中 N1	음독 い 훈독 —	緯線(いせん) 위선　緯度(いど) 위도 経緯(けいい) 경위　北緯(ほくい) 북위
	의미	緯度(いど)を観測(かんそく)する。 위도를 관측하다.
	씨실·횡 사리·절차	事件(じけん)の経緯(けいい)を明(あき)らかにする。 사건의 경위를 밝히다.

壱		
7획 士 / 中 N1	음독 いち 훈독 —	壱岐(いき) 이키(나가사키현에 있는 섬의 하나)
	의미 하나 오로지 맞추다·동일하다	対馬南東(つしまなんとう)の島(しま)、壱岐出身(いき しゅっしん)です。 쓰시마 남동의 섬, 이키 출신입니다.

逸		
11획 辶 / 中 N1	음독 いつ 훈독 —	逸脱(いつだつ) 일탈　逸品(いっぴん) 일품 安逸(あんいつ) 안일　秀逸(しゅういつ) 뛰어남
	의미 달리다	隊列(たいれつ)から逸脱(いつだつ)する。 대열에서 일탈하다.
	잃다 뛰어나다	安逸(あんいつ)をむさぼる。 안일을 탐하다.

茨		
9획 艹 / 中 급수 외	음독 — 훈독 いばら	茨城県(いばらきけん) 이바라키현 茨(いばら)の道(みち) 가시밭길
	의미 가시나무	茨(いばら)の道(みち)を歩(あゆ)む。 가시밭길을 걷다.

芋

6획 艹
中 N1

음독 —
훈독 いも

芋蔓(いもづる) 토란·고구마 덩굴
里芋(さといも) 토란　　薩摩芋(さつまいも) 고구마

의미
토란·고구마·감자
풀이 무성한 모양

犯行(はんこう)が芋蔓式(いもづるしき)に明(あ)かされる。
범행이 줄줄이 밝혀지다.
薩摩芋(さつまいも)を掘(ほ)る。
고구마를 캐다.

咽

9획 口
中 급수 외

음독 いん
훈독 —

咽喉(いんこう) 인후　　咽頭(いんとう) 인두

의미
목

私(わたし)は風邪(かぜ)を引(ひ)くと耳鼻咽喉科(じびいんこうか)に行(い)きます。
저는 감기에 걸리면 이비인후과에 갑니다.

姻

9획 女
中 N1

음독 いん
훈독 —

姻戚(いんせき) 인척　　姻族(いんぞく) 인척·혼인으로 맺어진 친척
婚姻(こんいん) 혼인　　親姻(しんいん) 친척과 인척

의미
혼례
신랑의 집
가족·집안·일가

直系姻族(ちょっけいいんぞく)。
직계인척.
婚姻届(こんいんとどけ)を出(だ)しに行(い)く。
혼인신고서를 내러 가다.

淫

11획 氵
中 급수 외

음독 いん
훈독 みだら

淫行(いんこう) 음란행위　　淫乱(いんらん) 음란
姦淫(かんいん) 간음　　酒淫(しゅいん) 주색

의미
음란하다

公共(こうきょう)の場(ば)での淫行(いんこう)を禁(きん)ずる。
공공장소에서의 음행을 금한다.
酒淫(しゅいん)を事(こと)とする。
주음을 일삼다.

陰

11획 阝
中 N1

음독 いん 훈독 かげ·かげる	陰性(いんせい) 음성　陰暦(いんれき) 음력 寸陰(すんいん) 촌음　木陰(こかげ) 나무 그늘
의미 그늘 어둡다 남모르게·몰래	母(はは)の癌(がん)の検査結果(けんさけっか)は陰性(いんせい)だった。 어머니의 암 검사결과는 음성이었다. 木陰(こかげ)で休(やす)む。 나무그늘에서 쉬다.

隠

14획 阝
中 N1

음독 いん 훈독 かくす·かくれる	隠退(いんたい) 은퇴　隠蔽(いんぺい) 은폐 惻隠(そくいん) 측은　秘隠(ひいん) 비은·남모르게 감추다
의미 숨다 비밀로 하다 불쌍히 여기다	事実(じじつ)を隠蔽(いんぺい)する。 사실을 은폐하다. 惻隠(そくいん)の情(じょう)をもよおす。 측은지심을 유발하다.

韻

19획 音
中 N1

음독 いん 훈독 —	韻字(いんじ) 운자·구의 끝글자　韻律(いんりつ) 운율 音韻(おんいん) 음운　余韻(よいん) 여운
의미 울림 시의 운 시가(詩歌)·우아함	韻律(いんりつ)に集中(しゅうちゅう)して詩(し)を読(よ)んでみましょう。 운율에 집중해서 시를 읽어봅시다. その本(ほん)は読(よ)み終(お)わったあとも余韻(よいん)が残(のこ)る。 그 책은 읽은 후에도 여운이 남는다.

唄

10획 口
中 급수 외

음독 — 훈독 うた	子守唄(こもりうた) 자장가　鼻唄(はなうた) 콧노래
의미 노래	母(はは)が歌(うた)ってくれた子守唄(こもりうた)をまだ覚(おぼ)えている。 어머니가 불러주시던 자장가를 아직 기억하고 있다. 彼(かれ)はいいことがあると鼻唄(はなうた)を歌(うた)う。 그는 좋은 일이 있으면 콧노래를 부른다.

鬱

29획 鬯
中 급수 외

음독 うつ 훈독 —	鬱積(うっせき) 울적　鬱病(うつびょう) 우울증 暗鬱(あんうつ) 암울　憂鬱(ゆううつ) 우울함
의미	鬱病(うつびょう)は現代社会(げんだいしゃかい)が抱(だ)いている課題(かだい)の一(ひと)つだ。 우울증은 현대사회가 안고 있는 과제 중 하나다.
기분이 울적함 나쁜 것이 쌓임	憂鬱(ゆううつ)な一日(いちにち)だ。 우울한 하루다.

畝

10획 田
中 N1

음독 — 훈독 うね	畝(うね) 두렁　畝間(うねま) 고랑
의미 두렁·이랑 농토 면적의 단위	庭(にわ)の畑(はたけ)に畝間(うねま)を作(つく)る。 정원의 텃밭에 고랑을 만들다.

浦

10획 氵
中 N1

음독 — 훈독 うら	浦人(うらびと) 어민(바닷가에 사는 사람) 津々浦々(つつうらうら) 방방곡곡
의미 물가 바다가 육지쪽으로 쑥 들어간 곳	浦人(うらびと)の人生(じんせい)を描(えが)いた歌(うた)。 어민의 삶을 그린 노래. 津々浦々(つつうらうら)に彼(かれ)の小説(しょうせつ)が売(う)れている。 방방곡곡에 그의 소설이 팔리고 있다.

詠

12획 言
中 N1

음독 えい 훈독 よむ	詠唱(えいしょう) 영창·아리아　詠嘆(えいたん) 영탄 吟詠(ぎんえい) 시가·시가를 읊음　朗詠(ろうえい) 낭송
의미 노래하다·읊다 시가·시를 짓다 길게 늘이다	文学(ぶんがく)には詠嘆法(えいたんほう)という強調法(きょうちょうほう)がある。 문학에는 영탄법이라고 하는 강조법이 있다. 詩(し)を朗詠(ろうえい)する。 시를 낭송하다.

影

15획 彡
中 N1

음독 えい	影響(えいきょう) 영향　　影絵(かげえ) 그림자놀이·실루엣
훈독 かげ	撮影(さつえい) 촬영　　面影(おもかげ) 옛날 모습·흔적
의미 빛 사람의 그림자 모습·모양	社会(しゃかい)の変化(へんか)は言葉(ことば)にも影響(えいきょう)を与(あた)える。 사회의 변화는 말에도 영향을 끼친다. 面影(おもかげ)に立(た)つ。 옛날 모습이 아른거리다.

鋭

15획 金
中 N2

음독 えい	鋭敏(えいびん) 예민　　鋭利(えいり) 예리
훈독 するどい	新鋭(しんえい) 신예　　精鋭(せいえい) 정예
의미 날카롭다 재빠르다 현명하다	彼女(かのじょ)は鋭利(えいり)な判断力(はんだんりょく)をもっている。 그녀는 예리한 판단력을 가지고 있다. 精鋭部隊(せいえいぶたい)が出動(しゅつどう)した。 정예부대가 출동했다.

疫

9획 疒
中 N1

음독 えき·やく	疫学(えきがく) 역학　　疫病(えきびょう) 역병
훈독 —	検疫(けんえき) 검역　　免疫(めんえき) 면역
의미 전염병	疫病患者(えきびょうかんじゃ)を隔離(かくり)する。 역병환자를 격리하다. 子供(こども)は大人(おとな)より免疫力(めんえきりょく)が弱(よわ)い。 아이들은 어른보다 면역력이 약하다.

悦

10획 忄
中 N1

음독 えつ	悦愛(えつあい) 열애　　悦楽(えつらく) 열락·기뻐하고 즐거워함
훈독 —	法悦(ほうえつ) 황홀한 기분　　満悦(まんえつ) 만족하여 기뻐함
의미 기뻐하다 즐거워하다 흠모하다	悦楽(えつらく)に浸(ひた)る。 열락에 빠지다. おいしいデザートを食(た)べて満悦(まんえつ)する。 맛있는 디저트를 먹고 만족하다.

越		
	음독 えつ	越境(えつきょう) 월경　越冬(えっとう) 월동
	훈독 こす·こえる	超越(ちょうえつ) 초월　優越(ゆうえつ) 우월
	의미	最近(さいきん)、不法越境者(ふほうえつきょうしゃ)が増(ふ)えている。
	넘다	최근 불법월경자가 늘어나고 있다.
12획 走	도를 넘다	国境(こっきょう)を超越(ちょうえつ)した愛(あい)。
中 N2	우수하다	국경을 초월한 사랑.

謁		
	음독 いつ	謁見(えっけん) 알현
	훈독 —	拝謁(はいえつ) 배알(높은 사람을 만나 뵘)
	의미	王様(おうさま)に謁見(えっけん)する。
	말하다	임금님을 알현하다.
15획 言	뵙다	天皇(てんのう)に拝謁(はいえつ)する。
中 N1	회견하다	천황을 배알하다.

閲		
	음독 えつ	閲読(えつどく) 훑어 읽음　閲覧(えつらん) 열람
	훈독 —	検閲(けんえつ) 검열　校閲(こうえつ) 교열·원고를 바로잡아 고침
	의미	図書館(としょかん)の閲覧室(えつらんしつ)を利用(りよう)する。
	검열하다	도서관의 열람실을 이용하다.
15획 門	조사·관찰하다	検閲(けんえつ)に通(とお)る。
中 N1	지나가다	검열을 통과하다.

炎		
	음독 えん	炎症(えんしょう) 염증　炎上(えんじょう) 타오름
	훈독 ほのお	火炎(かえん) 화염　肺炎(はいえん) 폐렴
	의미	炎症(えんしょう)がおきる。
	타다	염증이 생기다.
8획 火	불꽃	火炎(かえん)に包(つつ)まれる。
中 N1	격렬한 양상	화염에 휩싸이다.

怨

9획 心
中 급수 외

음독 えん·おん	怨恨(えんこん) 원한	怨望(えんぼう) 원망
훈독 —	私怨(しえん) 개인적 원한	宿怨(しゅくえん) 숙원

의미	
원망하다	怨恨(えんこん)による犯罪(はんざい)が増(ふ)えている。 원한에 의한 범죄가 늘어나고 있다. 私怨(しえん)を公的(こうてき)な仕事(しごと)に持(も)ち込(こ)む。 사적인 원한을 공적인 일에 끌고 오다.

宴

10획 宀
中 N1

음독 えん	宴会(えんかい) 연회	宴席(えんせき) 연회석
훈독 —	祝宴(しゅくえん) 축연	披露宴(ひろうえん) 피로연

의미	
술 잔치·주연 즐기다·즐거움 편히 지내다	新年宴会(しんねんえんかい)が開(ひら)かれる。 신년연회가 열리다. 披露宴(ひろうえん)のための服(ふく)を買(か)う。 피로연을 위한 옷을 사다.

媛

12획 女
中 급수 외

음독 えん	才媛(さいえん) 재원(재주가 있는 젊은 여자)
훈독 —	愛媛県(えひめけん) 에히메현

의미	
미인·고귀한 여성	彼女(かのじょ)は町(まち)の才媛(さいえん)だ。 그녀는 마을의 재원이다.

援

12획 扌
中 N1

음독 えん	援護(えんご) 원호	援助(えんじょ) 원조
훈독 —	応援(おうえん) 응원	支援(しえん) 지원

의미	
돕다 끌다 빼다	物資援助(ぶっしえんじょ)を受(う)ける。 물자원조를 받다. 家族(かぞく)の支援(しえん)で留学(りゅうがく)する。 가족의 지원으로 유학하다.

煙

13획 火
中 N2

음독 えん 훈독 けむる·けむり·けむい	煙突(えんとつ) 굴뚝 煙霧(えんむ) 연무 喫煙(きつえん) 흡연 禁煙(きんえん) 금연
의미 연기 연기가 나다 메케하다	この町(まち)には煙突(えんとつ)のある家(いえ)が多(おお)い。 이 마을에는 굴뚝이 있는 집이 많다. 禁煙席(きんえんせき)でお願(ねが)いします。 금연석으로 부탁합니다.

猿

13획 犭
中 N1

음독 えん 훈독 さる	猿猴(えんこう) 원숭이 猿知恵(さるぢえ) 잔꾀 犬猿(けんえん) 견원 類人猿(るいじんえん) 유인원
의미 원숭이	猿知恵(さるぢえ)をめぐらす。 잔꾀를 부리다. その兄弟(きょうだい)は犬猿(けんえん)の中(なか)だ。 그 형제는 견원지간이다.

鉛

13획 金
中 N1

음독 えん 훈독 なまり	鉛管(えんかん) 납관 鉛筆(えんぴつ) 연필 亜鉛(あえん) 아연 黒煙(こくえん) 흑연
의미 납	大学生(だいがくせい)になってから鉛筆(えんぴつ)を使(つか)っていない。 대학생이 되고부터 연필을 쓰지 않고 있다. 黒煙(こくえん)で鉛筆(えんぴつ)を作(つく)る。 흑연으로 연필을 만들다.

縁

15획 糸
中 급수 외

음독 えん 훈독 ふち	縁側(えんがわ) 툇마루 縁談(えんだん) 혼담 絶縁(ぜつえん) 절연 復縁(ふくえん) 복연(인연을 끊었다가 회복함)
의미 테두리·가장자리 인연 인연짓다 의지할 곳(사람)·연고	縁側(えんがわ)に座(すわ)る。 툇마루에 앉다. 複線(ふくせん)を迫(せま)る。 복연을 강요하다.

艶

19획 色
中 N1

음독 いん 훈독 つや	艶書(えんしょ) 연애편지 艶美(えんび) 염미·요염하게 아름다움 濃艶(のうえん) 농염 妖艶(ようえん) 요염
의미	艶書(えんしょ)をもらう。 연애편지를 받다.
윤기·광택 요염하다	彼女(かのじょ)には妖艶(ようえん)な魅力(みりょく)がある。 그녀는 요염한 매력이 있다.

汚

6획 氵
中 N2

음독 お 훈독 けがす·けがれる·けがらわしい·よごす·よごれる·きたない	汚染(おせん) 오염 汚点(おてん) 오점 貪汚(たんお) 탐오 卑汚(ひお) 비오·경멸하고 모독함
의미 더럽히다	汚点(おてん)を残(のこ)す。 오점을 남기다.
더럽다 탁한 물	貪汚(たんお)の吏(り)。 탐관오리.

凹

5획 凵
中 N1

음독 おう 훈독 —	凹凸(おうとつ) 요철 凹面鏡(おうめんきょう) 오목거울 凸凹(でこぼこ) 요철·울퉁불퉁
의미	顕微鏡(けんびきょう)には凹面鏡(おうめんきょう)が使(つか)われている。 현미경에는 오목거울이 사용된다.
움푹 들어가다	道(みち)が凸凹(でこぼこ)だ。 길이 울퉁불퉁하다.

押

8획 扌
中 N2

음독 おう 훈독 おす·おさえる	押印(おういん) 날인 押収(おうしゅう) 압수 手押(しゅおう) 수압 念押し(ねんおし) 거듭 다짐함·거듭 확인함
의미 서명	息子(むすこ)から漫画(まんが)を押収(おうしゅう)する。 아들에게서 만화책을 압수하다.
누르다 날인하다	バスの出発時間(しゅっぱつじかん)を念押(ねんお)しする。 버스 출발시간을 몇 번이고 확인하다.

旺	음독 おう 훈독 —	旺盛(おうせい) 왕성
8획 日 中 급수 외	의미 흥하다·왕성하다 아름다운 빛	彼女(かのじょ)の食欲(しょくよく)は旺盛(おうせい)だ。 그녀의 식욕은 왕성하다.

欧	음독 おう 훈독 —	欧州(おうしゅう) 유럽주　欧米(おうべい) 유럽과 미국 西欧(せいおう) 서유럽　渡欧(とおう) 도구(유럽에 감)
8획 欠 中 N2	의미 토하다 치다 구라파(유럽)의 준말	今年(ことし)の目標(もくひょう)は欧州(おうしゅう)を旅行(りょこう)するのだ。 올해 목표는 유럽주를 여행하는 것이다. 西欧(せいおう)はイギリス、アイルランド、フランスのことだ。 서유럽은 영국, 아일랜드, 프랑스다.

殴	음독 おう 훈독 なぐる	殴打(おうだ) 구타
8획 殳 中 N1	의미 구타하다 치다	殴打(おうだ)による打撲傷(だぼくしょう)だ。 구타에 의한 타박상이다.

翁	음독 おう 훈독 —	塞翁(さいおう)が馬(うま) 새옹지마　老翁(ろうおう) 늙은 남자
10획 羽 中 N1	의미 늙은 남자 노인의 존칭	人間万事(にんげんばんじ)塞翁(さいおう)が馬(うま)。 인간만사 새옹지마.

奥		
12획 大 中 N2	음독 おう 훈독 おく	奥義(おうぎ) 비결　奥歯(おくば) 어금니 深奥(しんおう) 심오　秘奥(ひおう) 비오(심오한 경지)
	의미 깊숙한 안쪽 속	奥義(おうぎ)をきわめる。 비결을 깊이 연구하다. 哲学(てつがく)は深奥(しんおう)だ。 철학은 심오하다.

岡		
8획 山 中 N1	음독 — 훈독 おか	岡惚(おかぼ)れ 짝사랑하다 岡山県(おかやまけん) 오카야마현
	의미 언덕	本屋(ほんや)の店員(てんいん)に岡惚(おかぼ)れする。 서점의 점원을 짝사랑하다.

憶		
16획 忄 中 N1	음독 おく 훈독 —	憶断(おくだん) 억측에 의한 판단　憶測(おくそく) 억측 記憶(きおく) 기억　追憶(ついおく) 추억
	의미 생각하다 기억하다 추측하다	憶測(おくそく)による誤(あやま)り。 억측에 의한 실수. 学生時代(がくせいじだい)を追憶(ついおく)する。 학생시절을 추억하다.

臆		
17획 月 中 급수 외	음독 おく 훈독 —	臆病(おくびょう) 겁이 많음　臆面(おくめん) 기가 죽은 모양
	의미 마음 추측하다 기가 죽다	この臆病者(おくびょうもの)。 이 겁쟁이.

虞	음독 —	虞(おそれ) 염려·우려
	훈독 おそれ	
	의미	大雨(おおあめ)の虞(おそれ)がある。
13획 虍	염려	큰비가 올 우려가 있다.
中 N1	염려하다	

乙	음독 おつ	乙女(おとめ) 소녀·처녀
	훈독 —	甲乙(こうおつ) 갑을·우열
	의미	乙女(おとめ)の感傷(かんしょう)。
		소녀의 감성.
1획 乙	을	甲乙(こうおつ)を争(あらそ)う。
中 N1		우열을 다투다.

俺	음독 —	俺(おれ) 나(남자가 쓰는 말)
	훈독 おれ	
	의미	女性(じょせい)は「俺(おれ)」という言葉(ことば)を使(つか)わない。
10획 亻	나(자신)	여성은 「俺(おれ)」라는 말을 쓰지 않는다.
中 N1		

卸	음독 —	卸売(おろしう)り 도매	卸問屋(おろしどんや) 도매상
	훈독 おろす·おろし	棚卸(たなおろ)し 재고정리	積(つ)み卸(おろし) 하역
	의미	普段(ふだん)、卸売(おろしう)り市場(しじょう)をよく利用(りよう)する。	
		평소에 도매시장을 자주 이용한다.	
9획 卩	도매	年末(ねんまつ)に棚卸(たなおろ)しをする。	
中 N1	도매하다	연말에 재고정리를 하다.	

穏

16획 禾
中 N1

음독 おん	穏健(おんけん) 온건　穏和(おんわ) 온화
훈독 おだやか	平穏(へいおん) 평온　安穏(あんおん) 안온
의미	普段(ふだん)穏和(おんわ)な彼女(かのじょ)があんなに怒(おこ)るとは。
	평소 온화한 그녀가 화내다니.
평온함	平穏(へいおん)な日々(ひび)を過(す)ごす。
정해지다	평온한 하루하루를 보내다.

佳

8획 亻
中 N1

음독 か	佳作(かさく) 가작　佳人(かじん) 가인
훈독 —	
의미	佳作(かさく)に選(えら)ばれる。
좋다	가작으로 뽑히다.
아름답다	佳人薄命(かじんはくめい)だと言(い)われる。
훌륭하다	가인박명이라고 한다.

苛

8획 艹
中 급수 외

음독 か	苛酷(かこく) 가혹　苛烈(かれつ) 가열
훈독 いら	
의미	苛酷(かこく)な判決(はんけつ)が出(で)た。
	가혹한 판결이 나왔다.
가혹하다	苛烈(かれつ)な攻撃(こうげき)がつづく。
초조해하다	가열한 공격이 계속되었다.

架

9획 木
中 N1

음독 か	架空(かくう) 가공　架設(かせつ) 가설
훈독 かける·かかる	書架(しょか) 서가·책꽂이　担架(たんか) 들것
의미	架空(かくう)の空間(くうかん)を作(つく)る。
시렁·걸이·장대	가공의 공간을 만들다.
설치하다	けが人(にん)を担架(たんか)に乗(の)せる。
연결되다	다친 사람을 들것에 싣다.

華

10획 艹
中 N1

음독 か	華商(かしょう) 화교상인　　華麗(かれい) 화려함
훈독 はな	中華(ちゅうか) 중화　　豪華(ごうか) 호화로움
의미	華麗(かれい)に舞(ま)う。
꽃	화려하게 춤추다.
화려함	中華料理(ちゅうかりょうり)が好(す)きだ。
색·광택	중화요리를 좋아한다.

菓

11획 艹
中 N2

음독 か	菓子(かし) 과자
훈독 —	製菓(せいか) 제과
의미	子供(こども)にお菓子(かし)をあげる。
	아이에게 과자를 주다.
과일	製菓工場(せいかこうじょう)に就職(しゅうしょく)する。
과자	제과공장에 취직하다.

渦

12획 氵
中 N1

음독 か	渦状(かじょう) 와상·소용돌이 모양
훈독 うず	渦中(かちゅう) 와중·사건 속
의미	渦状星雲(かじょうせいうん)を観察(かんさつ)する。
	와상성운(나선은하)를 관찰하다.
소용돌이	けんかの渦中(かちゅう)にまきこまれる。
소용돌이치다	싸움의 와중에 말려들다.

嫁

13획 女
中 N1

음독 か	嫁入(よめい)り 시집가다
훈독 よめ·とつぐ	転嫁(てんか) 전가　　花嫁(はなよめ) 신부
의미	嫁入(よめい)り前(まえ)。
시집가다	혼전·미혼
신부·며느리	責任(せきにん)を転嫁(てんか)する。
떠넘기다	책임을 전가하다.

暇

13획 日
中 N1

음독 か 훈독 ひま	暇潰し(ひまつぶし) 심심풀이 休暇(きゅうか) 휴가　余暇(よか) 여가
의미 시간·틈·짬 한가함 휴식	暇潰し(ひまつぶし)に漫画(まんが)を見(み)る。 심심풀이로 만화를 보다. 休暇(きゅうか)をもらう。 휴가를 받다.

禍

13획 ネ
中 N1

음독 か 훈독 —	禍根(かこん) 화근　禍福(かふく) 화복 惨禍(さんか) 참화　戦禍(せんか) 전화
의미 재앙 불행	禍福(かふく)は交互(こうご)にやってくる。 불행과 행복은 번갈아서 온다. 戦争(せんそう)の惨禍(さんか)をこうむる。 전쟁의 참화를 입다.

靴

13획 革
中 N2

음독 か 훈독 くつ	靴下(くつした) 양말　運動靴(うんどうぐつ) 운동화 軍靴(ぐんか) 군화　長靴(ちょうか) 장화
의미 구두	靴下(くつした)をはく。 양말을 신다. 長靴(ちょうか)をはいた猫(ねこ)。 장화신은 고양이.

寡

14획 宀
中 N1

음독 か 훈독 —	寡黙(かもく) 과묵 寡聞(かぶん) 과문(견문이 좁음)
의미 적다 한 사람 미망인	父(ちち)は寡黙(かもく)だが、とてもやさしい。 아버지는 과묵하지만 정말 자상하다.

箇	음독 か 훈독 —	箇所 장소　箇条 항목
14획 ⺮ 中 N1	의미 물건을 셀 때 쓰는 말	ニュースを聞いてキーワードを箇条書きしてください。 뉴스를 듣고 키워드를 항목별로 써주세요.

稼	음독 か 훈독 かせぐ	稼業 직업·생업　稼動 가동 出稼ぎ 객지에서 돈을 벌음　共稼ぎ 맞벌이
15획 禾 中 N1	의미 심다 결실·소득 돈벌이하다	機械を稼動させる。 기계를 가동시키다. 私の両親は共稼ぎです。 제 부모님은 맞벌이입니다.

蚊	음독 — 훈독 か	蚊帳 모기장　蚊取り線香 모기향
10획 虫 中 N1	의미 모기	蚊に刺される。 모기에 물리다. 私は蚊取り線香の臭いが苦手だ。 나는 모기향 냄새를 싫어한다.

牙	음독 が·げ 훈독 きば	牙城 아성(중요한 근거지) 歯牙 치아
4획 牙 中 급수 외	의미 어금니 대장의 깃발 중개	敵の牙城に迫る。 적의 아성에 가까워지다. 歯牙にもかけない。 전혀 문제 삼지 않다.

瓦

5획 瓦
中 급수 외

음독 が 훈독 かわら	瓦礫(がれき) 기왓조각과 자갈(소용가치 없는 것) 瓦屋根(かわらやね) 기와지붕 煉瓦(れんが) 벽돌 鬼瓦(おにがわら) 귀와(귀신 모양의 큰 기와)
의미 기와 질그릇	あそこに見(み)える瓦屋根(かわらやね)の家(いえ)に両親(りょうしん)が住(す)んでいます。 저쪽에 보이는 기와지붕 집에 부모님이 살고 있습니다. ホテルは駅(えき)の近(ちか)くにある赤煉瓦(あかれんが)の建物(たてもの)です。 호텔은 역 근처에 있는 붉은 벽돌로 된 건물입니다.

雅

13획 隹
中 N1

음독 が 훈독 —	雅楽(ががく) 아악(궁중음악) 優雅(ゆうが) 우아함
의미 우아한 모양 안정되다	雅楽(ががく)は宮中(きゅうちゅう)で演奏(えんそう)される。 아악은 궁중에서 연주된다. 優雅(ゆうが)な生活(せいかつ)を営(いとな)む。 우아한 생활을 하다.

餓

15획 食
中 N1

음독 が 훈독 —	餓死(がし) 아사 飢餓(きが) 기아
의미 굶주리다 굶주림	アフリカの子供(こども)の餓死(がし)の問題(もんだい)が話題(わだい)になっている。 아프리카 아동의 아사문제가 화제가 되고 있다. 北朝鮮(きたちょうせん)は飢餓(きが)に苦(くる)しんでいる。 북한은 기아로 고통 받고 있다.

介

4획 人
中 N2

음독 かい 훈독 —	介護(かいご) 간호 介入(かいにゅう) 개입 紹介(しょうかい) 소개 媒介(ばいかい) 매개
의미 중간에 끼다 돕다 갑옷·껍질	第3者(しゃ)のけんかに介入(かいにゅう)する。 제3자의 싸움에 개입하다. 自己紹介(じこしょうかい)をおねがいします。 자기소개를 해주세요.

戒

7획 戈
中 N1

음독 かい 훈독 いましめる	戒厳(かいげん) 계엄　戒律(かいりつ) (불교)계율 警戒(けいかい) 경계　懲戒(ちょうかい) 징계
의미 훈계·징계하다 타이르다 주의하다	戒厳令(かいげんれい)を敷(し)く。 계엄령을 펴다. 回(まわ)りを警戒(けいかい)する。 주변을 경계하다.

怪

8획 忄
中 N1

음독 かい 훈독 あやしい· あやしむ	怪奇(かいき) 괴기　怪力(かいりき) 괴력 奇怪(きかい) 기괴　妖怪(ようかい) 요괴
의미 괴상하다·수상하다 의심하다 평범하지 않다	怪力(かいりき)をもつ怪物(かいぶつ)。 괴력을 가진 괴물. 妖怪(ようかい)を恐(おそ)れる。 요괴를 두려워하다.

拐

8획 扌
中 N1

음독 かい 훈독 —	誘拐(ゆうかい) 유괴
의미 가로채다 유괴하다	誘拐事件(ゆうかいじけん)が起(お)きた。 유괴사건이 일어났다.

悔

9획 忄
中 N1

음독 かい 훈독 くいる·くやむ· くやしい	悔悟(かいご) 회개　悔恨(かいこん) 회한 後悔(こうかい) 후회　懺悔(ざんげ) 참회
의미 뉘우치다 후회하다 죽음을 애도하다	罪(つみ)を悔悟(かいご)する。 죄를 뉘우치다. 途中(とちゅう)であきらめたことを後悔(こうかい)する。 중간에 포기한 것을 후회하다.

皆		
	음독 かい 훈독 みな	皆勤(かいきん) 개근　皆目(かいもく) 전혀
9획 白 中 N2	의미 모두 보편적으로·같이	皆勤賞(かいきんしょう)をもらう。 개근상을 받다.

塊		
	음독 かい 훈독 かたまり	塊茎(かいけい) 덩이줄기　塊根(かいこん) 덩어리 뿌리 金塊(きんかい) 금괴　団塊(だんかい) 덩어리
13획 土 中 N1	의미 흙덩이 덩어리	金塊(きんかい)が盗(ぬす)まれる。 금괴를 도난당하다. 団塊(だんかい)の世代(せだい)。 1948년 전후, 베이비붐 시기에 태어난 세대.

楷		
	음독 かい 훈독 —	楷書(かいしょ) 해서(서체의 하나)
13획 木 中 급수 외	의미 수목의 이름 서체의 이름	漢字(かんじ)を楷書(かいしょ)で書(か)く。 한자를 해서체로 쓰다.

潰		
	음독 かい 훈독 つぶす·つぶれる	潰瘍(かいよう) 궤양 虱潰(しらみつぶ)し 이 잡듯이 샅샅이 뒤짐
15획 氵 中 급수 외	의미 못쓰게 만들다·짓눌러 죽이다 으깨다·찌부러뜨리다 망가지다·못쓰게 되다	胃潰瘍(いかいよう)で入院(にゅういん)する。 위궤양으로 입원하다.

壊

16획 土
中 N1

음독 かい
훈독 こわす·こわれる

壊血病(かいけつびょう) 괴혈병　壊滅(かいめつ) 괴멸
破壊(はかい) 파괴　崩壊(ほうかい) 붕괴

의미
부수다·파괴하다·고장나다
부서지다·무너지다

壊滅(かいめつ)の危機(きき)に瀕(ひん)する。
괴멸의 위기에 직면하다.
山崩(やまくず)れで、家(いえ)が崩壊(ほうかい)された。
산사태로 집이 붕괴되었다.

懐

16획 忄
中 N1

음독 かい
훈독 ふところ·なつかしい·なつかしむ·なつく·なつける

懐疑(かいぎ) 회의　懐妊(かいにん) 회임
感懐(かんかい) 감회　述懐(じゅつかい) 술회

의미
회상하다
그리워하다
품

生(い)きることに懐疑(かいぎ)を抱(いだ)く。
삶에 회의를 느끼다.
昔(むかし)のことを述懐(じゅつかい)する。
옛 일을 술회하다.

諧

16획 言
中 급수 외

음독 かい
훈독 —

諧謔(かいぎゃく) 해학
俳諧(はいかい) 하이카이(일본문학의 한 종류)

의미
화합하다
어울리다

韓国人(かんこくじん)は諧謔(かいぎゃく)の民族(みんぞく)だと言(い)われる。
한국인은 해학의 민족이라고 일컬어진다.

劾

8획 力
中 N1

음독 がい
훈독 —

弾劾(だんがい) 탄핵

의미
끝까지 가다
추궁하다
조서

政府(せいふ)を弾劾(だんがい)する。
정부를 탄핵하다.

崖	음독 がい 훈독 がけ	崖崩(がけくず)れ 벼랑의 사태 断崖(だんがい) 절벽
11획 山 中 급수 외	의미 벼랑 끝	断崖(だんがい)から墜死(ついし)する。 절벽에서 추락사하다.

涯	음독 がい 훈독 —	境涯(きょうがい) 사람의 처지나 환경　生涯(しょうがい) 생애
11획 氵 中 N1	의미 물가 끝	教育(きょういく)に生涯(しょうがい)をささげる。 교육에 생애를 바치다.

慨	음독 がい 훈독 —	慨然(がいぜん) 분개하는 모양　慨嘆(がいたん) 개탄 感慨(かんがい) 감개　憤慨(ふんがい) 분개
13획 忄 中 N1	의미 분개하다 한탄하다 애통하다	慨嘆(がいたん)にたえない。 개탄을 금치 못하다. 彼女(かのじょ)のかってな行動(こうどう)に憤慨(ふんがい)する。 그녀의 제멋대로인 행동에 분개하다.

蓋	음독 がい 훈독 ふた	蓋然(がいぜん) 개연 口蓋(こうがい) 입천장　頭蓋骨(ずがいこつ) 두개골
13획 艹 中 급수 외	의미 덮다 뚜껑 추측하다	その推測(すいそく)には蓋然性(がいぜんせい)がない。 그 추측에는 개연성이 없다. 鍋(なべ)に蓋(ふた)をする。 냄비 뚜껑을 덮다.

該

13획 言
中 N1

음독 がい 훈독 —	該当(がいとう) 해당　該博(がいはく) 해박
의미 보편적으로 넓다 갖추다 그·해당하는	条件(じょうけん)に該当(がいとう)する人(ひと)は手(て)を上(あ)げてください。 조건에 해당하는 사람은 손을 들어주세요. 彼女(かのじょ)は該博(がいはく)な知識(ちしき)をもっている。 그녀는 해박한 지식을 가지고 있다.

概

14획 木
中 N1

음독 がい 훈독 —	概念(がいねん) 개념　概要(がいよう) 개요 一概(いちがい) 일괄　気概(きがい) 기개
의미 평평하게 하다 대개·일반적으로	レポートの概要(がいよう)を説明(せつめい)します。 레포트의 개요를 설명하겠습니다. 一概(いちがい)に決(き)める。 일괄적으로 결정하다.

骸

16획 骨
中 급수 외

음독 がい 훈독 —	骸骨(がいこつ) 해골 遺骸(いがい) 유해　死骸(しがい) 시체
의미 죽은 사람의 뼈 사체(死体)	森(もり)の奥(おく)で骸骨(がいこつ)が発見(はっけん)された。 깊은 숲속에서 해골이 발견되었다. 遺骸(いがい)を安置(あんち)する。 유해를 안치하다.

垣

9획 土
中 N1

음독 — 훈독 かき	垣網(かきあみ) 유도어망(물고기를 유도하는데 쓰는 보조그물)　垣根(かきね) 울타리 竹垣(たけがき) 대나무 울타리　石垣(いしがき) 돌담
의미 울타리·담	庭(にわ)に垣(かき)を作(つく)る。 정원에 울타리를 세우다. チェジュドには石垣(いしがき)で囲(かこ)った家(いえ)が多(おお)い。 제주도에는 돌담으로 둘러싸인 집이 많다.

柿

9획 木
中 급수 외

음독 —	柿色(かきいろ) 감색　柿渋(かきしぶ) 감의 떫은 즙
훈독 かき	熟柿(じゅくし) 홍시　干(ほ)し柿(がき) 곶감
의미 감	柿色(かきいろ)のクレパスとはめずらしい。 감색 크레파스라니 신기하군. 熟柿(じゅくし)をアイスにして食(た)べる。 홍시를 얼려먹다.

核

10획 木
中 N1

음독 かく	核家族(かくかぞく) 핵가족　核実験(かくじっけん) 핵실험
훈독 —	原子核(げんしかく) 원자핵　中核(ちゅうかく) 중핵·핵심
의미 씨 중심 세포의 핵	韓国(かんこく)は1960年代(ねんだい)から核家族(かくかぞく)の家庭(かてい)が多(おお)くなった。 한국은 1960년대부터 핵가족 가정이 많아졌다. 彼(かれ)は組織(そしき)の中核(ちゅうかく)をなす人(ひと)だ。 그는 조직의 핵심을 이루는 사람이다.

殻

11획 殳
中 N1

음독 かく	甲殻類(こうかくるい) 갑각류　地殻(ちかく) 지각
훈독 から	吸(す)い殻(がら) 담배꽁초　抜(ぬ)け殻(がら) 허물
의미 껍질 외피	地殻変動(ちかくへんどう)による地震(じしん)が起(お)きた。 지각변동에 의한 지진이 일어났다. 道(みち)に吸(す)い殻(がら)を捨(す)てないでください。 길에 담배꽁초를 버리지 말아주세요.

郭

11획 阝
中 N1

음독 かく 훈독 —	胸郭(きょうかく) 흉곽　輪郭(りんかく) 윤곽
의미 유곽 둘레 열리다	輪郭(りんかく)をつかむ。 윤곽을 잡다.

較

13획 車
中 N2

음독 かく 훈독 —	較差(かくさ) 격차 比較(ひかく) 비교
의미 견주다 비교하다	気温(きおん)の較差(かくさ)が大(おお)きすぎる。 기온의 격차가 너무 크다. 韓国(かんこく)と日本(にほん)の文化(ぶんか)を比較(ひかく)する。 한국과 일본의 문화를 비교하다.

隔

13획 阝
中 N1

음독 かく 훈독 へだてる· へだたる	隔年(かくねん) 격년　隔離(かくり) 격리 遠隔(えんかく) 원격　間隔(かんかく) 간격
의미 사이에 두다 사이가 떨어지다 사이	伝染病(でんせんびょう)の患者(かんじゃ)を隔離(かくり)させる。 전염병 환자를 격리시키다. 前(まえ)の人(ひと)との間隔(かんかく)を守(まも)ってください。 앞사람과의 간격을 지켜주세요.

獲

16획 犭
中 N1

음독 かく 훈독 える	獲得(かくとく) 획득　獲物(えもの) 사냥감 捕獲(ほかく) 포획　乱獲(らんかく) 남획(마구잡이 사냥)
의미 사냥하다 사냥감 탈취하다	メダルを獲得(かくとく)する。 메달을 획득하다. ここは捕獲(ほかく)禁止(きんし)区域(くいき)だ。 이곳은 포획금지구역이다.

嚇

17획 口
中 N1

음독 かく 훈독 —	嚇怒(かくど) 격노 威嚇(いかく) 위협
의미 격하게 화내다 꾸짖다 위협하다	彼(かれ)の失敗(しっぱい)に対(たい)し、彼女(かのじょ)は嚇怒(かくど)した。 그의 실패에 대해 그녀는 격노했다. 犬(いぬ)が牙(きば)を出(だ)して威嚇(いかく)する。 개가 이빨을 드러내며 위협하다.

穫 18획 禾 中 N1	음독 かく 훈독 —	収穫(しゅうかく) 수확
	의미 거두어 들이다 베다 수확·추수	米(こめ)を収穫(しゅうかく)する。 쌀을 수확하다.

岳 8획 山 中 N1	음독 がく 훈독 たけ	岳父(がくふ) 장인 山岳(さんがく) 산악
	의미 높은 산 위엄이 있다	山岳隊(さんがくたい)を募集(ぼしゅう)する。 산악대를 모집하다.

顎 18획 頁 中 급수 외	음독 がく 훈독 あご	顎(あご)ひげ 턱수염 上顎(じょうがく) 위턱 下顎(かがく) 아래턱
	의미 턱 엄숙함	最近(さいきん)、顎(あご)ひげを生(は)やすのが流行(はや)っている。 최근 턱수염을 기르는 것이 유행이다.

掛 11획 扌 中 N2	음독 — 훈독 かける·かかる·かかり	掛(か)け売(う)り 외상판매 掛(か)け算(ざん) 곱셈 仕掛(しか)け 장치·속임수 腰掛(こしか)け 걸상
	의미 걸다 걸리다 비용·담당	娘(むすめ)に掛(か)け算(ざん)を教(おし)える。 딸에게 곱셈을 가르치다. 複雑(ふくざつ)な仕掛(しか)けが目立(めだ)つ機械(きかい)だ。 복잡한 장치가 눈에 띄는 기계다.

潟

15획 氵
中 N1

음독 —	干潟(ひがた) 갯벌
훈독 かた	
의미	
갯벌	干潟(ひがた)で貝拾(かいひろ)いをする。 갯벌에서 조개를 잡다.

括

9획 扌
中 N1

음독 かつ	括弧(かっこ) 괄호　括約(かつやく) 괄약
훈독 —	一括(いっかつ) 일괄　総括(そうかつ) 총괄
의미 묶다 닫다 단속하다	答(こた)えを括弧(かっこ)の中(なか)に書(か)いてください。 정답을 괄호 안에 써 주세요. みんなの意見(いけん)を総括(そうかつ)する。 모두의 의견을 총괄하다.

喝

11획 口
中 N1

음독 かつ	喝采(かっさい) 갈채
훈독 —	恐喝(きょうかつ) 공갈
의미 꾸짖다 위협하다 부르다	喝采(かっさい)を浴(あ)びる。 갈채를 받다. 学校(がっこう)で恐喝事件(きょうかつじけん)が起(お)きた。 학교에서 공갈사건이 일어났다.

渇

11획 氵
中 N1

음독 かつ	渇望(かつぼう) 갈망　渇水(かっすい) 물이 마름
훈독 かわく	枯渇(こかつ) 고갈　飢渇(きかつ) 기갈(굶주림과 목마름)
의미 갈증나다 갈증 마르다	権力(けんりょく)を渇望(かつぼう)する。 권력을 갈망하다. 資源(しげん)はいつか枯渇(こかつ)する。 자원은 언젠가 고갈된다.

葛

12획 艹
中 N1

음독 かつ 훈독 くず	葛藤(かっとう) 갈등 葛湯(くずゆ) 칡가루 죽
의미	お金(かね)の主人(しゅじん)を探(さが)すかどうか葛藤(かっとう)する。 돈 주인을 찾아줄지 말지 갈등하다.
칡 옷을 넣는 농·옷고리짝	患者(かんじゃ)には葛湯(くずゆ)がよく利(き)く。 환자에게는 칡가루 죽이 좋다.

滑

13획 氵
中 N1

음독 かつ·こつ 훈독 すべる·なめらか	滑降(かっこう) 활강　滑走(かっそう) 활주 円滑(えんかつ) 원활　潤滑(じゅんかつ) 윤활
의미	滑走路(かっそうろ)を走(はし)る。 활주로를 달리다.
매끄러운 모양 미끄러지다	円滑(えんかつ)な人間関係(にんげんかんけい)のためには相手(あいて)への配慮(はいりょ)が大切(たいせつ)だ。 원활한 인간관계를 위해서는 상대에 대한 배려가 중요하다.

褐

13획 衤
中 N1

음독 かつ 훈독 —	褐炭(かったん) 갈탄　褐鉄鉱(かってっこう) 갈철광
의미 모피로 만든 옷·갖옷 솜을 넣은 무명옷 갈색	褐炭(かったん)は質(しつ)の悪(わる)い石炭(せきたん)のことだ。 갈탄은 품질이 좋지 않은 석탄이다. 褐鉄鉱(かってっこう)は絵(え)の具(ぐ)の材料(ざいりょう)になる。 갈철광은 물감의 재료가 된다.

轄

17획 車
中 N1

음독 かつ 훈독 —	管轄(かんかつ) 관할
의미 쐐기 단속	この警察署(けいさつしょ)は広(ひろ)い区域(くいき)を管轄(かんかつ)している。 이 경찰서는 넓은 구역을 관할하고 있다.

且

5획 一

中 N1

음독 ― 훈독 かつ	且(か)つ 또
의미 또·게다가 당분간 ~조차	おもしろく且(か)つ感動的(かんどうてき)な話(はなし)だ。 재미있고 또한 감동적인 이야기다.

釜

10획 金

中 급수 외

음독 ― 훈독 かま	釜飯(かまめし) 솥밥 茶釜(ちゃがま) 차솥
의미 가마 물 끓이는 도구	この店(みせ)は釜飯(かまめし)が有名(ゆうめい)だ。 이 가게는 솥밥이 유명하다.

鎌

18획 金

中 N1

음독 ― 훈독 かま	鎌首(かまくび) 뱀이 머리를 쳐들었을 때를 이름 鎖鎌(くさりがま) 옛날 식 낫 무기
의미 낫	蛇(へび)が鎌首(かまくび)をもたげている。 뱀이 머리를 쳐들다.

刈

4획 刂

中 N1

음독 ― 훈독 かる	稲刈(いねか)り 벼 베기　芝刈(しばか)り 잔디 깎기
의미 베다 끊다 죽이다	鎌(かま)で稲刈(いねか)りをする。 낫으로 벼를 베다.

甘

5획 甘
中 N2

음독 かん 훈독 あまい·あまえる· あまやかす	甘受(かんじゅ) 감수　甘味料(かんみりょう) 감미료 甘酸(あまず)っぱい 달콤새콤하다　甘辛(あまから)い 달고 짜다
의미 맛있다 달다 감수하다	自分(じぶん)の誤(あやま)りを認(みと)めて、懲戒(ちょうかい)を甘受(かんじゅ)する。 자신의 잘못을 인정하고 징계를 감수하다. カルピスは甘酸(あまず)っぱい。 칼피스는 달콤새콤하다.

汗

6획 氵
中 N2

음독 かん 훈독 あせ	汗腺(かんせん) 땀샘 脂汗(あぶらあせ) 진땀·비지땀
의미 땀 땀을 흘리다	脂汗(あぶらあせ)を流(なが)す。 진땀을 흘리다.

缶

6획 缶
中 N2

음독 かん 훈독 —	缶蹴(かんけ)り 깡통 차기　缶詰(かんづ)め 통조림 空(あ)き缶(かん) 빈 깡통　製缶(せいかん) 제관
의미 깡통·용기의 일종	ツナの缶詰(かんづ)めを買(か)う。 참치 통조림을 사다. これは空(あ)き缶(かん)で作(つく)った作品(さくひん)です。 이것은 (빈) 깡통으로 만든 작품입니다.

肝

7획 月
中 N1

음독 かん 훈독 きも	肝要(かんよう) 매우 중요함　肝試(きもだめ)し 담력시험
의미 간(장기) 진심·성심 중요한	あなたの答(こた)えには肝要(かんよう)なことが抜(ぬ)かれている。 당신의 대답에는 중요한 것이 빠져있다. 彼女(かのじょ)は肝試(きもだめ)しから戻(もど)ってこなかった。 그녀는 담력시험에서 돌아오지 않았다.

冠

9획 冖
中 N1

음독 かん
훈독 かんむり

冠詞(かんし) 관사　冠者(かんじゃ) 젊은 남자
王冠(おうかん) 왕관　月桂冠(げっけいかん) 월계관

의미
관
성년이 되다
우두머리
다른사람들 머리 위에 서다

英語(えいご)の冠詞(かんし)を勉強(べんきょう)する。
영어의 관사를 공부하다.
王子(おうじ)は王冠(おうかん)の重(おも)さを実感(じっかん)した。
왕자는 왕관의 무게를 실감했다.

陥

10획 阝
中 N1

음독 かん
훈독 おちいる·
おとしいれる

陥没(かんぼつ) 함몰　陥落(かんらく) 함락
欠陥(けっかん) 결함　失陥(しっかん) 실함

의미
구멍
빠지다
빠뜨리다

まさか道路(どうろ)が陥没(かんぼつ)するとは。
설마 도로가 함몰될 줄은 몰랐다.
この車(くるま)には致命的(ちめいてき)な欠陥(けっかん)がある。
이 자동차에는 치명적인 결함이 있다.

乾

11획 乙
中 N2

음독 かん
훈독 かわく·かわかす

乾燥(かんそう) 건조　乾杯(かんぱい) 건배

의미
마르다
말리다
하늘
서북방향

この部屋(へや)は空気(くうき)がとても乾燥(かんそう)している。
이 방 공기는 매우 건조하다.
漢字(かんじ)のテストが無事(ぶじ)に終(お)わったことに乾杯(かんぱい)！
한자시험이 무사히 끝난 것에 건배!

勘

11획 力
中 N1

음독 かん
훈독 —

勘案(かんあん) 감안　勘弁(かんべん) 용서함
割(わ)り勘(かん) 더치페이

의미
생각하다
죄인을 심문하다
직감·육감

どうか、勘弁(かんべん)してください。
부디 용서해주세요.
今日(きょう)は、割(わ)り勘(かん)にしよう。
오늘은 더치페이하자.

患

11획 心 / 中 N2		
음독 かん	患者(かんじゃ) 환자	患部(かんぶ) 환부
훈독 わずらう	疾患(しっかん) 질환	急患(きゅうかん) 급환
의미	患者(かんじゃ)をより大(おお)きい病院(びょういん)に移送(いそう)する。	
걱정하다	환자를 더 큰 병원으로 이송하다.	
병을 앓다·병이 나다	アレルギー性(せい)の疾患(しっかん)を患(わずら)っている。	
재앙	알레르기성 질환을 앓고 있다.	

貫

11획 貝 / 中 N1		
음독 かん	貫通(かんつう) 관통	貫禄(かんろく) 관록
훈독 つらぬく	一貫(いっかん) 일관	本貫(ほんかん) 본관
의미	貫通銃創(かんつうじゅうそう)を負(お)う。	
관통하다	관통총상을 입다.	
금전 단위·관	一貫性(いっかんせい)のない主張(しゅちょう)。	
본적	일관성이 없는 주장.	

喚

12획 口 / 中 N1		
음독 かん	喚起(かんき) 환기	喚声(かんせい) 환성
훈독 —	召喚(しょうかん) 소환	阿鼻叫喚(あびきょうかん) 아비규환
의미	注意(ちゅうい)を喚起(かんき)させる。	
	주의를 환기시키다.	
부르다·외치다	参考人(さんこうにん)を召喚(しょうかん)する。	
초대하다	참고인을 소환하다.	

堪

12획 土 / 中 N1		
음독 かん / 훈독 たえる	堪忍(かんにん) 인내	堪能(かんのう) 뛰어남·능란함
의미	ならぬ堪忍(かんにん)、するが堪忍(かんにん)。	
	인내 할 수 없는 것을 인내하는 것이 참된 인내다.	
견디다	彼(かれ)は日本語(にほんご)に堪能(かんのう)だ。	
이기다·뛰어나다	그는 일본어가 뛰어나다.	

換

12획 扌

中 N2

음독 かん	換金(かんきん) 환금 　換算(かんさん) 환산
훈독 かえる·かわる	交換(こうかん) 교환 　転換(てんかん) 전환
의미	ドルを円(えん)に換金(かんきん)する。
바꾸다	달러를 엔화로 환금하다.
바뀌다	物物交換(ぶつぶつこうかん)。
새롭게 하다	물물교환.

敢

12획 攵

中 N1

음독 かん	敢行(かんこう) 감행 　敢闘(かんとう) 과감하게 싸움
훈독 —	果敢(かかん) 과감 　勇敢(ゆうかん) 용감함
의미	ストライキを敢行(かんこう)する。
감히	파업을 감행하다.
감행하다	果敢(かかん)なタッチが印象的(いんしょうてき)な絵(え)だ。
용감하다	과감한 터치가 인상적인 그림이다.

棺

12획 木

中 N1

음독 かん	棺桶(かんおけ) 관
훈독 —	納棺(のうかん) 입관·납관 　出棺(しゅつかん) 출관
의미	死者(ししゃ)を棺桶(かんおけ)に入(い)れる。
	죽은 자를 관에 넣다.
관	祖母(そぼ)の遺体(いたい)を納棺(のうかん)した。
입관하다	할머니의 유해를 입관했다.

款

12획 欠

中 N1

음독 かん	
훈독 —	約款(やっかん) 약관 　借款(しゃっかん) 차관
의미	約款(やっかん)を概観(がいかん)する。
기뻐하다	약관을 훑어보다.
항목	借款協定(しゃっかんきょうてい)を結(むす)ぶ。
새긴 글씨	차관협정을 맺다.

閑

12획 門
中 N1

음독 かん 훈독 —	閑暇(かんか) 한가　閑散(かんさん) 한산 等閑(とうかん) 등한　農閑期(のうかんき) 농한기
의미 경계·구분 한가함·조용함 소홀히 하다	日曜日(にちようび)なのに商店街(しょうてんがい)は閑散(かんさん)とした。 일요일인데도 상점가는 한산했다. 国語(こくご)·英語(えいご)·数学(すうがく)を除(のぞ)いては等閑視(とうかんし)する。 국영수를 제외하고는 등한시하다.

勧

13획 力
中 N1

음독 かん 훈독 すすめる	勧誘(かんゆう) 권유　勧奨(かんしょう) 권장
의미 권하다	漢字(かんじ)の授業(じゅぎょう)の受講(じゅこう)を勧誘(かんゆう)する。 한자수업 수강을 권유하다. 政府(せいふ)が勧奨(かんしょう)する食品(しょくひん)。 정부가 권장하는 식품.

寛

13획 宀
中 N1

음독 かん 훈독 —	寛大(かんだい) 관대　寛容(かんよう) 관용
의미 넓다 관대함 풍족함	被害者(ひがいしゃ)は犯人(はんにん)の罪(つみ)を寛大(かんだい)に許(ゆる)した。 피해자는 범인의 범죄를 관대하게 용서했다. 彼(かれ)は寛容(かんよう)な人(ひと)だ。 그는 관용할 줄 아는 사람이다.

歓

15획 欠
中 N1

음독 かん 훈독 —	歓喜(かんき) 환희　歓迎(かんげい) 환영 哀歓(あいかん) 애환　交歓(こうかん) 다같이 즐김
의미 기뻐하다 기쁨	新入生(しんにゅうせい)の歓迎(かんげい)パーティーに参加(さんか)する。 신입생 환영파티에 참가하다. この本(ほん)は庶民(しょみん)の哀歓(あいかん)を描(えが)いた作品(さくひん)だ。 이 책은 서민의 애환을 그린 작품이다.

監		
	음독 かん	監査(かんさ) 감사　監督(かんとく) 감독
	훈독 —	舎監(しゃかん) 사감　収監(しゅうかん) 수감
15획 皿	의미 보다 조사하다 비추어보다	映画監督(えいがかんとく)になるのが将来(しょうらい)の夢(ゆめ)です。 영화감독이 되는 것이 장래희망입니다. 連続殺人(れんぞくさつじん)の犯人(はんにん)が収監(しゅうかん)された。 연쇄살인의 범인이 수감되었다.
中 급수 외		

緩		
	음독 かん	緩和(かんわ) 완화　緩慢(かんまん) 완만
	훈독 ゆるい·ゆるやか· ゆるむ·ゆるめる	弛緩(しかん) 이완
15획 糸	의미 느슨하다 느슨해지다 느리다	規制(きせい)が緩和(かんわ)された。 규제가 완화되었다. 筋肉(きんにく)が弛緩(しかん)している。 근육이 이완되어있다.
中 N1		

憾		
	음독 かん	遺憾(いかん) 유감
	훈독 —	
16획 忄	의미 원망하다·원망 아쉬워하다	プロジェクトの失敗(しっぱい)に遺憾(いかん)を表(ひょう)する。 프로젝트 실패에 유감을 표하다.
中 N1		

還		
	음독 かん	還元(かんげん) 환원　還付(かんぷ) 환급
	훈독 —	帰還(きかん) 귀환　返還(へんかん) 반환
16획 辶	의미 돌아가다 다시 순환하다	税金(ぜいきん)を還付(かんぷ)する。 세금을 환급하다. ホンコンは1997年(ねん)、中国(ちゅうごく)に返還(へんかん)された。 홍콩은 1997년에 중국에 반환되었다.
中 N1		

環		
	음독 かん 훈독 —	環境(かんきょう) 환경　環太平洋(かんたいへいよう) 환태평양 一環(いっかん) 일환　循環(じゅんかん) 순환
17획 王 中 N1	의미 고리 순환하다	環境保護(かんきょうほご)のため、リサイクルを生活化(せいかつか)する。 환경보호를 위해 재활용을 생활화하다. 市内循環(しないじゅんかん)バスに乗(の)る。 시내순환버스를 타다.

韓		
	음독 かん 훈독 —	韓国(かんこく) 한국
18획 韋 中 N1	의미 우물 정(井)자 모양 대한민국	韓国(かんこく)と日本(にほん)の関係(かんけい)の改善(かいぜん)を期待(きたい)する。 한국과 일본의 관계개선을 기대하다.

艦		
	음독 かん 훈독 —	艦隊(かんたい) 함대　艦船(かんせん) 함선 戦艦(せんかん) 전함　潜水艦(せんすいかん) 잠수함
21획 舟 中 N1	의미 군함 배	艦隊(かんたい)を集結(しゅうけつ)する。 함대를 집결시키다. 潜水艦(せんすいかん)が浮上(ふじょう)する。 잠수함이 부상하다.

鑑		
	음독 かん 훈독 かんがみる	鑑賞(かんしょう) 감상　鑑識(かんしき) 감식 印鑑(いんかん) 인감　図鑑(ずかん) 도감
23획 金 中 N1	의미 거울·본보기 분별하다 비추어보다	趣味(しゅみ)は映画鑑賞(えいがかんしょう)です。 취미는 영화감상입니다. 孫(まご)に動物図鑑(どうぶつずかん)をプレゼントする。 손자·손녀에게 동물도감을 선물하다.

含

7획 口
中 N2

음독 がん
훈독 ふくむ·ふくめる

含有(がんゆう) 함유　　含意(がんい) 함의
内含(ないがん) (논리) 두 명제가 결합되는 관계·내부에 품는 일　　包含(ほうがん) 포함

의미
포함하다
두르다
안다

牛乳(ぎゅうにゅう)にはカルシウムが含有(がんゆう)されている。
우유에는 칼슘이 함유되어있다.
「すみません」には色々(いろいろ)な意味(いみ)が包含(ほうがん)されている。
「すみません」에는 여러 의미가 포함되어있다.

玩

8획 王
中 급수 외

음독 がん
훈독 —

玩具(がんぐ) 완구
愛玩(あいがん) 애완

의미
가지고 놀다
맛보다
탐하다

玩具(がんぐ)を集(あつ)めるのが趣味(しゅみ)です。
완구수집이 취미입니다.

頑

13획 頁
中 N1

음독 がん
훈독 —

頑固(がんこ) 완고　　頑丈(がんじょう) 튼튼함

의미
완고함
융통성이 없는
튼튼한

部長(ぶちょう)は頑固(がんこ)な人(ひと)だ。
부장님은 완고한 사람이다.
彼(かれ)は見掛(みか)けより頑丈(がんじょう)な人(ひと)だ。
그는 보기보다 튼튼한 사람이다.

企

6획 人
中 급수 외

음독 き
훈독 くわだてる

企画(きかく) 기획　　企業(きぎょう) 기업

의미
꾀하다
꾸미다

今週(こんしゅう)まで企画書(きかくしょ)を提出(ていしゅつ)してください。
이번 주까지 기획서를 제출해주세요.
彼女(かのじょ)は優(すぐ)れた企業家(きぎょうか)だ。
그녀는 뛰어난 기업가다.

伎		
	음독 き 훈독 —	歌舞伎(かぶき) 가부키
6획 亻 中 급수 외	의미 솜씨·재주 배우	歌舞伎(かぶき)を見(み)たことがありますか。 가부키를 본적이 있습니까?

岐		
	음독 き 훈독 —	岐路(きろ) 기로(갈림길) 分岐(ぶんき) 분기
7획 山 中 N1	의미 험하다·높다 갈림길·샛길	人生(じんせい)の岐路(きろ)に立(た)つ。 인생의 기로에 서다. 道(みち)が二(ふた)つに分岐(ぶんき)している。 길이 두 방향으로 갈라져 있다.

忌		
	음독 き 훈독 いむ·いまわしい	忌日(きじつ) 기일　忌避(きひ) 기피 回忌(かいき) 회기　禁忌(きんき) 금기
7획 心 中 N1	의미 싫어하다 두려워하다 기일	彼女(かのじょ)はクラスの忌避(きひ)対象(たいしょう)だ。 그녀는 반(클래스)의 기피대상이다. 禁忌(きんき)を犯(おか)す。 금기를 어기다.

奇		
	음독 き 훈독 —	奇跡(きせき) 기적　奇抜(きばつ) 기발 怪奇(かいき) 괴기　猟奇(りょうき) 엽기
8획 大 中 N1	의미 드문·진귀한 수상하다 불완전한	この作家(さっか)はいつも奇抜(きばつ)な想像力(そうぞうりょく)を見(み)せてくれる。 이 작가는 항상 기발한 상상력을 보여준다. 猟奇的(りょうきてき)な殺人事件(さつじんじけん)が起(お)きた。 엽기적인 살인사건이 일어났다.

祈

8획 ネ
中 N2

음독 き 훈독 いのる	祈願(きがん) 기원　　祈念(きねん) 기념·기원
의미 빌다 소원 기원·기도	母(はは)の完治(かんち)を祈願(きがん)する。 어머니의 완치를 기원하다. 成功(せいこう)を祈念(きねん)する。 성공을 기원하다.

軌

9획 車
中 N1

음독 き 훈독 —	軌跡(きせき) 궤적　　軌道(きどう) 궤도 常軌(じょうき) 상궤(항상 따라야 하는 바른 길)
의미 바퀴자국 길 탈 것	衛生(えいせい)が軌道(きどう)に乗(の)る。 위성이 궤도에 오르다. 常軌(じょうき)を逸(いっ)する。 상궤를 벗어나다.

既

10획 旡
中 N1

음독 き 훈독 すでに	既婚(きこん) 기혼　　既存(きそん) 기존
의미 이미 끝나다 다하다	山田(やまだ)さんは既婚者(きこんしゃ)だ。 야마다씨는 기혼자다. 既存(きそん)のルールに従(したが)ってください。 기존의 룰을 지켜주세요.

飢

10획 飠
中 N1

음독 き 훈독 うえる	飢餓(きが) 기아　　飢饉(ききん) 기근
의미 굶주리다 음식이 없음 흉작	世界(せかい)には今(いま)も飢餓(きが)に苦(くる)しむ人々(ひとびと)がいる。 세계에는 지금도 기아에 고통 받는 사람들이 있다.

鬼

10획 鬼
中 N1

음독 き	鬼才(きさい) 귀재　鬼(おに)ごっこ 술래잡기
훈독 おに	悪鬼(あっき) 악귀　餓鬼(がき) 아귀
의미	子供(こども)たちが鬼(おに)ごっこをして遊(あそ)ぶ。
영혼	아이들이 술래잡기를 하며 놀다.
귀신	悪鬼(あっき)に取(と)りつかれる。
도깨비·음기	악귀에 씌다.

亀

11획 亀
中 N1

음독 き	亀鑑(きかん) 귀감(본보기)　亀裂(きれつ) 균열
훈독 かめ	海亀(うみがめ) 바다거북　鶴亀(つるかめ) 행복을 기원하는 말(학과 거북)
의미	亀(かめ)がのろのろと進(すす)む。
	거북이가 느릿느릿하게 앞으로 가다.
거북이	サリバンは教育者(きょういくしゃ)の亀鑑(きかん)だ。
	설리번은 교육자의 귀감이다.

幾

12획 幺
中 N2

음독 き	幾何学(きかがく) 기하학
훈독 いく	幾分(いくぶん) 약간
의미	専攻(せんこう)は幾何学(きかがく)です。
조짐	전공은 기하학입니다.
대개	幾分(いくぶん)、寒(さむ)くなりましたね。
몇·어느 정도	약간 추워졌네요.

棋

12획 木
中 N1

음독 き	棋士(きし) (바둑)기사　棋聖(きせい) 기성(바둑·장기의 명인)
훈독 ―	将棋(しょうぎ) 장기
의미	棋士(きし)を目指(めざ)す。
	바둑기사를 목표로 하다.
장기	将棋(しょうぎ)を指(さ)す。
바둑	장기를 두다.

棄

13획 木
中 N1

음독 き 훈독 —	棄却(ききゃく) 기각　棄権(きけん) 기권 破毀(はき) 파기　放棄(ほうき) 포기
의미 버리다 물리치다·멀리하다 방치하다·내버려두다	相手(あいて)が試合(しあい)を棄権(きけん)した。 상대가 경기를 기권했다. 契約(けいやく)が破毀(はき)される。 계약이 파기되다.

毀

13획 殳
中 급수 외

음독 き 훈독 —	毀損(きそん) 훼손
의미 부수다 훼손하다 욕하다	名誉毀損(めいよきそん)で訴(うった)える。 명예훼손으로 고소하다.

畿

15획 田
中 급수 외

음독 き 훈독 —	近畿地方(きんきちほう) 긴키지방(교토를 중심으로 한 지방)
의미 수도와 가까운 지역	近畿地方(きんきちほう)の人(ひと)は近畿方言(きんきほうげん)を話(はな)す。 긴키지방 사람은 긴키사투리를 쓴다.

輝

15획 車
中 N1

음독 き 훈독 かがやく	輝石(きせき) 휘석 光輝(こうき) 광휘·빛
의미 빛나다	宝石(ほうせき)が光輝(こうき)を放(はな)つ。 보석이 빛을 발하다.

騎		
	음독 き 훈독 —	騎乗(きじょう) 승마　騎馬(きば) 기마
18획 馬 中 N1	의미 말 타다 말에 탄 병사	モンゴルは騎馬民族(きばみんぞく)だ。 몽골은 기마민족이다.

宜		
	음독 ぎ 훈독 —	適宜(てきぎ) 적당함　便宜(べんぎ) 편의
8획 宀 中 N1	의미 마땅하다 당연하다	適宜(てきぎ)に席(せき)に着(つ)く。 적당히 착석하다. 便宜(べんぎ)をはかる。 편의를 도모하다.

偽		
	음독 ぎ 훈독 いつわる·にせ	偽造(ぎぞう) 위조　偽物(にせもの) 가짜 真偽(しんぎ) 진위　虚偽(きょぎ) 허위
11획 亻 中 N1	의미 속이다 가짜 인위	偽造紙幣(ぎぞうしへい)の使用(しよう)は犯罪(はんざい)だ。 위조지폐 사용은 범죄다. 真偽(しんぎ)を正(ただ)す。 진위를 따지다.

欺		
	음독 ぎ 훈독 あざむく	欺瞞(ぎまん) 기만 詐欺(さぎ) 사기
12획 欠 中 N1	의미 속이다 경시하다·깔보다	政府(せいふ)の欺瞞的(ぎまんてき)な行為(こうい)に国民(こくみん)は憤慨(ふんがい)した。 정부의 기만적 행위에 국민은 분개했다. 詐欺(さぎ)にあう。 사기 당하다.

儀		
	음독 ぎ	儀式(ぎしき) 의식　儀礼(ぎれい) 의례
	훈독 —	行儀(ぎょうぎ) 예의범절　葬儀(そうぎ) 장의·장례식
	의미	開会(かいかい)の儀式(ぎしき)を行(おこな)う。
	본보기	개회의식을 행하다.
15획 亻	의식·식전	行儀(ぎょうぎ)が悪(わる)い。
中 N1	모형	예의범절이 나쁘다.

戯		
	음독 ぎ	戯曲(ぎきょく) 희곡
	훈독 たわむれる	遊戯(ゆうぎ) 유희　演戯(えんぎ) 연극·연기
	의미	シェイクスピアの戯曲(ぎきょく)は有名(ゆうめい)だ。
	희롱하다	세익스피어의 희곡은 유명하다.
15획 戈	장난하다	単(たん)なる言葉(ことば)の遊戯(ゆうぎ)にすぎない。
中 N1	연극	단순한 언어유희에 지나지 않는다.

擬		
	음독 ぎ	擬声語(ぎせいご) 의성어　擬態語(ぎたいご) 의태어
	훈독 —	擬人法(ぎじんほう) 의인법
	의미	「ワンワン」「ニャー」は擬声語(ぎせいご)だ。
		「ワンワン」「ニャー」은 의성어다.
17획 扌	본뜨다	「ぼろぼろ」「くたくた」は擬態語(ぎたいご)だ。
中 N1	흉내 내다	「ぼろぼろ」「くたくた」는 의태어다.

犠		
	음독 ぎ	犠牲(ぎせい) 희생
	훈독 —	
	의미	自分(じぶん)の成功(せいこう)のために弱者(じゃくしゃ)を犠牲(ぎせい)にする。
17획 牛	희생	자신의 성공을 위해 약자를 희생하다.
中 N1		

菊

11획 艹

中 N1

음독 きく

훈독 —

菊花(きくか) 국화

野菊(のぎく) 들국화　春菊(しゅんぎく) 쑥갓

의미

국화

菊(きく)の花(はな)が咲(さ)いた。

국화꽃이 피었다.

吉

6획 口

中 N1

음독 きち·きつ

훈독 —

吉日(きちじつ) 기일　吉兆(きっちょう) 길조

大吉(だいきち) 대길　不吉(ふきつ) 불길함

의미

좋음

경사스러움

행복

青(あお)い鳥(とり)は吉兆(きっちょう)の象徴(しょうちょう)だ。

파랑새는 길조의 상징이다.

おみくじで大吉(だいきち)が出(で)た。

점괘에서 대길이 나왔다.

喫

12획 口

中 N2

음독 きつ

훈독 —

喫煙(きつえん) 흡연　喫茶店(きっさてん) 찻집

満喫(まんきつ) 만끽

의미

먹다

마시다

喫煙席(きつえんせき)でおねがいします。

흡연석으로 부탁합니다.

久(ひさ)しぶりの休暇(きゅうか)を満喫(まんきつ)する。

간만의 휴가를 만끽하다.

詰

13획 言

中 N2

음독 きつ

훈독 める·つまる·つむ

詰責(きっせき) 힐책　詰問(きつもん) 힐문

難詰(なんきつ) 힐난　面詰(めんきつ) 면힐(맞대놓고 힐난함)

의미

힐책하다

쌓이다·막히다

채움

容疑者(ようぎしゃ)を詰問(きつもん)する。

용의자를 힐문하다.

上司(じょうし)に面詰(めんきつ)される。

상사에게 면힐당하다.

却		
7획 卩	음독 きゃく	却下(きゃっか) 기각
中 N1	훈독 ―	償却(しょうきゃく) (경제)상각·변제·상환　返却(へんきゃく) 반환
	의미	申請(しんせい)が却下(きゃっか)される。
	물리치다	신청이 기각되다.
	제거하다	本(ほん)を返却(へんきゃく)する。
	오히려	책을 반납하다.

脚		
11획 月	음독 きゃく·きゃ	脚色(きゃくしょく) 각색　脚本(きゃくほん) 각본
中 N1	훈독 あし	立脚(りっきゃく) 입각　雨脚(あまあし) 빗줄기
	의미	彼(かれ)は有名(ゆうめい)な脚本家(きゃくほんか)だ。
	다리	그는 유명한 각본가다.
	다리와 같이 지탱하는 부분	雨脚(あまあし)が強(つよ)くなってきた。
		빗줄기가 강해졌다.

虐		
9획 虍	음독 ぎゃく	虐待(ぎゃくたい) 학대　虐殺(ぎゃくさつ) 학살
中 N1	훈독 しいたげる	残虐(ざんぎゃく) 잔학　暴虐(ぼうぎゃく) 포학
	의미	動物(どうぶつ)を虐待(ぎゃくたい)する。
	학대하다	동물을 학대하다.
	손상하다	暴虐(ぼうぎゃく)に振(ふ)る舞(ま)う。
	비참하다	포학하게 행동하다.

及		
3획 丿	음독 きゅう	及第(きゅうだい) 급제
中 N1	훈독 およぶ·および·およぼす	言及(げんきゅう) 언급　普及(ふきゅう) 보급
	의미	公務員(こうむいん)試験(しけん)に及第(きゅうだい)する。
	달하다·이르다	공무원시험에 합격하다.
	합격하다	このレストランは一流(いちりゅう)シェフが言及(げんきゅう)したことがある。
	및	이 레스토랑은 일류셰프가 언급한 적이 있다.

丘

5획 一
中 N1

음독 きゅう
훈독 おか

丘陵(きゅうりょう) 구릉·언덕
砂丘(さきゅう) 사구(모래언덕)

의미
언덕
무덤
마을

海岸(かいがん)の砂丘(さきゅう)を歩(ある)く。
해안의 사구를 걷다.

朽

6획 木
中 N1

음독 きゅう
훈독 くちる

朽(く)ち木(き) 썩은 나무
不朽(ふきゅう) 불후　　老朽(ろうきゅう) 노후

의미
썩다
쇠하다
망하다

朽(く)ち木(き)にきのこが生(は)えている。
썩은 나무에 버섯이 자라 있다.
その絵(え)は不朽(ふきゅう)の名作(めいさく)だ。
이 그림은 불후의 명작이다.

臼

6획 臼
中 급수 외

음독 きゅう
훈독 うす

臼歯(きゅうし) 어금니
石臼(いしうす) 맷돌

의미

臼歯(きゅうし)が虫歯(むしば)になった。
어금니에 충치가 생겼다.

맷돌·절구

田舎(いなか)の祖母(そぼ)の家(いえ)にはまだ石臼(いしうす)がある。
시골 할머니 댁에는 아직 맷돌이 있다.

糾

9획 糸
中 N1

음독 きゅう
훈독 —

糾弾(きゅうだん) 규탄　　糾明(きゅうめい) 규명
紛糾(ふんきゅう) 분규(사태·논의 등이 뒤얽힘)

의미

政治家(せいじか)の非理(ひり)を糾弾(きゅうだん)する。
정치가의 비리를 규탄하다.

꼬아 얽히다
바로잡다·조사하다

国会(こっかい)が紛糾(ふんきゅう)する。
국회가 분규하다.

嗅	음독 きゅう 훈독 かぐ	嗅覚(きゅうかく) 후각
13획 口 中 급수 외	의미 냄새를 맡다	動物(どうぶつ)は嗅覚(きゅうかく)が発達(はったつ)している。 동물은 후각이 발달되어있다.

窮	음독 きゅう 훈독 きわめる· きわまる	窮屈(きゅうくつ) 갑갑함·거북함　窮地(きゅうち) 궁지 困窮(こんきゅう) 곤궁　貧窮(ひんきゅう) 빈궁
15획 穴 中 N1	의미 끝까지 가다 극도에 이르다 극히 ~하다 꼼짝 못할 상태에 빠지다	カプセルホテルはとても窮屈(きゅうくつ)だ。 캡슐호텔은 너무 좁아서 갑갑하다. 生活(せいかつ)が困窮(こんきゅう)する。 생활이 곤궁하다.

巨	음독 きょ 훈독 —	巨額(きょがく) 거액　巨大(きょだい) 거대
5획 丨 中 N2	의미 착수금·척도 크다·많다	巨額(きょがく)を横領(おうりょう)する。 거액을 횡령하다. 東京(とうきょう)ディズニーランドは巨大(きょだい)な規模(きぼ)を誇(ほこ)る。 도쿄디즈니랜드는 거대한 규모를 자랑한다.

拒	음독 きょ 훈독 こばむ	拒絶(きょぜつ) 거절　拒否(きょひ) 거부 抗拒(こうきょ) 항거　峻拒(しゅんきょ) 준거
8획 扌 中 급수 외	의미 막다 거부하다 어기다	登校(とうこう)を拒否(きょひ)する学生(がくせい)が増(ふ)えている。 등교를 거부하는 학생이 늘어나고 있다. 不当(ふとう)な命令(めいれい)に抗拒(こうきょ)する。 부당한 명령에 항거하다.

拠

8획 扌 / 中 N1		
	음독 きょ·こ 훈독 —	拠出(きょしゅつ) 거출·갹출　拠点(きょてん) 거점 根拠(こんきょ) 근거　証拠(しょうこ) 증거
	의미 기대다 틀어박히다 근거	拠点(きょてん)を築(きず)く。 거점을 구축하다. 決定的(けっていてき)な証拠(しょうこ)が出(で)た。 결정적인 증거가 나왔다.

虚

11획 虍 / 中 N1		
	음독 きょ·こ 훈독 —	虚偽(きょぎ) 허위　虚無(きょむ) 허무 空虚(くうきょ) 공허　謙虚(けんきょ) 겸허
	의미 허무하다 비우다 거짓	この世(よ)は虚無(きょむ)だ。 이 세상은 허무하다. 謙虚(けんきょ)な姿勢(しせい)で面接(めんせつ)に臨(のぞ)む。 겸허한 자세로 면접에 임하다.

距

12획 足 / 中 N1		
	음독 きょ 훈독 —	距離(きょり) 거리
	의미 닭의 발톱 (공간적) 떨어지다 틀리다	駅(えき)から5分(ふん)距離(きょり)のホテルを予約(よやく)した。 역에서 5분 거리의 호텔을 예약했다.

御

12획 彳 / 中 N2		
	음독 ぎょ·ご 훈독 おん	御璽(ぎょじ) 옥새　御用(ごよう) 용건 崩御(ほうぎょ) 붕어　制御(せいぎょ) 제어
	의미 말을 다루다 거느리다 정중함을 나타내는 접두어	何(なに)か御用(ごよう)ですか。 무슨 용건이십니까? 車(くるま)の速度(そくど)を制御(せいぎょ)する。 차 속도를 제어하다.

凶	음독 きょう 훈독 —	凶悪(きょうあく) 흉악　凶作(きょうさく) 흉작 吉凶(きっきょう) 길흉
4획 凵 中 N1	의미 나쁘다 재앙 기근	今年(ことし)は雨(あめ)が降(ふ)らなくて凶作(きょうさく)になった。 올해는 비가 내리지 않아 흉작이 되었다. 吉凶(きっきょう)を占(うらな)う。 길흉을 점치다.

叫	음독 きょう 훈독 さけぶ	叫喚(きょうかん) 규환　叫(さけ)び声(こえ) 비명소리 絶叫(ぜっきょう) 절규　雄叫(おたけ)び 우렁찬 부르짖음
6획 口 中 N2	의미 외치다 부르다 울다	事故現場(じこげんば)は阿鼻叫喚(あびきょうかん)だった。 사고현장은 아비규환이었다. 助(たす)けを求(もと)めて絶叫(ぜっきょう)する。 도움을 요청하며 절규하다.

狂	음독 きょう 훈독 くるう·くるおしい	狂喜(きょうき) 몹시 기뻐함　狂乱(きょうらん) 광란 熱狂(ねっきょう) 열광　発狂(はっきょう) 발광
7획 犭 中 N1	의미 정신상태가 정상이 아니다 장난기·익살	狂喜乱舞(きょうきらんぶ)する。 뛸 듯이 기뻐하다. 韓国(かんこく)チームの勝利(しょうり)に人々(ひとびと)は熱狂(ねっきょう)した。 한국팀 승리에 사람들은 열광했다.

享	음독 きょう 훈독 —	享受(きょうじゅ) 향수·누림　享楽(きょうらく) 향락
8획 亠 中 N1	의미 권하다 대접하다 누리다	幸(しあわ)せを享受(きょうじゅ)する。 행복을 누리다.

況

8획 氵 / 中 N2

음독 きょう 훈독 —	近況(きんきょう) 근황　　状況(じょうきょう) 상황
의미 하물며 예를 들다 상황	両親(りょうしん)に留学生活(りゅうがくせいかつ)の近況(きんきょう)を知(し)らせる。 부모님께 유학생활의 근황을 알리다. 状況(じょうきょう)を報告(ほうこく)する。 상황을 보고하다.

峡

9획 山 / 中 N1

음독 きょう 훈독 —	峡間(きょうかん) 골짜기　　峡谷(きょうこく) 협곡 海峡(かいきょう) 해협　　山峡(さんきょう) 산협
의미 골짜기 좁고 긴 장소	峡間(きょうかん)に川(かわ)が流(なが)れる。 골짜기에 강이 흐르다. 山峡(さんきょう)の温泉(おんせん)を尋(たず)ねる。 산골짜기에 있는 온천을 찾아가다.

挟

9획 扌 / 中 N2

음독 きょう 훈독 はさむ·はさまる	挟撃(きょうげき) 협격·협공
의미 (겨드랑이에) 끼다 ~을 사이에 두다 안다	敵(てき)を挟撃(きょうげき)するための作戦(さくせん)を立(た)てる。 적을 협격하기 위한 작전을 세우다.

狭

9획 犭 / 中 N1

음독 きょう 훈독 せまい·せばめる·せばまる	狭義(きょうぎ) 협의　　狭心症(きょうしんしょう) 협심증 広狭(こうきょう) 광협　　偏狭(へんきょう) 편협
의미 좁다 좁히다 범위가 작음	祖父(そふ)は狭心症(きょうしんしょう)の薬(くすり)を飲(の)んでいる。 할아버지는 협심증 약을 먹고 있다. 偏狭(へんきょう)な考(かんが)え方(かた)はよくない。 편협한 사고방식은 좋지 않다.

恐

10획 心
中 N2

음독 きょう 훈독 おそれる· おそろしい	恐慌(きょうこう) 공황　恐怖(きょうふ) 공포
의미 두려워하다 두려워하며 삼가다 위협하다	経済恐慌(けいざいきょうこう)で破産(はさん)する。 경제공황으로 파산하다. 彼(かれ)は閉所恐怖症(へいしょきょうふしょう)がある。 그는 폐쇄공포증이 있다.

恭

10획 ⺗
中 N1

음독 きょう 훈독 うやうやしい	恭敬(きょうけい) 공경　恭順(きょうじゅん) 순순히 복종함
의미 공손하다 삼가다	老人(ろうじん)を恭敬(きょうけい)する。 노인을 공경하다. 恭順(きょうじゅん)をちかう。 복종을 맹세하다.

脅

10획 月
中 N1

음독 きょう 훈독 おびやかす· おどす·おどかす	脅威(きょうい) 위협　脅迫(きょうはく) 협박
의미 위협하다 방해하다 으스대다	脅威(きょうい)を感(かん)ずる。 위협을 느끼다. あなたの脅迫(きょうはく)なんか怖(こわ)くない。 당신의 협박 따위 무섭지 않다.

矯

17획 矢
中 N1

음독 きょう 훈독 ためる	矯正(きょうせい) 교정 奇矯(ききょう) 기교(괴이하고 기발함)
의미 바로잡다 속이다 강하다·용감하다	歯(は)を矯正(きょうせい)する。 치아교정을 하다. 奇矯(ききょう)な行動(こうどう)をする。 기교한 행동을 하다.

響		
20획 音 中 N1	음독 きょう 훈독 ひびく	音響(おんきょう) 음향 影響(えいきょう) 영향
	의미 울리다 울림	公演(こうえん)の前(まえ)に音響(おんきょう)をチェックする。 공연 전에 음향을 체크하다. 影響(えいきょう)を与(あた)える。 영향을 미치다.

驚		
22획 馬 中 N1	음독 きょう 훈독 おどろく· おどろかす	驚異(きょうい) 경이 驚愕(きょうがく) 경악 喫驚(きっきょう) 깜짝 놀람
	의미 놀라다 놀라게 하다 소동	驚異的(きょういてき)な記録(きろく)を出(だ)す。 경이적인 기록을 내다. 彼女(かのじょ)のかってな行動(こうどう)にみんな驚愕(きょうがく)した。 그녀의 제멋대로인 행동에 모두 경악했다.

仰		
6획 亻 中 N1	음독 ぎょう·こう 훈독 あおぐ·おおせ	仰天(ぎょうてん) 매우 놀람 仰視(ぎょうし) 우러러봄 信仰(しんこう) 신앙
	의미 우러러보다 분부(명령)	大空(おおぞら)を仰視(ぎょうし)する。 하늘을 우러러보다. 彼(かれ)は篤実(とくじつ)な信仰(しんこう)をもっている。 그는 독실한 신앙을 가지고 있다.

暁		
12획 日 中 N1	음독 ぎょう 훈독 あかつき	暁光(ぎょうこう) 새벽빛 暁鐘(ぎょうしょう) 새벽종 今暁(こんぎょう) 오늘새벽 早暁(そうぎょう) 첫 새벽(동틀녘)
	의미 새벽 밝음·분명함 깨닫다	暁鐘(ぎょうしょう)が鳴(な)る。 새벽종이 울리다. 早暁(そうぎょう)に出発(しゅっぱつ)する予定(よてい)です。 동틀녘에 출발할 예정입니다.

凝

16획 冫
中 N1

음독 ぎょう	凝視(ぎょうし) 응시　凝縮(ぎょうしゅく) 응축
훈독 こる·こらす	肩凝(かたこ)り 어깨 결림
의미	怪(あや)しい人(ひと)が子供(こども)たちを凝視(ぎょうし)している。
열중하다·응고하다	수상한 사람이 아이들을 응시하고 있다.
굳다	水泳(すいえい)を始(はじ)めてから、肩凝(かたこ)りがなくなった。
한 마음이 되다	수영을 시작하고 어깨 결림이 없어졌다.

巾

3획 巾
中 급수 외

음독 きん	巾着(きんちゃく) 주머니
훈독 —	布巾(ふきん) 행주　雑巾(ぞうきん) 걸레
의미	巾着(きんちゃく)のお金(かね)。
수건	쌈짓돈.
천·헝겊	布巾(ふきん)で食器(しょっき)をふく。
폭	행주로 식기를 닦다.

斤

4획 斤
中 N1

음독 きん	斤量(きんりょう) 근량
훈독 —	一斤(いっきん) 한 근
의미	斤量(きんりょう)をはかる。
	근량을 재다.
무게 단위(근)	一斤(いっきん)は600グラムだ。
큰 도끼	한 근은 600g이다.

菌

11획 艹
中 N1

음독 きん	菌毒(きんどく) 버섯 등의 독　菌類(きんるい) 균류(버섯 곰팡이)
훈독 —	細菌(さいきん) 세균　殺菌(さっきん) 살균
의미	菌毒(きんどく)にあたる。
버섯	균독에 중독되다.
곰팡이	食器(しょっき)を殺菌(さっきん)する。
세균	식기를 살균하다.

琴	음독 きん 훈독 こと	琴線(きんせん) 거문고 줄 鉄琴(てっきん) 철금　木琴(もっきん) 목금(실로폰)
12획 王 中 급수 외	의미 거문고	鉄琴(てっきん)と木琴(もっきん)で合奏(がっそう)する。 철금과 목금으로 합주하다.

僅	음독 きん 훈독 わずか	僅差(きんさ) 근소한 차이　僅少(きんしょう) 근소함
13획 亻 中 급수 외	의미 근소함·조금·약간 얼마 안되는 모양	僅差(きんさ)で負(ま)ける。 근소한 차이로 지다.

緊	음독 きん 훈독 —	緊急(きんきゅう) 긴급　緊張(きんちょう) 긴장 喫緊(きっきん) 중요함
15획 糸 中 N1	의미 단단하게 죄다 엄하다 서두르다	緊張(きんちょう)して、発表(はっぴょう)がめちゃくちゃになってしまった。 긴장해서 발표가 엉망진창이 되어버렸다. 喫緊(きっきん)の要務(ようむ)がある。 중요한 용무가 있다.

錦	음독 きん 훈독 にしき	錦秋(きんしゅう) 단풍으로 물든 아름다운 가을 錦鯉(にしきごい) 비단잉어
16획 金 中 N1	의미 비단 아름다움	秋(あき)には錦秋(きんしゅう)の山(やま)を尋(たず)ねる。 가을에는 단풍으로 물든 산을 찾아간다. 池(いけ)で錦鯉(にしきごい)が泳(およ)いでいる。 연못에 비단잉어가 헤엄치고 있다.

謹

17획 言
中 N1

음독 きん
훈독 つつしむ

謹賀新年(きんがしんねん) 근하신년　謹慎(きんしん) 근신

의미
삼가다
황공하여 삼가다
중요시 여기다

年賀状(ねんがじょう)には謹賀新年(きんがしんねん)と書(か)いている。
연하장에는 근하신년이라고 써 있다.
謹慎処分(きんしんしょぶん)を受(う)ける。
근신처분을 받다.

襟

18획 ネ
中 N1

음독 きん
훈독 えり

襟首(えりくび) 목덜미　襟巻(えりま)き 목도리
胸襟(きょうきん) 가슴속에 품은 생각

의미
옷깃
가슴
마음

怒(いか)りのあまり、人(ひと)の襟首(えりくび)をつかんでしまった。
분노한 나머지 목덜미를 잡아버렸다.
胸襟(きょうきん)をひらく。
마음속을 터놓다.

吟

7획 口
中 N1

음독 ぎん
훈독 —

吟味(ぎんみ) 음미　吟遊(ぎんゆう) 음유
詩吟(しぎん) 시음(한시에 가락을 붙여 읊음)

의미
노래하다·읊다
시·노래
신음하다

言葉(ことば)の意味(いみ)を吟味(ぎんみ)する。
말의 의미를 음미하다.

駆

14획 馬
中 N1

음독 く
훈독 かける·かる

駆使(くし) 구사　駆動(くどう) 구동
疾駆(しっく) 질구(질주)　先駆(せんく) 선구

의미
달리다
쫓다
몰다

彼(かれ)は日本語(にほんご)と英語(えいご)を自由(じゆう)に駆使(くし)する。
그는 일본어랑 영어를 자유롭게 구사한다.
彼女(かのじょ)は先駆的(せんくてき)なアイディアをもつデザイナーだ。
그녀는 선구적인 아이디어를 가진 디자이너다.

惧

11획 忄
中 급수 외

음독 ぐ 훈독 —	危惧(きぐ) 위구(걱정하고 두려워함)
의미 두려워하다	失敗(しっぱい)を危惧(きぐ)する。 실패를 걱정하다.

愚

13획 心
中 N1

음독 ぐ 훈독 おろか	愚鈍(ぐどん) 우둔함　愚痴(ぐち) 푸념 暗愚(あんぐ) 암우　賢愚(けんぐ) 현우(현명함과 어리석음)
의미 어리석음 겸손의 뜻을 표함 경시하다	彼(かれ)は愚鈍(ぐどん)な人(ひと)だ。 그는 우둔한 사람이다. 賢愚(けんぐ)の差(さ)が甚(はなは)だしい。 현우의 차이가 심하다.

偶

11획 亻
中 N2

음독 ぐう 훈독 —	偶然(ぐうぜん) 우연　偶発(ぐうはつ) 우발 配偶者(はいぐうしゃ) 배우자
의미 줄서다 인형 우연히	その答(こた)えは偶然(ぐうぜん)の一致(いっち)だった。 그 대답은 우연의 일치였다. 配偶者(はいぐうしゃ)を選択(せんたく)する。 배우자를 선택하다.

遇

12획 辶
中 N1

음독 ぐう 훈독 —	処遇(しょぐう) 처우　優遇(ゆうぐう) 우대
의미 만나다 대접하다 운명	不当(ふとう)な処遇(しょぐう)を受(う)ける。 부당한 처우를 받다. 日本語(にほんご)ができる人(ひと)を優遇(ゆうぐう)する。 일본어가 가능한 사람을 우대하다.

隅

12획 阝
中 N2

음독 ぐう 훈독 すみ	隅々(すみずみ) 구석구석 一隅(いちぐう) 한구석　片隅(かたすみ) 한구석
의미 구석	部屋(へや)を隅々(すみずみ)まで掃除(そうじ)する。 방을 구석구석 청소했다. 運動場(うんどうじょう)の一隅(いちぐう)に木(き)が立(た)っている。 운동장 한구석에 나무가 서 있다.

串

7획 丨
中 급수 외

음독 — 훈독 くし	串揚(くしあ)げ 꼬치튀김　串団子(くしだんご) 꼬치경단
의미 꼬치 관통하다·꿰뚫다	あの居酒屋(いざかや)は串揚(くしあ)げが美味(おい)しい。 저 선술집은 꼬치튀김이 맛있다.

屈

8획 尸
中 N1

음독 くつ 훈독 —	屈曲(くっきょく) 굴곡　屈辱(くつじょく) 굴욕 退屈(たいくつ) 지루함　理屈(りくつ) 이치·핑계
의미 굽다·구부러지다 복종하다 자기를 낮추다	道(みち)の屈曲(くっきょく)が激(はげ)しい。 길의 굴곡이 심하다. 退屈(たいくつ)な一日(いちにち)だ。 지루한 하루다.

掘

11획 扌
中 N2

음독 くつ 훈독 ほる	掘削(くっさく) 굴착　掘(ほ)り出(だ)し物(もの) 우연히 얻은 귀한 물건·의외로 싸게 산 물건 採掘(さいくつ) 채굴　発掘(はっくつ) 발굴
의미 파다 파내다	掘(ほ)り出(だ)し物(もの)をする。 물건을 싸게 사다. 発掘作業(はっくつさぎょう)がなかなか進(すす)まない。 발굴 작업이 좀처럼 진행되지 않는다.

窟

13획 穴
中 급수 외

음독 くつ 훈독 —	巣窟(そうくつ) 소굴　　洞窟(どうくつ) 동굴
의미 동굴 동물·사람의 거처	洞窟(どうくつ)を見(み)つける。 동굴을 발견하다.

熊

14획 灬
中 N1

음독 — 훈독 くま	熊狩(くまが)り 곰 사냥　　熊手(くまで) 갈퀴 穴熊(あなぐま) 오소리　　白熊(しろくま) 북극곰
의미 곰	熊手(くまで)で乾草(かんそう)を集(あつ)める。 갈퀴로 건초를 모으다. 白熊(しろくま)の数(かず)が減少(げんしょう)している。 북극곰의 수가 감소하고 있다.

繰

19획 糸
中 N1

음독 — 훈독 くる	繰(く)り上(あ)げ (예정보다)앞당김　繰(く)り返(かえ)し 반복
의미 끌어당기다 순서대로 보내다	ミスの繰(く)り返(かえ)しは困(こま)る。 실수의 반복은 곤란하다.

勲

15획 力
中 N1

음독 くん 훈독 —	勲功(くんこう) 훈공　　勲章(くんしょう) 훈장 殊勲(しゅくん) 수훈　　武勲(ぶくん) 무훈
의미 공 공적	勲章(くんしょう)を授与(じゅよ)する。 훈장을 수여하다. 殊勲(しゅくん)を立(た)てる。 수훈을 세우다.

薫

16획 艹
中 N1

음독 くん 훈독 かおる	薫育(くんいく) 훈육　薫風(くんぷう) 훈풍
의미 향기가 나다 향을 피우다 사람을 감화시키다	学生(がくせい)を薫育(くんいく)する。 학생을 훈육하다. 気持(きも)ちいい薫風(くんぷう)が吹(ふ)く。 기분 좋은 훈풍이 불다.

刑

6획 刂
中 N1

음독 けい 훈독 —	刑務所(けいむしょ) 형무소　刑罰(けいばつ) 형벌 減刑(げんけい) 감형　実刑(じっけい) 실형
의미 규정·법률 처벌·벌하다	昔(むかし)の刑務所(けいむしょ)を見学(けんがく)する。 옛 형무소를 견학하다. 実刑判決(じっけいはんけつ)を受(う)ける。 실형판결을 받다.

茎

8획 艹
中 N1

음독 けい 훈독 くき	地下茎(ちかけい) 땅속줄기　歯茎(はぐき) 잇몸
의미 줄기 기둥·버팀목	ジャガイモ、里芋(さといも)などは地下茎(ちかけい)だ。 감자, 토란은 땅속줄기 식물이다. 歯茎(はぐき)から血(ち)が出(で)る。 잇몸에서 피가 나다.

契

9획 大
中 N1

음독 けい 훈독 ちぎる	契機(けいき) 계기　契約(けいやく) 계약 深契(しんけい) 심계　黙契(もっけい) 묵계
의미 약속하다 약속 증거 문서	契約(けいやく)を結(むす)ぶ。 계약을 맺다. 黙契(もっけい)が成(な)り立(た)つ。 묵계가 성립하다.

惠	음독 けい·え 훈독 めぐむ	恵雨(けいう) 단비　恵贈(けいぞう) 받은데 대해 편지로 감사의 인사를 할 때 쓰는 말 恩恵(おんけい) 은혜　知恵(ちえ) 지혜
10획 心 中 N1	의미 은혜를 베풀다 따르다 현명하다	長(なが)い日照(ひで)りが終(お)わり、恵雨(けいう)が降(ふ)る。 긴 가뭄이 끝나고, 단비가 내리다. 恩恵(おんけい)を施(ほどこ)す。 은혜를 베풀다.

啓	음독 けい 훈독 —	啓発(けいはつ) 계발　啓蒙(けいもう) 계몽
11획 口 中 N1	의미 열다 이끌다 말하다	能力(のうりょく)を啓発(けいはつ)する。 능력을 계발하다. 啓蒙(けいもう)運動(うんどう)に参加(さんか)する。 계몽운동에 참가하다.

揭	음독 けい 훈독 かかげる	掲示(けいじ) 게시　掲揚(けいよう) 게양 再掲(さいけい) 다시 게시함　別掲(べっけい) 따로 게시함
11획 扌 中 N1	의미 걸다 얹다 짊어지다	国旗(こっき)を掲揚(けいよう)する。 국기를 게양하다. 詳(くわ)しくは、別掲(べっけい)の図表(ずひょう)を参考(さんこう)してください。 자세한 것은 별도 게시한 도표를 참고해주세요.

渓	음독 けい 훈독 —	渓谷(けいこく) 계곡　渓流(けいりゅう) 시냇물 清渓(せいけい) 청계　雪渓(せっけい) 눈이 연중 녹지 않는 높은 산골짜기
11획 氵 中 N1	의미 골짜기 골짜기를 흐르는 시내	美(うつく)しい渓谷(けいこく)を眺(なが)める。 아름다운 계곡을 바라보다. カレンダーの冬(ふゆ)の部分(ぶぶん)には、アルプスの雪渓(せっけい)がよく出(で)る。 달력의 겨울부분에는 알프스 산의 설계가 자주 나온다.

蛍

11획 虫

中 N1

음독 けい 훈독 ほたる	蛍光(けいこう) 형광
의미 반딧불이	部屋(へや)の蛍光灯(けいこうとう)を取(と)り替(か)える。 방의 형광등을 교체하다.

傾

13획 亻

中 N2

음독 けい 훈독 かたむく· かたむける	傾向(けいこう) 경향　傾聴(けいちょう) 경청 右傾(うけい) 우경　左傾(さけい) 좌경
의미 기울다 뒤집히다 마음을 기울이다	進歩的(しんぽてき)な傾向(けいこう)を見(み)せる。 진보적인 경향을 보이다. この新聞(しんぶん)は左傾(さけい)している。 이 신문은 좌경화되어 있다.

携

13획 扌

中 급수 외

음독 けい 훈독 たずさえる· たずさわる	携帯(けいたい) 휴대 提携(ていけい) 제휴　連携(れんけい) 연휴
의미 휴대하다 지니다 연속해있다	旅行(りょこう)の時(とき)、携帯用(けいたいよう)充電器(じゅうでんき)は必須(ひっす)だ。 여행 갈 때, 휴대용 충전기는 필수다. プロジェクトのために他(ほか)の部署(ぶしょ)と提携(ていけい)する。 프로젝트를 위해 다른 부서와 제휴하다.

継

13획 糸

中 N1

음독 けい 훈독 つぐ	継起(けいき) 잇따라 일어남　継続(けいぞく) 계속 後継(こうけい) 후계　中継(ちゅうけい) 중계
의미 잇다 계속하다 계승하다	説明(せつめい)を継続(けいぞく)する。 설명을 계속하다. サッカーを生中継(なまちゅうけい)する。 축구를 생중계하다.

詣

13획 言
中 급수 외

음독 けい 훈독 もうでる	参詣(さんけい) 참예·참배　造詣(ぞうけい) 조예
의미 이르다 참배하다 깊이 들어가다	学問(がくもん)についての造詣(ぞうけい)が深(ふか)い。 학문에 대해 조예가 깊다.

慶

15획 心
中 N1

음독 けい 훈독 —	慶事(けいじ) 경사　慶祝(けいしゅく) 경축 大慶(たいけい) 매우 경사스러움　同慶(どうけい) 자기 일처럼 기뻐함
의미 기뻐하다·축하하다 축하할 일 하사품·보상	慶祝(けいしゅく)いたします。 경축 드립니다. 大慶(たいけい)の至(いた)りにぞんじます。 지극히 경사스러운 일이라고 생각합니다.

憬

15획 忄
中 급수 외

음독 けい 훈독 —	憧憬(しょうけい) 동경
의미 깨닫다 아득히·매우 동경하다	学科(がっか)の先輩(せんぱい)を憧憬(しょうけい)する。 학과 선배를 동경하다.

稽

15획 禾
中 급수 외

음독 けい 훈독 —	稽古(けいこ) 익힘·연습 滑稽(こっけい) 해학　無稽(むけい) 터무니 없음
의미 멎다·지체하다 머무르다·나아가지 않다 생각하다	稽古(けいこ)に励(はげ)む。 연습에 힘쓰다. 滑稽(こっけい)なことを言(い)う。 웃긴 얘기를 하다.

憩

16획 心
中 N1

음독 けい	憩息(けいそく) 잠시 쉼
훈독 いこい·いこう	休憩(きゅうけい) 휴게　小憩(しょうけい) 잠시 쉼
의미	大腸(だいちょう)に憩室(けいしつ)ができる。
	대장에 게실이 생기다.
쉬다	ちょっと休憩(きゅうけい)しましょう。
잠시 쉬다	잠깐 쉽시다.

鶏

19획 鳥
中 N1

음독 けい	鶏肉(けいにく) 닭고기　鶏卵(けいらん) 계란
훈독 にわとり	闘鶏(とうけい) 투계　養鶏(ようけい) 양계
의미	あの店(みせ)はいつも新鮮(しんせん)な鶏卵(けいらん)を販売(はんばい)する。
	그 가게는 항상 신선한 계란을 판매한다.
닭	養鶏場(ようけいじょう)を見学(けんがく)する。
	양계장을 견학하다.

迎

7획 辶
中 N2

음독 げい	迎春(げいしゅん) 영춘　迎賓(げいひん) 영빈
훈독 むかえる	歓迎(かんげい) 환영　送迎(そうげい) 송영
의미	迎賓館(げいひんかん)に招(まね)く。
맞이함	영빈관에 초대하다.
타인의 의견을	歓迎式(かんげいしき)に招待(しょうたい)される。
헤아리다	환영회에 초대되다.

鯨

19획 魚
中 N1

음독 げい	鯨肉(げいにく) 고래 고기　鯨油(げいゆ) 고래 기름
훈독 くじら	捕鯨(ほげい) 포경(고래잡이)　抹香鯨(まっこうくじら) 향유고래
의미	鯨肉(げいにく)を食(た)べたことがありますか。
	고래 고기를 먹은 적이 있습니까?
고래	捕鯨(ほげい)に反対(はんたい)する人(ひと)が増(ふ)えている。
크다	포경에 반대하는 사람이 늘어나고 있다.

隙		
13획 阝 中 급수 외	음독 げき 훈독 すき	隙間(すきま) 틈 間隙(かんげき) 간극(틈)　空隙(くうげき) 공극(틈)
	의미	窓(まど)の隙間(すきま)から虫(むし)が入(はい)ってきたようだ。 창문 틈으로 벌레가 들어온 모양이다.
	틈 사이가 들어짐	間隙(かんげき)を埋(う)める。 간극을 메우다.

撃		
15획 手 中 N1	음독 げき 훈독 うつ	撃退(げきたい) 격퇴　撃墜(げきつい) 격추 攻撃(こうげき) 공격　反撃(はんげき) 반격
	의미	敵(てき)を撃退(げきたい)する。 적을 격퇴하다.
	치다 쏘다	敵(てき)が反撃(はんげき)してきた。 적이 반격해오다.

桁		
10획 木 中 급수 외	음독 — 훈독 けた	桁違(けたちが)い 차이가 매우 큼　桁外(けたはず)れ 표준과 엄청 차이남 橋桁(はしげた) 다리기둥　一桁(ひとけた) 한 자릿수
	의미 규모·수준 자릿수 횡목(横木)	彼(かれ)は桁違(けたちが)いの人物(じんぶつ)だ。 그는 차원이 다른 인물이다. 計算(けいさん)が一桁(ひとけた)間違(まちが)っている。 계산이 한 자릿수 틀렸다.

傑		
13획 亻 中 N1	음독 けつ 훈독 —	傑作(けっさく) 걸작　傑物(けつぶつ) 걸물 英傑(えいけつ) 영걸　女傑(じょけつ) 여걸
	의미	この映画(えいが)は傑作(けっさく)だ。 이 영화는 걸작이다.
	뛰어나다 영웅	彼(かれ)は時代(じだい)の英傑(えいけつ)だ。 그는 시대의 영걸(영웅)이다.

肩

8획 月
中 N2

음독 けん	肩章(けんしょう) 견장	肩凝り(かたこ) 어깨 결림
훈독 かた	強肩(きょうけん) 강견	路肩(ろかた) 갓길

의미	
어깨	水泳(すいえい)を始(はじ)めてから肩凝り(かたこ)がなくなった。
짊어지다	수영을 시작하고서 어깨 결림이 없어졌다.
버티다	車(くるま)を路肩(ろかた)に止(と)める。
	차를 갓길에 세우다.

倹

10획 亻
中 N1

음독 けん	倹素(けんそ) 검소	倹約(けんやく) 검약
훈독 —	勤倹(きんけん) 근검	節倹(せっけん) 절검(절약)

의미	
검소하다	一国(いっこく)の大統領(だいとうりょう)なのに、とても倹素(けんそ)な生活(せいかつ)をしている。
낭비를 줄이다	일국의 대통령인데 정말 검소한 생활을 하고 있다.
적다	普段(ふだん)、勤倹貯蓄(きんけんちょちく)する。
	평소에 근검저축하다.

兼

10획 八
中 N1

음독 けん 훈독 かねる	兼備(けんび) 겸비	兼用(けんよう) 겸용

의미	
	知識(ちしき)を兼備(けんび)した乙女(おとめ)。
	지식을 겸비한 아가씨.
겸하다·겸비하다	この服(ふく)は男女兼用(だんじょけんよう)だ。
앞서·사전에	이 옷은 남녀겸용이다.

剣

10획 刂
中 N1

음독 けん	剣術(けんじゅつ) 검술	剣道(けんどう) 검도
훈독 つるぎ	真剣(しんけん) 진지함	刀剣(とうけん) 도검

의미	
검	剣術(けんじゅつ)を習(なら)う。
베다·자르다	검술을 배우다.
검법	面接(めんせつ)に真剣(しんけん)に臨(のぞ)む。
	면접에 진지하게 임하다.

拳

10획 手
中 급수 외

음독 けん 훈독 こぶし	拳闘(けんとう) 권투　拳法(けんぽう) 권법 鉄拳(てっけん) 철권　握り拳(にぎりこぶし) (빈)주먹
의미 주먹 쥐다 권법	弟(おとうと)は拳闘(けんとう)の選手(せんしゅ)だ。 남동생은 권투선수다. 握(にぎ)り拳(こぶし)をつくる。 주먹을 쥐다.

軒

10획 車
中 N2

음독 けん 훈독 のき	軒昂(けんこう) 헌앙(의기가 높음)　軒下(のきした) 처마 밑
의미 처마 집 높이 오르다	軒下(のきした)で雨宿(あまやど)りする。 처마 밑에서 비를 피하다.

圏

12획 囗
中 N1

음독 けん 훈독 —	圏外(けんがい) 권외　圏内(けんない) 권내 首都圏(しゅとけん) 수도권　大気圏(たいきけん) 대기권
의미 때 제한된 구역 원	圏外(けんがい)では携帯電話(けいたいでんわ)が使(つか)えない。 권외에서는 휴대전화를 쓸 수 없다. 子供(こども)の学校(がっこう)のために、首都圏(しゅとけん)に引(ひ)っ越(こ)す。 아이의 학교를 위해 수도권으로 이사하다.

堅

12획 土
中 N1

음독 けん 훈독 かたい	堅固(けんご) 견고　堅実(けんじつ) 건실함·착실함 手堅(てがた)い 견실하다
의미 견고하다 견고하게 하다 확실히	堅固(けんご)な城壁(じょうへき)を誇(ほこ)る。 견고한 성벽을 자랑하다. 会社(かいしゃ)を手堅(てがた)く経営(けいえい)する。 회사를 견실하게 운영하다.

嫌

13획 女
中 N1

음독 けん·げん 훈독 きらう·いや	嫌悪(けんお) 혐오　嫌疑(けんぎ) 혐의 機嫌(きげん) 기분
의미 싫어하다 의심하다	腐敗(ふはい)した社会(しゃかい)に嫌悪感(けんおかん)を感(かん)じる。 부패된 사회에 혐오감을 느끼다. 今日(きょう)の社長(しゃちょう)はご機嫌(きげん)が悪(わる)そうだ。 사장님은 오늘 기분이 안 좋아 보이신다.

献

13획 犬
中 N1

음독 けん·こん 훈독 —	献血(けんけつ) 헌혈　献身(けんしん) 헌신 貢献(こうけん) 공헌　文献(ぶんけん) 문헌
의미 드리다 ·권하다	献血(けんけつ)の際(さい)には注射器(ちゅうしゃき)による感染(かんせん)に注意(ちゅうい)しなければならない。 헌혈할 때에는 주사기에 의한 감염에 주의해야한다. 参考文献(さんこうぶんけん)はご覧(らん)のとおりです。 참고문헌은 보시는대로입니다.

遣

13획 辶
中 N1

음독 けん 훈독 つかう·つかわす	遣外(けんがい) 외국에 파견함 先遣(せんけん) 선견(선발대)　派遣(はけん) 파견
의미 파견하다·보내다 쫓아 보내다	遣外使節(けんがいしせつ)を送(おく)る。 국외 파견 사절을 보내다. 特使(とくし)を派遣(はけん)する。 특사를 파견하다.

賢

16획 貝
中 N2

음독 けん 훈독 かしこい	賢者(けんじゃ) 현자　賢明(けんめい) 현명 遺賢(いけん) 유현·정부에서 일하지 않는 유능한 인재 先賢(せんけん) 선현
의미 영리하다 낫다·우수하다 상대에 대한 경칭	彼女(かのじょ)は突然(とつぜん)の事故(じこ)を賢明(けんめい)に対処(たいしょ)した。 그녀는 갑작스러운 사고를 현명하게 대처했다. 先賢(せんけん)に習(なら)う。 선현에게 배우다.

謙 17획 言 中 N1	음독 けん 훈독 —	謙虚(けんきょ) 겸허　　謙譲(けんじょう) 겸양
	의미 겸양하다 공경하다 삼가다	謙虚(けんきょ)な態度(たいど)で話(はなし)を聞(き)く。 겸허한 태도로 이야기를 듣다. 謙譲語(けんじょうご)を適切(てきせつ)に使(つか)いこなす。 겸양어를 적절히 사용하다.

鍵 17획 金 中 N1	음독 けん 훈독 かぎ	鍵盤(けんばん) 건반　　鍵穴(かぎあな) 열쇠 구멍 黒鍵(こっけん) 검은 건반　　白鍵(はっけん) 흰 건반
	의미 열쇠 건반	鍵穴(かぎあな)から中(なか)をのぞく。 열쇠 구멍으로 안을 들여다보다. 黒鍵(こっけん)だけで演奏(えんそう)する。 검은 건반만으로 연주하다.

繭 18획 艹 中 N1	음독 けん 훈독 まゆ	繭糸(けんし) 명주실　　繭玉(まゆだま) 누에고치 모양 장식
	의미 누에고치 솜옷 삼가다	繭糸(けんし)を産(さん)する。 명주실을 생산하다. 正月(しょうがつ)に竹(たけ)の枝(えだ)に繭玉(まゆだま)を飾(かざ)る。 설날에 대나무가지에 누에고치 모양을 장식하다.

顕 18획 頁 中 N1	음독 けん 훈독 —	顕著(けんちょ) 현저함　　顕微鏡(けんびきょう) 현미경
	의미 나타나다 분명함 명성 높음	顕著(けんちょ)な事実(じじつ)だ。 현저한 사실이다. 顕微鏡(けんびきょう)で微生物(びせいぶつ)を観察(かんさつ)する。 현미경으로 미생물을 관찰하다.

懸

20획 心
中 N1

음독 けん·け
훈독 かける·かかる

懸命(けんめい) 열심임　懸念(けねん) 걱정·염려

의미
걸다
내걸어 보이다
멀리 떨어지다

一生懸命(いっしょうけんめい)勉強(べんきょう)する。
열심히 공부하다.
成績(せいせき)の低下(ていか)を懸念(けねん)する。
성적 저하를 걱정하다.

幻

4획 幺
中 N1

음독 げん
훈독 まぼろし

幻影(げんえい) 환영　幻想(げんそう) 환상
変幻(へんげん) 종잡을 수 없이 빠른 변환　夢幻(むげん) 몽환

의미
환상
생각을 어지럽히다
요술

ホテルから見(み)える夜警(やけい)が幻想的(げんそうてき)だ。
호텔에서 보이는 야경이 환상적이다.
夢幻(むげん)の中(なか)をさまよう。
몽환 속을 헤매다.

玄

5획 玄
中 N1

음독 げん
훈독 —

玄関(げんかん) 현관　玄米(げんまい) 현미
幽玄(ゆうげん) 유현(깊고 그윽함)

의미
검은색
하늘
심오하다

玄関(げんかん)にある靴(くつ)を片付(かたづ)ける。
현관에 있는 구두를 정리하다.
幽玄(ゆうげん)の美(び)を味(あじ)わう。
유현의 미를 감상하다.

弦

8획 弓
中 N1

음독 げん
훈독 つる

弦楽器(げんがっき) 현악기　弦音(つるおと) 활시위 소리
管弦(かんげん) 관현　調弦(ちょうげん) 조현·현의 소리를 고름

의미
현
활시위
현악기의 줄
활모양의 달(현월)

顕楽器(けんがっき)にはバイオリンなどがある。
현악기에는 바이올린 등이 있다.
管弦楽(かんげんがく)をオーケストラとも言(い)う。
관현악을 오케스트라라고도 한다.

舷

11획 舟
中 급수 외

음독 げん 훈독 —	舷窓(げんそう) 현창　舷灯(げんとう) 현등 右舷(うげん) 우현　左舷(さげん) 좌현
의미 뱃전	夜(よる)の海(うみ)に舷灯(げんとう)が浮(う)かんでいる。 밤바다에 현등이 떠 있다.

股

8획 月
中 급수 외

음독 こ 훈독 また	股間(こかん) 사타구니　股関節(こかんせつ) 고관절 大股(おおまた) 넓은 보폭　小股(こまた) 좁은 보폭
의미 넓적다리 가랑이	股関節(こかんせつ)が折(お)れる。 고관절이 부러지다. 小股(こまた)に歩(ある)く。 좁은 보폭으로 걷다.

虎

8획 虍
中 N1

음독 こ 훈독 とら	虎穴(こけつ) 호랑이 굴　虎視眈々(こしたんたん) 호시탐탐 白虎(びゃっこ) 백호　猛虎(もうこ) 맹호
의미 호랑이 용맹스럽다	虎視眈々(こしたんたん)と機会(きかい)を狙(ねら)う。 호시탐탐 기회를 노리다. 森(もり)の中(なか)で猛虎(もうこ)を目撃(もくげき)したと言(い)う人(ひと)がいる。 숲속에서 맹호를 목격했다고 하는 사람이 있다.

孤

9획 子
中 급수 외

음독 こ 훈독 —	孤独(こどく) 고독　孤立(こりつ) 고립
의미 고아 혼자	彼(かれ)は孤独(こどく)な人(ひと)だ。 그는 고독한 사람이다. 山(やま)に孤立(こりつ)した。 산에 고립되었다.

弧

9획 弓
中 N1

음독 こ
훈독 —

弧状(こじょう) 호상(반달모양)
括弧(かっこ) 괄호

의미
나무 활
원주 또는
곡선의 일부

括弧(かっこ)の中(なか)に答(こた)えを書(か)いてください。
괄호 안에 답을 써주세요.

枯

9획 木
中 N2

음독 こ
훈독 かれる·からす

枯渇(こかつ) 고갈　　枯死(こし) 고사
栄枯(えいこ) 영고(번영과 쇠퇴)　　冬枯れ(ふゆがれ) 겨울에 초목이 마름

의미
시들다
쇠하다
물이 마르다

井戸(いど)が枯渇(こかつ)した。
우물이 고갈되었다.
冬枯れ(ふゆがれ)の山(やま)を眺(なが)める。
겨울의 쓸쓸한 산을 바라보다.

雇

12획 戸
中 N2

음독 こ
훈독 やとう

雇用(こよう) 고용　　雇い主(やといぬし) 고용주
解雇(かいこ) 해고　　日雇い(ひやとい) 일용·날품

의미
고용하다
고용

一時的(いちじてき)に学生(がくせい)を雇用(こよう)する。
일시적으로 학생을 고용하다.
会社(かいしゃ)から解雇(かいこ)される。
회사에서 해고당하다.

誇

13획 言
中 급수 외

음독 こ
훈독 ほこる

誇示(こじ) 과시　　誇張(こちょう) 과장

의미
자랑하다
자랑·긍지
큰소리 치며 으스대다

権力(けんりょく)を誇示(こじ)する。
권력을 과시하다.
話(はなし)を誇張(こちょう)する。
이야기를 과장하다.

鼓

13획 鼓
中 N1

음독 こ
훈독 つづみ

鼓動(こどう) 고동　　鼓膜(こまく) 고막
太鼓(たいこ) 북　　舌鼓(したつづみ) 입맛을 다심

의미
북
치다
격려하다

新生児(しんせいじ)の心臓(しんぞう)の鼓動(こどう)を確認(かくにん)する。
신생아의 심장 고동을 확인하다.

運動会(うんどうかい)で小学生(しょうがくせい)たちが太鼓(たいこ)を打(う)ちながら踊(おど)っている。
운동회에서 초등학생들이 북을 치며 춤추고 있다.

錮

16획 金
中 급수 외

음독 こ
훈독 —

禁錮(きんこ) 금고

의미
막다
가두다

禁錮刑(きんこけい)を受(う)ける。
금고형을 받다.

顧

21획 頁
中 N1

음독 こ
훈독 かえりみる

顧客(こきゃく) 고객　　顧問(こもん) 고문
愛顧(あいこ) 아끼고 돌보아줌　　回顧(かいこ) 회고

의미
돌아보다
회고하다
반성하다

我社(わがしゃ)は顧客(こきゃく)の管理(かんり)を第一(だいいち)に思(おも)っている。
우리 회사는 고객관리를 제일 중요하게 생각한다.

人生(じんせい)を回顧(かいこ)する。
인생을 회고하다.

互

4획 二
中 N2

음독 ご
훈독 たがい

互換(ごかん) 호환
交互(こうご) 번갈아 함　　相互(そうご) 상호·서로

의미
서로
뒤섞이다
둘러쌈

ちょっと高(たか)かったが、互換性(ごかんせい)のあるレンズを買(か)った。
조금 비쌌지만 호환성이 있는 렌즈를 샀다.

相互(そうご)のコミュニケーションが大切(たいせつ)だ。
상호 커뮤니케이션이 중요하다.

呉	음독 ご 훈독 —	呉越(ごえつ) 오월　　呉服(ごふく) 포목(비단옷감)
7획 口 中 N1	의미 시끄럽다 크다 옛날의 중국의 국명	呉越同舟(ごえつどうしゅう)。 오월동주.(서로 적의를 품은 사람들이 한자리에 있게 된 경우나 서로 협력해야 하는 상황)

娯	음독 ご 훈독 —	娯楽(ごらく) 오락
10획 女 中 N1	의미 즐기다 오락	放課後(ほうかご)、友達(ともだち)と娯楽(ごらく)センターに行(い)く。 방과 후 친구들과 오락센터에 가다.

悟	음독 ご 훈독 さとる	悟性(ごせい) 오성　　悟道(ごどう) 오도 悔悟(かいご) 회오(회개)　覚悟(かくご) 각오
10획 忄 中 N1	의미 깨닫다 이해가 빠르다 깨닫게 하다	悟性(ごせい)の反義語(はんぎご)は感性(かんせい)だ。 오성의 반의어는 감성이다. そんな発言(はつげん)をしたかぎり、みんなの非難(ひなん)を覚悟(かくご)するべきだ。 그러 발언을 한 이상, 모두의 비난을 각오해야한다.

碁	음독 ご 훈독 —	碁石(ごいし) 바둑돌 囲碁(いご) 바둑
13획 石 中 N1	의미 장기 바둑	相手(あいて)の碁石(ごいし)を取(と)る。 상대의 바둑돌을 잡다. 父(ちち)に囲碁(いご)を習(なら)う。 아버지한테 바둑을 배우다.

勾		
4획 勹 中 급수 외	음독 こう 훈독 —	勾配(こうばい) 경사　勾留(こうりゅう) 구류(구금)
	의미 굽다 걸다 잡다	正門(せいもん)から図書館(としょかん)までの勾配(こうばい)がきつい。 정문에서 도서관까지의 경사가 심하다. 刑務所(けいむしょ)に勾留(こうりゅう)する。 형무소(구치소)에 구금하다.

孔		
4획 子 中 N1	음독 こう 훈독 —	孔子(こうし) 공자 気孔(きこう) 숨구멍　瞳孔(どうこう) 동공
	의미 구멍 지나다 공자	孔子(こうし)は四代聖人(よんだいせいじん)の一人(ひとり)だ。 공자는 사대성인 중 한 명이다. 驚(おどろ)いて瞳孔(どうこう)が大(おお)きくなる。 놀라서 동공이 커지다.

巧		
5획 工 中 N1	음독 こう 훈독 たくみ	巧拙(こうせつ) 교졸·잘하고 못함　巧妙(こうみょう) 교묘함 技巧(ぎこう) 기교　精巧(せいこう) 정교함
	의미 교묘한·능숙함 계획하다 총명하다	巧妙(こうみょう)に相手(あいて)を皮肉(ひにく)る。 교묘히 상대를 비꼬다. 精巧(せいこう)な技術(ぎじゅつ)を誇(ほこ)る。 정교한 기술을 자랑하다.

甲		
5획 田 中 N1	음독 こう·かん 훈독 —	甲乙(こうおつ) 갑을·우열　甲板(かんぱん) 갑판 亀甲(きっこう) 거북이 등딱지
	의미 갑옷 갑·십이지의 첫번째 처음·제 일의	甲乙(こうおつ)を争(あらそ)う。 우열을 가리다.

江

6획 氵
中 N1

음독 こう
훈독 え

江河(こうが) 강하　江戸(えど) 에도
長江(ちょうこう) 장강　揚子江(ようすこう) 양쯔강

의미
장강
후미(바다가 육지쪽으로 쑥 들어가 있는 곳)
강

江戸時代(えどじだい)について発表(はっぴょう)する。
에도시대에 대해 발표하다.
揚子江(ようすこう)は中国(ちゅうごく)で一番(いちばん)長(なが)い川(かわ)だ。
양쯔강은 중국에서 가장 긴 강이다.

坑

7획 土
中 N1

음독 こう
훈독 —

坑道(こうどう) 갱도　坑夫(こうふ) 공사장 인부
炭坑(たんこう) 탄갱　廃坑(はいこう) 폐광

의미
구덩이
보충·구멍을 메움
골짜기

長(なが)い坑道(こうどう)が続(つづ)く。
긴 갱도가 이어지다.
廃坑(はいこう)に入(はい)らないでください。
폐광에 들어가지 말아주세요.

抗

7획 扌
中 N1

음독 こう
훈독 —

抗議(こうぎ) 항의　抗争(こうそう) 항쟁
対抗(たいこう) 대항　反抗(はんこう) 반항

의미
맞다
겨루다·맞서다
막다

不当(ふとう)な処遇(しょぐう)に抗議(こうぎ)する。
부당한 처우에 항의하다.
親(おや)に反抗(はんこう)する。
부모에게 반항하다.

攻

7획 攵
中 N1

음독 こう
훈독 せめる

攻撃(こうげき) 공격　攻略(こうりゃく) 공략
専攻(せんこう) 전공　反攻(はんこう) 반공

의미
공격하다
다스리다
비난하다

城(しろ)を攻略(こうりゃく)する。
성을 공략하다.
専攻(せんこう)は日本語学(にほんごがく)です。
전공은 일본어학입니다.

更

7획 日 / 中 N2

음독 こう 훈독 さら·ふける·ふかす	更新(こうしん) 갱신　更生(こうせい) 갱생 変更(へんこう) 변경　今更(いまさら) 이제 와서·새삼스레
의미 고치다 게다가·거듭 밤이 깊다	記録(きろく)を更新(こうしん)する。 기록을 갱신하다. 旅行地(りょこうち)を変更(へんこう)する。 여행지를 변경하다.

拘

8획 扌 / 中 N1

음독 こう 훈독 —	拘束(こうそく) 구속　拘置(こうち) 구치
의미 잡다 관여하다	私(わたし)を拘束(こうそく)するな。 나를 구속하지마. 拘置所(こうちしょ)に勾留(こうりゅう)する。 구치소에 구금하다.

肯

8획 月 / 中 N2

음독 こう 훈독 —	肯定(こうてい) 긍정 首肯(しゅこう) 수긍
의미 긍정하다·들어주다 급소·요소	肯定的(こうていてき)に検討(けんとう)します。 긍정적으로 검토해보겠습니다. 相手(あいて)の意見(いけん)に首肯(しゅこう)する。 상대의 의견에 수긍하다.

侯

9획 亻 / 中 N1

음독 こう 훈독 —	侯王(こうおう) 후왕　侯爵(こうしゃく) 후작 諸侯(しょこう) 제후
의미 주군 후작	侯爵(こうしゃく)がいらっしゃいました。 후작님이 오셨습니다.

恒

9획 忄
中 N1

음독 こう 훈독 —	恒常(こうじょう) 항상　恒例(こうれい) 보통있는 일
의미 항상 오래도록 변하지 않음	収入(しゅうにゅう)が恒常的(こうじょうてき)だ。 수입이 일정하다. 恒例(こうれい)に従(したが)う。 항례에 따르다.

洪

9획 氵
中 N1

음독 こう 훈독 —	洪水(こうずい) 홍수
의미 홍수 크다·넓다 뛰어난·위대한	洪水(こうずい)で家(いえ)が沈(しず)む。 홍수로 집이 잠기다.

荒

9획 艹
中 N2

음독 こう 훈독 あらい· あれる·あらす	荒天(こうてん) 거친 날씨　荒廃(こうはい) 황폐 凶荒(きょうこう) 흉황　破天荒(はてんこう) 전대미문
의미 거칠어지다 거칠다	この町(まち)は洪水(こうずい)で荒廃(こうはい)した。 이 마을은 홍수로 황폐해졌다. 破天荒(はてんこう)の大事件(だいじけん)。 전대미문의 대사건.

郊

9획 阝
中 N2

음독 こう 훈독 —	郊外(こうがい) 교외 近郊(きんこう) 근교
의미 교외·성밖 제사·제사지내다	郊外(こうがい)に引(ひ)っ越(こ)す。 교외로 이사하다. 近郊(きんこう)から入(はい)ってきた方言(ほうげん)。 근교에서 들어온 방언.

香		
	음독 こう·きょう 훈독 か·かおり·かおる	香気(こうき) 향기　香水(こうすい) 향수 芳香(ほうこう) 방향
9획 香 中 N2	의미 향기 향기롭다 향기나다	香水(こうすい)をつける。 향수를 뿌리다. トイレに芳香剤(ほうこうざい)を置(お)く。 화장실에 방향제를 놓다.

貢		
	음독 こう·く 훈독 みつぐ	貢献(こうけん) 공헌　貢(みつ)ぎ物(もの) 공물 朝貢(ちょうこう) 조공　年貢(ねんぐ) 연공
10획 貝 中 N1	의미 바치다 공물 드리다	町(まち)の発展(はってん)に貢献(こうけん)する。 마을의 발전에 공헌하다. 年貢(ねんぐ)を納(おさ)める。 연공을 바치다.

控		
	음독 こう 훈독 ひかえる	控除(こうじょ) 공제　控訴(こうそ) 항소 差(さ)し控(ひか)え 보류　手控(てびか)え 예비
11획 扌 中 N1	의미 내기하다 공제하다 고소하다·소송하다	控訴(こうそ)を棄却(ききゃく)する。 항소를 기각하다. 手控(てびか)えを残(のこ)す。 예비로 남겨두다.

梗		
	음독 こう 훈독 —	梗概(こうがい) 대강의 줄거리　梗塞(こうそく) 경색
11획 木 中 급수 외	의미 줄기 딱딱하다 대강의 줄거리 막히다	物語(ものがたり)の梗概(こうがい)を語(かた)る。 이야기의 대강의 줄거리를 말하다. 脳梗塞(のうこうそく)で倒(たお)れる。 뇌경색으로 쓰러지다.

喉

12획 口
中 급수 외

음독 こう 훈독 のど	喉頭(こうとう) 후두 咽喉(いんこう) 인후
의미 목구멍 급소	喉頭炎(こうとうえん)で声(こえ)が嗄(か)れる。 후두염으로 목소리가 쉬다. 喫煙(きつえん)は咽喉癌(いんこうがん)の原因(げんいん)になる。 흡연은 인후암의 원인이 된다.

慌

12획 忄
中 N1

음독 こう 훈독 あわてる· あわただしい	慌(あわ)て者(もの) 덜렁이 恐慌(きょうこう) 공황
의미 분주하다·조급하다 어둡다 두려워하다	この慌(あわ)て者(もの)。 이 덜렁이. 経済恐慌(けいざいきょうこう)で破産(はさん)する。 경제공황으로 파산하다.

硬

12획 石
中 N2

음독 こう 훈독 かたい	硬貨(こうか) 동전　　硬質(こうしつ) 경질 強硬(きょうこう) 강경　　生硬(せいこう) 생경
의미 단단하다·딱딱하다 미숙하다	紙幣(しへい)を硬貨(こうか)に両替(りょうがえ)する。 지폐를 동전으로 바꾸다. 強硬(きょうこう)な態度(たいど)を取(と)る。 강경한 태도를 취하다.

絞

12획 糸
中 N1

음독 こう 훈독 しぼる·しめる しまる	絞殺(こうさつ) 교살　　絞首(こうしゅ) 교수
의미 목매다 조르다 짜다	 絞首刑(こうしゅけい)に処(しょ)する。 교수형에 처하다.

項		
12획 頁	음독 こう	項目(こうもく) 항목
中 N1	훈독 —	事項(じこう) 사항　条項(じょうこう) 조항
	의미	項目別(こうもくべつ)に分類(ぶんるい)する。
	목덜미	항목별로 분류하다.
	(일의) 요소· 요점	新(あたら)しい条項(じょうこう)を加(くわ)える。
	사항	새로운 조항을 추가하다.

溝		
13획 氵	음독 こう	下水溝(げすいこう) 하수구　排水溝(はいすいこう) 배수구
中 N1	훈독 みぞ	
	의미	下水溝(げすいこう)から臭(くさ)いにおいがする。
	도랑	하수구에서 악취가 나다.
	골짜기를 흐르는 물	排水溝(はいすいこう)を掃除(そうじ)する。
	수로· 물길	배수구를 청소하다.

綱		
14획 糸	음독 こう	綱領(こうりょう) 강령· 기본방침　綱引(つなひ)き 줄다리기
中 N1	훈독 つな	大綱(たいこう) 대강　要綱(ようこう) 요강
	의미	運動会(うんどうかい)で綱引(つなひ)きをする。
	밧줄	운동회에서 줄다리기를 하다.
	근본	入試要綱(にゅうしようこう)を発行(はっこう)する。
	큰 분류	입시요강을 발행하다.

酵		
14획 酉	음독 こう	酵素(こうそ) 효소　酵母(こうぼ) 효모
中 N1	훈독 —	発酵(はっこう) 발효
	의미	体(からだ)の中(なか)の酵素(こうそ)はたんぱく質(しつ)の触媒(しょくばい)となる。
	발효하다	몸속의 효소는 단백질의 촉매가 된다.
	빚다· 양조하다	キムチは発酵食品(はっこうしょくひん)だ。
	누룩	김치는 발효식품이다.

稿

15획 禾
中 N1

음독 こう 훈독 —	稿本(こうほん) 고본·초고　稿料(こうりょう) 원고료 原稿(げんこう) 원고　投稿(とうこう) 투고
의미 짚 줄기 원고	ベストセラーの作家(さっか)は稿料(こうりょう)が高(たか)いだろう。 베스트셀러 작가는 원고료가 비싸겠지. 原稿(げんこう)を検討(けんとう)する。 원고를 검토하다.

衡

16획 行
中 N1

음독 こう 훈독 —	均衡(きんこう) 균형　平衡(へいこう) 평형
의미 저울 재다 옆·횡목 같다·평평하다	均衡(きんこう)を保(たも)つ。 균형을 유지하다. 平衡感覚(へいこうかんかく)がいい。 평형감각이 좋다.

購

17획 貝
中 N1

음독 こう 훈독 —	購読(こうどく) 구독　購買(こうばい) 구매
의미 사다	父(ちち)は新聞(しんぶん)を五(いつ)つも購読(こうどく)する。 아버지는 신문을 다섯 개나 구독한다. あのCMを見(み)ていると購買(こうばい)意欲(いよく)が高(たか)まる。 그 광고를 보고 있으면 구매의욕이 상승한다.

乞

3획 乙
中 급수 외

음독 — 훈독 こう	乞(こ)い求(もと)める 바라다·원하다·청하다 雨乞(あまご)い 기우제　物乞(ものご)い 구걸
의미 바라다·원하다 청하다	賢者(けんじゃ)に教(おし)えを乞(こ)い求(もと)める。 현자에게 가르침을 청하다. 雨乞(あまご)いを行(おこな)う。 기우제를 하다.

拷

9획 扌
中 N1

음독 ごう
훈독 —

拷問(ごうもん) 고문

의미
치다
죄를 자백시키기 위해 치다

信念(しんねん)を守(まも)るため、拷問(ごうもん)に耐(た)える。
신념을 지키기 위해 고문을 버티다.

剛

10획 刂
中 N1

음독 ごう
훈독 —

剛球(ごうきゅう) 강속구　　剛腹(ごうふく) 배짱이 좋음
堅剛(けんごう) 의지가 강함　　金剛(こんごう) 금강

의미
무서움
단단하다
굳세다·강하다
기세좋음

あの選手(せんしゅ)は剛球(ごうきゅう)が得意(とくい)だ。
그 선수는 강속구가 특기다.
金剛(こんごう)のように強(つよ)い人(ひと)だ。
금강처럼 강한(튼튼한) 사람이다.

傲

13획 亻
中 급수 외

음독 ごう
훈독 —

傲慢(ごうまん) 오만
倨傲(きょごう) 오만함·건방짐

의미
거만하다
제멋대로인

傲慢(ごうまん)からきた偏見(へんけん)。
오만에서 온 편견.
自分(じぶん)の倨傲(きょごう)に気(き)づいてほしい。
자신의 오만함(건방짐)을 알았으면.

豪

14획 豕
中 N1

음독 ごう
훈독 —

豪雨(ごうう) 호우　　豪快(ごうかい) 호쾌함
強豪(きょうごう) 강호　　酒豪(しゅごう) 주호

의미
호걸
뛰어나다
강하다

気象庁(きしょうちょう)が豪雨(ごうう)注意報(ちゅういほう)を発表(はっぴょう)する。
기상청이 호우주의보를 발표하다.
彼女(かのじょ)はサークルで一番(いちばん)の酒豪(しゅごう)だ。
그녀는 동아리에서 제일가는 술꾼이다.

克	음독 こく 훈독 —	克復(こくふく) 극복　　克明(こくめい) 극명 超克(ちょうこく) 고난을 극복함
7획　儿 中　N1	의미 버티다 이기다 매우	悪条件(あくじょうけん)を克復(こくふく)する。 악조건을 극복하다. 苦難(くなん)を超克(ちょうこく)する。 고난을 극복하다.

酷	음독 こく 훈독 —	酷寒(こっかん) 혹한　　酷暑(こくしょ) 혹서 苛酷(かこく) 가혹함　　残酷(ざんこく) 잔혹함
14획　酉 中　N1	의미 잔혹하다 엄하다 심하다	酷寒(こっかん)に耐(た)える。 혹한을 견디다. 罪(つみ)に比(くら)べて苛酷(かこく)すぎる処罰(しょばつ)だ。 죄에 비해 너무 가혹한 처벌이다.

獄	음독 ごく 훈독 —	獄死(ごくし) 옥사　　獄中(ごくちゅう) 옥중 地獄(じごく) 지옥　　牢獄(ろうごく) 감옥
14획　犭 中　N1	의미 호소·소송 감옥 죄	ある囚人(しゅうじん)の獄中(ごくちゅう)での日記(にっき)が話題(わだい)になっている。 어느 죄수의 옥중일기가 화제가 되고 있다. 地獄(じごく)を味(あじ)わう。 지옥을 맛보다.

駒	음독 — 훈독 こま	手駒(てごま) 부하　　持(も)ち駒(ごま) 예비로 둔 사람이나 물건
15획　馬 中　N1	의미 망아지 장기의 말	持(も)ち駒(ごま)がまだ残(のこ)っているから大丈夫(だいじょうぶ)だ。 예비품이 아직 남았으니까 괜찮다.

込	음독 — 훈독 こむ·こめる	込(こ)み合(あ)う 붐비다　　込(こ)み入(い)る 복잡하게 얽히다 意気込(いきご)み 패기·기세　積(つ)み込(こ)み 짐 싣기
5획 辶 中　N2	의미 채우다·담다 몰리다·붐비다 손이 가다	出口(でぐち)が込(こ)み合(あ)っていますので、足元(あしもと)にご注意(ちゅうい)ください。 출구가 붐비므로 발밑을 조심해 주세요. 大会(たいかい)への意気込(いきご)みを語(かた)る。 대회에 임하는 패기를 말하다.

頃	음독 — 훈독 ころ	頃合(ころあ)い 적기 近頃(ちかごろ) 최근·요즘　手頃(てごろ) 알맞음
11획 頁 中　N1	의미 쯤·무렵 어느 시간 어느 정도	謝(あやま)る頃合(ころあ)いを見計(みはか)らう。 사과할 적기를 가늠하다. 近頃(ちかごろ)、加藤先輩(かとうせんぱい)を見(み)たことがない。 요즘 들어 가토선배를 본적이 없다.

昆	음독 こん 훈독 —	昆虫(こんちゅう) 곤충　昆布(こんぶ) 나시마
8획 日 中　N1	의미 형·오빠 후손·자손 많음	夏休(なつやす)みの宿題(しゅくだい)で昆虫採集(こんちゅうさいしゅう)をした。 여름방학 숙제로 곤충채집을 했다. 昆布(こんぶ)は出汁(だし)に使(つか)う。 다시마는 국물을 내는데 사용한다.

恨	음독 こん 훈독 うらむ·うらめしい	遺恨(いこん) 한　痛恨(つうこん) 통한
9획 忄 中　N1	의미 원망 원망하다 애석하게 여기다 원통하게 여기다·애도하다	あそこでミスをしたのは痛恨(つうこん)だった。 거기에서 실수를 한 것은 통한이었다.

婚

11획 女
中 N2

음독 こん
훈독 —

婚姻(こんいん) 혼인　婚約(こんやく) 약혼
結婚(けっこん) 결혼　未婚(みこん) 미혼

의미
혼인
시집 감
사위를 들임

婚姻届(こんいんとどけ)を出(だ)す。
혼인 신고서를 내다.
彼(かれ)は未婚(みこん)だ。
그는 미혼이다.

痕

11획 疒
中 급수 외

음독 こん
훈독 あと

痕跡(こんせき) 흔적
血痕(けっこん) 혈흔　弾痕(だんこん) 탄흔

의미
흉터
흔적

犯人(はんにん)がとどめた痕跡(こんせき)を見(み)つけた。
범인이 남긴 흔적을 찾았다.
事件現場(じけんげんば)にはまだ血痕(けっこん)が残(のこ)っていた。
사건현장에는 아직 혈흔이 남아 있었다.

紺

11획 糸
中 N1

음독 こん
훈독 —

紺色(こんいろ) 감색
濃紺(のうこん) 짙은 감색

의미
감색

紺色(こんいろ)のペンで書(か)いてください。
감색 펜으로 써 주세요.

魂

14획 鬼
中 N1

음독 こん
훈독 たましい

魂胆(こんたん) 속셈
霊魂(れいこん) 영혼

의미
혼·넋
사람의 정신·마음

相手(あいて)が何(なに)を考(かんが)えているのかその魂胆(こんたん)が読(よ)めない。
상대가 무엇을 생각하고 있는지 그 속셈을 읽을 수가 없다.
霊魂(れいこん)がのりうつる。
영혼이 들리다.

墾

16획 土
中 N1

음독 こん 훈독 —	開墾(かいこん) 개간
의미 개간하다 깨다	荒蕪地(こうぶち)を開墾(かいこん)する。 황무지를 개간하다.

懇

17획 心
中 N1

음독 こん 훈독 ねんごろ	懇親(こんしん) 친목　懇談(こんだん) 간담
의미 친절하고 공손한 모양 진심 정중함	懇親会(こんしんかい)に参加(さんか)する。 친목회에 참가하다. 懇談会(こんだんかい)に招待(しょうたい)された。 간담회에 초대되었다.

佐

7획 亻
中 N1

음독 さ 훈독 —	大佐(たいさ) 대좌　中佐(ちゅうさ) 중좌 少佐(しょうさ) 소좌
의미 돕다 도움 보좌	今度(こんど)、兄(あに)が中佐(ちゅうさ)に昇級(しょうきゅう)した。 이번에 형이 중좌로 진급했다.

沙

7획 氵
中 N1

음독 さ 훈독 —	沙汰(さた) 소식　沙漠(さばく) 사막 平沙(へいさ) 평사(평평한 모래벌판)
의미 모래 일다·가려내다	ご無沙汰(ぶさた)しております。 격조했습니다(소식을 전하지 못했습니다).

唆

10획 口
中 N1

음독 さ 훈독 そそのかす	示唆(しさ) 시사
의미 꼬드기다 암시하다 부추기다	示唆(しさ)に富(と)む。 시사하는 바가 많다.

詐

12획 言
中 N1

음독 さ 훈독 —	詐欺(さぎ) 사기　　詐称(さしょう) 사칭
의미	最近(さいきん)、振(ふ)り込(こ)め詐欺(さぎ)が問題(もんだい)になっている。 최근 보이스 피싱이 문제가 되고 있다.
속이다 거짓말	地位(ちい)を詐称(さしょう)する。 지위를 사칭하다.

鎖

18획 金
中 N1

음독 さ 훈독 くさり	鎖骨(さこつ) 쇄골　　鎖国(さこく) 쇄국 閉鎖(へいさ) 폐쇄　　連鎖(れんさ) 연쇄
의미 자물쇠 닫다 사슬	日本(にほん)は長(なが)い間(あいだ)鎖国政策(さこくせいさく)をとっていた。 일본은 오랜 기간 쇄국정책을 취했었다. 彼(かれ)はいつも閉鎖的(へいさてき)な態度(たいど)をとる。 그는 항상 폐쇄적인 태도를 취한다.

挫

10획 扌
中 급수 외

음독 ざ 훈독 —	挫折(ざせつ) 좌절 頓挫(とんざ) 좌절
의미	就職(しゅうしょく)に失敗(しっぱい)して挫折(ざせつ)している。 취직에 실패해서 좌절해 있다.
꺾이다·부러지다 따르다	一生懸命(いっしょうけんめい)準備(じゅんび)したプロジェクトが頓挫(とんざ)した。 열심히 준비한 프로젝트가 좌절되었다.

采

8획 釆
中 급수 외

음독 さい	采配(さいはい) 지휘
훈독 ―	風采(ふうさい) 풍채
의미	采配(さいはい)を振(ふ)る。
	지휘하다.
고르다	風采(ふうさい)が上(あ)がらない。
풍채	풍채가 좋아 보이지 않는다.

砕

9획 石
中 N1

음독 さい	砕石(さいせき) 쇄석	砕氷(さいひょう) 쇄빙
훈독 くだく·くだける	破砕(はさい) 파쇄	粉砕(ふんさい) 분쇄
의미	北海道(ほっかいどう)の砕氷船(さいひょうせん)に乗(の)ってみたい。	
깨다	홋카이도의 쇄빙선을 타보고 싶다.	
부수다	食材(しょくざい)を粉砕(ふんさい)する。	
먼지	식재를 분쇄하다.	

宰

10획 宀
中 N1

음독 さい	宰相(さいしょう) 재상·총리대신
훈독 ―	主宰(しゅさい) 주재
의미	
맡다	一国(いっこく)の宰相(さいしょう)にふさわしい人物(じんぶつ)。
관리	일국의 재상에 어울리는(적합한) 인물.
대신	

栽

10획 木
中 N1

음독 さい	栽培(さいばい) 재배
훈독 ―	盆栽(ぼんさい) 분재
의미	農作物(のうさくぶつ)を栽培(さいばい)する。
심다	농작물을 재배하다.
어린 싹	盆栽(ぼんさい)をいじる。
나무를 많이 심은 곳	분재를 손질하다.

彩		
	음독 さい	彩色(さいしき) 채색　彩度(さいど) 채도
	훈독 いろどる	多彩(たさい) 다채　油彩(ゆさい) 유채
	의미	彩色(さいしき)を施(ほどこ)す。
	색칠	채색을 하다.
11획 彡	채색하다	この小説(しょうせつ)には多彩(たさい)な人物(じんぶつ)が登場(とうじょう)する。
中 N1	윤기·빛	이 소설에는 다채로운 인물이 등장한다.

斎		
	음독 さい	斎場(さいじょう) 장례식장　斎服(さいふく) 제복
	훈독 —	潔斎(けっさい) 목욕재계　書斎(しょさい) 서재
	의미	葬儀(そうぎ)は斎場(さいじょう)で行(おこな)われる。
	꺼려함	장례는 장례식장에서 행해진다.
11획 斉	삼가다	書斎(しょさい)で本(ほん)を読(よ)む。
中 N1	집·방	서재에서 책을 읽다.

債		
	음독 さい	債権(さいけん) 채권　債務(さいむ) 채무
	훈독 —	国債(こくさい) 국채　負債(ふさい) 부채·빚
	의미	債権者(さいけんしゃ)が押(お)し掛(か)ける。
		채권자가 몰려들다.
13획 亻	빚	不況(ふきょう)で負債(ふさい)を抱(かか)える。
中 N1		불황으로 빚을 지다.

催		
	음독 さい	催促(さいそく) 재촉·독촉　催眠(さいみん) 최면
	훈독 もよおす	開催(かいさい) 개최　主催(しゅさい) 주최
	의미	とうとう催促状(さいそくじょう)が来(き)た。
	개최하다	마침내 독촉장이 왔다.
13획 亻	재촉하다	この行事(ぎょうじ)は日本(にほん)の政府(せいふ)が主催(しゅさい)した。
中 N1	조짐	이 행사는 일본 정부가 주최했다.

塞

13획 土
中 급수 외

음독 さい・そく 훈독 ふさぐ・ふさがる	閉塞(へいそく) 폐색　　要塞(ようさい) 요새
의미 변방 막다	要塞(ようさい)を築(きず)く。 요새를 짓다.

歳

13획 止
中 N2

음독 さい・せい 훈독 —	歳末(さいまつ) 연말　　歳暮(さいぼ) 연말 선물 万歳(ばんざい) 만세　　二十歳(はたち) 스무 살
의미 나이・연령 1년간 성과・결실	デパートで歳末(さいまつ)セールが行(おこな)われている。 백화점에서 연말세일을 하고 있다. 二十歳(はたち)は美(うつく)しい歳(とし)だ。 스무 살은 아름다운 나이이다.

載

13획 車
中 N1

음독 さい 훈독 のせる・のる	載積(さいせき) 재적　　載録(さいろく) 재록・게재 掲載(けいさい) 게재　　搭載(とうさい) 탑재
의미 싣다 시작하다 새기다	内容(ないよう)を載録(さいろく)して出版(しゅっぱん)する。 내용을 게재하여 출판하다. 論文(ろんぶん)が学術誌(がくじゅつし)に掲載(けいさい)される。 논문이 학회지에 게재되다.

埼

11획 土
中 급수 외

음독 — 훈독 さい	埼玉県(さいたまけん) 사이타마 현
의미 험하다 위태롭다 산부리	埼玉県(さいたまけん)は東京(とうきょう)の北側(きたがわ)にある。 사이타마현은 도쿄 북쪽에 있다.

剤		
	음독 ざい 훈독 —	解熱剤(げねつざい) 해열제　鎮痛剤(ちんつうざい) 진통제
10획 刂 中 N1	의미 섞다·조합하다 약	熱(ねつ)が出(で)て、病院(びょういん)で解熱剤(げねつざい)をもらって来(き)た。 열이 나서 병원에서 해열제를 받아왔다.

崎		
	음독 — 훈독 さき	宮崎県(みやざきけん) 미야자키　川崎市(かわさきし) 가와사키
11획 山 中 N1	의미 험하다	宮崎県(みやざきけん)は九州(きゅうしゅう)の南東部(なんとうぶ)にある。 미야자키현은 규슈 남동부에 있다.

削		
	음독 さく 훈독 けずる	削除(さくじょ) 삭제　削減(さくげん) 삭감 掘削(くっさく) 굴삭　添削(てんさく) 첨삭
9획 刂 中 N1	의미 깎다 지우다 빼다	記録(きろく)を削除(さくじょ)する。 기록을 삭제하다. 作文(さくぶん)を添削(てんさく)する。 작문을 첨삭하다.

柵		
	음독 さく 훈독 —	柵門(さくもん) 책문(말뚝을 박은 울타리) 木柵(もくさく) 나무울타리
9획 木 中 급수 외	의미 울타리	畑(はたけ)を木柵(もくさく)で囲(かこ)む。 밭을 나무울타리로 감싸다.

索

索 10획 糸 中 N1		
	음독 さく	索引(さくいん) 색인　索条(さくじょう) 삭조
	훈독 —	検索(けんさく) 검색　探索(たんさく) 탐색
	의미 동아줄 찾다	索引(さくいん)を使(つか)って調(しら)べる。 색인을 사용해서 조사하다. インターネットで情報(じょうほう)を検索(けんさく)する。 인터넷으로 정보를 검색하다.

酢

酢 12획 酉 中 N1		
	음독 さく	酢酸(さくさん) 초산　酢和(すあ)え 초무침
	훈독 す	食酢(しょくず) 식초　木酢(もくさく) 목초
	의미 식초 시다	酢酸(さくさん)は食酢(しょくず)の主(おも)な成分(せいぶん)だ。 초산은 식초의 주성분이다. 木酢液(もくさくえき)は木材(もくざい)を乾溜(かんりゅう)して得(え)られる。 목초액은 목재를 건류해서 얻을 수 있다.

搾

搾 13획 扌 中 N1		
	음독 さく	搾取(さくしゅ) 착취　搾乳(さくにゅう) 착유·젖을 짬
	훈독 しぼる	圧搾(あっさく) 압착　乳搾(ちちしぼ)り 젖을 짬
	의미 짜다	労働者(ろうどうしゃ)を搾取(さくしゅ)する。 노동자를 착취하다. ガスを圧搾(あっさく)する。 가스를 압착하다.

錯

錯 16획 金 中 N1		
	음독 さく	錯覚(さっかく) 착각　錯誤(さくご) 착오
	훈독 —	失錯(しっさく) 실책·실수　倒錯(とうさく) 도착
	의미 줄 어긋남 잘못함	出発時間(しゅっぱつじかん)を錯覚(さっかく)する。 출발시간을 착각하다. 若(わか)い時(とき)の失錯(しっさく)は仕方(しかた)がない。 젊은 날의 실수는 어쩔 수 없다.

咲

9획 口
中 N2

음독 —
훈독 さく

遅咲(おそざ)き 늦게 핌　早咲(はやざ)き 빨리 핌

의미
웃다
꽃이 피다

早咲(はやざ)きの菊(きく)。
빨리 피는 국화.

刹

8획 刂
中 급수 외

음독 さつ·せつ
훈독

刹那(せつな) 찰나
名刹(めいさつ) 명찰

의미
절

人生(じんせい)は刹那(せつな)の瞬間(しゅんかん)だ。
인생은 찰나의 순간이다.

この寺(てら)は古寺名刹(こじめいさつ)だ。
이 절은 고사명찰이다.

拶

9획 扌
中 급수 외

음독 さつ
훈독 —

挨拶(あいさつ) 인사

의미
핍박하다
밀어내다

先生(せんせい)に挨拶(あいさつ)する。
선생님께 인사하다.

撮

15획 扌
中 N1

음독 さつ
훈독 とる

撮影(さつえい) 촬영
盗撮(とうさつ) 도촬

의미
(사진을)찍다

映画(えいが)を撮影(さつえい)する。
영화를 촬영하다.

トイレでの盗撮(とうさつ)が問題(もんだい)になっている。
화장실에서의 도촬이 문제가 되고 있다.

擦	음독 さつ 훈독 する·すれる	擦過傷(さっかしょう) 찰과상　擦(す)り傷(きず) 찰과상 摩擦(まさつ) 마찰
17획 扌 中 N1	의미 문지르다 어루만지다 쓰다듬다	擦過傷(さっかしょう)を負(お)う。 찰과상을 입다. 摩擦(まさつ)で静電気(せいでんき)が起(お)こる。 마찰로 정전기가 일어나다.

桟	음독 さん 훈독 —	桟橋(さんばし) 판자다리
10획 木 中 N1	의미 사다리	桟橋(さんばし)を渡(わた)って船(ふね)に乗(の)る。 판자다리를 건너서 배에 타다.

惨	음독 さん·ざん 훈독 みじめ	惨劇(さんげき) 참극　惨状(さんじょう) 참상 無惨(むざん) 잔인함　悲惨(ひさん) 비참
11획 忄 中 N1	의미 아프다 괴롭다 비참하다	事故(じこ)現場(げんば)は惨状(さんじょう)だった。 사고현장은 참상이었다. 悲惨(ひさん)な最期(さいご)を遂(と)げる。 비참한 최후를 마치다.

傘	음독 さん 훈독 かさ	雨傘(あまがさ) 우산　日傘(ひがさ) 양산
12획 人 中 N1	의미 우산	露(つゆ)の時期(じき)には雨傘(あまがさ)が必須(ひっしゅ)です。 장마철에는 우산이 필수입니다.

斬

11획 車
中 급수 외

음독 ざん
훈독 きる

斬殺(ざんさつ) 참살　斬新(ざんしん) 참신

의미
베다
뛰어나다

斬新(ざんしん)なアイディアで問題(もんだい)を解決(かいけつ)する。
참신한 아이디어로 문제를 해결하다.

暫

15획 日
中 N1

음독 ざん
훈독 —

暫時(ざんじ) 잠시　暫定(ざんてい) 잠정

의미
잠시·잠깐
갑자기

暫時休憩(ざんじきゅうけい)をとる。
잠시 휴식을 취하다.

まだ暫定的(ざんていてき)な話(はなし)です。
아직 잠정적인 이야기입니다.

旨

6획 日
中 N1

음독 し
훈독 むね

趣旨(しゅし) 취지　要旨(ようし) 요지

의미
좋다·바람직하다
취지·뜻
생각

話(はなし)の趣旨(しゅし)がわかりにくい。
이야기의 취지를 알기 어렵다.

要旨(ようし)をまとめる。
요지를 정리하다.

伺

7획 亻
中 N2

음독 し
훈독 うかがう

伺候(しこう) 웃어른께 문안드림

의미
여쭤보다
방문하다

王様(おうさま)に伺候(しこう)する。
임금님께 문안을 드리다.

刺		
	음독 し 훈독 さす·ささる	刺激(しげき) 자극　刺身(さしみ) 회 風刺(ふうし) 풍자　名刺(めいし) 명함
8획 刂 中 N2	의미 찌르다 명함	彼(かれ)はいつも刺激(しげき)をくれる。 그는 항상 자극을 준다. 名刺交換(めいしこうかん)をする。 명함을 교환하다.

祉		
	음독 し 훈독 ―	福祉(ふくし) 복지
8획 ネ 中 N1	의미 복	社会福祉(しゃかいふくし)に貢献(こうけん)する。 사회복지에 공헌하다.

肢		
	음독 し 훈독 ―	肢体(したい) 지체(수족과 신체) 四肢(しし) 사지　選択肢(せんたくし) 선택지
8획 月 中 N1	의미 수족	均整(きんせい)のとれた肢体(したい)。 균형 잡힌 신체. 選択肢(せんたくし)から選(えら)ぶ。 선택지에서 고르다.

施		
	음독 し·せ 훈독 ほどこす	施設(しせつ) 시설　施行(しこう) 시행 実施(じっし) 실시　布施(ふせ) 사주
9획 方 中 N1	의미 세우다 베풀다	福祉施設(ふくししせつ)を建(た)てる。 복지시설을 세우다. それでは実験(じっけん)を実施(じっし)します。 그럼 실험을 시작하겠습니다.

恣	음독 し 훈독 —	恣意(しい) 자의
10획 心 中 급수 외	의미 제멋대로인 모양	両親(りょうしん)の恣意(しい)で専攻(せんこう)を決(き)めてしまった。 부모님 마음대로 전공을 정해버렸다.

脂	음독 し 훈독 あぶら	脂質(ししつ) 지질　脂肪(しぼう) 지방 皮脂(ひし) 피지　油脂(ゆし) 유지
10획 月 中 N2	의미 지방 진(액)	肉(にく)から脂質(ししつ)をとる。 고기로부터 지방분을 얻다. 皮脂(ひし)が分泌(ぶんぴつ)される。 피지가 분비되다.

紫	음독 し 훈독 むらさき	紫外線(しがいせん) 자외선　紫色(むらさきいろ) 보라색
12획 糸 中 N1	의미 보라색	夏(なつ)には紫外線(しがいせん)の予防(よぼう)が大事(だいじ)だ。 여름에는 자외선 예방이 중요하다. 紫色(むらさきいろ)の服(ふく)をよく着(き)る先輩(せんぱい)がいる。 보라색 옷을 즐겨 입는 선배가 있다.

嗣	음독 し 훈독 —	継嗣(けいし) 후계자　後嗣(こうし) 후사(대를 잇는 자식)
13획 口 中 N1	의미 잇다 후사·후계자	継嗣問題(けいしもんだい)で会社(かいしゃ)がうるさい。 후계자 문제로 회사가 시끄럽다. 山田(やまだ)さんには後嗣(こうし)がいない。 야마다씨는 후사가 없다.

雌

14획 隹
中 N1

음독 し
훈독 め·めす

雌雄(しゆう) 자웅

의미
암컷

カタツムリは雌雄同体(しゆうどうたい)の生(い)き物(もの)だ。
달팽이는 자웅동체 생물이다.

摯

15획 手
中 N1

음독 し
훈독 —

真摯(しんし) 진지

의미
잡다
극진하다
성실·진지함

彼女(かのじょ)は事(こと)ごとに真摯(しんし)な態度(たいど)で臨(のぞ)む。
그녀는 매사에 진지한 태도로 임한다.

賜

15획 貝
中 N1

음독 し
훈독 たまわる

賜金(しきん) 하사금　賜杯(しはい) 하사받은 술잔
下賜(かし) 하사　恩賜(おんし) 천황으로부터 받은 물건

의미
「받다」의 겸사말

賜金(しきん)を賜(たまわ)る。
금품을 하사받다.
恩賜(おんし)の時計(とけい)を家宝(かほう)にする。
천황이 하사한 시계를 가보로 삼다.

諮

16획 言
中 N1

음독 し
훈독 はかる

諮問(しもん) 자문

의미
자문하다
상의하다

専門家(せんもんか)の諮問(しもん)を受(う)ける。
전문가의 자문을 받다.

侍

8획 亻
中 N1

음독 じ 훈독 さむらい	侍医(じい) 어의　侍従(じじゅう) 시종
의미 모시다 시중들다 무사(사무라이)	天皇(てんのう)に侍従(じじゅう)が同行(どうこう)する。 천황에게 시종이 동행하다.

滋

12획 氵
中 N1

음독 じ 훈독 —	滋養(じよう) 자양
의미 늘어나다 점점 자라나다	滋養強壮(じようきょうそう)のためにうなぎを食(た)べる。 자양강장을 위해 장어를 먹다.

慈

13획 心
中 N1

음독 じ 훈독 いつくしむ	慈善(じぜん) 자선　慈悲(じひ) 자비 仁慈(じんじ) 인자
의미 자애롭다 자비를 베풀다 어머니	慈善活動(じぜんかつどう)に参加(さんか)する。 자선활동에 참가하다. 母(はは)の仁慈(じんじ)に富(と)んだ顔(かお)が浮(う)かぶ。 어머니의 인자하신 얼굴이 떠오른다.

餌

15획 食
中 급수 외

음독 じ 훈독 えさ·え	餌食(えじき) 희생물·제물　餌付(えづ)け 길들이기 給餌(きゅうじ) 먹이를 줌　食餌(しょくじ) 식이
의미 미끼·먹이	餌食(えじき)となる。 희생물이 되다. ダイエットの時(とき)には食餌療法(しょくじりょうほう)が大事(だいじ)だ。 다이어트를 할 때는 식이요법이 중요하다.

璽

19획 玉
中 N1

음독 じ 훈독 —	御璽(ぎょじ) 옥새　　国璽(こくじ) 국새
의미 옥새	日本(にほん)の国璽(こくじ)を押(お)す。 일본 국새를 찍다.

鹿

11획 鹿
中 N1

음독 — 훈독 しか·か	鹿皮(しかがわ) 사슴가죽 馬鹿(ばか) 바보　　馴鹿(じゅんろく) 순록
의미 사슴	鹿皮(しかがわ)のジャケットとはめずらしい。 사슴가죽 재킷이라니 신기하군. 馬鹿馬鹿(ばかばか)しい。 어리석다·엄청나다.

軸

12획 車
中 N1

음독 じく 훈독 —	軸足(じくあし) 운동할 때 몸을 받치는 다리 軸受(じくう)け 축받이 縦軸(たてじく) 세로축　　横軸(よこじく) 가로축
의미 축 중심	軸足(じくあし)をしっかりふんばる。 받침발로 힘껏 버디디. グラフの縦軸(たてじく)は年齢(ねんれい)を表(あらわ)します。 그래프 세로축은 연령을 나타냅니다.

叱

5획 口
中 N1

음독 しつ 훈독 しかる	叱責(しっせき) 질책　　叱咤(しった) 질타
의미 야단치다 혀를 차다	あの上司(じょうし)の叱責(しっせき)はひどすぎる。 그 상사의 질책은 너무 심하다. 自分(じぶん)を叱咤(しった)する。 자신을 질타하다.

疾

10획 疒
中 N1

음독 しつ
훈독 —

疾患(しっかん) 질환　　疾走(しっそう) 질주
眼疾(がんしつ) 눈병　　痼疾(こしつ) 고질

의미
병
병들다
빠르다

車(くるま)が車道(しゃどう)を疾走(しっそう)する。
자동차가 차도를 질주하다.
眼疾(がんしつ)が流行(はや)っている。
눈병이 유행하고 있다.

執

11획 土
中 N1

음독 しつ·しゅう
훈독 とる

執行(しっこう) 집행　　執着(しゅうちゃく) 집착
確執(かくしつ) 확집(불화)　　偏執(へんしゅう) 편집

의미
지휘하다
집행하다
집착하다

刑(けい)を執行(しっこう)する。
형을 집행하다.
二人(ふたり)の間(あいだ)に確執(かくしつ)がある。
두 사람 사이에 불화가 있다.

湿

12획 氵
中 N2

음독 しつ
훈독 しめる·しめす

湿原(しつげん) 습원　　湿疹(しっしん) 습진
乾湿(かんしつ) 건습　　多湿(たしつ) 다습

의미
습해지다

湿疹(しっしん)ができる。
습진이 생기다.
夏(なつ)には高温多湿(こうおんたしつ)になる。
여름에는 고온다습해진다.

嫉

13획 女
中 급수 외

음독 しつ
훈독 —

嫉妬(しっと) 질투

의미
질투하다
미워하다

妹(いもうと)が姉(あね)を嫉妬(しっと)する。
여동생이 언니를 질투하다.

漆

14획 氵
中 N1

음독 しつ 훈독 うるし	漆器(しっき) 칠기　漆黒(しっこく) 칠흑
의미 옻 칠흑 칠하다	漆黒(しっこく)の夜(よる)。 칠흑 같은 밤.

芝

6획 艹
中 N1

음독 ― 훈독 しば	芝居(しばい) 연극　芝生(しばふ) 잔디밭
의미 잔디	芝生(しばふ)に入(はい)らないでください。 잔디밭에 들어가지 마세요.

赦

11획 赤
中 N1

음독 しゃ 훈독 ―	赦免(しゃめん) 사면 特赦(とくしゃ) 특사　容赦(ようしゃ) 용서
의미 용서 용서하다 방치하다	罪(つみ)を赦免(しゃめん)される。 죄를 사면받다. 大統領(だいとうりょう)が特赦(とくしゃ)を発表(はっぴょう)する。 대통령이 특사를 발표하다.

斜

11획 斗
中 N1

음독 しゃ 훈독 ななめ	斜線(しゃせん) 사선　斜面(しゃめん) 사면 傾斜(けいしゃ) 경사
의미 비스듬함	斜線(しゃせん)を引(ひ)く。 사선을 긋다. 傾斜(けいしゃ)が緩(ゆる)い。 경사가 완만하다.

煮

12획 灬
中 급수 외

음독 しゃ
훈독 にる·にえる·にやす

煮沸(しゃふつ) 펄펄 끓임　煮付け(につけ) 조림
甘煮(あまに) 단 조림·찜　雑煮(ぞうに) 떡국

의미
삶다
삶아지다

母(はは)の魚(さかな)の煮付(につ)けが食(た)べたい。
어머니의 생선조림이 먹고 싶다.
正月(しょうがつ)に雑煮(ぞうに)を食(た)べる。
설날에 떡국을 먹다.

遮

14획 辶
中 N1

음독 しゃ
훈독 さえぎる

遮音(しゃおん) 방음　遮断(しゃだん) 차단

의미
가리다
차단하다

遮音(しゃおん)された部屋(へや)で録音(ろくおん)を取(と)る。
방음된 방에서 녹음하다.
電流(でんりゅう)を遮断(しゃだん)する。
전류를 차단하다.

邪

8획 阝
中 N1

음독 じゃ
훈독 —

邪悪(じゃあく) 사악　邪魔(じゃま) 방해
風邪(かぜ) 감기

의미
부정함
거짓말하다

邪魔(じゃま)しないで。
방해 하지마.
風邪(かぜ)を引(ひ)く。
감기 들다.

蛇

11획 虫
中 N1

음독 じゃ·だ
훈독 へび

蛇口(じゃぐち) 수도꼭지　蛇足(だそく) 사족·군더더기
毒蛇(どくじゃ) 독사

의미
뱀

蛇口(じゃぐち)をひねる。
수도꼭지를 틀다.
毒蛇(どくじゃ)にかまれる。
독사한테 물리다.

酌

10획 酉
中 N1

음독 しゃく	酌量(しゃくりょう) 사정을 참작함	
훈독 くむ	斟酌(しんしゃく) 헤아림	晩酌(ばんしゃく) 저녁 반주

의미
(술을) 따르다
헤아리다

双方(そうほう)の意見(いけん)を斟酌(しんしゃく)する。
양쪽의 의견을 헤아리다.

釈

11획 釆
中 N1

음독 しゃく	釈明(しゃくめい) 해명	釈放(しゃくほう) 석방
훈독 —	解釈(かいしゃく) 해석	注釈(ちゅうしゃく) 주석

의미
풀다
용서하다

失言(しつげん)について釈明(しゃくめい)する。
실언에 대해 해명하다.

作品(さくひん)を解釈(かいしゃく)する。
작품을 해석하다.

爵

17획 爫
中 N1

음독 しゃく	爵位(しゃくい) 작위	
훈독 —	公爵(こうしゃく) 공작	伯爵(はくしゃく) 백작

의미
작위
벼슬

昔(むかし)の爵位(しゃくい)には、公爵(こうしゃく)、侯爵(こうしゃく)、伯爵(はくしゃく)、子爵(ししゃく)、男爵(だんしゃく)の五(いつ)つがあった。
옛날에는 공작, 후작, 백작, 자작, 남작이라는 5개의 작위가 있었다.

寂

11획 宀
中 N1

음독 じゃく·せき		
훈독 さび·さびしい·さびれる	閑寂(かんじゃく) 한적	静寂(せいじゃく) 정적

의미
쓸쓸하다
한적하다

久(ひさ)しぶりの閑寂(かんじゃく)を楽(たの)しむ。
오랜만의 한적함을 즐기다.

静寂(せいじゃく)が流(なが)れる。
정적이 흐르다.

朱

6획 木
中 N1

음독 しゅ 훈독 —	朱印(しゅいん) 주인　朱書(しゅしょ) 주서(붉은 글씨로 씀)
의미 붉은색	「緊急(きんきゅう)」と朱書(しゅしょ)する。 「긴급」이라고 붉은 글씨로 쓰다.

狩

9획 犭
中 N1

음독 しゅ 훈독 かる·かり	狩猟(しゅりょう) 수렵 潮干狩り(しおひがり) 조개잡이　紅葉狩り(もみじがり) 단풍구경
의미 사냥 사냥하다	ここは狩猟禁止区域(しゅりょうきんしくいき)だ。 이곳은 수렵금지구역이다. 秋(あき)になって、紅葉狩り(もみじがり)に行(い)く。 가을이 되어 단풍구경을 가다.

殊

10획 歹
中 N1

음독 しゅ 훈독 こと	殊勝(しゅしょう) 기특함　殊更(ことさら) 특히·새삼스럽게 特殊(とくしゅ) 특수
의미 도드라지다 특히	殊更説明(ことさらせつめい)する必要(ひつよう)はない。 새삼스럽게 설명할 필요는 없다. 「しかし」には「話題転換(わだいてんかん)」という特殊(とくしゅ)な用法(ようほう)がある。 「しかし」에는「화제전환」이라는 특수한 용법이 있다.

珠

10획 王
中 N1

음독 しゅ 훈독 —	珠玉(しゅぎょく) 주옥　珠算(しゅざん) 주산 真珠(しんじゅ) 진주
의미 구슬	祖父(そふ)に集散(しゅさん)を教(おそ)わる。 할아버지께 주산을 배우다. モーパッサンの代表作(だいひょうさく)には『真珠(しんじゅ)の首飾り(くびかざり)』がある。 모파상의 대표작으로는 『진주목걸이』가 있다.

腫		
13획 月 中 급수 외	음독 しゅ 훈독 はれる·はらす	腫瘍(しゅよう) 종양 浮腫(ふしゅ) 부종
	의미	脳(のう)に腫瘍(しゅよう)が見(み)つかった。 뇌에서 종양이 발견되다.
	붓다 종기	足(あし)に浮腫(ふしゅ)が来(く)る。 다리에 부종이 생기다.

趣		
15획 走 中 급수 외	음독 しゅ 훈독 おもむき	趣旨(しゅし) 취지　趣味(しゅみ) 취미 興趣(きょうしゅ) 홍취　風趣(ふうしゅ) 풍취
	의미	趣味(しゅみ)は水泳(すいえい)です。 취미는 수영입니다.
	멋·풍취	興趣(きょうしゅ)をそそる。 홍취를 돋우다.

寿		
7획 寸 中 N1	음독 じゅ 훈독 ことぶき	寿命(じゅみょう) 수명 天寿(てんじゅ) 천수　長寿(ちょうじゅ) 장수
	의미	平均寿命(へいきんじゅみょう)が伸(の)びている。 평균수명이 늘어나고 있다.
	장수하다 축하	長寿(ちょうじゅ)を保(たも)つ。 장수하다.

呪		
8획 口 中 급수 외	음독 じゅ 훈독 のろう	呪術(じゅじゅつ) 주술　呪文(じゅもん) 주문
	의미	強(つよ)い呪術(じゅじゅつ)がかかっている。 강한 주술이 걸려있다.
	저주하다	呪文(じゅもん)を唱(とな)える。 주문을 외우다.

需 14획 雨 中 N1	음독 じゅ 훈독 —	需給(じゅきゅう) 수급　需要(じゅよう) 수요 応需(おうじゅ) 응수　必需(ひつじゅ) 필수
	의미 없어서는 안 되는 구하다·바라다	供給(きょうきゅう)が需要(じゅよう)に追(お)いつかない。 공급이 수요를 따라잡지 못하다. 現代(げんだい)ではスマホーは必需品(ひつじゅひん)だ。 현대에서는 스마트폰은 필수품이다.

儒 16획 亻 中 N1	음독 じゅ 훈독 —	儒学(じゅがく) 유학　儒教(じゅきょう) 유교
	의미 학자 선비	儒教(じゅきょう)には現代(げんだい)とは合(あ)わない思想(しそう)も多(おお)い。 유교에는 현대와는 맞지 않는 사상도 많다.

囚 5획 囗 中 N1	음독 しゅう 훈독 —	囚役(しゅうえき) 수역　囚人(しゅうじん) 죄수 死刑囚(しけいしゅう) 사형수　脱獄囚(だつごくしゅう) 탈옥수
	의미 잡다 포로 죄수	囚人(しゅうじん)の人権問題(じんけんもんだい)が話題(わだい)になっている。 죄수의 인권문제가 화제가 되고 있다. 脱獄囚(だつごくしゅう)がつかまった。 탈옥수가 잡혔다.

舟 6획 舟 中 N2	음독 しゅう 훈독 ふね·ふな	舟航(しゅうこう) 항해　舟唄(ふなうた) 뱃노래 小舟(こぶね) 작은 배　釣り船(つりぶね) 낚싯배
	의미 배	世界中(せかいじゅう)の海(うみ)を舟航(しゅうこう)する。 온 세계의 바다를 항해하다. 釣り船(つりぶね)が浮(う)かんでいる。 낚싯배가 떠 있다.

秀		
	음독 しゅう 훈독 ひいでる	秀才(しゅうさい) 수재　秀作(しゅうさく) 수작 閨秀(けいしゅう) 규수(처녀)　優秀(ゆうしゅう) 우수함
	의미	彼(かれ)はこの村(むら)ではまれに見(み)られる秀才(しゅうさい)だ。 그는 이 마을에서는 보기 드문 수재다.
7획 禾 中 N1	뛰어나다	彼女(かのじょ)は優秀(ゆうしゅう)な成績(せいせき)で入学(にゅうがく)した。 그녀는 우수한 성적으로 입학했다.

臭		
	음독 しゅう 훈독 くさい·におう	臭覚(しゅうかく) 후각　臭味(くさみ) 나쁜 냄새 悪臭(あくしゅう) 악취　脱臭(だっしゅう) 탈취
	의미	臭覚(しゅうかく)が麻痺(まひ)する。 후각이 마비되다.
9획 自 中 N1	냄새나다 냄새	最近(さいきん)、天然(てんねん)の脱臭剤(だっしゅうざい)が人気(にんき)だ。 최근 천연탈취제가 인기다.

袖		
	음독 しゅう 훈독 そで	袖手(しゅうしゅ) 수수(팔짱을 낌) 領袖(りょうしゅう) 우두머리　半袖(はんそで) 반소매(반팔)
	의미	袖手傍観(しゅうしゅぼうかん)。 수수방관.
10획 衤 中 N1	소매	まだ4月(がつ)なのに、半袖(はんそで)の人(ひと)が多(おお)い。 아직 4월인데 반팔차림의 사람이 많다.

羞		
	음독 しゅう 훈독 —	羞恥(しゅうち) 수치
	의미	
11획 羊 中 급수 외	부끄러워하다	部長(ぶちょう)は羞恥心(しゅうちしん)のない人(ひと)だ。 부장님은 수치심도 없는 사람이다.

愁

13획 心
中 N1

음독 しゅう
훈독 うれえる·うれい

愁傷(しゅうしょう) 슬퍼함·비탄함　愁嘆(しゅうたん) 근심하고 탄식함
哀愁(あいしゅう) 애수　郷愁(きょうしゅう) 향수

의미
한탄하다
슬퍼하다
생각하며 괴로워하다

愁嘆(しゅうたん)にくれる。
근심에 잠기다.
メロディーから哀愁(あいしゅう)を感(かん)じる。
멜로디에서 애수를 느끼다.

酬

13획 酉
中 급수 외

음독 しゅう
훈독 —

酬酢(しゅうさく) 수작(술잔을 주고받음)
酬唱(しゅうしょう) 수창(시가를 주고받음)
応酬(おうしゅう) 응수　報酬(ほうしゅう) 보수

의미
갚다
술을 권하다
돌려주다·사례하다

友人(ゆうじん)と酬酢(しゅうさく)する。
벗과 술잔을 주고받다.
報酬(ほうしゅう)を日割(ひわ)りでもらう。
보수를 일당으로 받다.

醜

17획 酉
中 N1

음독 しゅう
훈독 みにくい

醜悪(しゅうあく) 추악　醜態(しゅうたい) 추태
美醜(びしゅう) 아름다움과 추함　老醜(ろうしゅう) 늙어서 추함

의미
추하다
미워하다
나쁘다

醜態(しゅうたい)をさらす。
추태를 부리다.
美醜(びしゅう)を問(と)わない。
아름다움과 추함을 불문하다.

蹴

19획 𧾷
中 N1

음독 しゅう
훈독 ける

蹴球(しゅうきゅう) 축구
一蹴(いっしゅう) 일축(제안이나 부탁을 단번에 거절함)

의미
차다
밟다

提案(ていあん)を一蹴(いっしゅう)する。
제안을 단번에 거절하다.

襲

22획 衣
中 N1

음독 しゅう 훈독 おそう	襲撃(しゅうげき) 습격 逆襲(ぎゃくしゅう) 역습
의미 습격하다	襲撃(しゅうげき)に備(そな)える。 습격에 대비하다. 相手(あいて)が逆襲(ぎゃくしゅう)してきた。 상대가 역습해 왔다.

汁

5획 氵
中 N1

음독 じゅう 훈독 しる	汁液(じゅうえき) 즙액 果汁(かじゅう) 과즙　墨汁(ぼくじゅう) 먹물
의미 즙·국물	りんごの汁液(じゅうえき)を服用(ふくよう)する。 사과즙을 복용하다. 果汁(かじゅう)100パーセントのオレンジジュース。 과즙 100퍼센트의 오렌지주스.

充

6획 儿
中 N1

음독 じゅう 훈독 あてる	充電(じゅうでん) 충전　充分(じゅうぶん) 충분 拡充(かくじゅう) 확충　補充(ほじゅう) 보충
의미 차다 충당하다	ケータイを充電(じゅうでん)する。 휴대전화를 충전하다. 補充説明(ほじゅうせつめい)をする。 보충설명을 하다.

柔

9획 木
中 N2

음독 じゅう·にゅう 훈독 やわらか· やわらかい	柔道(じゅうどう) 유도　柔軟(じゅうなん) 유연함 温柔(おんじゅう) 온유(온화하고 유순함)　懐柔(かいじゅう) 회유
의미 부드럽다	弟(おとうと)は柔道(じゅうどう)の選手(せんしゅ)です。 남동생은 유도선수입니다. 彼女(かのじょ)は温柔(おんじゅう)な性格(せいかく)の人(ひと)だ。 그녀는 온화하고 유순한 성격을 가진 사람이다.

渋

11획 氵
中 N1

음독 じゅう 훈독 しぶ·しぶい· しぶる	渋滞(じゅうたい) 정체　渋面(じゅうめん) 찡그린 얼굴 苦渋(くじゅう) 고뇌　渋々(しぶしぶ) 마지못해
의미 떫다 원활하게 진행되지 않다	渋面(じゅうめん)をつくる。 얼굴을 찌푸리다. 渋々(しぶしぶ)同意(どうい)する。 마지못해 동의하다.

銃

14획 金
中 N1

음독 じゅう 훈독 —	銃口(じゅうこう) 총구　銃声(じゅうせい) 총성 拳銃(けんじゅう) 권총　猟銃(りょうじゅう) 엽총
의미 총	銃声(じゅうせい)とともに、場内(じょうない)は修羅場(しゅらば)になった。 총성과 함께 장내는 아수라장이 되었다. 韓国(かんこく)では拳銃(けんじゅう)の所持(しょじ)は不法(ふほう)だ。 한국에서는 권총소지는 불법이다.

獣

16획 犬
中 N1

음독 じゅう 훈독 けもの	獣医(じゅうい) 수의사 怪獣(かいじゅう) 괴수　猛獣(もうじゅう) 맹수
의미 짐승 말린 고기	獣医師(じゅういし)になりたいです。 수의사가 되고 싶습니다. 夢(ゆめ)の中(なか)で怪獣(かいじゅう)と戦(たたか)った。 꿈에서 괴수와 싸웠다.

叔

8획 又
中 N1

음독 しゅく 훈독 —	叔父(しゅくふ) 숙부　叔母(しゅくぼ) 숙모
의미 아저씨 시동생 끝	叔母(しゅくぼ)の家(いえ)を尋(たず)ねる。 숙모 댁을 방문하다.

淑

11획 氵

中 N1

음독 しゅく 훈독 —	淑女(しゅくじょ) 숙녀 貞淑(ていしゅく) 정숙	
의미 맑다	紳士淑女(しんししゅくじょ)の皆様(みなさま)。 신사숙녀 여러분.	

粛

11획 聿

中 급수 외

음독 しゅく 훈독 —	粛清(しゅくせい) 숙청 厳粛(げんしゅく) 엄숙	粛然(しゅくぜん) 숙연 静粛(せいしゅく) 정숙
의미 엄숙하다 조용함	粛然(しゅくぜん)とした姿勢(しせい)で臨(のぞ)む。 숙연한 자세로 임하다. 図書館(としょかん)では静粛(せいしゅく)に。 도서관에서는 정숙해 주세요.	

塾

14획 土

中 N1

음독 じゅく 훈독 —	塾舎(じゅくしゃ) 기숙사 学習塾(がくしゅうじゅく) 입시학원	塾長(じゅくちょう) 학원장 義塾(ぎじゅく) 의숙
의미 방 학원	塾舎(じゅくしゃ)に入(はい)る。 기숙사에 들어가다. 学習塾(がくしゅうじゅく)で英語(えいご)を勉強(べんきょう)する。 입시학원에서 영어를 공부하다.	

俊

9획 亻

中 N1

음독 しゅん 훈독 —	俊英(しゅんえい) 준영(뛰어나고 빼어남) 俊才(しゅんさい) 준재·수재	
의미 뛰어나다 뛰어난 사람 높다	キムさんは、ソウル大学出身(だいがくしゅっしん)の俊才(しゅんさい)だ。 김○○씨는 서울대학 출신의 수재다.	

瞬 18획 目 中 N1	음독 しゅん 훈독 またたく	瞬間(しゅんかん) 순간 瞬発(しゅんぱつ) 순발 一瞬(いっしゅん) 일순간
	의미 눈을 깜짝이다 짧은 순간	彼(かれ)は瞬発力(しゅんぱつりょく)がいい。 그는 순발력이 좋다. 一瞬(いっしゅん)の選択(せんたく)が運命(うんめい)を変(か)える。 한순간의 선택이 운명을 바꾸다.

旬 6획 日 中 N1	음독 じゅん·しゅん 훈독	旬漁(しゅんぎょ) 제철생선 旬菜(しゅんさい) 제철야채 下旬(げじゅん) 하순 上旬(じょうじゅん) 상순
	의미 열흘 제철	旬菜(しゅんさい)で料理(りょうり)をする。 제철야채로 요리하다. 韓国(かんこく)は大体(だいたい)六月(ろくがつ)の下旬(げじゅん)に露(つゆ)が始(はじ)まる。 한국은 대체로 6월 하순에 장마가 시작된다.

巡 6획 巛 中 N1	음독 じゅん 훈독 めぐる	巡回(じゅんかい) 순회 巡礼(じゅんれい) 순례 一巡(いちじゅん) 한 바퀴 돎 逡巡(しゅんじゅん) 망설임
	의미 돌다·회전하다 돌아보다	名所(めいしょ)を巡回(じゅんかい)する。 명소를 순회하다. 選択(せんたく)を逡巡(しゅんじゅん)する。 선택을 망설이다.

盾 9획 目 中 N1	음독 じゅん 훈독 たて	矛盾(むじゅん) 모순
	의미 방패	言行(げんこう)が矛盾(むじゅん)している。 언행이 모순되다.

准

10획 冫
中 N1

음독 じゅん
훈독 —

准教授(じゅんきょうじゅ) 준교수
批准(ひじゅん) 비준

의미
비하다
준하다
허락하다

条約(じょうやく)を批准(ひじゅん)する。
조약을 비준(파기)하다.

殉

10획 歹
中 N1

음독 じゅん
훈독 —

殉教(じゅんきょう) 순교
殉職(じゅんしょく) 순직

의미
따르다
목숨을 바쳐 따르다

自由(じゆう)のため殉教(じゅんきょう)する。
자유를 위해 순교하다.
警察官(けいさつかん)が殉職(じゅんしょく)した。
경찰관이 순직했다.

循

12획 彳
中 N1

음독 じゅん
훈독 —

循環(じゅんかん) 순환

의미
따르다
돌다

市内循環(しないじゅんかん)バスに乗(の)る。
시내순환버스를 타다.

潤

15획 氵
中 N1

음독 じゅん
훈독 うるおう·うるおす·うるむ

潤滑(じゅんかつ) 윤활
潤沢(じゅんたく) 윤택
豊潤(ほうじゅん) 풍부하고 윤택함
利潤(りじゅん) 이윤

의미
축축해지다
벌이·이익
윤기·광택

潤沢(じゅんたく)な資金(しきん)を備(そな)える。
윤택한 자금을 갖추다.
豊潤(ほうじゅん)な生活(せいかつ)を送(おく)る。
풍요로운 생활을 하다.

遵

15획 辶
中 N1

음독 じゅん 훈독 —	遵守(じゅんしゅ) 준수　遵法(じゅんぽう) 준법
의미 따르다 지키다 의거하다	規則(きそく)を遵守(じゅんしゅ)する。 규칙을 준수하다. 遵法(じゅんぽう)の精神(せいしん)に従(したが)う。 준법정신에 따르다.

庶

11획 广
中 N1

음독 しょ 훈독 —	庶民(しょみん) 서민　庶務(しょむ) 서무
의미 여러 가지 간절히 바라다 많은 사람들	庶民(しょみん)の声(こえ)を聞(き)く。 서민의 목소리를 듣다. 庶務課(しょむか)に勤務(きんむ)する。 서무과에 근무하다.

緒

14획 糸
中 N2

음독 しょ·ちょ 훈독 お	緒言(しょげん) 서론　緒戦(しょせん) 서전(최초의 싸움) 一緒(いっしょ) 같이　内緒(ないしょ) 비밀
의미 실마리 일의 시작	緒言(しょげん)で述(の)べた通(とお)りである。 서론에 서술한대로다. 一緒(いっしょ)に勉強(べんきょう)しましょう。 같이 공부해요.

如

6획 女
中 N1

음독 じょ·にょ 훈독 —	如才(じょさい) 빈틈　如実(にょじつ) 여실 欠如(けつじょ) 결여　突如(とつじょ) 돌연
의미 같다 가다 동등하다	如才(じょさい)なく準備(じゅんび)する。 빈틈없이 준비하다. 彼女(かのじょ)は社会性(しゃかいせい)が欠如(けつじょ)している。 그녀는 사회성이 결여되어있다.

叙

9획 又
中 N1

음독 じょ 훈독 —	叙述(じょじゅつ) 서술　叙情(じょじょう) 서정 直叙(ちょくじょ) 있는 그대로 진술함　略叙(りゃくじょ) 약서
의미 순서 순서를 매기다 서술하다	論文(ろんぶん)では客観的(きゃっかんてき)な叙述(じょじゅつ)が求(もと)められる。 논문에서는 객관적인 서술이 요구된다. ありのままに直叙(ちょくじょ)する。 있는 그대로 진술하다.

徐

10획 彳
中 N1

음독 じょ 훈독 —	徐行(じょこう) 서행　徐々(じょじょ) 점차·서서히
의미 서서히 조용함 평온함	小学校(しょうがっこう)の近(ちか)くでは徐行(じょこう)してください。 초등학교 근처에서는 서행해 주세요. 徐々(じょじょ)に改善(かいぜん)している。 서서히 개선되고 있다.

升

4획 十
中 N1

음독 しょう 훈독 ます	一升(いっしょう) 한 되
의미 되	米(こめ)一升(いっしょう)をもらう。 쌀 한 되를 받다.

召

5획 口
中 N2

음독 しょう 훈독 めす	召喚(しょうかん) 소환　召集(しょうしゅう) 소집 応召(おうしょう) 응소
의미 부르심 부르시다 잡수시다	非常(ひじょう)召集(しょうしゅう)する。 비상소집하다.

匠	음독 しょう 훈독 —	匠気(しょうき) 장색(대중적 인기를 얻고자 하는 마음) 巨匠(きょしょう) 거장　　師匠(ししょう) 스승
6획 匚 中 N1	의미 장인 생각·고안	師匠(ししょう)につく。 스승을 따르다.

床	음독 しょう 훈독 とこ·ゆか	床(とこ)の間(ま) 도코노마　床屋(とこや) 이발소 起床(きしょう) 기상　　病床(びょうしょう) 병상
7획 广 中 N2	의미 마루 잠자리	床(とこ)の間(ま)に軸物(じくもの)を掛(か)ける。 도코노마에 족자를 걸다. 7時(じ)に起床(きしょう)する。 7시에 기상하다.

抄	음독 しょう 훈독 —	抄録(しょうろく) 초록(발췌)　抄本(しょうほん) 초본
7획 扌 中 N1	의미 뽑다	記事(きじ)を抄録(しょうろく)する。 기사를 발췌하다.

肖	음독 しょう 훈독 —	肖像(しょうぞう) 초상
7획 月 中 N1	의미 닮다	ヴァン·ゴッホは多(おお)くの肖像画(しょうぞうが)を残(のこ)した。 반고흐는 많은 초상화를 남겼다.

尚		
8획 ⺍ 中 N1	음독 しょう 훈독 —	尚古(しょうこ) 상고　尚早(しょうそう) 상조 和尚(おしょう) 스님　高尚(こうしょう) 고상
	의미 아직 공경하다 오랜만이다	結果(けっか)を知(し)るのは時期尚早(じきしょうそう)だ。 결과는 알기에는 시기상조다. 奥(おく)さんは高尚(こうしょう)な趣味(しゅみ)がある。 사모님은 고상한 취미가 있다.

昇		
8획 日 中 N2	음독 しょう 훈독 のぼる	昇級(しょうきゅう) 승급　昇進(しょうしん) 승진 上昇(じょうしょう) 상승　離昇(りしょう) 이승
	의미 오르다 오르게 하다 안정됨	課長(かちょう)に昇進(しょうしん)する。 과장으로 승진하다. 物価(ぶっか)が上昇(じょうしょう)する。 물가가 상승하다.

沼		
8획 氵 中 N1	음독 しょう 훈독 ぬま	沼地(しょうち) 늪지 湖沼(こしょう) 호수와 늪
	의미 늪	近(ちか)くに沼地(しょうち)があるから、気(き)をつけてください。 근처에 늪지가 있으니까 조심하세요.

宵		
10획 宀 中 N1	음독 しょう 훈독 よい	宵寝(よいね) 초저녁잠　宵宮(よいみや) 축제의 전야제 春宵(しゅんしょう) 봄밤　徹宵(てっしょう) 밤을 샘
	의미 밤 작다	宵寝(よいね)して朝早(あさはや)く起(お)きる。 초저녁에 자고 아침에 일찍 일어나다. 徹宵(てっしょう)、友人(ゆうじん)と語(かた)る。 밤새 친구와 이야기하다.

症

10획 疒
中 N1

음독 しょう 훈독 —	症候群(しょうこうぐん) 증후군　症状(しょうじょう) 증상 炎症(えんしょう) 염증　重症(じゅうしょう) 중증
의미 증세	風邪(かぜ)の症状(しょうじょう)が現(あらわ)れる。 감기증상이 나타나다. 重症(じゅうしょう)を負(お)う。 중증을 입다.

祥

10획 ネ
中 N1

음독 しょう 훈독 —	発祥(はっしょう) 발상　不祥(ふしょう) 불상
의미 다행 표시	文明(ぶんめい)の発祥地(はっしょうち)を訪(たず)ねる。 문명의 발상지를 찾아가다. 不祥事(ふしょうじ)が起(お)こる。 불상사가 발생하다.

称

10획 禾
中 N1

음독 しょう 훈독 —	称呼(しょうこ) 칭호　称賛(しょうさん) 칭찬 対称(たいしょう) 대칭　名称(めいしょう) 명칭
의미 균형이 잡히다 칭찬하다 호칭	称賛(しょうさん)を受(う)ける。 칭찬받다. 公式名称(こうしきめいしょう)を変更(へんこう)する。 공식명칭을 변경하다.

渉

11획 氵
中 N1

음독 しょう 훈독 —	渉外(しょうがい) 섭외 干渉(かんしょう) 간섭　交渉(こうしょう) 교섭
의미 건너다	有名(ゆうめい)な女優(じょゆう)を渉外(しょうがい)する。 유명한 여배우를 섭외하다. 私(わたし)に干渉(かんしょう)しないでよ！ 나한테 간섭하지마!

紹	음독 しょう 훈독 —	紹介(しょうかい) 소개
11획 糸 中 N2	의미 잇다 돕다 중개하다	自己紹介(じこしょうかい)をお願(ねが)いします。 자기소개를 부탁드립니다.

訟	음독 しょう 훈독 —	訴訟(そしょう) 소송
11획 言 中 N1	의미 소송하다	訴訟(そしょう)を起(お)こす。 소송을 걸다.

掌	음독 しょう 훈독 —	掌握(しょうあく) 장악 掌中(しょうちゅう) 수중(손바닥 안) 合掌(がっしょう) 합장 車掌(しゃしょう) 차장
12획 手 中 N1	의미 손바닥	舞台(ぶたい)を掌握(しょうあく)する。 무대를 장악하다. 合掌(がっしょう)して祈(いの)る。 합장하고 기도하다.

晶	음독 しょう 훈독 —	晶系(しょうけい) 결정계 結晶(けっしょう) 결정 水晶(すいしょう) 수정
12획 日 中 N1	의미 밝음 빛	この作品(さくひん)は努力(どりょく)の結晶体(けっしょうたい)だ。 이 작품은 노력의 결정체다.

焦

12획 灬
中 N1

음독 しょう
훈독 こげる·こがす·こがれる·あせる

焦燥(しょうそう) 초조　　焦点(しょうてん) 초점

의미
타다
태우다
초조하다

焦燥(しょうそう)のあまり貧乏揺(びんぼうゆ)すりをする。
초조한 나머지 다리를 떨다.
レンズの焦点(しょうてん)を合(あ)わせる。
렌즈 초점을 맞추다.

硝

12획 石
中 N1

음독 しょう
훈독 —

硝煙(しょうえん) 초연·화약 연기　硝酸(しょうさん) 질산

의미
화약
질산

硝煙(しょうえん)がたちこめている。
화약연기가 자욱하다.
硝酸(しょうさん)は科学工業(かがくこうぎょう)の重要(じゅうよう)な原料(げんりょう)だ。
질산은 화학공업의 중요한 원료다.

粧

12획 米
中 N1

음독 しょう
훈독 —

化粧(けしょう) 화장

의미
치장·치장하다
만들다

美(うつく)しく化粧(けしょう)した女性(じょせい)たち。
아름답게 화장한 여성들.

詔

12획 言
中 N1

음독 しょう
훈독 みことのり

詔書(しょうしょ) 조서　　詔勅(しょうちょく) 조칙

의미
조칙

詔書(しょうしょ)が発布(はっぷ)される。
조서가 공포되다.

奨		
13획 大 中 N1	음독 しょう 훈독 —	奨学(しょうがく) 장학　奨励(しょうれい) 장려 勧奨(かんしょう) 권장　推奨(すいしょう) 좋다고 칭찬함·추천
	의미 장려하다 칭찬하다 손에 쥐다	国費(こくひ)奨学生(しょうがくせい)として留学(りゅうがく)する。 국비장학생으로서 유학하다. 消費者(しょうひしゃ)団体(だんたい)の推奨(すいしょう)する商品(しょうひん)だ。 소비자단체에서 추천하는 상품이다.

詳		
13획 言 中 N1	음독 しょう 훈독 くわしい	詳細(しょうさい) 상세　詳説(しょうせつ) 상설 不詳(ふしょう) 자세히 알지 못함　未詳(みしょう) 미상
	의미 자세하다	詳細(しょうさい)に報告(ほうこく)する。 상세하게 보고하다. 作者未詳(さくしゃみしょう)の作品(さくひん)。 작자미상의 작품.

彰		
14획 彡 中 N1	음독 しょう 훈독 —	表彰(ひょうしょう) 표창
	의미 드러나다 밝혀짐	善行(ぜんこう)を表彰(ひょうしょう)する。 선행을 표창하다.

憧		
15획 忄 中 급수 외	음독 しょう 훈독 あこがれる	憧憬(しょうけい) 동경
	의미 동경하다	都会(とかい)生活(せいかつ)に憧憬(しょうけい)する。 도시생활을 동경하다.

衝

15획 行
中 N1

음독 しょう
훈독 —

衝撃(しょうげき) 충격　衝突(しょうとつ) 충돌
緩衝(かんしょう) 완충　折衝(せっしょう) 절충

의미
큰 길
찌르다
요점

人(ひと)と自転車(じてんしゃ)が衝突(しょうとつ)する。
사람이랑 자전거가 충돌하다.
意見(いけん)を折衝(せっしょう)する。
의견을 절충하다.

償

17획 亻
中 N1

음독 しょう
훈독 つぐなう

償却(しょうきゃく) 상환　償金(しょうきん) 배상금
弁償(べんしょう) 변상　補償(ほしょう) 보상

의미
갚다
보상

敗戦国(はいせんこく)は償金(しょうきん)を支払(しはら)わなければならない。
패전국은 배상금을 내야한다.
壊(こわ)した窓(まど)ガラスを弁償(べんしょう)する。
깨뜨린 유리창을 변상하다.

礁

17획 石
中 N1

음독 しょう
훈독 —

暗礁(あんしょう) 암초　座礁(ざしょう) 좌초

의미
암초

船(ふね)が暗礁(あんしょう)に乗(の)り上(あ)がる。
배가 암초에 걸리다.

鐘

20획 金
中 N1

음독 しょう
훈독 かね

鐘声(しょうせい) 종소리　鐘楼(しょうろう) 종루
警鐘(けいしょう) 경종

의미
종

寺(てら)の鐘声(しょうせい)が響(ひび)く。
절의 종소리가 울린다.
警鐘(けいしょう)を鳴(な)らす。
경종을 울리다.

丈

3획 一
中 N1

음독 じょう 훈독 たけ	丈夫(じょうぶ) 건강함·튼튼함 大丈夫(だいじょうぶ) 괜찮음 頑丈(がんじょう) 튼튼함·단단함
의미 길이 키 어른	丈夫(じょうぶ)な子(こ)に育(そだ)てる。 건강한 아이로 키우다. 頑丈(がんじょう)な建物(たてもの)を建(た)てる。 튼튼한 건물을 세우다.

冗

4획 冖
中 N1

음독 じょう 훈독 —	冗談(じょうだん) 농담 冗漫(じょうまん) 장황함
의미 쓸데없음 한가함 귀찮다	父(ちち)は冗談(じょうだん)を言(い)うのが好(す)きだ。 아버지는 농담하는 걸 좋아한다.

浄

9획 氵
中 N1

음독 じょう 훈독 —	浄化(じょうか) 정화 浄水(じょうすい) 정수 清浄(せいじょう) 청정 洗浄(せんじょう) 세정
의미 맑음 깨끗함	下水(げすい)を浄化(じょうか)する。 하수를 정화하다. 清浄(せいじょう)な心(こころ)をもつ。 맑고 깨끗한 마음을 지니다.

剰

11획 刂
中 N1

음독 じょう 훈독 —	剰員(じょういん) 잉여인원 剰金(じょうきん) 잉여금 過剰(かじょう) 과잉 余剰(よじょう) 잉여
의미 남다 남은 것	剰員(じょういん)を整理(せいり)する。 남은 인원을 정리하다. 余剰(よじょう)の商品(しょうひん)を安(やす)く売(う)る。 잉여 상품을 싸게 팔다.

畳

12획 田

中 N2

음독 じょう	畳語(じょうご) 첩어　畳出(じょうしゅつ) 첩출
훈독 たたむ·たたみ	重畳(ちょうじょう) 중첩
의미	「いろいろ」など、同(おな)じ語(ご)を重(かさ)ねたものを畳語(じょうご)という。
	「いろいろ」등 같은 말을 반복한 것을 첩어라고 한다.
개다·접다	山(やま)が重畳(ちょうじょう)している。
다다미	산이 중첩해있다.

縄

15획 糸

中 N1

음독 じょう	縄文(じょうもん) 승문　縄跳(なわと)び 줄넘기
훈독 なわ	自縄自縛(じじょうじばく) 자승자박
의미	縄跳(なわと)び大会(たいかい)で優勝(ゆうしょう)する。
밧줄	줄넘기 대회에서 우승하다.
바로잡다	自縄自縛(じじょうじばく)の結果(けっか)を招(まね)く。
법칙	자승자박의 결과를 초래하다.

壌

16획 土

中 N1

음독 じょう	土壌(どじょう) 토양
훈독 —	
의미	
흙	土壌(どじょう)を改良(かいりょう)する。
비옥함	토양을 개량하다.
열매를 맺다	

嬢

16획 女

中 N1

음독 じょう	お嬢(じょう)さん 아가씨
훈독 —	令嬢(れいじょう) 영애·따님
의미	貞淑(ていしゅく)なお嬢(じょう)さんだ。
어머니	정숙한 아가씨다.
딸	あの女性(じょせい)は社長(しゃちょう)の令嬢(れいじょう)だ。
처녀	저 여성은 사장님의 영애다.

錠	음독 じょう 훈독 ―	錠剤(じょうざい) 알약 施錠(せじょう) 문을 잠금　手錠(てじょう) 수갑
16획　金 中　N1	의미 열쇠 알약	錠剤(じょうざい)を飲(の)む。 알약을 먹다. 犯人(はんにん)に手錠(てじょう)をかける。 범인에게 수갑을 채우다.

譲	음독 じょう 훈독 ゆずる	譲渡(じょうと) 양도　譲歩(じょうほ) 양보 割譲(かつじょう) 할양　分譲(ぶんじょう) 분양
20획　言 中　N1	의미 주다·양도하다 겸양하다 사양하다	会議(かいぎ)で相手側(あいてがわ)が譲歩(じょうほ)してくれた。 회의에서 상대 쪽이 양보해 주었다. 住宅(じゅうたく)を分譲(ぶんじょう)する。 주택을 분양하다.

醸	음독 じょう 훈독 かもす	醸造(じょうぞう) 양조　醸成(じょうせい) 양성·조성
20획　酉 中　N1	의미 빚다·양조하다 술을 담그다	酒(さけ)を醸造(じょうぞう)する。 술을 담그다. クラスの明(あか)るい雰囲気(ふんいき)を醸成(じょうせい)する。 학급의 밝은 분위기를 조성하다.

拭	음독 しょく 훈독 ふく·ぬぐう	拭(ふ)き掃除(そうじ) 걸레질 手拭(てぬぐ)い 손수건
9획　扌 中　급수 외	의미 닦다	部屋(へや)を拭(ふ)き掃除(そうじ)する。 방을 걸레질하다. この店(みせ)には種々(しゅじゅ)の手拭(てぬぐ)いがある。 이 가게에는 여러 종류의 손수건이 있다.

殖

12획 歹
中 급수 외

음독 しょく
훈독 ふえる·ふやす

殖財(しょくざい) 식재　殖産(しょくさん) 식산
繁殖(はんしょく) 번식　養殖(ようしょく) 양식

의미
늘어나다
심다
키우다

殖産興業(しょくさんこうぎょう)を奨励(しょうれい)する。
식산흥업을 장려하다.
雑草(ざっそう)は繁殖力(はんしょくりょく)が強(つよ)い。
잡초는 번식력이 강하다.

飾

13획 食
中 N1

음독 しょく
훈독 かざる

修飾(しゅうしょく) 수식　装飾(そうしょく) 장식

의미

形容詞(けいようし)は名詞(めいし)を修飾(しゅうしょく)する。
형용사는 명사를 수식한다.

장식
장식하다

部屋(へや)を装飾(そうしょく)する。
방을 장식하다.

触

13획 角
中 N2

음독 しょく
훈독 ふれる·さわる

触覚(しょっかく) 촉각　触発(しょくはつ) 촉발
感触(かんしょく) 감촉　接触(せっしょく) 접촉

의미

指先(ゆびさき)は触覚(しょっかく)が発達(はったつ)している。
손가락 끝은 촉각이 발달되어 있다.

닿다
자극하다

外部(がいぶ)と接触(せっしょく)する。
외부와 접촉하다.

嘱

15획 口
中 N1

음독 しょく
훈독 —

嘱託(しょくたく) 촉탁　嘱望(しょくぼう) 촉망
委嘱(いしょく) 위촉

의미

未来(みらい)が嘱望(しょくぼう)される人材(じんざい)だ。
미래가 촉망되는 인재다.

부탁하다
분부·명령하다

研究(けんきゅう)の委嘱(いしょく)を受(う)ける。
연구를 위촉받다.

辱

10획 辰
中 N1

음독 じょく
훈독 はずかしめる

辱知(じょくち) 욕지(잘 아는 사이)
屈辱(くつじょく) 굴욕　　侮辱(ぶじょく) 모욕

의미
창피를 주다
모욕하다
창피

彼(かれ)とは辱知(じょくち)の間柄(あいだがら)です。
그와는 잘 아는 사이입니다.
屈辱(くつじょく)を味(あじ)わう。
굴욕을 맛보다.

尻

5획 尸
中 N1

음독 —
훈독 しり

尻込み(しりご) 꽁무니
目尻(めじり) 눈가·눈꼬리

의미
엉덩이

彼女(かのじょ)はいつも大切(たいせつ)な時(とき)に尻込(しりご)みする。
그녀는 항상 중요할 때 꽁무니를 뺀다.

伸

7획 亻
中 N2

음독 しん
훈독 のびる·のばす·のべる

伸縮(しんしゅく) 신축　　伸長(しんちょう) 신장
急伸(きゅうしん) 급신장　　追伸(ついしん) 추신

의미
늘어나다·자라다
펴다

母(はは)は伸縮性(しんしゅくせい)のいい服(ふく)を好(この)む。
어머니는 신축성이 좋은 옷을 선호한다.
株価(かぶか)が急伸(きゅうしん)する。
주가가 급신장하다.

芯

7획 艹
中 급수 외

음독 しん
훈독 —

芯地(しんじ) 심지

의미
등심초
중심

芯地(しんじ)に火(ひ)をつける。
심지에 불을 붙이다.

辛

7획 辛
中 N2

음독 しん 훈독 からい	辛酸(しんさん) 괴롭고 쓰라림　辛辣(しんらつ) 신랄 香辛料(こうしんりょう) 향신료　激辛(げきから) 아주 매운 맛
의미 맵다 괴롭다 겨우·간신히	辛辣(しんらつ)に批判(ひはん)する。 신랄하게 비판하다. 激辛(げきから)のカレーを食(た)べる。 아주 매운 카레를 먹다.

侵

9획 亻
中 N1

음독 しん 훈독 おかす	侵入(しんにゅう) 침입　侵略(しんりゃく) 침략
의미 침범하다	敵(てき)の要塞(ようさい)に侵入(しんにゅう)する。 적의 요새에 침입하다. お城(しろ)が侵略(しんりゃく)される。 성이 침략되다.

津

9획 氵
中 N1

음독 しん 훈독 つ	津波(つなみ) 쓰나미 興味津々(きょうみしんしん) 흥미진진
의미 나루·물가 모이다 넘치다	津波(つなみ)に備(そな)える。 쓰나미에 대비하다. この先(さき)はどうなるのかとても興味津々(きょうみしんしん)だ。 앞으로 어떻게 될지 정말 흥미진진하다.

唇

10획 口
中 N1

음독 しん 훈독 くちびる	唇音(しんおん) 순음(입술소리)　唇歯(しんし) 순치 口唇(こうしん) 입술　朱唇(しゅしん) 붉은 입술
의미 입술	「m」の発音(はつおん)は唇音(しんおん)だ。 「m」의 발음은 순음이다. 魅力的(みりょくてき)な朱唇(しゅしん)をほころばす。 매력적인 붉은 입술을 방긋하다.

娠

10획 女
中 N1

음독 しん 훈독 —	妊娠(にんしん) 임신
의미 아이를 배다	妻(つま)は妊娠中(にんしんちゅう)です。 아내는 임신 중입니다.

振

10획 扌
中 N1

음독 しん 훈독 ふる·ふるう·ふれる	振動(しんどう) 진동　振幅(しんぷく) 진폭 共振(きょうしん) 공진　不振(ふしん) 부진
의미 흔들다 흥하다	地震(じしん)で家(いえ)が振動(しんどう)する。 지진으로 집이 진동하다. 成績(せいせき)が不振(ふしん)だ。 성적이 부진하다.

浸

10획 氵
中 N1

음독 しん 훈독 ひたす·ひたる	浸水(しんすい) 침수　浸透(しんとう) 침투
의미 담그다 적시다 약간	洪水(こうずい)で家(いえ)が浸水(しんすい)される。 홍수로 집이 침수되다. 雨水(あまみず)が地(ち)に浸透(しんとう)する。 빗물에 땅에 침투하다.

紳

11획 糸
中 N1

음독 しん 훈독 —	紳士(しんし) 신사
의미 신분이 높은 사람 교양과 품위를 갖춘 사람	パーティーに紳士淑女(しんししゅくじょ)が集(あつ)まる。 파티에 신사숙녀가 모이다.

診

12획 言
中 N1

음독 しん
훈독 みる

診察(しんさつ) 진찰　診療(しんりょう) 진료
往診(おうしん) 왕진　誤診(ごしん) 오진

의미
진찰하다

医者(いしゃ)に診察(しんさつ)してもらう。
의사에게 진찰받다.
誤診(ごしん)による医療事故(いりょうじこ)が起(お)こった。
오진으로 인한 의료사고가 일어났다.

寝

13획 宀
中 N2

음독 しん
훈독 ねる·ねかす

寝室(しんしつ) 침실　寝台(しんだい) 침대
就寝(しゅうしん) 취침　昼寝(ひるね) 낮잠

의미
자다
거실

寝室(しんしつ)で休(やす)む。
침실에서 쉬다.
適当(てきとう)な昼寝(ひるね)は能率(のうりつ)を向上(こうじょう)させる。
적당한 낮잠은 능률을 향상시킨다.

慎

13획 忄
中 N1

음독 しん
훈독 つつしむ

慎重(しんちょう) 신중
謹慎(きんしん) 근신

의미
삼가다

慎重(しんちょう)に答(こた)える。
신중하게 대답하다.
自宅(じたく)で謹慎(きんしん)する。
자택에서 근신하다.

審

15획 宀
中 N1

음독 しん
훈독 —

審査(しんさ) 심사　審判(しんぱん) 심판
誤審(ごしん) 오심　再審(さいしん) 재심

의미
자세함
바로잡다

コンテストの審査結果(しんさけっか)を待(ま)っている。
콘테스트 심사결과를 기다리고 있다.
再審(さいしん)を請求(せいきゅう)する。
재심을 청구하다.

震 15획 雨 中 N2	음독 しん 훈독 ふるう·ふるえる	震災(しんさい) 진재(지진으로 인한 재해) 震度(しんど) 진도 地震(じしん) 지진 余震(よしん) 여진
	의미 떨리다 흔들리다 천둥·우레	東日本大震災(ひがしにほんだいしんさい)を追慕(ついぼ)する。 동일본대진재를 추모하다. 余震(よしん)が収(おさ)まる。 여진이 멎다.

薪 16획 艹 中 N1	음독 しん 훈독 たきぎ	薪炭(しんたん) 장작과 숯
	의미 장작	冬(ふゆ)に備(そな)えて薪炭(しんたん)を蓄(たくわ)える。 겨울에 대비해서 장작과 숯을 비축하다.

刃 3획 刀 中 N1	음독 じん 훈독 は	刃先(はさき) 칼끝
	의미 칼날	刃先(はさき)が鋭(するど)い。 칼끝이 날카롭다.

尽 6획 尸 中 N1	음독 じん 훈독 つくす·つきる·つかす	尽力(じんりょく) 진력 蕩尽(とうじん) 탕진 理不尽(りふじん) 불합리함
	의미 다하다 떨어지다	記念会(きねんかい)の開催(かいさい)のために尽力(じんりょく)する。 기념회 개최를 위해 최선을 다하다. 財産(ざいさん)を蕩尽(とうじん)する。 재산을 탕진하다.

迅

6획 辶
中 N1

음독 じん
훈독 —

迅速(じんそく) 신속

의미
빠르다
격하다

仕事(しごと)を迅速(じんそく)に進(すす)める。
일을 신속하게 진행하다.

甚

9획 甘
中 N1

음독 じん
훈독 はなはだ·
　　はなはだしい

甚大(じんだい) 막대함·지대함
劇甚(げきじん) 극심함

의미
매우
매우 심하다

甚大(じんだい)な損失(そんしつ)を被(こうむ)る。
막대한 손실을 입다.
患者(かんじゃ)は劇甚(げきじん)な苦痛(くつう)を訴(うった)えた。
환자는 극심한 고통을 호소했다.

陣

10획 阝
中 급수 외

음독 じん
훈독 —

陳述(ちんじゅつ) 진술　　陳列(ちんれつ) 진열
初陣(ういじん) 첫 출전　　退陣(たいじん) 퇴진

의미
진열하다
싸움
한 바탕

犯人(はんにん)の陳述(ちんじゅつ)を録音(ろくおん)する。
범인의 진술을 녹음하다.
学生(がくせい)を愚弄(ぐろう)した学生会長(がくせいかいちょう)の退陣(たいじん)を求(もと)める。
학생을 우롱한 학생회장의 퇴진을 요구하다.

尋

12획 寸
中 N1

음독 じん
훈독 たずねる

尋常(じんじょう) 심상(평범)　　尋問(じんもん) 심문

의미
찾다
물어보다

証人(しょうにん)を尋問(じんもん)する。
증인을 심문하다.

腎

腎	음독 じん 훈독 —	腎臓(じんぞう) 신장(콩팥)
13획 月 中 급수 외	의미 신장(콩팥)	丈夫(じょうぶ)な腎臓(じんぞう)だ。 건강한 신장이다.

須

須	음독 す 훈독 —	須(すべか)く 모름지기·마땅히 必須(ひっす) 필수
12획 頁 中 N1	의미 필요한 기다리다 구하다	学生(がくせい)は須(すべか)く勉強(べんきょう)すべきだ。 학생은 모름지기 공부해야 한다. 建物(たてもの)の中(なか)での禁煙(きんえん)は必須(ひっす)だ。 건물 내의 금연은 필수다.

吹

吹	음독 すい 훈독 ふく	吹管(すいかん) 취관　吹雪(ふぶき) 눈보라 鼓吹(こすい) 고취　息吹(いぶき) 숨
7획 口 中 N2	의미 불다 과장해서 말하다 감기	吹雪(ふぶき)の中(なか)をさまよう。 눈보라 속을 헤매다. 元気(げんき)を鼓吹(こすい)する。 원기를 고취하다.

炊

炊	음독 すい 훈독 たく	炊事(すいじ) 취사　炊飯(すいはん) 취반 自炊(じすい) 자취
8획 火 中 N1	의미 밥을 짓다	炊飯器(すいはんき)でご飯(はん)を炊(た)く。 전기밥솥으로 밥을 짓다. 食事(しょくじ)は大体(だいたい)自炊(じすい)で済(す)ませる。 식사는 대체로 자취로 해결한다.

帥

9획 巾
中 N1

음독 すい
훈독 —

元帥(げんすい) (군사)원수　総帥(そうすい) 총수

의미
거느리다
따르다
군의 우두머리

元帥(げんすい)の命令(めいれい)に従(したが)う。
원수의 명령에 따르다.

粋

10획 米
中 N1

음독 すい
훈독 いき

粋狂(すいきょう) 색다른 것을 좋아함　粋人(すいじん) 풍류인
純粋(じゅんすい) 순수　抜粋(ばっすい) 발췌

의미
순수함
오로지
풍류가 있음

なんて粋狂(すいきょう)な人(ひと)だ。
정말 별난 사람이다.
子供(こども)は純粋(じゅんすい)だ。
아이는 순수하다.

衰

10획 衣
中 N1

음독 すい
훈독 おとろえる

衰弱(すいじゃく) 쇠약　衰退(すいたい) 쇠퇴
減衰(げんすい) 감쇠·차차 감소하거나 쇠퇴해 감
老衰(ろうすい) 노쇠

의미
쇠약해지다
쇠퇴하다

町(まち)が衰退(すいたい)している。
마을이 쇠퇴하고 있다.
勢力減衰(せいりょくげんすい)する。
세력이 약해지다.

酔

11획 酉
中 N1

음독 すい
훈독 よう

酔客(すいきゃく) 취객　酔態(すいたい) 취태
心酔(しんすい) 심취　麻酔(ますい) 마취

의미
(술·약물에)취하다
마음을 빼기다

酔態(すいたい)をさらけだす。
취태를 보이다.
最近(さいきん)ベートーベンに心酔(しんすい)している。
최근 베토벤에 심취해 있다.

遂 12획 辶 中 N1	음독 すい 훈독 とげる	遂行 수행 完遂 완수 未遂 미수
	의미 달성하다 드디어	任務を遂行する。 임무를 수행하다. 任務を完遂する。 임수를 완수하다.

睡 13획 目 中 N1	음독 すい 훈독 —	睡眠 수면 昏睡 혼수 熟睡 숙면
	의미 잠·수면 자다	彼は睡眠不足だ。 그는 수면부족이다. 久しぶりに熟睡した。 오랜만에 숙면했다.

穂 15획 禾 中 N1	음독 すい 훈독 ほ	穂状 이삭 같은 모양 穂波 이삭이 물결침 出穂 이삭이 나옴 稲穂 벼 이삭
	의미 이삭	穂波が立つ。 이삭이 물결치듯 움직이다. 出穂状況は良好だ。 벼이삭이 나온 상황은 양호하다.

随 12획 阝 中 N1	음독 ずい 훈독 —	随行 수행(따라감) 随分 몹시·매우 追随 추수 付随 부수
	의미 따르다 맡기다	随分待たされた。 꽤 기다려야했다. 付随的効果を得る。 부수적 효과를 얻다.

髄

19획 骨
中 N1

음독 ずい 훈독 —	髄液(ずいえき) 수액　髄脳(ずいのう) 수뇌 骨髄(こつずい) 골수　真髄(しんずい) 진수
의미 뼛골 일의 중심 중요한 부분	髄液(ずいえき)の検査(けんさ)を受(う)ける。 수액검사를 받다. 骨髄(こつずい)を移植(いしょく)してもらう。 골수를 이식받다.

枢

8획 木
中 N1

음독 すう 훈독 —	枢軸(すうじく) 추축 中枢(ちゅうすう) 중추
의미 중앙·주축 장치	国(くに)の政治(せいじ)が少数人物(しょうすうじんぶつ)を枢軸(すうじく)として行(おこな)われている。 나라의 정치가 소수인물을 추축으로 이루어지고 있다. 中枢神経(ちゅうすうしんけい)は脳(のう)と脊髄(せきずい)にある。 중추신경은 뇌와 척수에 있다.

崇

11획 山
中 N1

음독 すう 훈독 —	崇高(すうこう) 숭고　崇拝(すうはい) 숭배 尊崇(そんすう) 마음 속 깊이 존경함　追崇(ついすう) 추숭(왕위를 받지 못하고 죽은 이에게 왕의 호칭을 하사하는 것)
의미 높다 고귀하다 숭상하다	王(おう)を崇拝(すうはい)する。 왕을 숭배하다. 彼(かれ)は尊崇(そんすう)の的(まと)だ。 그는 존경의 대상이다.

据

11획 扌
中 N1

음독 — 훈독 すえる·すわる	据(す)え置(お)き 거치(그대로 둠)　据(す)え物(もの) 장식
의미 일하다 설치하다	据(す)え置(お)き期間(きかん)は最大(さいだい)5年(ねん)です。 거치기간은 최대 5년입니다. 床(とこ)の間(ま)に据(す)え物(もの)を置(お)く。 도코노마에 장식을 두다.

杉

7획 木
中 N1

음독 —
훈독 すぎ

의미
삼나무

杉折(すぎお)り 삼나무로 만든 상자

杉折(すぎお)りにお菓子(かし)を詰(つ)め込(こ)む。
삼나무상자에 과자를 담다.

裾

13획 衤
中 급수 외

음독 —
훈독 すそ

의미
옷자락

お裾分(すそわ)け 얻은 것의 일부를 나누어 줌

お土産(みやげ)を近所(きんじょ)の人(ひと)にお裾分(すそわ)けした。
선물을 이웃에게 나누어 주었다.

瀬

19획 氵
中 N1

음독 —
훈독 せ

의미
여울
급류
기회

瀬戸際(せとぎわ) 운명의 갈림길
浅瀬(あさせ) 여울

運命(うんめい)の瀬戸際(せとぎわ)に立(た)つ。
운명의 갈림길에 서다.

子供(こども)のころ、よく川(かわ)の浅瀬(あさせ)で泳(およ)ぎました。
어렸을 때 곧잘 강여울에서 헤엄쳤었습니다.

是

9획 日
中 N1

음독 ぜ
훈독 —

의미
옳다
방침
이것

是非(ぜひ) 시비·옳고 그름
아무쪼록·꼭

是非(ぜひ)を正(ただ)す。
시비를 가리다.

是非(ぜひ)、来(き)てください。
꼭 와주세요.

井		
	음독 せい·しょう	井戸(いど) 우물
	훈독 い	市井(しせい) 시정·거리　天井(てんじょう) 천장
	의미	井戸(いど)を掘(ほ)る。 우물을 파다.
4획 二	우물	天井(てんじょう)に頭(あたま)をぶつける。
中 N1	마을	천장에 머리를 부딪치다.

姓		
	음독 せい·しょう	姓氏(せいし) 성씨　姓名(せいめい) 성명
	훈독 —	同姓(どうせい) 동성　百姓(ひゃくしょう) 농민·백성
	의미	ここに姓名(せいめい)を記載(きさい)してください。 여기에 성명을 기재해 주세요.
8획 女	성씨	同姓同名(どうせいどうめい)の人(ひと)が多(おお)くて、紛(まぎ)らわしい。
中 N2	인민	동성동명의 사람이 많아서 헷갈린다.

征		
	음독 せい	征伐(せいばつ) 정벌　征服(せいふく) 정복
	훈독 —	遠征(えんせい) 원정　出征(しゅっせい) 출정
	의미	エベレストを征服(せいふく)する。 에베레스트를 정복하다.
8획 彳	가다	遠征隊(えんせいたい)を派遣(はけん)する。
中 N1	치다·토벌하다	원정대를 파견하다.

斉		
	음독 せい	斉唱(せいしょう) 제창
	훈독 —	一斉(いっせい) 일제　均斉(きんせい) 균형
	의미	国歌(こっか)を斉唱(せいしょう)する。
	모이다	국가를 제창하다.
8획 斉	같다	一斉(いっせい)に食(た)べ始(はじ)める。
中 N1	정리하다	일제히 먹기 시작하다.

牲 9획 牛 中 N1	음독 せい 훈독 —	犠牲(ぎせい) 희생
	의미 희생물	自分(じぶん)のために他人(たにん)を犠牲(ぎせい)にする。 자기를 위해 타인을 희생하다.

凄 10획 冫 中 급수 외	음독 せい 훈독 —	凄惨(せいさん) 처참　凄絶(せいぜつ) 처절
	의미 무시무시하다 대단하다 무섭다	成功(せいこう)のために凄絶(せいぜつ)に努力(どりょく)する。 성공을 위해 처절하게 노력하다.

逝 10획 辶 中 N1	음독 せい 훈독 ゆく・いく	逝去(せいきょ) 서거 夭逝(ようせい) 요설
	의미 가다 서거하다	ご逝去(せいきょ)を悼(いた)む。 서거를 애도하다. 芸術家(げいじゅつか)の中(なか)には夭逝(ようせい)した人(ひと)が多(おお)い。 예술가 중에는 요절한 사람이 많다.

婿 12획 女 中 N1	음독 せい 훈독 むこ	婿入(むこい)り 데릴사위로 들어감　婿養子(むこようし) 데릴사위 女婿(じょせい) 사위
	의미 사위	『サザエさん』には婿入(むこい)り婚(こん)する女婿(じょせい)が出(で)る。 『サザエさん』에는 처가살이하는 사위가 나온다.

誓

14획 言
中 N1

음독 せい 훈독 ちかう	誓約(せいやく) 서약 宣誓(せんせい) 선서
의미	誓約書(せいやくしょ)にサインする。 서약서에 싸인하다.
맹세하다 반드시	就任(しゅうにん)の宣誓(せんせい)をする。 취임선서를 하다.

請

15획 言
中 N1

음독 せい·しん 훈독 こう·うける	請願(せいがん) 청원　　請求(せいきゅう) 청구 申請(しんせい) 신청　　要請(ようせい) 요청
의미	莫大(ばくだい)な請求書(せいきゅうしょ)に驚(おどろ)く。 막대한 청구서에 놀라다.
청하다 요청	特許(とっきょ)を申請(しんせい)する。 특허를 신청하다.

醒

16획 酉
中 급수 외

음독 せい 훈독 —	覚醒(かくせい) 각성
의미 깨다 깨닫다	潜在能力(せんざいのうりょく)を覚醒(かくせい)させる。 잠재능력을 각성시키다.

斥

5획 斥
中 N1

음독 せき 훈독 —	斥力(せきりょく) 척력(서로 밀어내는 힘)　　斥候(せっこう) 척후 排斥(はいせき) 배척
의미 멀리하다 거절하다 물리치다	郡(むれ)から排斥(はいせき)される。 무리에서 배척당하다.

析	음독 せき 훈독 —	析出(せきしゅつ) 석출 分析(ぶんせき) 분석
8획 木 中 N1	의미 쪼개다	毒物(どくぶつ)を析出(せきしゅつ)する。 독물을 석출하다. データを分析(ぶんせき)する。 데이터를 분석하다.

脊	음독 せき 훈독 —	脊髄(せきずい) 척수　脊椎(せきつい) 척추
10획 月 中 급수 외	의미 등뼈	脊椎(せきつい)の手術(しゅじゅつ)に迷(まよ)っている。 척추수술을 망설이고 있다.

隻	음독 せき 훈독 —	隻眼(せきがん) 외눈　隻手(せきしゅ) 외팔 一隻(いっせき) 한 척
10획 隹 中 N2	의미 한쪽 배를 세는 단위(척)	海賊(かいぞく)と言(い)うと、隻眼(せきがん)の男(おとこ)をイメージする。 해적이라고 하면 외눈박이 남자를 떠올린다. 一隻(いっせき)の船(ふね)。 배 한 척.

惜	음독 せき 훈독 おしい·おしむ	惜敗(せきはい) 석패·아쉽게 패함　惜別(せきべつ) 석별 哀惜(あいせき) 애석　痛惜(つうせき) 통석
11획 忄 中 N1	의미 아까워하다 아쉬워하다 소중히 여기다	一点(いってん)の差(さ)で惜敗(せきはい)する。 1점 차이로 아쉽게 지다. 哀惜(あいせき)の念(ねん)を禁(きん)じ得(え)ない。 애석한 마음을 금치 못하다.

戚

11획 戈
中 급수 외

음독 せき
훈독 —

親戚(しんせき) 친척

의미
친척

親戚(しんせき)の家(いえ)を訪(たず)ねる。
친척 댁을 방문하다.

跡

13획 足
中 N2

음독 せき
훈독 あと

跡地(あとち) 건물 등을 철거한 땅　跡継(あとつ)ぎ 후계자
遺跡(いせき) 유적　奇跡(きせき) 기적

의미
발자국
흔적
뒤쫓아 가다

跡地(あとち)で子供(こども)たちが遊(あそ)んでいる。
건물을 철거한 땅에서 아이들이 놀고 있다.
奇跡的(きせきてき)な結果(けっか)が出(で)た。
기적적인 결과가 나왔다.

籍

20획 ⺮
中 N2

음독 せき
훈독 —

戸籍(こせき) 호적　書籍(しょせき) 서적

의미
문서
호적

専門書籍(せんもんしょせき)を参考(さんこう)する。
전문서적을 참고하다.

拙

8획 扌
中 N1

음독 せつ
훈독 つたない

拙作(せっさく) 졸작·본인의 작품을 낮추어 이르는 말
拙論(せつろん) 졸론·본인의 논문을 낮추어 이르는 말
巧拙(こうせつ) 잘하고 못함　稚拙(ちせつ) 치졸

의미
서투르다
자신을 겸손하게 이르는 말

データについては拙論(せつろん)を参照(さんしょう)してください。
데이터에 대해서는 제 논문을 참조해 주시기 바랍니다.
稚拙(ちせつ)な方法(ほうほう)を使(つか)って相手(あいて)を失敗(しっぱい)させる。
치졸한 방법으로 상대가 실패하게 하다.

窃

9획 穴
中 N1

음독 せつ	窃取(せっしゅ) 절취(몰래 훔침)　窃盗(せっとう) 절도
훈독 ―	剽窃(ひょうせつ) 표절
의미	窃盗事件(せっとうじけん)が起(お)こった。
훔치다	절도사건이 일어났다.
도둑	有名作家(ゆうめいさっか)の剽窃(ひょうせつ)の疑(うたが)いが話題(わだい)になっている。
몰래	유명작가의 표절의혹이 화제가 되고 있다.

摂

13획 扌
中 N1

음독 せつ	摂氏(せっし) 섭씨(온도)　摂取(せっしゅ) 섭취
훈독 ―	包摂(ほうせつ) 포섭
의미	栄養(えいよう)を摂取(せっしゅ)する。
	영양을 섭취하다.
잡다	内臓(ないぞう)は臓器(ぞうき)に包摂(ほうせつ)される概念(がいねん)だ。
다스리다	내장은 장기에 포섭되는 개념이다.

仙

5획 亻
中 N1

음독 せん	仙界(せんかい) 선계　仙人(せんにん) 선인
훈독 ―	神仙(しんせん) 신선　水仙(すいせん) 수선화
의미	人界(じんかい)を離(はな)れて仙界(せんかい)に行(い)きたい。
선인·신선	인간의 세계를 떠나 신선의 세계로 가고 싶다.
고상한 사람	庭(にわ)に水仙(すいせん)の花(はな)を植(う)える。
성인의 뜻	정원에 수선화를 심다.

占

5획 卜
中 N2

음독 せん	占拠(せんきょ) 점거　占領(せんりょう) 점령
훈독 しめる·うらなう	先占(せんせん) 선점　独占(どくせん) 독점
의미	武力(ぶりょく)で占領(せんりょう)する。
점치다	무력으로 점령하다.
점령하다	この店(みせ)はこの町(まち)で果物(くだもの)を独占販売(どくせんはんばい)している。
한 가지를 고르다	이 가게는 이 마을에서 과일을 독점판매하고 있다.

扇 10획 戸 中 N1	음독 せん 훈독 おうぎ	扇子(せんす) 접는 부채　扇風機(せんぷうき) 선풍기 換気扇(かんきせん) 환기팬　団扇(うちわ) 부채
	의미 문 쥘부채 부채질하다	電気代(でんきだい)の節約(せつやく)のため、クーラーよりは扇風機(せんぷうき)を使(つか)う。 전기세 절약을 위해 에어컨보다는 선풍기를 쓴다. 浴衣(ゆかた)の帯(おび)にかわいい団扇(うちわ)を差(さ)して飾(かざ)る。 유카타 오비에 귀여운 부채를 꽂아서 장식한다.

栓 10획 木 中 N1	음독 せん 훈독 —	栓抜(せんぬ)き 병따개 消火栓(しょうかせん) 소화전
	의미 마개 출구에 다는 개폐장치	栓抜(せんぬ)きでビールの栓(せん)を抜(ぬ)く。 병따개로 맥주병을 따다. 消火栓(しょうかせん)を周期的(しゅうきてき)に点検(てんけん)する。 소화전을 주기적으로 점검하다.

旋 11획 方 中 N1	음독 せん 훈독 —	旋回(せんかい) 선회　旋律(せんりつ) 선율 凱旋(がいせん) 개선　螺旋(らせん) 나선
	의미 돌다 또	明(あか)るい旋律(せんりつ)が流(なが)れる。 밝은 선율이 흐르다. パリのエトワール凱旋門(がいせんもん)を尋(たず)ねる。 파리의 개선문을 찾아가다.

煎 13획 灬 中 급수 외	음독 せん 훈독 いる	煎茶(せんちゃ) 전차　煎餅(せんべい) 센베이·전병 香煎(こうせん) 미숫가루　湯煎(ゆせん) 중탕
	의미 달이다 볶다	煎餅(せんべい)は日本(にほん)のお菓子(かし)だ。 센베이는 일본 과자다. よく朝御飯(あさごはん)の代(か)わりに香煎(こうせん)を飲(の)む。 주로 아침밥 대신 미숫가루를 마신다.

羨		
	음독 せん 훈독 うらやむ· うらやましい	羨望(せんぼう) 선망
13획 羊 中 급수 외	의미 부러워하다 부럽다 무덤 속 통로	山田先輩(やまだせんぱい)は学生(がくせい)たちの羨望(せんぼう)の的(まと)だ。 야마다 선배는 학생들의 선망의 대상이다.

腺		
	음독 せん 훈독 —	腺病質(せんびょうしつ) 선병질 腺毛(せんもう) 선모 汗腺(かんせん) 땀샘 涙腺(るいせん) 눈물샘
13획 月 中 N1	의미 샘 생물의 분비기관	彼女(かのじょ)は腺病質(せんびょうしつ)だ。 그녀는 선병질이다. 涙腺(るいせん)が弱(よわ)い。 눈물을 잘 흘리다.

詮		
	음독 せん 훈독 —	詮議(せんぎ) 전의 詮索(せんさく) 탐색(세세하게 캐냄) 所詮(しょせん) 어차피
13획 言 中 급수 외	의미 밝히다 방법 효과	底(そこ)まで詮索(せんさく)する。 속속들이 캐내다. 所詮(しょせん)、叶(かな)わない夢(ゆめ)だ。 어차피 이루어지지 않는 꿈이다.

践		
	음독 せん 훈독 —	践言(せんげん) 천언 実践(じっせん) 실천
13획 足 中 N1	의미 밟다 지위를 가지다 실행하다	言(い)ったことを実践(じっせん)するのは難(むずか)しい。 말한 것을 실천하는 것은 어렵다.

箋		
	음독 せん	箋注(せんちゅう) 주석
	훈독 —	処方箋(しょほうせん) 처방전　便箋(びんせん) 편지지
	의미	箋注(せんちゅう)の付(つ)いている古典(こてん)の方(ほう)が読(よ)みやすい。
	표·팻말	주석이 있는 고전이 읽기가 쉽다.
14획 ⺮	용지	便箋(びんせん)に手紙(てがみ)を書(か)く。
中 급수 외	주의사항을 적은 글	편지지에 편지를 쓰다.

潜		
	음독 せん	潜在(せんざい) 잠재　潜伏(せんぷく) 잠복
	훈독 ひそむ·もぐる	原潜(げんせん) 원자력 잠수함　沈潜(ちんせん) 침몰·깊이 몰두함
	의미	潜在意識(せんざいいしき)を起(お)こす。
	숨다·잠복하다	잠재의식을 깨우다.
15획 氵	잠기다	母(はは)は編(あ)み物(もの)に沈潜(ちんせん)している。
中 N1	잠수함	어머니는 뜨개질에 푹 빠져있다.

遷		
	음독 せん	遷延(せんえん) 천연　遷都(せんと) 천도
	훈독 —	左遷(させん) 좌천　変遷(へんせん) 변천
	의미	明治維新(めいじいしん)の時(とき)、東京遷都(とうきょうせんと)が行(おこな)われた。
	옮기다	메이지유신 때, 도쿄로 수도가 옮겨졌다.
15획 辶	바꾸다	日本語(にほんご)の変遷(へんせん)を調(しら)べる。
中 N1	향하다	일본어의 변천을 조사하다.

薦		
	음독 せん	薦挙(せんきょ) 천거(추천)
	훈독 すすめる	自薦(じせん) 자천　推薦(すいせん) 추천
	의미	次期会長(じきかいちょう)に薦挙(せんきょ)する。
		차기 회장으로 추천하다.
16획 艹	추천하다	推薦図書(すいせんとしょ)を読(よ)む。
中 N1	거적	추천도서를 읽다.

繊

17획　糸
中　N1

음독　せん 훈독　—	繊維(せんい) 섬유　繊細(せんさい) 섬세 化繊(かせん) 화학섬유　合繊(ごうせん) 합성섬유
의미 얇다 부드러운 모양 얇은 옷·명주	彼女(かのじょ)は繊細(せんさい)な感覚(かんかく)をもっている。 그녀는 섬세한 감각을 가지고 있다. 合繊(ごうせん)の服(ふく)を買(か)う。 합성섬유로 된 옷을 사다.

鮮

17획　魚
中　N1

음독　せん 훈독　あざやか	鮮魚(せんぎょ) 선어(생선)　鮮明(せんめい) 선명 新鮮(しんせん) 신선　生鮮(せいせん) 생선
의미 산뜻함·또렷함 좋음 새로움	色(いろ)が鮮明(せんめい)だ。 색이 선명하다. この店(みせ)はいつも新鮮(しんせん)な果物(くだもの)を販売(はんばい)する。 이 가게는 항상 신선한 과일을 판매한다.

禅

13획　ネ
中　N1

음독　ぜん 훈독　—	禅宗(ぜんしゅう) 선종　禅問答(ぜんもんどう) 선문답 座禅(ざぜん) 좌선　野狐禅(やこぜん) 야호선(종교적 깨달음을 얻었다고 착각함)
의미 축제 양보하다 조용함	質疑応答(しつぎおうとう)で禅問答(ぜんもんどう)を言(い)う人(ひと)がいた。 질의응답에서 엉뚱한 대답을 하는 사람이 있었다. お寺(てら)で座禅(ざぜん)を体験(たいけん)する。 절에서 좌선을 체험하다.

漸

14획　氵
中　N1

음독　ぜん 훈독　—	漸進(ぜんしん) 점진　漸次(ぜんじ) 점차
의미 점차 나아가다 징조	漸進的(ぜんしんてき)に改革(かいかく)していく。 점진적으로 개혁해 나가다. 漸次(ぜんじ)よくなる。 점차 좋아지다.

膳

16획　月
中　급수 외

음독 ぜん
훈독 —

食膳(しょくぜん) 밥상　　配膳(はいぜん) 배식

의미
요리·요리를 놓는 받침
식기를 세는 말

食膳(しょくぜん)に上(のぼ)る。
밥상에 오르다.

クラスで配膳係(はいぜんがかり)を担当(たんとう)している。
반에서 배식담당을 맡고 있다.

繕

18획　糸
中　급수 외

음독 ぜん
훈독 つくろう

繕(つくろ)い物(もの) 수선물
修繕(しゅうぜん) 수선·수리

의미
수선하다·고치다
다스리다

繕(つくろ)い物(もの)をする。
옷(물건)을 수선하다.

家(いえ)を部分的(ぶぶんてき)に修繕(しゅうぜん)する。
집을 부분적으로 수리하다.

狙

8획　犭
中　급수 외

음독 そ
훈독 ねらう

狙撃(そげき) 저격
狙(ねら)い目(め) 노리는 대상이나 시기

의미
노리다

狙撃(そげき)事件(じけん)を目撃(もくげき)する。
저격사건을 목격하다.

株(かぶ)を買(か)うなら今(いま)が狙(ねら)い目(め)だ。
주식을 산다면 지금이 좋은 시기다.

阻

8획　阝
中　N1

음독 そ
훈독 はばむ

阻害(そがい) 저해　　阻止(そし) 저지
悪阻(おそ) 입덧　　険阻(けんそ) 험함

의미
막다·저지하다
험악하다

デモが阻止(そし)された。
데모가 저지되었다.

父(ちち)は険阻(けんそ)な印象(いんしょう)をもっているが、とてもやさしい人(ひと)だ。
아버지는 인상이 험악하지만 매우 상냥한 사람이다.

租

10획 禾
中 N1

음독 そ 훈독 —	租借(そしゃく) 조차·돈을 주고 집이나 땅을 빌림 租税(そぜい) 조세　免租(めんそ) 조세 면제 公租(こうそ) 공조·국가 또는 지방 단체가 국민으로 부터 거둬들이는 세금
의미 공물·연공 빌리다	ホンコンはイギリスの租借地(そしゃくち)だった。 홍콩은 영국의 조차지(영토)였다. 公租公課(こうそこうか)。 공조공과(국가 등이 공공의 목적을 위해 부과하는 세금)

措

11획 扌
中 N1

음독 そ 훈독 —	措置(そち) 조치 挙措(きょそ) 거조(행동거지)
의미 놓다·두다 손보다 행동거지	措置(そち)を取(と)る。 조치를 취하다. 挙措(きょそ)を失(うしな)う。 당황해하다.

粗

11획 米
中 N1

음독 そ 훈독 あらい	粗雑(そざつ) 조잡　粗暴(そぼう) 거칠고 난폭함 精粗(せいそ) 정밀함과 거칢
의미 거칠다 대강·줄거리 질이 나쁘다	粗雑(そざつ)な仕事(しごと)を頼(たの)まれる。 조잡한 일을 부탁받다. 物(もの)の精粗(せいそ)を調(しら)べる。 물건의 정밀함과 거칢을 살피다.

疎

12획 疋
中 N1

음독 そ 훈독 うとい·うとむ	疎遠(そえん) 소원함　疎通(そつう) 소통 過疎(かそ) 과소　親疎(しんそ) 친소(친밀함과 소원함)
의미 소원하다 엉성함 헤어지다	彼(かれ)は動物(どうぶつ)と疎通(そつう)する能力(のうりょく)がある。 그는 동물과 소통하는 능력이 있다. 人口(じんこう)の過疎(かそ)が問題(もんだい)になっている。 인구과소가 문제가 되고 있다.

訴		
12획 言 中 N1	음독 そ 훈독 うったえる	訴訟(そしょう) 소송　訴状(そじょう) 소송장 起訴(きそ) 기소　勝訴(しょうそ) 승소
	의미 호소하다 비난하다	訴訟(そしょう)を取(と)り下(さ)げる。 소송을 취하하다. 原告(げんこく)が勝訴(しょうそ)する。 원고가 승소하다.

塑		
13획 土 中 N1	음독 そ 훈독 —	塑像(そぞう) 소상(찰흙으로 만든 사람의 형상) 彫塑(ちょうそ) 조소
	의미 흙을 빚어 형상을 만들다	両親(りょうしん)をモデルにして塑像(そぞう)を作(つく)る。 부모님을 모델로 해서 소상을 만들다. 絵画(かいが)より彫塑(ちょうそ)が好(す)きだ。 회화보다 조소가 좋다.

遡		
14획 辶 中 급수 외	음독 そ 훈독 さかのぼる	遡及(そきゅう) 소급　遡上(そじょう) 상류로 거슬러 올라감
	의미 거슬러 올라가다 되돌아가다	サケが川(かわ)を遡上(そじょう)する。 연어가 강을 거슬러 올라가다.

礎		
18획 石 中 N1	음독 そ 훈독 いしずえ	礎石(そせき) 초석　礎盤(そばん) 초반(주춧돌) 基礎(きそ) 기초　定礎(ていそ) 정초
	의미 주춧돌 기초	礎石(そせき)を据(す)える。 주춧돌을 놓다. 勉強(べんきょう)において何(なに)よりも大切(たいせつ)なのは基礎(きそ)を固(かた)めることだ。 공부에서 무엇보다 중요한 것은 기초를 다지는 것이다.

双		
4획 又 / 中 N2	음독 そう 훈독 ふた	双眼鏡(そうがんきょう) 쌍안경　双方(そうほう) 쌍방
	의미 두 개·쌍 줄서다 한 부류	双眼鏡(そうがんきょう)かけると目(め)が小(ちい)さく見(み)える。 쌍안경을 쓰면 눈이 작아 보인다. 双方(そうほう)の意見(いけん)を反映(はんえい)する。 쌍방의 의견을 반영하다.

壮		
6획 士 / 中 N1	음독 そう 훈독 —	壮絶(そうぜつ) 장렬　壮大(そうだい) 웅장 広壮(こうそう) 굉장　悲壮(ひそう) 비장
	의미 성함 크다 강하다	壮大(そうだい)な雰囲気(ふんいき)のオーケストラ。 웅장한 분위기의 오케스트라. 悲壮(ひそう)な決心(けっしん)をする。 비장한 결심을 하다.

荘		
9획 艹 / 中 N1	음독 そう 훈독 —	荘厳(そうごん) 장엄함 山荘(さんそう) 산장　別荘(べっそう) 별장
	의미 씩씩하다 별장	教会(きょうかい)から荘厳(そうごん)な音楽(おんがく)が流(なが)れる。 교회에서 장엄한 음악이 흐르다. 夏休(なつやす)みに家族(かぞく)と別荘(べっそう)に行(い)ってきた。 여름방학에 가족과 별장에 다녀왔다.

捜		
10획 扌 / 中 N2	음독 そう 훈독 さがす	捜査(そうさ) 수사　捜索(そうさく) 수색 特捜(とくそう) 특별수사　博捜(はくそう) 문헌 등을 뒤져 찾음
	의미 찾다 뒤지다	誘拐犯(ゆうかいはん)を捜索(そうさく)する。 유괴범을 수색하다. 文献(ぶんけん)を博捜(はくそう)して参考(さんこう)する。 문헌을 뒤져 참고하다.

挿	음독 そう 훈독 さす	挿画(そうが) 삽화　　挿入(そうにゅう) 삽입
10획 扌 中 N1	의미 꽂다	挿画(そうが)を描(えが)く。 삽화를 그리다. ATMにカードを挿入(そうにゅう)する。 ATM에 카드를 삽입하다.

桑	음독 そう 훈독 くわ	桑園(そうえん) 뽕나무밭　　桑(くわ)の実(み) 뽕나무 열매
10획 木 中 N1	의미 뽕나무 불교	夏休(なつやす)みに桑園(そうえん)で働(はたら)いた。 여름방학에 뽕나무밭에서 일했다.

掃	음독 そう 훈독 はく	掃除(そうじ) 청소　　掃滅(そうめつ) 소멸 一掃(いっそう) 일소(한꺼번에 제거함)　　清掃(せいそう) 청소
11획 扌 中 N2	의미 쓸다 깨끗하게 제거하다 빗질하다	自分(じぶん)の部屋(へや)は自分(じぶん)で掃除(そうじ)しなさい。 자기 방은 스스로 청소해라. 敵(てき)を一掃(いっそう)する。 적을 한꺼번에 제거하다.

曹	음독 そう 훈독 ―	曹司(ぞうし) 자제·상속자 法曹(ほうそう) 법조
11획 日 中 급수 외	의미 관청 하사관	大企業(だいきぎょう)の御曹司(おんぞうし)と同僚(どうりょう)になる。 대기업 자제와 동료가 되다. 父(ちち)は法曹界(ほうそうかい)の人(ひと)です。 아버지는 법조계 사람입니다.

曽

11획 日
中 급수 외

음독 そう·ぞ 훈독 —	曽祖父(そうそふ) 증조부　曽祖母(そうそぼ) 증조모 曽孫(そうそん) 증손
의미 즉 일찍이 한 세대 떨어진	曽孫(そうそん)が生(う)まれる。 증손이 태어나다.

爽

11획 爻
中 급수 외

음독 そう 훈독 さわやか	爽快(そうかい) 상쾌함　爽涼(そうりょう) 상쾌하고 시원함 颯爽(さっそう) 모습·행동 등이 시원스러움 昧爽(まいそう) 이른 새벽
의미 밝다 시원함·상쾌함	爽快(そうかい)な風(かぜ)が吹(ふ)く。 상쾌한 바람이 불다. 昧爽(まいそう)の海(うみ)を眺(なが)める。 이른 새벽의 바다를 바라보다.

喪

12획 口
中 N1

음독 そう 훈독 も	喪失(そうしつ) 상실　喪主(もしゅ) 상주 阻喪(そそう) 기운을 잃음　服喪(ふくも) 복상
의미 상 잃다	記憶(きおく)を喪失(そうしつ)する。 기억을 상실하다. 服喪中(ふくもちゅう)。 상 중.

痩

12획 疒
中 급수 외

음독 そう 훈독 やせる	痩身(そうしん) 마른·야윈 몸 長身痩躯(ちょうしんそうく) 키 크고 마른 몸
의미 마르다 살이 빠지다	彼(かれ)は長身痩躯(ちょうしんそうく)の体形(たいけい)をしている。 그는 키가 크고 마른 체형이다.

葬	음독 そう 훈독 ほうむる	葬式(そうしき) 장례식　葬列(そうれつ) 장례 행렬 火葬(かそう) 화장　埋葬(まいそう) 매장
	의미	葬式(そうしき)は厳粛(げんしゅく)に行(おこな)われた。 장례식은 엄숙하게 행해졌다.
12획 艹 中 N1	묻다 장사지내다	遺言(ゆいごん)どおり、父(ちち)を火葬(かそう)した。 유언대로 아버지를 화장했다.

僧	음독 そう 훈독 —	僧衣(そうい) 승복　僧侶(そうりょ) 승려 高僧(こうそう) 고승　禅僧(ぜんそう) 선승
	의미	僧衣(そうい)を着(き)る。 승복을 입다.
13획 亻 中 N1	중·승려	高僧(こうそう)の法話(ほうわ)を聞(き)く。 고승의 법화를 듣다.

遭	음독 そう 훈독 あう	遭遇(そうぐう) 조우　遭難(そうなん) 조난
	의미	事故(じこ)に遭遇(そうぐう)する。 사고를 당하다.
14획 辶 中 N1	우연히 만나다 겪다·당하다	遭難者(そうなんしゃ)が救助(きゅうじょ)される。 조난자가 구조되다.

槽	음독 そう 훈독 —	水槽(すいそう) 수조　浴槽(よくそう) 욕조
	의미	新(あたら)しく買(か)った水槽(すいそう)で金魚(きんぎょ)を飼(か)う。 새로 산 수조에서 금붕어를 기르다.
15획 木 中 N1	구유·여물통 배	浴槽(よくそう)を掃除(そうじ)する。 욕조를 청소하다.

踪

15획 足
中 급수 외

음독 そう 훈독 —	踪跡(そうせき) 종적 失踪(しっそう) 실종	
의미 자취 행방	踪跡(そうせき)を暗(くら)ます。 종적을 감추다. 失踪者(しっそうしゃ)が見(み)つかった。 실종자가 발견되었다.	

燥

11획 火
中 N2

음독 そう 훈독 —	乾燥(かんそう) 건조	焦燥(しょうそう) 초조
의미 마르다	部屋(へや)の空気(くうき)が乾燥(かんそう)している。 방 공기가 건조하다. 結果(けっか)発表(はっぴょう)まであと5分(ふん)で、気持(きもち)がとても焦燥(しょうそう)する。 결과발표까지 5분 남아서 기분이 매우 초조하다.	

霜

17획 雨
中 N1

음독 そう 훈독 しも	霜害(そうがい) 서리 피해 幾世霜(いくせいそう) 너무 긴 시간	霜髪(そうはつ) 백발 初霜(はつしも) 첫 서리
의미 서리 년월 백발	みごとな霜髪(そうはつ)だ。 훌륭한 백발이다. 初霜(はつしも)が降(お)りる。 첫 서리가 내리다.	

騷

18획 馬
中 N1

음독 そう 훈독 さわぐ	騒音(そうおん) 소음 物騒(ぶっそう) 뒤숭숭함	騒動(そうどう) 소동
의미 떠들다·허둥대다 소동 근심·걱정 풍류	騒音(そうおん)に曝(さら)される。 소음에 시달리다. 物騒(ぶっそう)な世(よ)の中(なか)だ。 뒤숭숭한 세상이다.	

藻

19획 艹
中 N1

음독 そう
훈독 も

藻類 조류
海藻 해초 緑藻 녹조류

의미
해초·수초
꾸밈·문장을 꾸밈

わかめは藻類に含まれる。
미역은 조류에 포함된다.

憎

14획 忄
中 N2

음독 ぞう
훈독 にくむ·にくい·にくらしい·にくしみ

憎悪 증오
愛憎 애증

의미
미워하다
싫어하다

憎悪による殺人事件が起った。
증오에 의한 살인사건이 일어났다.
愛憎は紙一重の差だ。
애증은 종이 한 장 차이다.

贈

18획 貝
中 N2

음독 ぞう·そう
훈독 おくる

贈与 증여 贈賄 뇌물을 줌
寄贈 기증 恵贈 혜증(물건을 선사받고 감사의 의미를 편지로 전할 때 쓰는 말)

의미
보내다
선물하다
선물

家を孫に贈与する。
집을 손자에게 증여하다.
図書館に本を寄贈する。
도서관에 책을 기증하다.

即

7획 卩
中 N1

음독 そく
훈독 —

即席 즉석 即興 즉흥
色即是空 색즉시공 不即不離 부즉불리

의미
즉
곧
만약

即席食品は調理が便利だ。
즉석식품은 조리가 편하다.

促

9획　亻
中　N2

음독 そく	促進(そくしん) 촉진　　促成(そくせい) 속성
훈독 うながす	催促(さいそく) 재촉　　督促(とくそく) 독촉
의미	促進(そくしん)を図(はか)る。
재촉·독촉하다	촉진을 도모하다.
빠르다	催促(さいそく)しすぎると、できることもできない。
쌓이다	너무 재촉하면 할 수 있는 일도 못한다.

捉

10획　扌
中　급수 외

음독 そく	捕(と)らえ所(どころ) 기준·요점
훈독 とらえる	捕捉(ほそく) 포착
의미	さっきから捕(と)らえ所(どころ)のない話(はなし)ばかりしている。
	아까부터 요점 없는 말만 하고 있다.
잡다	瞬間(しゅんかん)を捕捉(ほそく)する。
파악하다	순간을 포착하다.

俗

9획　亻
中　N1

음독 ぞく	俗語(ぞくご) 속어　　俗説(ぞくせつ) 속설
훈독 —	民俗(みんぞく) 민속　　風俗(ふうぞく) 풍속
의미	ネーティブが俗語(ぞくご)を教(おし)えてくれた。
습관·풍속	원어민이 속어를 가르쳐주었다.
흔한·어디에나 있는	町(まち)の昔(むかし)の風俗(ふうぞく)を調査(ちょうさ)する。
천하다	마을의 옛 풍속을 조사하다.

賊

13획　貝
中　N1

음독 ぞく	賊軍(ぞくぐん) 적군　　賊徒(ぞくと) 적도
훈독 —	海賊(かいぞく) 해적　　国賊(こくぞく) 역적
의미	勝(か)てば官軍(かんぐん)、負(ま)ければ賊軍(ぞくぐん)。
손상하다	이기면 충신, 지면 적군.
훔치다	『ワンピース』は海賊(かいぞく)たちの話(はなし)だ。
악인·도둑	『ワンピース』는 해적들의 이야기다.

遜	
음독 そん 훈독 —	遜色(そんしょく) 손색 謙遜(けんそん) 겸손　　不遜(ふそん) 불손
의미	この卒論(そつろん)は博士論文(はかせろんぶん)と比(くら)べても遜色(そんしょく)がない。 이 졸업논문은 박사논문과 비교해도 손색이 없다.
14획 辶 中 급수 외 양보하다 겸양하다 자기를 낮추다	田中先輩(たなかせんぱい)は大企業(だいきぎょう)に就職(しゅうしょく)したのにいつも謙遜(けんそん)している。 다나카 선배는 대기업에 취직했는데도 항상 겸손하다.

汰	
음독 た 훈독 —	淘汰(とうた) 도태
의미	
7획 氵 中 급수 외 도태하다	弱者(じゃくしゃ)は淘汰(とうた)されるのが現実(げんじつ)だ。 약자는 도태되는 것이 현실이다.

妥	
음독 だ 훈독 —	妥協(だきょう) 타협　　妥当(だとう) 타당
의미	現実(げんじつ)と妥協(だきょう)する。 현실과 타협하다.
7획 女 中 N1 온화함 편안하게 하다	中村(なかむら)さんの主張(しゅちょう)が妥当(だとう)だと思(おも)います。 나카무라 씨의 주장이 타당하다고 생각합니다.

唾	
음독 だ 훈독 つば	唾液(だえき) 타액·침 生唾(なまつば) 군침
의미	赤(あか)ちゃんの口(くち)から唾液(だえき)が垂(た)れる。 아기 입에서 침이 흐르다.
11획 口 中 급수 외 침 침을 뱉다	写真(しゃしん)を見(み)ているだけで生唾(なまつば)が出(で)る。 사진을 보는 것만으로도 군침이 돈다.

堕

12획 土
中 N1

음독 だ
훈독 —

堕胎(だたい) 낙태　　堕落(だらく) 타락

의미
떨어지다
무너지다
태만하다

堕胎(だたい)について賛否討論(さんぴとうろん)を行(おこな)う。
낙태에 대해 찬반토론을 행하다.
堕落(だらく)した生活(せいかつ)を反省(はんせい)する。
타락한 생활을 반성하다.

惰

12획 忄
中 N1

음독 だ
훈독 —

惰性(だせい) 타성·관성　　惰力(だりょく) 타력
怠惰(たいだ) 나태　　遊惰(ゆうだ) 게으름

의미
게으름 피우다
상태가 그대로 유지되다

車(くるま)が急停止(きゅうていし)した時(とき)、体(からだ)が前(まえ)にのめるのは惰性(だせい)による。
차가 급정지했을 때 몸이 앞으로 쏠리는 것은 관성 때문이다.
部下(ぶか)の怠惰(たいだ)な態度(たいど)が気(き)に入(い)らない。
부하의 나태한 태도가 마음에 들지 않는다.

駄

14획 馬
中 N1

음독 だ
훈독 —

駄菓子(だがし) 싸구려 과자　　駄目(だめ) 안 됨
無駄(むだ) 소용없음

의미
(짐을)싣다
허술함·뒤떨어짐
신발

嘘(うそ)は駄目(だめ)です！
거짓말은 안돼요!
もう無駄(むだ)だ。
이제 다 소용없다.

耐

9획 而
中 N1

음독 たい
훈독 たえる

耐久(たいきゅう) 내구　　耐震(たいしん) 내진
忍耐(にんたい) 인내

의미
견디다
참다
지탱하다

この建物(たてもの)は耐震設計(たいしんせっけい)になっている。
이 건물은 내진설계가 되어있다.
辛(つら)い時間(じかん)を忍耐(にんたい)する。
힘든 시간을 인내하다.

怠

9획 心
中 N1

음독 たい	怠惰(たいだ) 태만 　 怠慢(たいまん) 나태·게으름
훈독 おこたる·なまける	過怠(かたい) 과태 　 倦怠(けんたい) 권태
의미	公務員(こうむいん)の職務怠慢(しょくむたいまん)に怒(いか)る。
	공무원의 직무태만에 화를 내다.
게으르다	過怠金(かたいきん)を賦課(ふか)する。
경시하다	과태료를 부과하다.

胎

9획 月
中 N1

음독 たい	胎児(たいじ) 태아 　 胎動(たいどう) 태동
훈독 —	受胎(じゅたい) 수태(임신) 　 母胎(ぼたい) 모태
의미	胎児(たいじ)の胎動(たいどう)が聞(き)こえる。
잉태·임신하다	태아의 태동이 들리다.
자궁	堕胎(だたい)は母胎(ぼたい)に悪影響(あくえいきょう)を与(あた)える。
태아	낙태는 모태에 악영향을 끼친다.

泰

10획 水
中 N1

음독 たい	泰平(たいへい) 태평
훈독 —	安泰(あんたい) 편안함·무사함
의미	泰平聖代(たいへいせいだい)の時期(じき)。
크다	태평성대의 시기.
풍족함	安泰(あんたい)を祈(いの)る。
편안함	편안함을 바라다.

堆

11획 土
中 급수 외

음독 たい	堆積(たいせき) 퇴적 　 堆肥(たいひ) 퇴비
훈독 —	
의미	堆積作用(たいせきさよう)によって生成(せいせい)された地形(ちけい)。
	퇴적작용에 의해 생성된 지형.
매우 높다	堆肥(たいひ)をまく。
쌓이다	퇴비를 뿌리다.

袋

11획 衣
中 N2

음독 たい 훈독 ふくろ	袋小路(ふくろこうじ) 막다른 골목 有袋類(ゆうたいるい) 유대류(코알라 등)　手袋(てぶくろ) 장갑
의미	間違(まちが)って袋小路(ふくろこうじ)に入(はい)り込(こ)む。 잘못해서 막다른 골목으로 들어가다.
자루·주머니	手作(てづく)りの手袋(てぶくろ)です。 직접 만든 장갑입니다.

逮

11획 辶
中 N1

음독 たい 훈독 —	逮捕(たいほ) 체포
의미 잡다 쫓다	泥棒(どろぼう)が警察(けいさつ)に逮捕(たいほ)される。 도둑이 경찰에게 체포되다.

替

12획 日
中 N2

음독 たい 훈독 かえる·かわる	交替(こうたい) 교체·교대　両替(りょうがえ) 환전
의미	タイヤを交替(こうたい)する。 타이어를 교체하다.
바꾸다 쓰이지 않게 되다	1000円(えん)を100円玉(えんだま)に両替(りょうがえ)する。 1000엔을 100엔 동전으로 바꾸다.

滞

13획 氵
中 N1

음독 たい 훈독 とどこおる	滞在(たいざい) 체류　滞納(たいのう) 체납 渋滞(じゅうたい) 정체　停滞(ていたい) 정체
의미 밀리다	日本(にほん)に一ヶ月間(いっかげつかん)、滞在(たいざい)する。 일본에 한 달간 체류하다.
정체되다 머물다	道(みち)が渋滞(じゅうたい)している。 길이 막힌다.

戴

17획 戈
中 N1

음독 たい 훈독 —	戴冠式(たいかんしき) 대관식 頂戴(ちょうだい) '받음'의 겸양어
의미 받다 얻다	戴冠式(たいかんしき)が行(おこな)われる。 대관식이 행해지다. 5000円(えん)、頂戴(ちょうだい)します。 5천엔 받겠습니다.

滝

13획 氵
中 N1

음독 — 훈독 たき	滝壺(たきつぼ) 용소(폭포 밑의 웅덩이)
의미 폭포	アクション映画(えいが)では滝壺(たきつぼ)に飛込(とびこ)むシーンがよく見(み)られる。 액션영화에서는 폭포 밑으로 뛰어드는 장면을 자주 볼 수 있다.

択

7획 扌
中 N1

음독 たく 훈독 —	択一(たくいつ) 택일 採択(さいたく) 채택　選択(せんたく) 선택
의미 고르다 분류하다	二者択一(にしゃたくいつ)。 양자택일. 企画書(きかくしょ)が採択(さいたく)される。 기획서가 채택되다.

沢

7획 氵
中 N1

음독 たく 훈독 さわ	沢庵(たくあん) 단무지　沢山(たくさん) 많이 光沢(こうたく) 광택　贅沢(ぜいたく) 사치·호강
의미 습지 습하다 광택	お菓子(かし)、沢山(たくさん)ください！ 과자 많이 주세요! 高級(こうきゅう)レストランに高級(こうきゅう)デザートだなんて、贅沢(ぜいたく)だね。 고급 레스토랑에 고급 디저트라니 호강(사치)하네.

卓	음독 たく 훈독 —	卓球(たっきゅう) 탁구　卓上(たくじょう) 탁상 食卓(しょくたく) 식탁　電卓(でんたく) 전자계산기
8획 十 中 급수 외	의미 뛰어나다 넘다 책상	彼(かれ)は卓球(たっきゅう)が得意(とくい)だ。 그는 탁구가 특기다. 布巾(ふきん)で食卓(しょくたく)を拭(ふ)く。 행주로 식탁을 훔치다.

拓	음독 たく 훈독 —	開拓(かいたく) 개척　干拓(かんたく) 간척
8획 扌 中 N1	의미 넓히다 밀다	北海道(ほっかいどう)は開拓(かいたく)都市(とし)だ。 홋카이도는 개척도시다. 干潟(ひがた)を干拓(かんたく)して農地(のうち)にする。 갯벌을 간척해서 농지로 만들다.

託	음독 たく 훈독 —	託児所(たくじしょ) 탁아소 委託(いたく) 위탁　受託(じゅたく) 수탁
10획 言 中 N1	의미 부탁·의지하다 핑계·구실삼다	社内(しゃない)の託児所(たくじしょ)を利用(りよう)している。 사내 탁아소를 이용하고 있다. 受託(じゅたく)手荷物(てにもつ)の詳細(しょうさい)を問(と)い合(あ)わせる。 위탁수하물에 대한 자세한 내용을 문의하다.

濯	음독 たく 훈독 —	洗濯(せんたく) 세탁
17획 氵 中 N2	의미 씻다 깨끗하게 하다	夏(なつ)には洗濯物(せんたくもの)が多(おお)くなる。 여름에는 세탁물이 많아진다.

諾

15획 言
中 N1

음독 だく 훈독 —	許諾(きょだく) 허락　　承諾(しょうだく) 승낙
의미 허락하다 승낙하다	上司(じょうし)の承諾(しょうだく)を得(え)て、外出(がいしゅつ)する。 상사의 승낙을 받고 외출하다.

濁

16획 氵
中 N1

음독 だく 훈독 にごる·にごす	濁音(だくおん) 탁음　　濁点(だくてん) 탁점 汚濁(おだく) 오염　　混濁(こんだく) 혼탁
의미 탁해지다 더러움 어지러워지다	「が」「ざ」「だ」「ば」行(ぎょう)は濁音(だくおん)だ。 「が」「ざ」「だ」「ば」행은 탁음이다. 河川(かせん)の汚濁(おだく)に対(たい)する対策(たいさく)が必要(ひつよう)だ。 하천 오염에 대한 대책이 필요하다.

但

7획 亻
中 N1

음독 — 훈독 ただし	但(ただ)し 단·단지
의미 단·단지 그렇지만	学生(がくせい)は500円(えん)です。但(ただ)し、留学生(りゅうがくせい)は無料(むりょう)です。 학생은 500엔입니다. 단, 유학생은 무료입니다.

脱

11획 月
中 N1

음독 だつ 훈독 ぬぐ·ぬげる	脱衣(だつい) 탈의　　脱帽(だつぼう) 탈모 逸脱(いつだつ) 일탈　　離脱(りだつ) 이탈
의미 벗다 떨어뜨리다 빠지다	脱衣室(だついしつ)で服(ふく)を着替(きが)える。 탈의실에서 옷을 갈아입다. 組織(そしき)から離脱(りだつ)する。 조직에서 이탈하다.

奪		
	음독 だつ 훈독 うばう	奪還(だっかん) 탈환　奪取(だっしゅ) 탈취 強奪(ごうだつ) 강탈　争奪(そうだつ) 쟁탈
14획 大 中 N1	의미 빼앗다	都市(とし)を奪還(だっかん)する。 도시를 탈환하다. 現金(げんきん)を強奪(ごうだつ)される。 현금을 강탈당하다.

棚		
	음독 — 훈독 たな	棚上(たなあ)げ 보류함　棚卸(たなおろ)し 재고정리 本棚(ほんだな) 책장
12획 木 中 N1	의미 선반 사다리	計画(けいかく)を棚上(たなあ)げする。 계획을 보류하다. 本棚(ほんだな)を片付(かたづ)ける。 책장을 정리하다.

誰		
	음독 — 훈독 だれ	誰(だれ) 누구
15획 言 中 N1	의미 누구	誰(だれ)かの泣(な)き声(ごえ)が聞(き)こえる。 누군가의 울음소리가 들린다.

丹		
	음독 たん 훈독 —	丹誠(たんせい) 진심　丹念(たんねん) 세심하게 공들임 牡丹(ぼたん) 모란
4획 丶 中 N1	의미 빨강 진심 약	発表資料(はっぴょうしりょう)を丹念(たんねん)に検討(けんとう)する。 발표 자료를 꼼꼼하게 검토하다. 牡丹(ぼたん)が咲(さ)く。 모란이 피다.

旦

5획 日
中 N1

음독 たん·だん	旦那(だんな) 남편
훈독	一旦(いったん) 일단·한 번　元旦(がんたん) 설날
의미	旦那(だんな)さまはお元気(げんき)?
	남편분은 잘 지내세요?
아침	一旦休憩(いったんきゅうけい)しましょう。
첫 날	일단 쉽시다.

胆

9획 月
中 N1

음독 たん	胆嚢(たんのう) 담낭　胆力(たんりょく) 담력
훈독 —	大胆(だいたん) 대담　落胆(らくたん) 낙담
의미	胆石(たんせき)による胆嚢炎(たんのうえん)。
쓸개	담석에 의한 담낭염.
담력·배짱	不合格(ふごうかく)して落胆(らくたん)する。
마음·본심	불합격해서 낙담하다.

淡

11획 氵
中 N1

음독 たん	淡水(たんすい) 담수　淡白(たんぱく) 담백함
훈독 あわい	濃淡(のうたん) 농담(짙음과 옅음)　冷淡(れいたん) 냉담
의미	母(はは)の料理(りょうり)は淡白(たんぱく)だ。
	어머니의 요리는 담백하다.
연하다	冷淡(れいたん)な反応(はんのう)を見(み)せる。
옅다	냉담한 반응을 보이다.

嘆

13획 口
中 N1

음독 たん	嘆声(たんせい) 탄성　嘆息(たんそく) 탄식
훈독 なげく·なげかわしい	感嘆(かんたん) 감탄　悲嘆(ひたん) 비탄
의미	嘆声(たんせい)をもらす。
한탄하다	탄성을 내다.
한숨	先輩(せんぱい)の発表(はっぴょう)を聞(き)いて感嘆(かんたん)した。
놀라는 소리	선배의 발표를 듣고 감탄했다.

端

14획 立
中 N1

음독 たん 훈독 はし·は·はた	端正(たんせい) 단정　端然(たんぜん) 단연 極端(きょくたん) 극단　先端(せんたん) 첨단
의미 끝·시작 단정한 일·사건	端正(たんせい)な服装(ふくそう)で面接(めんせつ)に臨(のぞ)む。 단정한 복장으로 면접에 임하다. やや極端(きょくたん)な例(れい)ではありますが……。 조금 극단적인 예입니다만…….

綻

14획 糸
中 급수 외

음독 たん 훈독 ほころびる	破綻(はたん) 파탄
의미 풀리다 잘 풀리지 않다	破綻(はたん)された結婚生活(けっこんせいかつ)。 파탄된 결혼생활.

鍛

17획 金
中 N1

음독 たん 훈독 きたえる	鍛錬(たんれん) 단련
의미 단련하다 짜다	心身(しんしん)を鍛錬(たんれん)する。 심신을 단련하다.

弾

12획 弓
中 N1

음독 だん 훈독 ひく·はずむ·たま	弾圧(だんあつ) 탄압　弾劾(だんがい) 탄핵 糾弾(きゅうだん) 규탄　爆弾(ばくだん) 폭탄
의미 총알 튀기다 바로잡다	弾圧(だんあつ)に耐(た)える。 탄압을 견디다. 政府(せいふ)を糾弾(きゅうだん)する。 정부를 규탄하다.

壇

16획 土
中 N1

음독 だん·たん	壇上(だんじょう) 단상
훈독	教壇(きょうだん) 교단　仏壇(ぶつだん) 불단
의미	スピーチをするため壇上(だんじょう)に上(あ)がる。 스피치를 하기 위해 단상에 오르다.
단 전문가 집단	教壇(きょうだん)に立(た)ってから、もう20年(ねん)だ。 교단에 선지 벌써 20년이다.

恥

10획 心
中 N2

음독 ち	恥辱(ちじょく) 치욕　恥部(ちぶ) 치부
훈독 はじる·はじ·はじらう·はずかしい	羞恥(しゅうち) 수치　破廉恥(はれんち) 파렴치
의미 부끄러움·창피	恥辱的(ちじょくてき)な敗北(はいぼく)を味(あじ)わう。 치욕적인 패배를 맛보다.
부끄러워하다 창피를 주다	家(いえ)の羞恥(しゅうち)だ。 집안 수치다.

致

10획 至
中 N1

음독 ち	致死(ちし) 치사　致命(ちめい) 치명
훈독 いたす	一致(いっち) 일치　拉致(らち) 납치
의미 '하다'의 겸사말	彼(かれ)には致命的(ちめいてき)な欠点(けってん)がある。 그에게는 치명적인 단점이 있다.
초대하다 보내다	答(こた)えが一致(いっち)する。 답이 일치하다.

遅

12획 辶
中 N2

음독 ち	遅延(ちえん) 지연　遅刻(ちこく) 지각
훈독 おくれる·おくらす·おそい	手遅(ておく)れ 시기를 놓침
의미 늦어지다	バスの出発時間(しゅっぱつじかん)が遅延(ちえん)する。 버스 출발시간이 지연되다.
늦다 기다리다	何(なに)を言(い)ってももう手遅(ておく)れだ。 무슨 말을 해도 이미 늦었다.

痴

13획 疒
中 N1

음독 ち
훈독 一

痴漢(ちかん) 치한　　痴呆(ちほう) 치매
音痴(おんち) 음치　　愚痴(ぐち) 푸념

의미
어리석음
몰두하다· 열중하다
음란한 색정

読書(どくしょ)は痴呆(ちほう)の予防(よぼう)にいい。
독서는 치매예방에 좋다.
彼女(かのじょ)は社内(しゃない)で有名(ゆうめい)な音痴(おんち)だ。
그녀는 회사 안에서 유명한 음치다.

稚

13획 禾
中 N1

음독 ち
훈독 一

稚拙(ちせつ) 치졸·서툼
幼稚(ようち) 유치

의미
어린이
어리다

稚拙(ちせつ)な文章(ぶんしょう)だ。
서툰 문장이다.
幼稚(ようち)な考(かんが)えは役(やく)に立(た)たない。
유치한 생각은 도움이 되지 않는다.

緻

16획 糸
中 급수 외

음독 ち
훈독 一

緻密(ちみつ) 치밀함
細緻(さいち) 치밀　　精緻(せいち) 정교하고 치밀함

의미
빽빽하다
실수가 없다

緻密(ちみつ)に準備(じゅんび)する。
치밀하게 준비하다.
細緻(さいち)を極(きわ)めた描写(びょうしゃ)が印象的(いんしょうてき)だった。
매우 치밀한 묘사가 인상적이었다.

畜

10획 田
中 N2

음독 ちく
훈독 一

畜産(ちくさん) 축산　　畜舎(ちくしゃ) 축사
家畜(かちく) 가축　　牧畜(ぼくちく) 목축

의미
기르다
가축

畜産業(ちくさんぎょう)に勤(つと)める。
축산업에 종사하다.
家畜(かちく)に餌(えさ)をやる。
가축에게 먹이를 주다.

逐

10획 辶
中 N1

음독 ちく 훈독 —	逐一(ちくいち) 차례로·상세하게 逐次(ちくじ) 순서대로 駆逐(くちく) 쫓아냄 放逐(ほうちく) 추방
의미 쫓다 겨루다 순서대로 나아가다	逐一(ちくいち)説明(せつめい)する。 차례대로 상세하게 설명하다. 害虫(がいちゅう)を駆逐(くちく)する。 해충을 쫓아내다.

蓄

13획 艹
中 급수 외

음독 ちく 훈독 たくわえる	蓄積(ちくせき) 축적 蓄電(ちくでん) 축전(전기를 모아둠) 貯蓄(ちょちく) 저축 備蓄(びちく) 비축
의미 모으다 기르다	疲労(ひろう)が蓄積(ちくせき)する。 피로가 축적되다. 将来(しょうらい)のために貯蓄(ちょちく)する。 앞으로를 위해 저축하다.

秩

10획 禾
中 N1

음독 ちつ 훈독 —	秩序(ちつじょ) 질서 秩然(ちつぜん) 질서정연함
의미 순서 지위·관위 도움	部屋(へや)が秩然(ちつぜん)と片付(かたづ)いている。 방이 질서정연하게 정리되어있다.

窒

11획 穴
中 N1

음독 ちつ 훈독 —	窒素(ちっそ) 질소 窒息(ちっそく) 질식
의미 막다·막히다 질소	ガスによる窒息死(ちっそくし)だ。 가스에 의한 질식사다.

嫡

14획 女
中 N1

음독 ちゃく 훈독 —	嫡出(ちゃくしゅつ) 적출　嫡流(ちゃくりゅう) 적류(정통혈통) 家嫡(かちゃく) 대를 이을 맏아들　正嫡(せいちゃく) 대를 이을 아들
의미 본처 본처 소생	彼(かれ)は正統(せいとう)の嫡出子(ちゃくしゅつし)だ。 그는 정통 혈통의 적출자다.

沖

7획 氵
中 N1

음독 ちゅう 훈독 おき	沖積(ちゅうせき) 충적　沖縄県(おきなわけん) 오키나와현
의미 물이 흐르다 위로 올라가다 앞바다	沖積平野(ちゅうせきへいや)。 충적평야. 沖縄(おきなわ)とチェジュは似(に)たイメージだ。 오키나와와 제주도는 비슷한 이미지다.

抽

8획 扌
中 N1

음독 ちゅう 훈독 —	抽象(ちゅうしょう) 추상　抽選(ちゅうせん) 추첨
의미 꺼내다 빼내다	抽象画(ちゅうしょうが)を描(えが)く。 추상화를 그리다. 抽選(ちゅうせん)に当(あ)たる。 추첨에 당첨되다.

衷

9획 衣
中 N1

음독 ちゅう 훈독 —	衷心(ちゅうしん) 진심 苦衷(くちゅう) 고충　折衷(せっちゅう) 절충
의미 내의·속옷 진심 치우치지 않다	衷心(ちゅうしん)より感謝(かんしゃ)する。 진심으로 감사하다. 折衷案(せっちゅうあん)を探(さが)す。 절충안을 찾다.

酎		
	음독 ちゅう 훈독 —	焼酎(しょうちゅう) 소주
10획 酉 中 급수 외	의미 진한 술	最近(さいきん)、フルーツ焼酎(しょうちゅう)が流(はや)行っている。 요즘 과일소주가 유행하고 있다.

鋳		
	음독 ちゅう 훈독 いる	鋳造(ちゅうぞう) 주조　鋳鉄(ちゅうてつ) 주철 改鋳(かいちゅう) 개주·다시 주조함
15획 金 中 N1	의미 주조하다(금속을 녹여 형상을 만들다) 금속 화폐를 만들다	金属(きんぞく)を鋳造(ちゅうぞう)する。 금속을 주조하다. 貨幣(かへい)の改鋳(かいちゅう)の必要性(ひつようせい)について討論(とうろん)する。 화폐 개조의 필요성에 대해 토론하다.

駐		
	음독 ちゅう 훈독 —	駐車(ちゅうしゃ) 주차　駐留(ちゅうりゅう) 주류 常駐(じょうちゅう) 상주　進駐(しんちゅう) 진주(진군하여 머무름)
15획 馬 中 N2	의미 탈 것을 세우다 머무르다	駐車場(ちゅうしゃじょう)が満車状態(まんしゃじょうたい)だ。 주차장이 만차상태다. このビルには警備員(けいびいん)が常駐(じょうちゅう)する。 이 건물에는 경비원이 상주한다.

弔		
	음독 ちょう 훈독 とむらう	弔意(ちょうい) 조의　弔問(ちょうもん) 조문 慶弔(けいちょう) 경조
4획 弓 中 N1	의미 애도하다 조문하다	弔意(ちょうい)を表(あらわ)す。 조의를 표하다. 遺族(いぞく)に慶弔費(けいちょうひ)を渡(わた)す。 유가족에게 경조비를 건네다.

挑	음독 ちょう 훈독 いどむ	挑戦(ちょうせん) 도전　　挑発(ちょうはつ) 도발
9획 扌 中 N1	의미 내걸다 도전하다	試験(しけん)で満点(まんてん)に挑戦(ちょうせん)する。 시험에서 만점에 도전하다. 相手(あいて)を挑発(ちょうはつ)する。 상대를 도발하다.

彫	음독 ちょう 훈독 ほる	彫刻(ちょうこく) 조각　　彫像(ちょうぞう) 조각상 木彫(もくちょう) 목조
11획 彡 中 N1	의미 파다 새기다 장식하다	恋人(こいびと)の顔(かお)を彫刻(ちょうこく)する。 연인의 얼굴을 조각하다. 木彫(もくちょう)の人形(にんぎょう)をプレゼントする。 목각 인형을 선물하다.

眺	음독 ちょう 훈독 ながめる	眺望(ちょうぼう) 조망·전망
11획 目 中 N1	의미 바라보다 전망	このホテルの眺望(ちょうぼう)は最高(さいこう)だ。 이 호텔의 전망은 최고다.

釣	음독 ちょう 훈독 つる	釣魚(ちょうぎょ) 조어·낚시　　釣り合(つりあ)い 균형 海釣(うみづ)り 바다낚시　　夜釣(よづ)り 밤낚시
11획 金 中 N1	의미 낚다 낚시	釣り合(つりあ)いが取(と)れない服装(ふくそう)でパーティーに行(い)く。 어울리지 않는 복장으로 파티에 가다. 夜食(やしょく)は夜釣(よづ)りの妙味(みょうみ)だ。 야식은 밤낚시의 묘미다.

貼

12획 貝
中 N1

음독 ちょう 훈독 はる	貼付(ちょうふ) 첨부
의미 붙이다	資料(しりょう)を貼付(ちょうふ)する。 자료를 첨부하다.

超

12획 走
中 N2

음독 ちょう 훈독 こえる·こす	超越(ちょうえつ) 초월　　超過(ちょうか) 초과 出超(しゅっちょう) 수출 초과
의미 넘다 뛰어나다 동떨어지다	国境(こっきょう)を超越(ちょうえつ)する愛(あい)。 국경을 초월하는 사랑. 何ヵ月(なんかげつ)も出超(しゅっちょう)が続(つづ)いている。 몇 개월이나 출초가 계속되고 있다.

跳

13획 足
中 N1

음독 ちょう 훈독 はねる·とぶ	跳躍(ちょうやく) 도약　　跳(と)び箱(ばこ) 뜀틀 棒高跳(ぼうたかと)び 장대 높이뛰기
의미 춤추다 뛰다·뛰어오르다 발에 채이다	未来(みらい)に向(む)かって跳躍(ちょうやく)する。 미래를 향해 도약하다. 彼(かれ)は前職(ぜんしょく)棒高跳(ぼうたかと)びの選手(せんしゅ)だった。 그는 전직 장대 높이뛰기 선수였다.

徴

14획 彳
中 N1

음독 ちょう 훈독 —	徴収(ちょうしゅう) 징수　　徴兵(ちょうへい) 징병 象徴(しょうちょう) 상징　　特徴(とくちょう) 특징
의미 거두다 징조 나타나다	参加費(さんかひ)を徴収(ちょうしゅう)する。 참가비를 징수하다. 容疑者(ようぎしゃ)の顔(かお)の特徴(とくちょう)を述(の)べる。 용의자의 얼굴의 특징을 말하다.

嘲

15획 口
中 급수 외

음독 ちょう
훈독 あざける

嘲笑(ちょうしょう) 조소　嘲弄(ちょうろう) 조롱
自嘲(じちょう) 자조

의미
비웃다
놀리다

相手(あいて)の失敗(しっぱい)を聞(き)いて、嘲笑(ちょうしょう)が起(お)こった。
상대가 실패했다는 소리를 듣고 조소가 일었다.
自嘲的(じちょうてき)に笑(わら)う。
자조적으로 웃다.

澄

15획 氵
中 N1

음독 ちょう
훈독 すむ·すます

澄空(ちょうくう) 맑은 하늘　澄水(ちょうすい) 맑은 물
清澄(せいちょう) 맑고 깨끗함

의미
맑다
투명하고 깨끗하다
맑게 하다

秋(あき)の澄空(ちょうくう)を眺(なが)める。
가을의 맑은 하늘을 바라보다.
清澄(せいちょう)な声(こえ)で歌(うた)う。
맑고 깨끗한 목소리로 노래하다.

聴

17획 耳
中 N1

음독 ちょう
훈독 きく

聴解(ちょうかい) 청해　聴衆(ちょうしゅう) 청중
傾聴(けいちょう) 경청　清聴(せいちょう) 경청

의미
듣다
따르다
용서하다

聴解(ちょうかい)のテストには自信(じしん)がある。
청해 시험은 자신있다.
ご清聴(せいちょう)ありがとうございました。
경청해 주셔서 감사합니다.

懲

18획 心
中 N1

음독 ちょう
훈독 こりる·こらす·こらしめる

懲戒(ちょうかい) 징계　懲罰(ちょうばつ) 징벌

의미
벌주다
징계하다
지긋지긋하다

懲戒処分(ちょうかいしょぶん)を受(う)ける。
징계처분을 받다.
懲罰(ちょうばつ)の対象範囲(たいしょうはんい)に対(たい)して議論(ぎろん)する。
징벌의 대상범위에 대해 의논하다.

勅

9획 力
中 N1

음독 ちょく 훈독 —	勅使(ちょくし) 칙사　勅書(ちょくしょ) 칙서 違勅(いちょく) 위칙　密勅(みっちょく) 밀칙
의미 칙서	天皇(てんのう)の勅使(ちょくし)が来(き)た。 천황의 칙사가 왔다.

捗

10획 扌
中 급수 외

음독 ちょく 훈독 —	進捗(しんちょく) 진척
의미 진척되다	プロジェクトの進捗(しんちょく)を報告(ほうこく)する。 프로젝트의 진척을 보고하다.

沈

7획 氵
中 N2

음독 ちん 훈독 しずむ·しずめる	沈黙(ちんもく) 침묵　沈没(ちんぼつ) 침몰 撃沈(げきちん) 격침　消沈(しょうちん) 소침
의미 가라앉다 물에 빠지다 막히다	船(ふね)が沈没(ちんぼつ)する。 배가 침몰하다. 面接(めんせつ)から落(お)ちて意気消沈(いきしょうちん)している。 면접에서 떨어져서 의기소침해있다.

珍

9획 王
中 N2

음독 ちん 훈독 めずらしい	珍奇(ちんき) 진기함　珍妙(ちんみょう) 진묘함·기묘함
의미 희귀하다 소중하다 훌륭하다	珍奇(ちんき)な話(はなし)を聞(き)いた。 진기한 이야기를 들었다. パーティーだとは言(い)え、あんな珍妙(ちんみょう)な服装(ふくそう)は初(はじ)めて見(み)た。 파티라고는 하지만 저런 기묘한 복장은 처음 봤다.

朕

10획 月
中 N1

음독 ちん 훈독 —	朕(ちん) 짐(왕의 자칭)
의미 왕의 자칭	朕(ちん)は国家(こっか)なり。 짐은 국가다.

陳

11획 阝
中 급수 외

음독 ちん 훈독 —	陳述(ちんじゅつ) 진술　陳列(ちんれつ) 진열 新陳代謝(しんちんたいしゃ) 신진대사
의미 나열하다 서술하다 오래됨	事件(じけん)の状況(じょうきょう)を陳述(ちんじゅつ)する。 사건의 정황을 진술하다. 運動(うんどう)して体(からだ)の新陳代謝(しんちんたいしゃ)をよくする。 운동해서 몸의 신진대사를 좋게 하다.

鎮

18획 金
中 N1

음독 ちん 훈독 しずめる·しずまる	鎮圧(ちんあつ) 진압　鎮静(ちんせい) 진정 重鎮(じゅうちん) 중진　文鎮(ぶんちん) 문진
의미 진압 진압하다 가라앉히다	心(こころ)を鎮静(ちんせい)させる。 마음을 진정시키다. 彼(かれ)は学界(がっかい)の重鎮(じゅうちん)だ。 그는 학계의 중요인물이다.

椎

12획 木
中 급수 외

음독 つい 훈독 —	椎骨(ついこつ) 척추골 頚椎(けいつい) 경추　脊椎(せきつい) 척추
의미 등골 버섯나무	脊椎動物(せきついどうぶつ)の図鑑(ずかん)を見(み)る。 척추동물 도감을 보다.

墜		
	음독 つい	墜落(ついらく) 추락
	훈독 —	撃墜(げきつい) 격추　　失墜(しっつい) 실추
	의미	飛行機(ひこうき)が民家(みんか)に墜落(ついらく)する。
	떨어지다	비행기가 민가에 추락하다.
15획 土	잃다	名誉(めいよ)が失墜(しっつい)する。
中 N1	쇠하다	명예가 실추되다.

塚		
	음독 —	塚(つか) 무덤
	훈독 つか	一里塚(いちりづか) 이정표
	의미	塚(つか)を築(きず)く。
	무덤	무덤을 짓다.
12획 土	쌓인 흙	一里塚(いちりづか)を確認(かくにん)しながら進(すす)む。
中 N1	언덕	이정표를 확인하며 나아가다.

漬		
	음독 —	漬物(つけもの) 절임
	훈독 つける·つかる	お茶(ちゃ)漬け 오차즈케(차를 부어 말아먹는 밥)
	의미	母(はは)の野菜(やさい)の漬物(つけもの)は最高(さいこう)だ。
		어머니의 야채절임은 최고다.
14획 氵	담그다	独(ひと)り暮(ぐ)らしの頃(ころ)、よくお茶漬(ちゃづ)けを食(た)べた。
中 N1	맛이 들다	혼자 살 때 오차즈케를 자주 먹었다.

坪		
	음독 —	坪数(つぼすう) 평수　　坪庭(つぼにわ) 안뜰
	훈독 つぼ	一坪(ひとつぼ) 한 평
	의미	坪数(つぼすう)を測(はか)る。
	평지	평수를 재다.
8획 土	평평함	一坪(ひとつぼ)大(おお)きさの部屋(へや)で暮(くら)す。
中 N1	면적의 단위(평)	한 평짜리 크기의 방에서 살다.

爪	음독 — 훈독 つめ·つま	爪切り(つめきり) 손톱깎이　爪先(つまさき) 발가락 끝 深爪(ふかづめ) 손톱을 바짝 깎음
4획 爪 中 급수 외	의미 손발톱	爪先(つまさき)で立(た)つ。 발끝으로 서다(까치발 서다). 深爪(ふかづめ)をして、缶(かん)を開(あ)けにくい。 손톱을 바짝 깎아서 캔을 따기 힘들다.

鶴	음독 — 훈독 つる	鶏群(けいぐん)の一鶴(いっかく) 군계일학 折り鶴(おりづる) 종이학
21획 鳥 中 N1	의미 학	田中君(たなかくん)は鶏群(けいぐん)の一鶴(いっかく)のような学生(がくせい)だ。 다나카는 군계일학과 같은 학생이다. 子供(こども)の頃(ころ)、よく折り鶴(おりづる)を作(つく)った 。 어렸을 때 자주 종이학을 접었다.

呈	음독 てい 훈독 —	呈示(ていじ) 제시　呈出(ていしゅつ) 나타냄·드러냄 進呈(しんてい) 진정·드림　贈呈(ぞうてい) 증정
7획 口 中 N1	의미 내다·제출하다 나타내다·제시하다 권하다	学生証(がくせいしょう)を呈示(ていじ)する。 학생증을 제시하다. 贈呈品(ぞうていひん)でタオルをもらう。 증정품으로 타올을 받다.

廷	음독 てい 훈독 —	廷臣(ていしん) 조정의 신하 宮廷(きゅうてい) 궁정　法廷(ほうてい) 법정
7획 廴 中 N1	의미 조정 법정	宮廷(きゅうてい)を見学(けんがく)する。 궁정을 견학하다.

抵

8획 扌
中 급수 외

음독	てい	抵抗(ていこう) 저항　抵触(ていしょく) 저촉
훈독	—	大抵(たいてい) 대강
의미		信念(しんねん)のため抵抗(ていこう)する。 신념을 위해 저항하다.
거스르다·막다 대강		大抵(たいてい)2時間(じかん)ぐらいかかります。 대강 2시간 정도 걸립니다.

邸

8획 阝
中 N1

음독	てい	邸宅(ていたく) 저택
훈독	—	官邸(かんてい) 관저　私邸(してい) 사저
의미		邸宅(ていたく)を訪問(ほうもん)する。 저택을 방문하다.
저택		首相の官邸(しゅしょうかんてい)を警護(けいご)する。 수상의 관저를 경호하다.

亭

9획 亠
中 N1

음독	てい	亭主(ていしゅ) 집주인·남편
훈독	—	駅亭(えきてい) 역참　料亭(りょうてい) 요정
의미		あの宿屋(やどや)の亭主(ていしゅ)は親切(しんせつ)だ。 그 여관주인은 친절하다.
여관 높이 치솟다		料亭(りょうてい)の料理(りょうり)は高(たか)い。 요정 요리는 비싸다.

貞

9획 貝
中 N1

음독	てい	貞淑(ていしゅく) 정숙함　貞節(ていせつ) 정절
훈독	—	忠貞(ちゅうてい) 충정　不貞(ふてい) 부정
의미 바르다		あの女優(じょゆう)は今度(こんど)ドラマで貞淑(ていしゅく)な妻(つま)を演技(えんぎ)した。 그 여배우는 이번에 드라마에서 정숙한 아내를 연기했다.
정해지다 지조·절개		不貞(ふてい)を働(はたら)く。 부정을 저지르다.

帝	음독 てい 훈독 —	帝国(ていこく) 제국　帝政(ていせい) 제정 皇帝(こうてい) 황제　女帝(じょてい) 여제
9획 巾 中 N1	의미 천황·황제 밝음·뚜렷함	ローマ帝国(ていこく)の歴史(れきし)を勉強(べんきょう)する。 로마제국의 역사를 공부하다. 皇帝(こうてい)の位(い)につく。 황제의 자리에 오르다.

訂	음독 てい 훈독 —	訂正(ていせい) 정정 改訂(かいてい) 개정　校訂(こうてい) 교정
9획 言 中 N1	의미 재다 바로잡다 정하다	間違(まちが)った表現(ひょうげん)を訂正(ていせい)する。 틀린 표현을 정정하다. 教科書(きょうかしょ)を改訂(かいてい)する。 교과서를 개정하다.

逓	음독 てい 훈독 —	逓減(ていげん) 체감(점점 감소함) 逓増(ていぞう) 체증(점점 증가함)
10획 辶 中 N1	의미 번갈아가며 차례차례 전하다 점차	体重(たいじゅう)が逓減(ていげん)している。 체중이 점점 감소하고 있다. 顧客(こきゃく)が逓増(ていぞう)している。 고객이 점점 증가하고 있다.

偵	음독 てい 훈독 —	偵察(ていさつ) 정찰 探偵(たんてい) 탐정　密偵(みってい) 밀정
11획 亻 中 N1	의미 염탐하다 첩자	自国(じこく)の飛行機(ひこうき)が偵察(ていさつ)を終(お)えて戻(もど)っている。 자국의 비행기가 정찰을 마치고 돌아오고 있다. 未解決(みかいけつ)事件(じけん)を何時間(なんじかん)で解決(かいけつ)するなんて、さすが名探偵(めいたんてい)だ。 미해결사건을 몇 시간 만에 해결하다니 역시 명탐정이다.

堤

12획 土
中 N1

음독 てい 훈독 つつみ	堤防(ていぼう) 제방 防潮堤(ぼうちょうてい) 방조제　防波堤(ぼうはてい) 방파제
의미	堤防(ていぼう)を築(きず)く。 제방을 쌓다.
둑·제방	波(なみ)が防波堤(ぼうはてい)を越(こ)える。 파도가 방파제를 넘다.

艇

13획 舟
中 N1

음독 てい 훈독 —	艇庫(ていこ) 정고(보트를 넣어두는 창고) 艦艇(かんてい) 함정　救命艇(きゅうめいてい) 구명정
의미	ボートを艇庫(ていこ)に納(おさ)める。 보트를 정고에 넣다.
배	緊迫(きんぱく)な状況(じょうきょう)なのに、救命艇(きゅうめいてい)の到着(とうちゃく)が遅(おそ)い。 긴박한 상황인데 구명정이 오지 않는다.

締

15획 糸
中 N1

음독 てい 훈독 しまる·しめる	締結(ていけつ) 체결　締(し)め切(き)り 마감 取(と)り締(し)まり 단속
의미 맺다	条約(じょうやく)を締結(ていけつ)する。 조약을 체결하다.
죄다 합계	飲酒運転(いんしゅうんてん)の取(と)り締(し)まりを強化(きょうか)する。 음주운전 단속을 강화하다.

諦

16획 言
中 급수 외

음독 てい 훈독 あきらめる	諦観(ていかん) 체관·체념　諦念(ていねん) 체념 要諦(ようてい) 요점
의미 확실히 느끼다	叶(かな)わない夢(ゆめ)だと思(おも)い諦念(ていねん)する。 이루어지지 않을 꿈이라고 생각해 체념하다.
중요한 일 포기하다	要諦(ようてい)だけを言(い)ってください。 요점만을 말해주세요.

泥

8획 氵
中 N2

음독	でい	泥酔(でいすい) 만취　泥棒(どろぼう) 도둑
훈독	どろ	汚泥(おでい) 진흙탕
의미	진흙	泥棒(どろぼう)を捕(つか)まえる。 도둑을 잡다.
	더럽히다·흐려지다 떨어지지 않다	汚泥(おでい)にまみれる。 진흙투성이가 되다.

摘

14획 扌
中 N1

음독	てき	摘出(てきしゅつ) 적출　摘発(てきはつ) 적발
훈독	つむ	指摘(してき) 지적
의미	따다 도려내다	手術(しゅじゅつ)で角膜(かくまく)を摘出(てきしゅつ)する。 수술로 각막을 적출하다.
	줍다·골라 집다	問題点(もんだいてん)を指摘(してき)する。 문제점을 지적하다.

滴

14획 氵
中 N2

음독	てき	滴下(てきか) 적하　滴露(てきろ) 적로
훈독	しずく·したたる	水滴(すいてき) 물방울　点滴(てんてき) 링겔
의미	방울져 떨어지다	試薬(しやく)を滴下(てきか)する。 시약을 떨어뜨리다.
	물방울	栄養不足(えいようふそく)で、病院(びょういん)で点滴(てんてき)を打(う)つ。 영양부족으로 병원에서 링겔을 맞다.

溺

13획 氵
中 급수 외

음독	でき	溺愛(できあい) 매우 사랑함　溺死(できし) 익사
훈독	おぼれる	沈溺(ちんでき) 물에 빠짐　惑溺(わくでき) 정신 잃고 빠짐
의미	빠지다	川(かわ)で溺死(できし)事故(じこ)が起(お)こる。 강에서 익사사고가 일어나다.
	물에 잠기다	お酒(さけ)に惑溺(わくでき)する。 술에 정신 잃고 빠지다.

迭

8획 辶
中 N1

음독 てつ 훈독 —	更迭(こうてつ) 경질(교체)
의미 번갈아가며 바꾸다 도망치다	リーダーを更迭(こうてつ)する。 리더를 교체하다.

哲

10획 口
中 N1

음독 てつ 훈독 —	哲学(てつがく) 철학　哲人(てつじん) 철인 賢哲(けんてつ) 현철(현인과 철인)　明哲(めいてつ) 명철(재능과 지식이 뛰어나고 사리에 통달한 사람)
의미 분명함 깨달음 지혜로운 사람	哲学(てつがく)を専攻(せんこう)している。 철학을 전공하고 있다. 賢哲(けんてつ)に学(まな)ぶ。 현인과 철인에게 배우다.

徹

15획 彳
中 N1

음독 てつ 훈독 —	徹底(てってい) 철저　徹夜(てつや) 철야 貫徹(かんてつ) 관철　冷徹(れいてつ) 냉철함
의미 통하다 분명함 제거하다	徹底的(てっていてき)に検討(けんとう)する。 철저하게 검토하다. 冷徹(れいてつ)に考(かんが)える。 냉철하게 생각하다.

撤

15획 扌
中 N1

음독 てつ 훈독 —	撤回(てっかい) 철회　撤収(てっしゅ) 철수
의미 버리다 없애다·치우다	授業(じゅぎょう)を撤回(てっかい)する。 수업을 철회하다. 敵地(てきち)から撤収(てっしゅ)する。 적지에서 철수하다.

添		
	음독 てん	添削(てんさく) 첨삭　添付(てんぷ) 첨부
	훈독 そえる·そう	別添(べってん) 별첨　口添え(くちぞえ) 곁에서 거들다·조언
	의미	作文(さくぶん)を添削(てんさく)する。
		작문을 첨삭하다.
11획 氵	더하다	彼(かれ)の口添(くちぞ)えにいらいらする。
中 N1	첨부물	그의 참견 때문에 짜증난다.

塡		
	음독 てん	塡充(てんじゅう) 충전
	훈독 —	装塡(そうてん) 장전　補塡(ほてん) 보충
	의미	壁(かべ)のひびをセメントで塡充(てんじゅう)する。
	메우다	벽의 갈라진 부분을 시멘트로 메우다.
13획 土	누르다	赤字(あかじ)を資金(しきん)で補塡(ほてん)する。
中 급수 외	칭찬하다	적자를 자금으로 보충하다.

殿		
	음독 でん·てん	殿堂(でんどう) 전당　殿様(とのさま) 주군
	훈독 との·どの	宮殿(きゅうでん) 궁전　御殿(ごてん) 호화로운 저택
	의미	名誉(めいよ)の殿堂(でんどう)に立(た)つ。
	거대한 건물	명예의 전당에 서다.
13획 殳	영주·남성	御殿(ごてん)のようなホテルだ。
中 N1	경칭	고급저택 같은 호텔이다.

斗		
	음독 と	斗酒(としゅ) 두주·말술
	훈독 —	北斗七星(ほくとしちせい) 북두칠성
	의미	斗酒(としゅ)を飲(の)んで酔(よ)いつぶれてしまった。
	용량의 단위(두)	말술을 마시고 완전히 취해버렸다.
4획 斗	국자	夜空(よぞら)の中(なか)で北斗七星(ほくとしちせい)を探(さが)す。
中 N1	얼마 안 되는 양	밤하늘에서 북두칠성을 찾다.

吐

6획 口
中 N1

음독 と 훈독 はく	吐息(といき) 한숨　吐き気(はけ) 구역질 嘔吐(おうと) 구토
의미	乗船中(じょうせんちゅう)、吐き気(はけ)がした。 승선 중에 구역이 났다.
토하다·꺼내다 토한 것·구역질	お酒(さけ)の飲(の)みすぎで、嘔吐(おうと)する。 술을 너무 많이 마셔서 구토하다.

妬

8획 女
中 급수 외

음독 と 훈독 ねたむ	妬心(としん) 질투심 嫉妬(しっと) 질투
의미 질투하다 시기하다	同僚(どうりょう)の成功(せいこう)に嫉妬(しっと)する。 동료의 성공을 질투하다.

途

10획 辶
中 N2

음독 と 훈독 —	途端(とたん) 찰나·그 순간　途中(とちゅう) 도중 別途(べっと) 별도　用途(ようと) 용도
의미	まだ話(はな)している途中(とちゅう)だから、後(あと)でね。 아직 얘기하는 도중이니까 좀 이따(보자).
길	この道具(どうぐ)の用途(ようと)を教(おし)えてください。 이 도구의 용도를 알려주세요.

渡

12획 氵
中 N2

음독 と 훈독 わたる·わたす	渡航(とこう) 도항　渡来(とらい) 도래 過渡(かと) 과도　譲渡(じょうと) 양도
의미 건너다·건네다	これはアメリカからの渡来(とらい)の品(しな)だ。 이것은 미국에서 온 물건이다.
건넘·이동 이동하다·지내다	コンサートのチケットを譲渡(じょうと)する。 콘서트 티켓을 양도하다.

塗	음독 と 훈독 ぬる	塗布(とふ) 도포　　塗料(とりょう) 도료·칠감 糊塗(こと) 호도(적당히 덮어버리다)
13획 土 中 N2	의미 진흙 칠하다·범벅하다 길	傷口(きずぐち)に薬(くすり)を塗布(とふ)する。 상처에 약을 바르다. ミスを糊塗(こと)する。 실수를 적당히 덮어버리다.

賭	음독 と 훈독 かける	賭博(とばく) 도박
16획 貝 中 급수 외	의미 걸다 내기하다 내기·도박	賭博(とばく)で家庭(かてい)が破産(はさん)する。 도박으로 가정이 파탄나다.

奴	음독 ど 훈독 —	奴隷(どれい) 노예 農奴(のうど) 농노　　売国奴(ばいこくど) 매국노
5획 女 中 N1	의미 종	会社(かいしゃ)で奴隷(どれい)のように働(はたら)く。 회사에서 노예처럼 일하다. 売国奴(ばいこくど)の子孫(しそん)が堂々(どうどう)と生(い)きている。 매국노의 후손이 당당하게 살고 있다.

怒	음독 ど 훈독 いかる·おこる	怒声(どせい) 성난 목소리　　怒鳴(どな)る 고함치다 激怒(げきど) 격노　　憤怒(ふんど) 분노
9획 心 中 N2	의미 화내다 성내다 분발하다	彼女(かのじょ)は怒(いか)りのあまり子供(こども)に怒鳴(どな)ってしまった。 그녀는 분노한 나머지 아이에게 고함치고 말았다. 不義(ふぎ)に憤怒(ふんど)する。 불의에 분노하다.

到

8획 刂
中 N2

음독 とう 훈독 —	到達(とうたつ) 도달　到着(とうちゃく) 도착 殺到(さっとう) 쇄도　周到(しゅうとう) 주도
의미 이르다 도착하다	バスの到着時間(とうちゃくじかん)はもう過(す)ぎたのに。 버스 도착시간은 벌써 지났는데. 用意周到(よういしゅうとう)に作戦(さくせん)を進(すす)める。 용의주도하게 작전을 진행하다.

逃

9획 辶
中 N2

음독 とう 훈독 にげる·にがす のがす·のがれる	逃走(とうそう) 도주　逃避(とうひ) 도피 一時逃(いちじのが)れ 일시적인 회피
의미 도망치다 피하다·벗어나다	犯人(はんにん)が逃走(とうそう)する。 범인이 도주하다. 連絡(れんらく)を絶(た)つのは一時逃(いちじのが)れにすぎない。 연락을 끊는 것은 일시적인 회피에 지나지 않는다.

倒

10획 亻
中 N2

음독 とう 훈독 たおれる·たおす	倒産(とうさん) 도산　倒置(とうち) 도치 圧倒(あっとう) 압도　打倒(だとう) 타도
의미 넘어지다·쓰러지다 거꾸로 됨 거스르다	主語(しゅご)と述語(じゅつご)を倒置(とうち)する。 주어와 술어를 도치하다. 圧倒的(あっとうてき)な勝利(しょうり)だった。 압도적인 승리였다.

凍

10획 冫
中 N2

음독 とう 훈독 こおる·こごえる	凍結(とうけつ) 동결　凍死(とうし) 동사 解凍(かいとう) 해동　冷凍(れいとう) 냉동
의미 얼다 춥다 몸에 감각이 없어지다	資金(しきん)を凍結(とうけつ)する。 자금을 동결하다. この食品(しょくひん)は冷凍保管(れいとうほかん)してください。 이 식품은 냉동보관해 주세요.

唐

10획 口
中 N1

음독 とう 훈독 から	唐辛子(とうがらし) 고추　　唐突(とうとつ) 당돌 遣唐使(けんとうし) 견당사　　頽唐(たいとう) 퇴당(건전한 기운이 무너짐)·퇴폐
의미 넓음·덧없음 돌연 당·중국	学生(がくせい)の唐突(とうとつ)な質問(しつもん)にみんな驚(おどろ)いた。 학생의 당돌한 질문에 모두 놀랐다. 頽唐(たいとう)していく大学文化(だいがくぶんか)が心配(しんぱい)だ。 퇴폐해 가는 대학문화가 걱정이다.

桃

10획 木
中 N1

음독 とう 훈독 もも	桃源郷(とうげんきょう) 무릉도원　　桃色(ももいろ) 복숭아색 桜桃(おうとう) 앵두　　黄桃(おうとう) 황도
의미 복숭아	このホテルは桃源郷(とうげんきょう)のようなところだ。 이 호텔은 무릉도원 같은 곳이다. 桜桃(おうとう)を直接(ちょくせつ)見(み)るのは初(はじ)めてだ。 앵두를 직접 보는 건 처음이다.

透

10획 辶
中 N1

음독 とう 훈독 すく·すかす すける	透過(とうか) 투과　　透明(とうめい) 투명 浸透(しんとう) 침투
의미 틈이 생기다 들여다 보이다	透明(とうめい)な湖(みずうみ)に空(そら)が映(うつ)る。 투명한 호수에 하늘이 비치다. 革命(かくめい)の意識(いしき)が社会(しゃかい)に浸透(しんとう)する。 혁명의식이 사회에 침투하다.

悼

11획 忄
中 N1

음독 とう 훈독 いたむ	悼辞(とうじ) 애도하는 글　　悼惜(とうせき) 고인을 애도함 哀悼(あいとう) 애도　　追悼(ついとう) 추도
의미 슬퍼하다 두려워하다	故人(こじん)を悼惜(とうせき)する。 고인을 애도하다. 戦死者(せんししゃ)を追悼(ついとう)する。 전사자를 추도하다.

盗

11획 皿
中 N2

음독 とう 훈독 ぬすむ	盗難(とうなん) 도난　盗用(とうよう) 도용 強盗(ごうとう) 강도　窃盗(せっとう) 절도
의미	貴重品(きちょうひん)が盗難(とうなん)された。 귀중품이 도난당했다.
훔치다 도둑	窃盗犯(せっとうはん)は小学生(しょうがくせい)だった。 절도범은 초등학생이었다.

陶

11획 阝
中 N1

음독 とう 훈독 —	陶芸(とうげい) 도예　陶磁器(とうじき) 도자기 薫陶(くんとう) 훈도　製陶(せいとう) 제도(도자기를 만듦)
의미 도기	田中先生(たなかせんせい)は陶芸(とうげい)の名人(めいじん)だ。 다나카 선생님은 도예의 명인이다.
가르쳐 이끌다 기뻐하다	家族(かぞく)で製陶体験(せいとうたいけん)をする。 가족과 도자기 만드는 체험을 하다.

塔

12획 土
中 N2

음독 とう 훈독 —	塔屋(とうおく) 옥탑 管制塔(かんせいとう) 관제탑　鉄塔(てっとう) 철탑
의미	塔屋(とうおく)の部屋(へや)に住(す)む。 옥탑방에 살다.
탑	管制塔(かんせいとう)の上陸許可(じょうりくきょか)を待(ま)つ。 관제탑의 상륙허가를 기다리다.

搭

12획 扌
中 N1

음독 とう 훈독 —	搭載(とうさい) 탑재　搭乗(とうじょう) 탑승
의미	この車(くるま)はGPS機能(きのう)を搭載(とうさい)している。 이 차는 GPS기능을 탑재하고 있다.
손으로 치다 태우다·타다	搭乗券(とうじょうけん)を確認(かくにん)します。 탑승권을 확인하겠습니다.

棟

12획 木
中 N1

음독 とう 훈독 むね·むな	棟梁(とうりょう) 목수의 우두머리 病棟(びょうとう) 병동　別棟(べっとう) 별채
의미 용마루 마룻대로 쓰는 목재 중요인물	一国(いっこく)の棟梁(とうりょう)になるまでどれだけ努力(どりょく)したか。 일국의 목수의 우두머리가 되기 위해 얼마나 노력했는지. 病棟(びょうとう)では静粛(せいしゅく)してください。 병동에서는 정숙해 주세요.

痘

12획 疒
中 N1

음독 とう 훈독 ―	痘痕(とうこん) 곰보자국 天然痘(てんねんとう) 천연두
의미 천연두	顔(かお)に痘痕(とうこん)が残(のこ)っている。 얼굴에 곰보자국이 남아있다. 天然痘(てんねんとう)で帝国(ていこく)が滅(ほろ)びる。 천연두로 제국이 멸망하다.

筒

12획 ⺮
中 N2

음독 とう 훈독 つつ	筒先(つつさき) 총부리　筒抜(つつぬ)け (비밀이)곧바로 누설됨 水筒(すいとう) 수통　封筒(ふうとう) 봉투
의미 통 관	内緒(ないしょ)だった話(はなし)が筒抜(つつぬ)けになる。 비밀이었던 얘기가 바로 누설되다. ジョギングをする時(とき)には必(かなら)ず水筒(すいとう)を準備(じゅんび)する。 조깅을 할 때는 꼭 물통을 준비한다.

稲

14획 禾
中 N2

음독 とう 훈독 いね·いな	稲作(いなさく) 벼농사　稲妻(いなづま) 벼락 陸稲(りくとう) 밭벼　晩稲(ばんとう) 늦벼
의미 벼	今年(ことし)の稲作(いなさく)は豊作(ほうさく)だ。 올해 벼농사는 풍년이다. 陸稲(りくとう)の米(こめ)は食感(しょっかん)がよい。 밭벼의 쌀은 식감이 좋다.

踏		
15획 足 中 N1	음독 とう 훈독 ふむ·ふまえる	踏査(とうさ) 답사　踏襲(とうしゅう) 답습 雑踏(ざっとう) 혼잡함　舞踏(ぶとう) 무도·춤
	의미 밟다 걷다 제자리걸음하다	遺跡(いせき)を踏査(とうさ)する。 유적을 답사하다. 雑踏(ざっとう)の道(みち)を歩(ある)く。 혼잡한 길을 걷다.

謄		
17획 月 中 N1	음독 とう 훈독 —	謄写(とうしゃ) 등사·베낌　謄本(とうほん) 등본
	의미 베끼다 베껴 쓰다	謄写版(とうしゃばん)の盗用(とうよう)が発覚(はっかく)される。 등사본의 도용이 발각되다. 戸籍(こせき)謄本(とうほん)を取(と)る。 호적등본을 떼다.

藤		
18획 艹 中 N1	음독 とう 훈독 ふじ	藤花(とうか) 등나무 꽃　藤色(ふじいろ) 연보라 葛藤(かっとう) 갈등
	의미 등나무	最近(さいきん)、藤色(ふじいろ)が流行(はや)っている。 최근 연보라색이 유행하고 있다. 彼(かれ)らの葛藤(かっとう)は絶頂(ぜっちょう)に至(いた)った。 그들의 갈등은 절정에 달했다.

闘		
18획 門 中 N1	음독 とう 훈독 たたかう	闘争(とうそう) 투쟁　闘病(とうびょう) 투병 戦闘(せんとう) 전투　乱闘(らんとう) 난투
	의미 싸우다 싸움	ガンと闘病(とうびょう)する。 암과 투병하다. 高校生(こうこうせい)の乱闘(らんとう)騒(さわぎ)を目撃(もくげき)する。 고등학생의 난투극을 목격하다.

騰

20획 馬
中 N1

음독 とう 훈독 —	騰貴 등귀　騰落 등락 急騰 급등　暴騰 폭등
의미 오르다 값이 오르다	株の騰落を造作する。 주식의 등락을 조작하다. 日本旅行を1週間残して、円が急騰する。 일본여행을 1주일 남겨두고 엔화가 급등하다.

洞

9획 氵
中 N1

음독 どう 훈독 ほら	洞窟 동굴　洞察 통찰 空洞 동굴　鍾乳洞 종유동굴
의미 동굴 깊음 통과하다	洞察力が足りない。 통찰력이 부족하다. 鍾乳洞を石灰洞窟とも言う。 종유동굴을 석회동굴이라고도 한다.

胴

10획 月
中 N1

음독 どう 훈독 —	胴上げ 헹가래　胴体 동체·몸통
의미 몸통	優勝チームの胴上げが続いた。 우승팀의 헹가래가 계속되었다. 胴体着陸する。 동체착륙하다.

瞳

17획 目
中 N1

음독 どう 훈독 ひとみ	瞳孔 동공
의미 눈동자	暗い所では瞳孔が開く。 어두운 곳에서는 동공이 커진다.

峠

9획 山
中 N1

음독 — 훈독 とうげ	峠(とうげ) 고개·절정·고비
의미 고개 극점·절정	峠(とうげ)を越(こ)える。 고개를 넘다.

匿

10획 匚
中 N1

음독 とく 훈독 —	匿名(とくめい) 익명 隠匿(いんとく) 은닉　秘匿(ひとく) 감춤
의미 숨다·숨기다 숨겨진 나쁜 일	真(しん)の匿名(とくめい)はない。 진정한 익명은 없다. 腐敗(ふはい)を隠匿(いんとく)する。 부패를 은닉하다.

督

13획 目
中 N1

음독 とく 훈독 —	督促(とくそく) 독촉　督励(とくれい) 독려 監督(かんとく) 감독　提督(ていとく) 제독
의미 보다 이끌다 재촉하다	コーチが選手(せんしゅ)たちを督励(とくれい)する。 코치가 선수들을 독려하다. 映画監督(えいがかんとく)と作家(さっか)が結婚(けっこん)する。 영화감독과 작가가 결혼하다.

篤

16획 ⺮
中 N1

음독 とく 훈독 —	篤学(とくがく) 학문에 힘씀　篤実(とくじつ) 독실 危篤(きとく) 위독
의미 두터움 잡념이 없음 위독함	彼女(かのじょ)は篤実(とくじつ)な信仰心(しんこうしん)をもっている。 그녀는 독실한 신앙심을 가지고 있다. 交通事故(こうつうじこ)の被害者(ひがいしゃ)は現在(げんざい)危篤(きとく)な状態(じょうたい)だ。 교통사고 피해자는 현재 위독한 상태다.

栃	음독 — 훈독 とち	栃(とち)の木(き) 칠엽수
9획 木 中 급수 외	의미 상수리나무	街路樹(がいろじゅ)にする栃(とち)の木(き)を植(う)える。 가로수로 칠엽수를 심다.

凸	음독 とつ 훈독 —	凸凹(でこぼこ) 요철·울퉁불퉁 凹凸(おうとつ) 울퉁불퉁함
5획 凵 中 N1	의미 돌출하다 높음	道(みち)が凸凹(でこぼこ)だ。 길이 울퉁불퉁하다.

突	음독 とつ 훈독 つく	突然(とつぜん) 돌연·갑자기 　 突破(とっぱ) 돌파 激突(げきとつ) 격돌 　 衝突(しょうとつ) 충돌
8획 穴 中 N2	의미 찌르다·꿰뚫다 갑자기 부딪치다	突然(とつぜん)、家(いえ)が揺(ゆ)れた。 갑자기 집이 흔들렸다. 車(くるま)と自転車(じてんしゃ)が衝突(しょうとつ)する。 차와 자전거가 충돌하다.

屯	음독 とん 훈독 —	屯営(とんえい) 주둔 　 屯所(とんしょ) 주둔지 駐屯(ちゅうとん) 주둔
4획 屮 中 N1	의미 사람이 많이 모이다 무게의 단위(둔)	部隊(ぶたい)は山(やま)の中(なか)に屯営(とんえい)した。 부대는 산 속에 주둔했다. 米軍(べいぐん)の駐屯地(ちゅうとんち)を見学(けんがく)する。 미군의 주둔지를 견학하다.

豚

11획 豕
中 N1

음독 とん	豚骨(とんこつ) 돈코츠　豚箱(ぶたばこ) 유치장
훈독 ぶた	子豚(こぶた) 새끼　酢豚(すぶた) 탕수육
의미	友達(ともだち)と豚骨(とんこつ)ラーメンを食(た)べに行(い)く。 친구들과 돈코츠 라멘을 먹으러 가다.
돼지 끌다	チャーハンと酢豚(すぶた)を注文(ちゅうもん)する。 볶음밥과 탕수육을 주문하다.

頓

13획 頁
中 급수 외

음독 とん	頓狂(とんきょう) 얼빠지다　頓着(とんちゃく) 괘념
훈독 —	整頓(せいとん) 정돈　放頓(ほうとん) 방돈
의미	彼(かれ)はお金(かね)に無頓着(むとんちゃく)だ。 그는 돈에 무관심하다.
머리를 땅에 붙이다 고정하다	部屋(へや)の整理整頓(せいりせいとん)をする。 방 정리정돈을 하다.

貪

11획 貝
中 급수 외

음독 どん	貪欲(どんよく) 탐욕　貪吏(どんり) 탐리
훈독 むさぼる	突(つ)っ慳貪(けんどん) 퉁명스러운 모양
의미	彼(かれ)は食(た)べ物(もの)に貪欲(どんよく)な人(ひと)だ。 그는 음식에 탐욕스러운 사람이다.
탐하다	彼女(かのじょ)は突(つ)っ慳貪(けんどん)にものを言(い)う。 그녀는 퉁명스럽게 말한다.

鈍

12획 金
中 N2

음독 どん	鈍感(どんかん) 둔감　鈍器(どんき) 둔기(흉기)
훈독 にぶい·にぶる	愚鈍(ぐどん) 우둔　利鈍(りどん) 이둔
의미	匂(にお)いに鈍感(どんかん)になる。 냄새에 둔감하게 되다.
무디다 어리석다	振(ふ)る舞(ま)いが熊(くま)のように愚鈍(ぐどん)だ。 행동이 곰 같이 우둔하다.

曇

16획 日
中 N2

음독 どん 훈독 くもる	曇色(どんしょく) 흐린 색	曇り空(くもぞら) 흐린 하늘
	晴曇(せいどん) 청담(맑음과 흐림)	薄曇り(うすぐも) 약간 흐림

의미	예문
	曇り空(くもぞら)を眺(なが)める。 흐린 하늘을 바라보다.
흐리다 멍하다	今日(きょう)は薄曇(うすぐも)りで涼(すず)しい。 오늘은 약간 흐려서 시원하다.

丼

5획 丶
中 급수 외

음독 — 훈독 どんぶり·どん	丼勘定(どんぶりかんじょう) 주먹구구	丼飯(どんぶりめし) 정반
	牛丼(ぎゅうどん) 규동	中華丼(ちゅうかどん) 중화 덮밥

의미	예문
	丼勘定(どんぶりかんじょう)で商売(しょうばい)をする。 주먹구구식으로 장사를 하다.
사발	夜食(やしょく)に牛丼(ぎゅうどん)を食(た)べる。 야식으로 규동을 먹다.

那

7획 阝
中 N1

음독 な 훈독 —	那辺(なへん) 어디	那落(ならく) 나락
	刹那(せつな) 찰나	旦那(だんな) 남편

의미	예문
	彼(かれ)の意図(いと)は那辺(なへん)にあるのかわからない。 그의 의도가 어디에 있는지 모르겠다.
어느	友達(ともだち)の旦那(だんな)に道(みち)で会(あ)った。 친구의 남편을 길에서 만났다.

奈

8획 大
中 N1

음독 な 훈독 —	奈落(ならく) 나락

의미	예문
능금나무 어째서 어떻게 할 것인가	奈落(ならく)に沈(しず)む。 나락에 빠지다.

梨

11획 木 / 中 N1	음독 — / 훈독 なし	梨狩(なしが)り 배를 땀 　梨畑(なしばたけ) 배 밭 / 洋梨(ようなし) 서양 배
	의미	家族(かぞく)で梨狩(なしか)りに行(い)く。 / 가족과 배를 따러 가다.
	(과일)배	洋梨(ようなし)のケーキを食(た)べる。 / 서양 배 케이크를 먹다.

謎

17획 言 / 中 N1	음독 — / 훈독 なぞ	謎解(なぞと)き 수수께끼 풀이 / 謎々(なぞなぞ) 수수께끼
	의미	謎解(なぞと)きに感心(かんしん)する。 / 수수께끼 풀이에 감탄하다.
	수수께끼 / 진실이 밝혀지지 않음	友達(ともだち)と謎々(なぞなぞ)を出(だ)しあって遊(あそ)ぶ。 / 친구들과 수수께끼를 내며 놀다.

鍋

17획 金 / 中 N1	음독 — / 훈독 なべ	鍋底(なべぞこ) 냄비 밑바닥 　鍋焼(なべや)き 냄비볶음 / 鉄鍋(てつなべ) 쇠 냄비 　土鍋(どなべ) 뚝배기
	의미	洗剤(せんざい)で鍋底(なべぞこ)の汚(よご)れを落(お)とす。 / 세제로 냄비 바닥을 깨끗하게 하다.
	냄비	土鍋(どなべ)でかゆを煮(に)る。 / 뚝배기로 죽을 삶다.

軟

11획 車 / 中 N2	음독 なん / 훈독 やわらか・やわらかい	軟化(なんか) 연화 　軟骨(なんこつ) 연골 / 硬軟(こうなん) 경연 　柔軟(じゅうなん) 유연
	의미 / 부드럽다 / 온화하다 / 약하다	軟骨(なんこつ)を痛(いた)める。 / 연골을 다치다. / 柔軟(じゅうなん)な体(からだ)。 / 유연한 몸.

尼

5획 尸
中 N1

음독 に
훈독 あま

尼僧(にそう) 여승　尼寺(あまでら) 여승방
僧尼(そうに) 승니·승려와 여승　比丘尼(びくに) 비구니

의미
비구니

山(やま)の尼寺(あまでら)を訪(たず)ねる。
산의 수녀원을 찾다.
出家(しゅっけ)した女性(じょせい)を比丘尼(びくに)と呼(よ)ぶ。
출가한 여자를 비구니라고 부른다.

弐

6획 弋
中 N1

음독 に
훈독 —

弐心(にしん) 이심·딴 마음　弐万円(にまんえん) 이만 엔
大弐(だいに)·少弐(しょうに) 일본 율령제에서 다자이후(大宰府(だざいふ))의 차관

의미
둘
등지다

弐心(にしん)を抱(いだ)く。
딴 마음을 품다.

匂

4획 勹
中 급수 외

음독 —
훈독 におう

匂い油(におあぶら) 향유

의미
냄새가 나다
윤기

髪(かみ)に匂い油(におあぶら)をつける。
머리에 향유를 바르다.

虹

9획 虫
中 N1

음독 —
훈독 にじ

虹色(にじいろ) 무지개　虹鱒(にじます) 송어
夕虹(ゆうにじ) 저녁 무지개

의미
무지개

虹鱒(にじます)を釣(つ)る。
송어를 낚다.
雨(あめ)が去(さ)って美(うつく)しい夕虹(ゆうにじ)がかかる。
비가 그치고 아름다운 저녁 무지개가 뜨다.

尿	음독 にょう 훈독 —	尿素(にょうそ) 요소　尿毒(にょうどく) 요독 糖尿(とうにょう) 당뇨　夜尿(やにょう) 야뇨
7획 尸 中 N1	의미 소변	肥料(ひりょう)に尿素(にょうそ)を使(つか)う。 비료에 요소를 사용하다. 糖尿病(とうにょうびょう)で入院(にゅういん)する。 당뇨병으로 입원하다.

妊	음독 にん 훈독 —	妊娠(にんしん) 임신　妊婦(にんぷ) 임부 避妊(ひにん) 피임　不妊(ふにん) 불임
7획 女 中 N1	의미 임신하다	妻(つま)が妊娠(にんしん)した。 아내가 임신했다. 不妊(ふにん)に悩(なや)み病院(びょういん)に通(かよ)う。 불임을 고민하여 병원에 다니다.

忍	음독 にん 훈독 しのぶ· しのばせる	忍者(にんじゃ) 닌자　忍耐(にんたい) 인내 堪忍(かんにん) 용서　容認(ようにん) 관용
7획 心 中 N1	의미 피하다 잔혹하다	忍耐(にんたい)を要(よう)する。 인내를 요하다. 堪忍袋(かんにんぶくろ)の緒(いとぐち)が切(き)れる。 울화통이 터지다.

寧	음독 ねい 훈독 —	寧日(ねいじつ) 영일(평온한 날) 安寧(あんねい) 안녕　丁寧(ていねい) 공손
14획 宀 中 N1	의미 편안하다 오히려	仕事(しごと)に追(お)われて寧日(ねいじつ)がない。 일에 쫓겨 평온한 날이 없다. 丁寧(ていねい)に言(い)う。 공손하게 말하다.

捻

11획 扌

中 급수 외

음독 ねん 훈독 —	捻挫(ねんざ) 염좌　捻出(ねんしゅつ) 염출
의미 틀다 비틀어 구부리다	転倒(てんとう)して手首(てくび)を捻挫(ねんざ)する。 넘어져서 손목을 삐었다.

粘

11획 米

中 N1

음독 ねん 훈독 ねばる	粘着(ねんちゃく) 접착　粘土(ねんど) 점토
의미 달라붙다	壁(かべ)に粘着(ねんちゃく)テープを貼(は)る。 벽에 접착테이프를 붙이다. 粘土(ねんど)で動物(どうぶつ)を作(つく)る。 점토로 동물을 만든다.

悩

10획 忄

中 N2

음독 のう 훈독 なやむ·なやます	悩殺(のうさつ) 뇌쇄　悩乱(のうらん) 뇌란 苦悩(くのう) 고뇌　煩悩(ぼんのう) 번뇌
의미 고민하다 앓다	回(まわ)りを悩殺(のうさつ)する目付(めつ)き。 주위를 뇌쇄하는 눈초리. 苦悩(くのう)に満(み)ちた表情(ひょうじょう)。 고뇌에 찬 표정.

濃

16획 氵

中 N2

음독 のう 훈독 こい	濃度(のうど) 농도　濃密(のうみつ) 농밀 裾濃(すそご) 아래로 내려갈수록 색이 진해지는 염색법
의미 진하다 색깔이 깊다	濃密(のうみつ)な色彩(しきさい)。 농밀한 색채. 服(ふく)を裾濃(すそご)に染(そ)める。 옷을 아래로 갈수록 진해지게 물들이다.

把

7획 扌
中 N1

음독 は
훈독 —

把握(はあく) 파악　把持(はじ) 파지
大雑把(おおざっぱ) 대충　刀把(とうは) 도파

의미
잡다
손잡이
다발

状況(じょうきょう)を把握(はあく)する。
상황을 파악하다.
大雑把(おおざっぱ)に計算(けいさん)する。
대충 계산하다.

覇

19획 覀
中 N1

음독 は
훈독 —

覇気(はき) 패기　覇道(はどう) 패도
制覇(せいは) 제패　連覇(れんぱ) 연패

의미
우두머리

若(わか)いのに覇気(はき)がなくてどうする。
젊은데 패기가 없어서 어쩌나.
全国大会(ぜんこくたいかい)で連覇(れんぱ)する。
전국대회에서 연패하다.

婆

11획 女
中 N1

음독 ば
훈독 —

婆心(ばしん) 노파심　婆羅門(ばらもん) 바라문
御転婆(おてんば) 말괄량이　老婆(ろうば) 노파

의미
나이가 있는 여성

婆心(ばしん)から忠告(ちゅうこく)する。
노파심으로 충고하다.
御転婆(おてんば)な少女(しょうじょ)。
말괄량이 소녀.

罵

15획 罒
中 급수 외

음독 ば
훈독 ののしる

罵言(ばげん) 매언　罵声(ばせい) 욕하는 소리
痛罵(つうば) 통매(욕을 퍼부음)　怒罵(どば) 노매

의미
욕을 퍼붓다

罵声(ばせい)を浴(あ)びせる。
큰 소리로 욕을 퍼붓다.
失態(しったい)を痛罵(つうば)する。
실태를 통렬히 비난하다.

杯	음독 はい 훈독 さかずき	杯中(はいちゅう) 배중　杯盤(はいばん) 배반 一杯(いっぱい) 한잔　祝杯(しゅくはい) 축배
8획 木 中 N2	의미 술잔 그릇을 세는 단위	杯中(はいちゅう)に花(はな)びらが浮(う)かぶ。 잔속에 꽃잎이 떠오르다. 水(みず)を一杯(いっぱい)飲(の)む。 물을 한잔 마시다.

排	음독 はい 훈독 —	排気(はいき) 배기　排除(はいじょ) 배제 按排(あんばい) 안배
11획 扌 中 급수 외	의미 밀려 열리다 물리치다 열	排気(はいき)ガスの調査(ちょうさ)をする。 배기가스의 조사를 한다. いい按排(あんばい)に人数(にんずう)がそろう。 재수 좋게 인원이 차다.

廃	음독 はい 훈독 すたれる·すたる	廃棄(はいき) 폐기　廃止(はいし) 폐지 撤廃(てっぱい) 철폐　老廃(ろうはい) 노폐
12획 广 中 N1	의미 필요없게 되다 버리다	工場(こうじょう)の廃棄物(はいきぶつ)を処理(しょり)する。 공장의 폐기물을 처리하다. 規則(きそく)を撤廃(てっぱい)する。 규칙을 철폐하다.

輩	음독 はい 훈독 —	輩行(はいこう) 배행　輩出(はいしゅつ) 배출 先輩(せんぱい) 선배　我(わ)が輩(はい) (남자)나·저
15획 車 中 N1	의미 친구 뒤이어서	地元(じもと)から多(おお)くの政治家(せいじか)を排出(はいしゅつ)した。 현지에서 많은 정치가를 배출했다. 高校(こうこう)の先輩(せんぱい)に会(あ)う。 고등학교 선배를 만나다.

培

11획 土
中 N1

음독 ばい 훈독 つちかう	培殖(ばいしょく) 배식　培養(ばいよう) 배양 栽培(さいばい) 재배　密培(みつばい) 밀매
의미 초목을 키우다 늘어나다 겹치다	癌細胞(がんさいぼう)を培養(ばいよう)する。 암 세포를 배양하다. 果物(くだもの)を栽培(さいばい)する。 과일을 재배하다.

陪

11획 阝
中 N1

음독 ばい 훈독 —	陪審(ばいしん) 배심　陪席(ばいせき) 배석 追培(ついばい) 추배
의미 따르다 더하다	陪審員(ばいしんいん)に選(えら)ばれた。 배심원으로 뽑혔다.

媒

12획 女
中 N1

음독 ばい 훈독 —	媒介(ばいかい) 매개　媒体(ばいたい) 매체 触媒(しょくばい) 촉매　溶媒(ようばい) 용매
의미 사이에 들어가다 중매인	虫(むし)が伝染病(でんせんびょう)を媒介(ばいかい)する。 벌레가 전염병을 매개한다. この液体(えきたい)は触媒剤(しょくばいざい)として使(つか)われる。 이 액체는 촉매제로 사용된다.

賠

15획 貝
中 N1

음독 ばい 훈독 —	賠償(ばいしょう) 배상
의미 갚다 변상하다	賠償(ばいしょう)を求(もと)める。 배상을 요구하다.

伯

7획 亻
中 N1

음독 はく 훈독 —	伯爵(はくしゃく) 백작　伯母(おば) 고모 画伯(がはく) 화백　茶伯(ちゃはく) 다도의 스승
의미 장관 부모의 형·누나 뛰어나다	彼女(かのじょ)の父親(ちちおや)はスイスの伯爵(はくしゃく)だった。 그녀의 아버지는 스위스의 백작이었다. この絵(え)は有名(ゆうめい)な画伯(がはく)の作品(さくひん)だ。 이 그림은 유명한 화백의 작품이다.

拍

8획 扌
中 N1

음독 はく·ひょう 훈독 —	拍手(はくしゅ) 박수　拍動(はくどう) 박동 一拍(いっぱく) 한 박자　脈拍(みゃくはく) 맥박
의미 치다 음악의 박자	立(た)ち上(あ)がって拍手(はくしゅ)する。 기립박수를 치다. 病院(びょういん)で脈拍(みゃくはく)を計(はか)る。 병원에서 맥박을 재다.

泊

8획 氵
中 N2

음독 はく 훈독 とまる·とめる	泊地(はくち) 정박지　泊(と)まり込(こ)み 숙박 外泊(がいはく) 외박　連泊(れんぱく) 연박
의미 정박하다 묵게 하다 산뜻하다	旅館(りょかん)に泊(と)まり込(こ)んで働(はたら)く。 여관에 묵으면서 일하다. 医者(いしゃ)の許可(きょか)を得(え)て外泊(がいはく)する。 의사의 허락을 받고 외박하다.

迫

8획 辶
中 N1

음독 はく 훈독 せまる	迫害(はくがい) 박해　迫力(はくりょく) 박력 圧迫(あっぱく) 압박　脅迫(きょうはく) 협박
의미 다가오다 엄격하다 서두르다	迫力(はくりょく)のある演技(えんぎ)。 박력이 있는 연기. 胸(むね)を圧迫(あっぱく)する。 가슴을 압박하다.

剥

10획 刂
中 N1

음독 はく 훈독 はがす·はぐ はがれる·はげる	剥製(はくせい) 박제　剥奪(はくだつ) 박탈 削剥(さくはく) 삭박(깍아서 벗김)
의미 벗기다 벗어지다 깎다	資格(しかく)を剥奪(はくだつ)する。 자격을 박탈하다.

舶

11획 舟
中 N1

음독 はく 훈독 —	舶用(はくよう) 선박용　舶来(はくらい) 외래 帰舶(きはく) 귀박　船舶(せんぱく) 선박
의미 큰 배 바다를 건너다	舶用(はくよう)エンジンに始動(しどう)をかける。 선박용 엔진에 시동을 걸다. 船舶工学(せんぱくこうがく)を勉強(べんきょう)する。 선박 공학을 공부하다.

薄

16획 艹
中 N2

음독 はく 훈독 うすい·うすめる うすまる·うすらぐ	薄情(はくじょう) 야박함　薄命(はくめい) 박명 希薄(きはく) 희박함　軽薄(けいはく) 경박함
의미 엷다·적다 사려가 부족하다 다가오다·좁다	彼(かれ)は薄情者(はくじょうもの)だ。 그는 야박한 사람이다. 酸素(さんそ)の希薄(きはく)な山頂(さんちょう)。 산소가 희박한 산 정상.

漠

13획 氵
中 N1

음독 ばく 훈독 —	漠然(ばくぜん) 막연　漠々(ばくばく) 막막 広漠(こうばく) 광막　砂漠(さばく) 사막
의미 사막 넓다 외로움	漠然(ばくぜん)とした不安(ふあん)を抱(いだ)く。 막연한 불안감을 가지다. 砂漠(さばく)に朝日(あさひ)が昇(のぼ)る。 사막에 아침 해가 떠오르다.

縛

16획 糸
中 N1

음독 ばく	縛帯(ばくたい) 붕대
훈독 しばる	緊縛(きんばく) 긴박 束縛(そくばく) 속박
의미	傷口(きずぐち)に縛帯(ばくたい)をする。
	상처에 붕대를 감다.
묶다	子供(こども)の生活(せいかつ)を束縛(そくばく)する。
자유를 주지 않다	자식의 생활을 속박하다.

爆

19획 火
中 N2

음독 ばく	爆撃(ばくげき) 폭격 爆竹(ばくちく) 폭죽
훈독 —	原爆(げんばく) 원폭 空爆(くうばく) 공폭(공중 폭격)
의미	お祝(いわ)いの爆竹(ばくちく)を鳴(な)らす。
	축하하는 폭죽을 터뜨리다.
타서 폭발하다	空爆(くうばく)の標的(ひょうてき)となる。
기세 좋게	공폭의 표적이 되다.

箸

15획 ⺮
中 급수 외

음독 —	箸置(はしお)き 젓가락 받침 箸箱(はしばこ) 수저통
훈독 はし	割(わ)り箸(ばし) 나무젓가락
의미	箸(はし)は箸箱(はしばこ)にしまいなさい。
	젓가락은 수저통에 넣어라.
젓가락	遠足(えんそく)に割(わ)り箸(ばし)を持(も)っていく。
붙이다	소풍에 나무젓가락을 가져간다.

肌

6획 月
中 N2

음독 —	肌色(はだいろ) 살색 肌身(はだみ) 몸
훈독 はだ	素肌(すはだ) 맨살 鳥肌(とりはだ) 닭살
의미	肌色(はだいろ)のドレスを着(き)る。
피부	살색원피스를 입다.
표면	怖(こわ)くて鳥肌(とりはだ)が立(た)つ。
성격	무서워서 닭살이 돋다.

鉢		
13획 金 中 N1	음독 はち·はつ 훈독 —	鉢植え(はちう) 화분에 심음　鉢巻き(はちま) 머리띠 植木鉢(うえきばち) 화분
	의미 크고 깊은 접시 머리	運動会(うんどうかい)で紅白(こうはく)の鉢巻(はちま)きをする。 운동회에서 홍백의 머리띠를 두르다. 部屋(へや)に植木鉢(うえきばち)を置(お)く。 방에 화분을 두다.

髪		
14획 髟 中 N2	음독 はつ 훈독 かみ	髪飾り(かみかざ) 머리장식　髪型(かみがた) 머리 모양 金髪(きんぱつ) 금발　断髪(だんぱつ) 단발
	의미 머리카락	髪型(かみがた)を新(あたら)しくする。 머리모양을 새롭게 하다. 金髪(きんぱつ)に染(そ)める。 금발로 염색하다.

伐		
6획 亻 中 N1	음독 ばつ 훈독 —	伐採(ばっさい) 벌채　伐木(ばつぼく) 벌목 間伐(かんばつ) 간벌　討伐(とうばつ) 토벌
	의미 자르다 치다 자랑하다	樹木(じゅもく)を伐採(ばっさい)する。 수목을 벌채하다. 反抗(はんこう)したものを討伐(とうばつ)する。 반항한 사람을 토벌하다.

抜		
7획 扌 中 N2	음독 ばつ 훈독 ぬく·ぬける ねかす·ぬかる	抜糸(ばっし) 실밥　抜擢(ばってき) 발탁 奇抜(きばつ) 기발　選抜(せんばつ) 선발
	의미 빼다 옮기다	主役(しゅやく)に抜擢(ばってき)される。 주역으로 발탁되다. リーダーに選抜(せんばつ)される。 리더로 선발되다.

罰

14획 罒

中 N1

음독 ばつ·ばち	罰金(ばっきん) 벌금	罰則(ばっそく) 벌칙
훈독 —	刑罰(けいばつ) 형벌	体罰(たいばつ) 체벌

의미	
벌	交通違反(こうつういはん)で罰金(ばっきん)を払(はら)う。 교통 위반으로 벌금을 내다.
벌을 내리다	学校(がっこう)での体罰(たいばつ)は禁止(きんし)されている。 학교에서의 체벌은 금지되어 있다.

閥

14획 門

中 N1

음독 ばつ	閥族(ばつぞく) 지체 높은 가문	閥務(ばつむ) 벌무
훈독 —	財閥(ざいばつ) 재벌	党閥(とうばつ) 당벌

의미	
집안·가문 공 한패	会社(かいしゃ)の経営(けいえい)は閥族(ばつぞく)が握(にぎ)っている。 회사의 경영은 벌족이 차지하고 있다. 彼(かれ)は有名(ゆうめい)な財閥(ざいばつ)の御曹司(おんぞうし)だ。 그는 유명한 재벌의 자제이다.

氾

5획 氵

中 급수 외

음독 はん	氾愛(はんあい) 범애(박애)	氾濫(はんらん) 범람
훈독 —		

의미	
넘치다 널리 퍼지다	大雨(おおあめ)で河川(かせん)が氾濫(はんらん)する。 큰 비로 하천이 범람하다.

帆

6획 巾

中 N1

음독 はん	帆布(はんぷ) 범포(돛에 쓰는 천/캠버스 천)	
훈독 ほ	帆立(ほた)て貝(がい) 가리비	
	出帆(しゅっぱん) 출범	白帆(しらほ) 백범

의미	
돛 돛을 올리다	海(うみ)で帆立(ほた)て貝(がい)を焼(や)いて食(た)べる。 바다에서 가리비를 구워먹다. 横浜港(よこはまこう)が出帆(しゅっぱん)する。 요토하마항이 출범하다.

汎		
	음독 はん 훈독 —	汎愛(はんあい) 박애　汎論(はんろん) 범론 広汎(こうはん) 광범　浮汎(ふはん) 부범
	의미	汎愛(はんあい)の精神(せいしん)で治療(ちりょう)をする。 박애정신으로 치료를 하다.
6획 氵 中 급수 외	뜨다 넓은 범위	広汎(こうはん)にわたる活動(かつどう)。 광범위한 활동.

伴		
	음독 はん·ばん 훈독 ともなう	伴侶(はんりょ) 반려　伴奏(ばんそう) 반주 同伴(どうはん) 동반　接伴(せっぱん) 접대
	의미	彼女(かのじょ)を生涯(しょうがい)の伴侶(はんりょ)とする。 그녀를 평생의 반려자로 삼다.
7획 亻 中 N1	친구 동반하다	親(おや)と同伴(どうはん)で参加(さんか)できる。 부모 동반으로 참가할 수 있다.

阪		
	음독 はん 훈독 —	阪神(はんしん) 한신(오사카시와 고베시) 帰阪(きはん) 오사카로 돌아옴　京阪(けいはん) 케이한(교토와 오사카)
	의미	阪神(はんしん)工業地帯(こうぎょうちたい)に住(す)む。 한신 공업 지대에 살다.
7획 阝 中 N1	오사카의 약어	東京(とうきょう)から無事(ぶじ)帰阪(きはん)する。 도쿄에서 오사카로 무사히 귀환하다.

畔		
	음독 はん 훈독 —	河畔(かはん) 하반(강가)　湖畔(こはん) 호반(호숫가)
	의미	河畔(かはん)を散歩(さんぽ)する。 강가를 산책하다.
10획 田 中 N1	옆 둥지다	

般	음독 はん 훈독 一	般若 반야 一般 일반　全般 전반
10획 舟 中 N2	의미 돌다·나르다 사물	般若経を転読する。 반야경을 전독하다. 一般人の参観を許す。 일반인의 참관을 허가하다.

販	음독 はん 훈독 一	販売 판매　販路 판로 市販 시판　通販 통신판매
11획 貝 中 N2	의미 팔다 행상	古本を高値で販売する。 헌책을 비싸게 판매하다. 通販サイトから服を買う。 통신판매 사이트에서 옷을 사다.

斑	음독 はん 훈독 一	斑点 반점　斑紋 얼룩무늬 黒斑 검은 반점　蒙古斑 몽고반
12획 文 中 급수 외	의미 반점	赤の斑点がある花。 붉은 반점이 있는 꽃. 孫のおしりに蒙古斑がある。 손자 엉덩이에 몽고반이 있다.

搬	음독 はん 훈독 一	搬送 반송　搬入 반입 運搬 운반　伝搬 전파
13획 扌 中 N1	의미 나르다 옮기다	飲食物の搬入を禁じております。 음식물 반입을 금하고 있습니다. 資材を港まで運搬する。 자재를 항구까지 운반하다.

煩

13획 火
中 N1

음독 はん·ぼん 훈독 わずらう わずらわす	煩悶(はんもん) 번민 頻煩(ひんぱん) 빈번
의미 번거롭다 번거롭게 하다	一日中(いちにちじゅう)煩悶(はんもん)する。 하루 종일 번민하다. 事件(じけん)が頻煩(ひんぱん)に起(お)こる。 사건이 빈번이 일어나다.

頒

13획 頁
中 N1

음독 はん 훈독 —	頒行(はんこう) 반행　頒布(はんぷ) 반포
의미 나누다 넓히다 얼룩	新(あたら)しい店(みせ)のチラシを頒行(はんこう)する。 새 가게의 전단지를 반행하다. 希望者(きぼうしゃ)に無料(むりょう)で頒布(はんぷ)する。 희망자에게 무료로 반포하다.

範

15획 ⺮
中 N1

음독 はん 훈독 —	範囲(はんい) 범위　範例(はんれい) 범례 規範(きはん) 규범　模範(もはん) 모범
의미 모범·본보기 구획	地震(じしん)の影響(えいきょう)が広(ひろ)い範囲(はんい)に及(およ)ぶ。 지진의 영향이 넓은 범위에 이르다. 子供(こども)に模範(もはん)を示(しめ)す。 아이에게 모범을 보이다.

繁

16획 糸
中 N1

음독 はん 훈독 —	繁栄(はんえい) 번영　繁忙(はんぼう) 번망 農繁(のうはん) 농번　頻繁(ひんぱん) 빈번
의미 우거지다 성하다 자주	企業(きぎょう)の繁栄(はんえい)に寄与(きよ)する。 회사의 번영에 기여하다. この区間(くかん)は事故(じこ)が頻繁(ひんぱん)に起(おこ)る。 이 구간은 사고가 빈번하게 일어난다.

藩

18획 艹
中 N1

음독 はん	藩政(はんせい) 번 정치
훈독 —	廃藩(はいはん) 폐번
의미 담 다이묘(大名)의 영지	明治時代(めいじじだい)に廃藩置県(はいはんちけん)が行(おこな)われた。 메이지 시대에 폐번치현이 행해졌다.

蛮

12획 虫
中 N1

음독 ばん	蛮行(ばんこう) 만행	蛮人(ばんじん) 만인·미개인
훈독 —	南蛮(なんばん) 남만	野蛮(やばん) 야만
의미 이민족 도리에 어긋나다 만용에 빠져 어긋나다	酒(さけ)を飲(の)んで蛮行(ばんこう)をしでかす。 술을 마시고 만행을 저지르다. 野蛮(やばん)な行為(こうい)は禁止(きんし)する。 야만적 행위는 금지한다.	

盤

15획 皿
中 N1

음독 ばん	盤上(ばんじょう) (바둑)반상	盤面(ばんめん) 반면
훈독 —	円盤(えんばん) 원반	地盤(じばん) 지반
의미 큰 접시 큰 바위 물건을 두는 판	碁(ご)の盤上(ばんじょう)での熱(あつ)い戦(たたか)い。 반상에서의 뜨거운 싸움. 台風(たいふう)で地盤(じばん)がゆるむ。 태풍으로 지반이 물러지다.	

妃

6획 女
中 N1

음독 ひ	妃殿下(ひでんか) 비전하(황족의 처의 존칭)
훈독 —	王妃(おうひ) 왕비
의미 황족의 아내	皇族(こうぞく)の妃殿下(ひでんか)がご訪問(ほうもん)された。 황족의 비전하께서 방문하셨다. 結婚(けっこん)して王妃(おうひ)になる。 결혼해서 왕비가 되다.

彼

8획 彳
中 N2

음독 ひ
훈독 かれ·かの

彼氏(かれし) 남자 친구
誰彼(だれかれ) 누구나

의미
그·그녀
저곳

彼氏(かれし)がいますか。
남자친구 있어요?

誰彼(だれかれ)なしに欠点(けってん)はある。
누구나 결점은 있다.

披

8획 扌
中 N1

음독 ひ
훈독 —

披露宴(ひろうえん) 피로연

의미
열리다
나누다

結婚式(けっこんしき)の披露宴(ひろうえん)を行(おこな)う。
결혼식 피로연을 행하다.

卑

9획 十
中 N1

음독 ひ
훈독 いやしい·いやしむ·いやしめる

卑怯(ひきょう) 비겁　　卑劣(ひれつ) 비열
高卑(こうひ) 고비　　野卑(やひ) 야만

의미
천하다

卑劣(ひれつ)な行為(こうい)をする。
비열한 행위를 하다.

野卑(やひ)な言葉遣(ことばづか)い。
야만스러운 말투.

疲

10획 疒
中 N2

음독 ひ
훈독 つかれる

疲困(ひこん) 피곤　　疲労(ひろう) 피로
気疲(きづか)れ 정신적 피로　旅疲(たびづか)れ 여행에서 오는 피로

의미
피곤하다

疲労(ひろう)がたまる。
피로가 쌓이다.

看病(かんびょう)で気疲(きづか)れする。
간병으로 마음이 지치다.

被

10획 ネ
中 N2

음독 ひ
훈독 こうむる

被害(ひがい) 피해　被告(ひこく) 피고

의미
가르다
받다
옷을 입다

地震(じしん)による被害(ひがい)を受(う)ける。
지진에 의한 피해를 입다.

扉

12획 戸
中 N1

음독 ひ
훈독 とびら

門扉(もんぴ) 문짝　自動扉(じどうとびら) 자동문

의미
문
집

門扉(もんぴ)を閉(と)ざす。
문을 닫다.
自動扉(じどうとびら)を通(とお)る。
자동문을 지나다.

碑

14획 石
中 N1

음독 ひ
훈독 —

碑石(ひせき) 비석　碑文(ひぶん) 비문
記念碑(きねんひ) 기념비　口碑(こうひ) 구비

의미
비석

工事現場(こうじげんば)で石碑(せきひ)が見(み)つかった。
공사 현장에서 비석이 발견되었다.
学校(がっこう)に記念碑(きねんひ)を建(た)てる。
학교에 기념비를 세우다.

罷

15획 罒
中 급수 외

음독 ひ
훈독 —

罷工(ひこう) 파업　罷免(ひめん) 파면
請罷(せいひ) 청파　廃罷(はいひ) 취소·그만둠

의미
지치다
쉬다·그만두다
면직

大臣(だいじん)を罷免(ひめん)する。
대신을 파면하다.
彼(かれ)は家族(かぞく)のため会社(かいしゃ)の地位(ちい)を廃罷(はいひ)した。
그는 가족을 위해 회사의 지위를 버렸다.

避

16획 辶
中 N1

음독 ひ 훈독 さける	避暑(ひしょ) 피서　避難(ひなん) 피난 回避(かいひ) 회피　退避(たいひ) 퇴피
의미 피하다 도망치다 숨다	避難訓練(ひなんくんれん)をする。 피난훈련을 하다. 答(こた)えを回避(かいひ)する。 대답을 회피하다.

尾

7획 尸
中 N1

음독 び 훈독 お	尾行(びこう) 미행 語尾(ごび) 어미　首尾(しゅび) 수미
의미 꼬리 마지막	容疑者(ようぎしゃ)を尾行(びこう)する。 용의자를 미행하다. 首尾(しゅび)を整(ととの)える。 수미를 갖추다.

眉

9획 目
中 급수 외

음독 び·み 훈독 まゆ	眉間(みけん) 미간　眉毛(まゆげ) 눈썹 拝眉(はいび) 배안·삼가 만나뵘　白眉(はくび) 백미
의미 눈썹	眉毛(まゆげ)を整(ととの)える。 눈썹을 정리하다. 推理小説(すいりしょうせつ)の白眉(はくび)。 추리 소설의 백미.

微

13획 彳
中 N1

음독 び 훈독 —	微笑(びしょう) 미소　微妙(びみょう) 미묘함 隠微(いんび) 은밀함　顕微鏡(けんびきょう) 현미경
의미 조금·약간·근소한 작다 은밀히	友達(ともだち)が就職(しゅうしょく)した時(とき)感(かん)じた微妙(びみょう)な感情(かんじょう)は何(なん)だろう。 친구가 취직했을 때 느낀 미묘한 감정은 무엇일까. 顕微鏡(けんびきょう)で観察(かんさつ)する。 현미경으로 관찰하다.

膝

15획 月

中 급수 외

음독 —	膝枕(ひざまくら) 무릎베개	膝元(ひざもと) 슬하
훈독 ひざ		

의미	親(おや)の膝元(ひざもと)を離(はな)れる。
무릎	부모의 슬하를 떠나다.

肘

7획 月

中 급수 외

음독 —	肘掛(ひじか)け 팔걸이
훈독 ひじ	

의미	畳(たたみ)に座(すわ)って肘掛(ひじか)け窓(まど)の外(そと)を眺(なが)める。
팔꿈치	다다미에 앉아 창(앉아서 팔을 걸칠 수 있을 정도의 창문)밖을 바라보다.

匹

4획 匚

中 N2

음독 ひつ	匹敵(ひってき) 필적
훈독 ひき	一匹(いっぴき) 한 마리

의미	給料(きゅうりょう)の一年分(いちねんぶん)に匹敵(ひってき)する金額(きんがく)。
동물을 세는 단위	급료의 1년분에 필적하는 금액.
짝	人(ひと)はおろか、アリ一匹(いっぴき)もいない。
신분이 낮다	사람은커녕, 개미 한 마리도 없다.

泌

8획 氵

中 N1

음독 ひつ·ひ	泌尿器(ひにょうき) 비뇨기
훈독 —	分泌(ぶんぴつ) 분비

의미	泌尿器科(ひにょうきか)のある病院(びょういん)を探(さが)している。
	비뇨기과가 있는 병원을 찾고 있다.
경쾌하게 흐르는 모양	胃液(いえき)を分泌(ぶんぴつ)する。
번지다	위액을 분비하다.

姫 10획 女 中 N1	음독 ― 훈독 ひめ	姫様(ひめさま) 공주님 織(お)り姫(ひめ) 직녀　舞姫(まいひめ) 무희
	의미 신분이 높은 딸 작다·귀엽다	妹(いもうと)は、お姫様(ひめさま)のように大事(だいじ)に育(そだ)てられた。 여동생은 공주님처럼 소중하게 자랐다. 彼女(かのじょ)は有名(ゆうめい)な舞姫(まいひめ)だ。 그녀는 유명한 무희이다.

漂 14획 氵 中 N1	음독 ひょう 훈독 ただよう	漂着(ひょうちゃく) 표착　漂流(ひょうりゅう) 표류 浮漂(ふひょう) 부표
	의미 떠돌다 휘날리다 쬐다	ボートで漂流(ひょうりゅう)する。 보트로 표류하다. 湖(みずうみ)にごみが浮漂(ふひょう)している。 호수에 쓰레기가 부표하고 있다.

苗 8획 艹 中 N1	음독 びょう 훈독 なえ·なわ	苗圃(びょうほ) 묘포(모판)　苗代(なえしろ) 못자리 成苗(せいびょう) 성묘　早苗(さなえ) 볏모(옮겨 심기위해 기른 벼의 싹)
	의미 모·곡물 서민 자손	苗代(なえしろ)に籾(もみ)を蒔(ま)く。 못자리에 볍씨를 뿌리다. もうすぐ早苗(さなえ)の時期(じき)になる。 곧 모내기의 시기가 온다.

描 11획 扌 中 N1	음독 びょう 훈독 えがく·かく	描写(びょうしゃ) 묘사　描出(びょうしゅつ) 묘출 素描(そびょう) 소묘　絵描(えか)き 그림
	의미 그림을 그리다	情景(じょうけい)を描写(びょうしゃ)する。 정경을 묘사하다. 静物(せいぶつ)を素描(そびょう)する。 정물을 소묘하다.

猫		
	음독 びょう	猫舌(ねこじた) 뜨거운 것을 잘 못 먹음
	훈독 ねこ	飼(か)い猫(ねこ) 애완용 고양이　子猫(こねこ) 새끼 고양이
	의미	猫舌(ねこじた)だから、熱(あつ)い食(た)べ物(もの)が苦手(にがて)だ。 고양이 혀라서 뜨거운 음식을 잘 못 먹는다.
11획 犭 中 N2	고양이	子猫(こねこ)のもらいてを探(さが)す。 새끼 고양이 주인을 찾다.

浜		
	음독 ひん	浜風(はまかぜ) 해변 바람　浜辺(はまべ) 바닷가
	훈독 はま	海浜(かいひん) 해변　砂浜(すなはま) 모래사장
	의미	白波(しらなみ)のよそる浜辺(はまべ)。 흰 파도가 밀려오는 해변.
10획 氵 中 N1	끝 물가	砂浜(すなはま)を散歩(さんぽ)する。 모래사장을 산책하다.

賓		
	음독 ひん	賓客(ひんきゃく) 빈객　賓辞(ひんじ) 빈사
	훈독 ―	主賓(しゅひん) 주빈　来賓(らいひん) 내빈
	의미 소중한 손님	多数(たすう)の賓客(ひんきゃく)が来場(らいじょう)する。 많은 빈객이 회장에 오다.
15획 貝 中 N1	대접하다 따르다	主賓(しゅひん)の挨拶(あいさつ)が始(はじ)まる。 주빈의 인사가 시작되다.

頻		
	음독 ひん	頻度(ひんど) 빈도　頻発(ひんぱつ) 빈번
	훈독 ―	頻々(ひんぴん) 잦음
	의미 자꾸·자주·빈번히	使用頻度(しようひんど)を把握(はあく)する。 사용 빈도를 파악하다.
17획 頁 中 N1	바쁘다 신속하게	頻々(ひんぴん)と不祥事(ふしょうじ)が起(お)こる。 잦은 불상사가 일어나다.

敏

10획 攵
中 N1

음독 びん 훈독 —	敏感(びんかん) 민감　敏速(びんそく) 민첩하고 빠름 過敏(かびん) 과민　不敏(ふびん) 불민
의미	におい に敏感(びんかん)だ。 냄새에 민감하다.
빠르다 힘쓰다	過敏(かびん)な反応(はんのう)を示(しめ)す。 과민한 반응을 보이다.

瓶

11획 瓦
中 N2

음독 びん 훈독 —	瓶詰(びんづ)め 병조림(병에 넣은 것) 花瓶(かびん) 꽃병　哺乳瓶(ほにゅうびん) 젖병
의미	瓶詰(びんづ)めビール。 병맥주.
독·항아리 꽃꽂이	哺乳瓶(ほにゅうびん)を消毒(しょうどく)する。 젖병을 소독하다.

扶

7획 扌
中 N1

음독 ふ 훈독 —	扶養(ふよう) 부양 相扶(そうふ) 상부상조
의미	両親(りょうしん)を扶養(ふよう)する。 부모님을 부양하다.
돕다 지키다	相扶(そうふ)して困難(こんなん)を乗(の)り越(こ)える。 상부상조해서 곤란을 극복하다.

怖

8획 忄
中 N2

음독 ふ 훈독 こわい	恐怖(きょうふ) 공포
의미 무섭다 두려워하다 위협하다	恐怖(きょうふ)が募(つの)る。 공포가 더해지다.

皐	음독 ふ 훈독 —	岐阜県(ぎふけん) 기후현
8획 阜 中 급수 외	의미 언덕	岐阜県(ぎふけん)は本州(ほんしゅ)の中央部(ちゅうおうぶ)にある。 기후현은 혼슈 중앙부에 있다.

附	음독 ふ 훈독 —	附加(ふか) 부가　附属(ふぞく) 부속 寄附(きふ) 기부　添附(てんぷ) 첨부
8획 阝 中 N1	의미 붙다 의지하다 더하다	大学(だいがく)の附属(ふぞく)植物園(しょくぶつえん)を見学(けんがく)する。 대학의 부속식물원을 견학하다. 詳(くわ)しくは添附資料(てんぷしりょう)を参考(さんこう)してください。 구체적인 내용은 첨부자료를 참고해주세요.

訃	음독 ふ 훈독 —	訃音(ふいん) 부음　訃告(ふこく) 부고
9획 言 中 급수 외	의미 부고	恩師(おんし)の訃告(ふこく)が届(とど)いた。 은사님의 부고가 왔다.

赴	음독 ふ 훈독 おもむく	赴任(ふにん) 부임
9획 走 中 N1	의미 향하여 가다 다다르다	母校(ぼこう)に赴任(ふにん)することになる。 모교에 부임하게 되다.

浮

10획 氵
中 N2

음독 ふ 훈독 うく·うかれる うかぶ·うかべる	浮上(ふじょう) 부상(떠오름) 浮遊(ふゆう) 부유 軽浮(けいふ) 경박
의미 뜨다·떠오르다 헤매다·떠돌다 떠올리다	水中(すいちゅう)に浮遊(ふゆう)する。 물속에 부유하다. 軽浮(けいふ)な行動(こうどう)はやめなさい。 경박한 행동은 그만해라.

符

11획 ⺮
中 N2

음독 ふ 훈독 —	符合(ふごう) 부합 符丁(ふちょう) 기호·암호 切符(きっぷ) 표 終止符(しゅうしふ) 종지부
의미 기호	彼(かれ)はリーダーに符合(ふごう)する人物(じんぶつ)ではない。 그는 리더에 부합하는 인물은 아니다. JR往復切符(おうふくきっぷ)を買(か)う。 JR왕복티켓을 사다.

普

12획 日
中 N2

음독 ふ 훈독 —	普及(ふきゅう) 보급 普通(ふつう) 보통
의미 보편적으로 넓음 여느	食糧(しょくりょう)を普及(ふきゅう)する。 식량을 보급하다. 韓国(かんこく)では普通(ふつう)、食事(しょくじ)をする時(とき)、手(て)に食器(しょっき)をもたない。 한국에서는 보통 식사할 때 손에 식기를 들지 않는다.

腐

14획 肉
中 N1

음독 ふ 훈독 くさる·くされる· くさらす	腐食(ふしょく) 부식 腐敗(ふはい) 부패 陳腐(ちんぷ) 진부 豆腐(とうふ) 두부
의미 썩다 오래되다 괴롭히다	腐敗(ふはい)した社会(しゃかい)を改革(かいかく)する。 부패한 사회를 개혁하다. ベストセラーの作家(さっか)の今度(こんど)の新作(しんさく)は内容(ないよう)が陳腐(ちんぷ)だ。 베스트셀러 작가의 이번 신작은 내용이 진부하다.

敷

15획 攵
中 N1

음독 ふ 훈독 しく	敷衍(ふえん) 부연　敷設(ふせつ) 부설 座敷(ざしき) 다다미방·객실
의미 깔다·피다 늘어놓다·세우다 넓음	敷衍(ふえん)して説明(せつめい)する。 부연설명하다. お客(きゃく)を座敷(ざしき)に通(とお)す。 손님을 객실에 들이다.

膚

15획 月
中 N2

음독 ふ 훈독 —	皮膚(ひふ) 피부
의미 피부 얇음·얕음	皮膚(ひふ)が敏感(びんかん)だ。 피부가 민감하다.

賦

15획 貝
中 N1

음독 ふ 훈독 —	賦役(ふえき) 부역　賦課(ふか) 부과 割賦(かっぷ) 할부　天賦(てんぷ) 천부
의미 조공·연공 할당하다 음문·시가	税(ぜい)を賦課(ふか)する。 세금을 부과하다. ピアノに天賦的(てんぷてき)才能(さいのう)がある。 피아노에 천부적인 재능이 있다.

譜

19획 言
中 급수 외

음독 ふ 훈독 —	譜面(ふめん) 악보 楽譜(がくふ) 악보　系譜(けいふ) 계보
의미 순서대로 기입하다 계보도 악보	譜面(ふめん)を見(み)ながら演奏(えんそう)する。 악보를 보면서 연주하다. 花(はな)の系譜(けいふ)をまとめた図鑑(ずかん)を製作(せいさく)する。 꽃의 계보를 정리한 도감을 제작하다.

侮

8획 亻
中 N1

음독 ぶ	侮辱(ぶじょく) 모욕　　侮蔑(ぶべつ) 모멸
훈독 あなどる	外侮(がいぶ) 외모(외국으로부터의 모멸)　　軽侮(けいぶ) 경멸
의미	侮辱(ぶじょく)を受(う)ける。
	모욕당하다.
깔보다·얕보다	軽侮(けいぶ)の目(め)で見(み)る。
	경멸의 눈으로 보다.

舞

15획 舛
中 N2

음독 ぶ	舞台(ぶたい) 무대　　舞踊(ぶよう) 무용
훈독 まう·まい	演舞(えんぶ) 연무(춤 연습)　　鼓舞(こぶ) 고무
의미	舞台(ぶたい)でスピーチの練習(れんしゅう)をする。
춤	무대에서 스피치 연습을 하다.
춤추다	士気(しき)を鼓舞(こぶ)する。
가지고 놀다	사기를 북돋우다.
북돋우다	

封

9획 寸
中 N2

음독 ふう·ほう	封印(ふういん) 봉인　　封書(ふうしょ) 봉서
훈독 —	開封(かいふう) 개봉　　同封(どうふう) 동봉
의미	書類(しょるい)を入(い)れて封印(ふういん)する。
영지를 부여하다	서류를 넣고 봉인하다.
경계	書類(しょるい)に写真(しゃしん)を同封(どうふう)する。
막다	서류에 사진을 동봉하다.

伏

6획 亻
中 N1

음독 ふく	伏線(ふくせん) 복선　　伏兵(ふくへい) 복병
훈독 ふせる·ふす	起伏(きふく) 기복　　潜伏(せんぷく) 잠복
의미	映画(えいが)を2回目(かいめ)見(み)た時(とき)、伏線(ふくせん)を見(み)つけた。
숙이다·엎드리다	영화를 두 번째 봤을 때 복선을 발견했다.
숨기다	感情(かんじょう)の起伏(きふく)が激(はげ)しい。
따르다	감정기복이 심하다.

幅

12획 巾
中 N2

음독 ふく 훈독 はば	幅広い(はばひろ) 폭넓음 増幅(ぞうふく) 증폭　歩幅(ほはば) 보폭
의미 폭 가장자리 족자	幅広い(はばひろ)経験(けいけん)からの考察(こうさつ)。 폭넓은 경험으로부터의 고찰. 電波(でんぱ)を増幅(ぞうふく)させる。 전파를 증폭시키다.

覆

18획 襾
中 N1

음독 ふく 훈독 おおう·くつがえす·くつがえる	覆蓋(ふくがい) 덮개　覆面(ふくめん) 복면 転覆(てんぷく) 전복　反覆(はんぷく) 반복
의미 뒤엎다 뒤집히다·전복하다 덮다·싸다	覆面(ふくめん)を被(かぶ)って歌(うた)う。 복면을 쓰고 노래하다. 車(くるま)が転覆(てんぷく)する。 차가 전복되다.

払

5획 扌
中 N2

음독 ふつ 훈독 はらう	払拭(ふっしょく) 불식　払(はら)い込(こ)み 납입 支払(しはら)い 지불　酔(よ)っぱらう 취하다
의미 지불하다 떨치다	未来(みらい)への不安(ふあん)を払拭(ふっしょく)する。 미래에 대한 불안을 불식하다. 支払(しはら)いは現地(げんち)でお願(ねが)いします。 지불은 현지에서 부탁드립니다.

沸

8획 氵
中 N2

음독 ふつ 훈독 わく·わかす	沸騰(ふっとう) 비등(끓어오름)　沸点(ふってん) 끓는점 煮沸(しゃふつ) 펄펄 끓임　湯沸(ゆわ)かし 주전자
의미 끓다·끓이다 빈번하게 일어나다	水(みず)の沸点(ふってん)は100℃だ。 물의 끓는점은 100℃다. 湯沸(ゆわ)かしポットに残(のこ)っているお湯(ゆ)で食器(しょっき)を殺菌(さっきん)する。 포트기에 남아있는 물로 식기를 살균하다.

紛

10획 糸
中 N1

음독 ふん
훈독 まぎれる·まぎらす·まぎらわす·まぎらわしい

紛失(ふんしつ) 분실　　紛乱(ふんらん) 분란
紛々(ふんぷん) 분분함

의미
혼동되다
어지러워지다
뒤얽히다

学生証(がくせいしょう)を紛失(ふんしつ)する。
학생증을 분실하다.
意見(いけん)が紛々(ふんぷん)している。
의견이 분분하다.

雰

12획 雨
中 N1

음독 ふん
훈독 —

雰囲気(ふんいき) 분위기

의미
안개
그 장소의 분위기

異国的(いこくてき)な雰囲気(ふんいき)のカフェだ。
이국적인 분위기의 카페다.

噴

15획 口
中 급수 외

음독 ふん
훈독 ふく

噴出(ふんしゅつ) 분출　　噴水(ふんすい) 분수

의미
뿜다·내뿜다
꾸짖다

感情(かんじょう)を噴出(ふんしゅつ)する。
감정을 분출하다.
噴水(ふんすい)の回(まわ)りで子供(こども)たちが遊(あそ)んでいる。
분수 주변에서 아이들이 놀고 있다.

墳

15획 土
中 N1

음독 ふん
훈독 —

墳墓(ふんぼ) 분묘·무덤
古墳(こふん) 고분　　土墳(どふん) 토분

의미
무덤
크다

墳墓(ふんぼ)が盗掘(とうくつ)される。
무덤이 도굴되다.
古墳(こふん)を訪(たず)ねる。
고분을 찾다.

憤

15획 忄
中 N1

음독 ふん 훈독 いきどおる	憤慨(ふんがい) 분개 鬱憤(うっぷん) 울분	憤怒(ふんど) 분노 義憤(ぎふん) 의분
의미 분개하다	政治家(せいじか)の脱税(だつぜい)に国民(こくみん)が憤慨(ふんがい)する。 정치인의 탈세에 국민이 분개하다. 鬱憤(うっぷん)が溜(た)まる。 울분이 쌓이다.	

丙

5획 一
中 N1

음독 へい 훈독 —	丙(へい) 병
의미 십간의 세 번째(병) 분명함·강함	数学(すうがく)の成績(せいせき)はいつも丙(へい)だった。 수학 성적은 항상 병이었다.

併

8획 亻
中 N1

음독 へい 훈독 あわせる	併記(へいき) 병기 合併(がっぺい) 합병	併設(へいせつ) 병설 兼併(けんぺい) 겸병·합병
의미 줄서다 합치다·모으다 그러나	併設(へいせつ)の幼稚園(ようちえん)に通(かよ)う。 병설유치원에 다니다. 合併授業(がっぺいじゅぎょう)を行(おこな)う。 합병수업을 하다.	

柄

9획 木
中 N1

음독 へい 훈독 がら·え	柄物(がらもの) 무늬나 그림이 있는 물건 横柄(おうへい) 건방짐	 人柄(ひとがら) 인품
의미 손잡이 기세 모양·성질	彼女(かのじょ)は花柄物(はながらもの)が多(おお)い。 그녀는 꽃무늬가 있는 물건을 많이 가지고 있다. 公務員(こうむいん)の横柄(おうへい)な態度(たいど)に怒(おこ)る。 공무원의 건방진 태도가 화가 나다.	

塀

12획 土 / 中 N1	음독 へい 훈독 —	高塀(たかべい) 높은 담 泥塀(どろべい) 토담
	의미 담	猫(ねこ)が建物(たてもの)の高塀(たかべい)を越(こ)える。 고양이가 건물의 높은 담을 넘다.

幣

15획 巾 / 中 N1	음독 へい 훈독 —	貨幣(かへい) 화폐 紙幣(しへい) 지폐
	의미 신에게 기도할 때 쓰는 종이 손님에게 보내는 선물 보물	貨幣(かへい)の価値(かち)が上(あ)がる。 화폐가치가 오르다.

弊

15획 廾 / 中 N1	음독 へい 훈독 —	弊害(へいがい) 폐해 弊習(へいしゅう) 폐습 宿弊(しゅくへい) 폐단 疲弊(ひへい) 피폐
	의미 찢어지다·쓰러지다 지치다·좋지 않다 겸양어	新(あら)たな弊害(へいがい)が発生(はっせい)した。 새로운 폐해가 발생했다. 水害(すいがい)で村(むら)が疲弊(ひへい)になった。 수해로 마을이 피폐해졌다.

蔽

15획 艹 / 中 급수 외	음독 へい 훈독 —	蔽遮(へいしゃ) 차폐·가림 蔽掩(へいえん) 엄폐 隠蔽(いんぺい) 은폐 障蔽(しょうへい) 장폐
	의미 가리다·덮다 숨기다	彼(かれ)らは組織(そしき)の非理(ひり)を隠蔽(いんぺい)した。 그들은 조직의 비리를 은폐했다. 月(つき)に蔽掩(へいえん)されて星(ほし)が見(み)えない。 달에 엄폐되어 별이 보이지 않는다.

餅 15획 𩙿 中 급수 외	음독 へい 훈독 もち	画餅(がべい) 그림의 떡　月餅(げっぺい) 월병 草餅(くさもち) 쑥떡　菱餅(ひしもち) 마름모꼴로 자른 떡
	의미 떡	あれは私(わたし)の月給(げっきゅう)では買(か)えない画餅(がべい)だ。 저건 내 월급으로는 살 수 없는 그림의 떡이다. 草餅(くさもち)の節句(せっく)。 3월 3일의 여자 아이의 명절.

壁 16획 土 中 N2	음독 へき 훈독 かべ	壁画(へきが) 벽화　壁面(へきめん) 벽면 胃壁(いへき) 위벽　鉄壁(てっぺき) 철벽
	의미 벽·칸막이 낭떠러지 성채	古(ふる)い壁面(へきめん)に新(あたら)しい壁画(へきが)を描(えが)いている。 오래된 벽면에 새로운 벽화를 그리고 있다. 怖(こわ)いことがない鉄壁(てっぺき)の守備隊(しゅびたい)。 무서울 것 없는 철벽 수비대.

璧 18획 玉 中 급수 외	음독 へき 훈독 —	完璧(かんぺき) 완벽　双璧(そうへき) 쌍벽 白璧(はくへき) 흰 벽
	의미 옥·원반형으로 중앙에 구멍이 있는 보석	この企画案(きかくあん)は完璧(かんぺき)だ。 이 기획안은 완벽하다. あの二人(ふたり)の実力(じつりょく)は双璧(そうへき)をなす。 저 두 사람의 실력은 쌍벽을 이룬다.

癖 13획 疒 中 N1	음독 へき 훈독 くせ	癖好(へきこう) 버릇이 될 정도로 좋아하는 것 悪癖(あくへき) 못된 버릇　口癖(くちぐせ) 입버릇
	의미 버릇·기호가 한쪽으로 치우친 경향 병들다	遅刻(ちこく)という悪癖(あくへき)が染(し)み付(つ)いてしまった。 지각이라는 못된 버릇이 몸에 배버렸다. 何(なん)とかなるという口癖(くちぐせ)はやめて。 어떻게든 되겠지 라는 입버릇은 그만둬라.

蔑		
14획 艹 中 급수 외	음독 べつ 훈독 さげすむ	蔑視(べっし) 멸시　蔑如(べつじょ) 멸시 軽蔑(けいべつ) 경멸　侮蔑(ぶべつ) 모멸
	의미	学歴(がくれき)によって人(ひと)を蔑視(べっし)することは耐(た)えられない。 학력에 따라 사람을 멸시하는 것은 참을 수 없다.
	업신여기다·깔보다 무시하다	彼女(かのじょ)は軽蔑(けいべつ)の目(め)で彼(かれ)を眺(なが)めていた。 그녀는 경멸의 눈으로 그를 보고 있다.

偏		
11획 亻 中 N1	음독 へん 훈독 かたよる	偏愛(へんあい) 편애　偏見(へんけん) 편견 偏差(へんさ) 편차　偏光(へんこう) 편광
	의미	学生(がくせい)を偏愛(へんあい)することはよくないです。 학생을 편애하는 것은 좋지 않습니다.
	치우치다 한쪽 편·절반	人種的偏見(じんしゅてきへんけん)は捨(す)てるべきだ。 인종적 편견은 버려야한다.

遍		
12획 辶 中 N1	음독 へん 훈독 —	遍歴(へんれき) 편력　遍路(へんろ) 순례자 遍遊(へんゆう) 편유　遍在(へんざい) 편재
	의미	あの人(ひと)、女性遍歴(じょせいへんれき)がすごい。 저 사람 여성편력이 대단해.
	널리·넓음 횟수를 나타내는 말	この植物(しょくぶつ)は全国(ぜんこく)に遍在(へんざい)する。 이 식물은 전국에 편재해 있다.

哺		
10획 口 中 급수 외	음독 ほ 훈독 —	哺育(ほいく) 포육　哺乳(ほにゅう) 포유 反哺(はんぽ) 반포
	의미	鯨(くじら)は哺乳類(ほにゅうるい)だ。 고래는 포유류이다.
	입에 머금다 먹여 키우다	反哺(はんぽ)の孝(こう)。 반포지효.

捕

10획 扌
中 N2

음독 ほ
훈독 とらえる·とらわれる·とる·つかまえる·つかまる

捕獲(ほかく) 포획　補給(ほきゅう) 보급
追捕(ついほ) 추포　逮捕(たいほ) 체포

의미
잡다
붙잡다
체포하다

新(あたら)しい武器(ぶき)を補給(ほきゅう)した。
새로운 무기를 보급했다.

警察(けいさつ)は殺人事件(さつじんじけん)の犯人(はんにん)を逮捕(たいほ)した。
경찰은 살인사건의 범인을 체포했다.

舗

15획 人
中 N1

음독 ほ
훈독 —

舗石(ほせき) 포석　舗装(ほそう) 포장
店舗(てんぽ) 점포　茶舗(ちゃほ) 찻집

의미
깔다·늘어 놓다
상점

道路(どうろ)の舗装(ほそう)工事(こうじ)がやっと終(お)わった。
도로 포장공사가 드디어 끝났다.

今回(こんかい)新(あたら)しく開店(かいてん)した茶舗(ちゃほ)に行(い)きたい。
이번에 새로 연 찻집에 가고 싶어.

募

12획 力
中 N2

음독 ぼ
훈독 つのる

募金(ぼきん) 모금　募集(ぼしゅう) 모집
応募(おうぼ) 응모　徴募(ちょうぼ) 징모

의미
모집하다
널리 구하다

被害者(ひがいしゃ)を手伝(てつだ)うために募金活動(ぼきんかつどう)を始(はじ)めた。
피해자를 돕기 위해 모금활동을 시작했다.

有名(ゆうめい)な歌手(かしゅ)のサイン会(かい)に応募(おうぼ)した。
유명한 가수의 사인회에 응모했다.

慕

14획 小
中 N1

음독 ぼ
훈독 したう

慕情(ぼじょう) 모정　慕心(ぼしん) 모심
愛慕(あいぼ) 애모　敬慕(けいぼ) 경모

의미
연모하다
본받다
사모하다

ひそかに彼(かれ)に慕情(ぼじょう)を抱(いだ)いた。
남몰래 그에게 모정을 품었다.

私(わたし)が敬慕(けいぼ)する人(ひと)は私(わたし)の両親(りょうしん)だ。
내가 경모하는 사람은 나의 부모님이다.

簿

13획 ⺮
中 N1

음독 ぼ 훈독 —	簿外(ぼがい) 부외(고의·실수로 빠뜨림) 簿記(ぼき) 부기(자본의 수지·증감 등을 밝힘) 家計簿(かけいぼ) 가계부　出席簿(しゅっせきぼ) 출석부
의미 장부 어떤 것을 기입하는 책자	簿外資産(ぼがいしさん)。 부외자산. 今日(きょう)から家計簿(かけいぼ)を書(か)き始(はじ)めた。 오늘부터 가계부를 쓰기 시작했다.

芳

7획 艹
中 N1

음독 ほう 훈독 かんばしい	芳恩(ほうおん) 은혜　芳香(ほうこう) 방향 芳志(ほうし) 타인의 친절을 높인 말 佳芳(かほう) 아름다운 향기
의미 향기·냄새 향기롭다 타인의 것에 경칭	ご芳恩(ほうおん)は一生(いっしょう)忘(わす)れません。 은혜는 평생 잊지 않겠습니다. 車内(しゃない)に芳香剤(ほうこうざい)を掛(か)けておく。 차 안에 방향제를 매달아 두다.

邦

7획 阝
中 N1

음독 ほう 훈독 —	邦貨(ほうか) 자기나라 화폐　邦字(ほうじ) 자기나라 글자 異邦(いほう) 이방　盟邦(めいほう) 동맹국
의미 나라·국가·국토 일본의	邦貨(ほうか)に換算(かんさん)する。 방화로 환산하다. あの船(ふね)で降(お)りた人(ひと)は異邦人(いほうじん)だ。 저 배에서 내린 사람은 이방인이다.

奉

8획 大
中 N1

음독 ほう·ぶ 훈독 たてまつる	奉献(ほうけん) 봉헌　奉公(ほうこう) 봉공 奉仕(ほうし) 봉사　信奉(しんぽう) 신봉
의미 받들다 삼가 받다 공손하게 받다	彼女(かのじょ)は彼(かれ)らを救(すく)うために奉仕活動(ほうしかつどう)を始(はじ)めた。 그녀는 그들을 구하기 위해 봉사활동을 시작했다. 彼(かれ)は熱狂的(ねっきょうてき)な信奉者(しんぽうしゃ)だ。 그는 열광적인 신봉자다.

抱		
13획 扌 中 N2	음독 ほう 훈독 だく·いだく·かかえる	抱懐(ほうかい) 포회(생각을 품음) 抱合(ほうごう) 포합 抱負(ほうふ) 포부 介抱(かいほう) 간호
	의미 안다·(껴)안다 소중히 하다 가슴·품	いつか大統領(だいとうりょう)になるという抱負(ほうふ)を持(も)っている。 언젠가 대통령이 될 거라는 포부를 갖고 있다. 手厚(てあつ)いな介抱(かいほう)で彼女(かのじょ)の病気(びょうき)が治(なお)った。 극진한 간호로 그녀의 병이 나았다.

泡		
13획 氵 中 N1	음독 ほう 훈독 あわ	泡影(ほうえい) 포영 泡雪(あわゆき) 가랑눈 気泡(きほう) 기포 水泡(すいほう) 수포
	의미 거품·물거품	水(みず)から気泡(きほう)が出(で)た。 물에서 기포가 생겼다. 計画(けいかく)が水泡(すいほう)になった。 계획이 수포가 됐다.

胞		
9획 月 中 N1	음독 ほう 훈독 —	胞子(ほうし) 포자 細胞(さいぼう) 세포 同胞(どうほう) 동포
	의미 태반 생물체를 구성하는 최소단위	胞子(ほうし)は生殖細胞(せいしょくさいぼう)だ。 포자는 생식세포다.

俸		
10획 亻 中 N1	음독 ほう 훈독 —	俸給(ほうきゅう) 봉급 俸米(ほうまい) 봉미 減俸(げんぽう) 감봉 年俸(ねんぽう) 연봉
	의미 녹봉·급료	俸給(ほうきゅう)で家族(かぞく)を養(やしな)う。 봉급으로 가족을 부양하다. 年俸(ねんぽう)6百万(ひゃくまん)なんて、夢(ゆめ)の職場(しょくば)だ。 연봉 6백만 엔이라니 꿈의 직장이다.

倣	음독 ほう 훈독 ならう	倣書 방서(누군가의 작품을 본떠 쓴 작품) 模倣 모방
10획 亻 中 N1	의미 따르다 배우다	有名デザイナーのデザインを模倣した服だ。 유명 디자이너의 디자인을 모방한 옷이다.

峰	음독 ほう 훈독 みね	峰頂 봉정(산꼭대기) 最高峰 최고봉　連峰 여러 산봉우리
10획 山 中 N1	의미 높고 험한 산 봉우리	峰頂で記念写真を撮る。 산꼭대기에서 기념사진을 찍다. 富士山は日本の最高峰だ。 후지산은 일본의 최고봉이다.

砲	음독 ほう 훈독 —	砲丸 포환　砲撃 포격 大砲 대포　発砲 발포
10획 石 中 N1	의미 투석구 대포	砲丸投げの試合を観戦する。 포환던지기 시합을 관전하다. 警察が銃を発砲する。 경찰이 총을 발포하다.

崩	음독 ほう 훈독 くずれる·くずす	崩壊 붕괴　崩落 폭락 山崩れ 산사태　雪崩れ 눈사태
11획 山 中 N1	의미 무너지다 왕·천황의 죽음	建物が崩壊する。 건물이 붕괴하다. 冬の登山の時には雪崩れに注意してください。 겨울 등산 시에는 눈사태에 주의해주세요.

蜂	음독 ほう 훈독 はち	蜂起(ほうき) 봉기　蜂蜜(はちみつ) 벌꿀 養蜂(ようほう) 양봉　蜜蜂(みつばち) 꿀벌
	의미	学生(がくせい)たちが蜂起(ほうき)する。 학생들이 봉기하다.
13획 虫 中 급수 외	벌 떼 지어 모이다	蜂(はち)の減少(げんしょう)とともに養蜂業(ようほうぎょう)が打撃(だげき)を受(う)ける。 벌의 감소와 함께 양봉업이 타격을 받다.

飽	음독 ほう 훈독 あきる·あかす	飽食(ほうしょく) 포식　飽和(ほうわ) 포화
13획 飠 中 N1	의미 질리다 족하다 풍부한·충분한	久(ひさ)しぶりに外食(がいしょく)して飽食(ほうしょく)してしまった。 오랜만에 외식해서 포식해버렸다. 大学(だいがく)が 飽和状態(ほうわじょうたい)で 、 学生数(がくせいすう)が 足(た)りない学部(がくぶ)が多(おお)い。 대학이 포화상태라서 학생 수가 부족한 학부가 많다.

褒	음독 ほう 훈독 ほめる	褒賞(ほうしょう) 포상　褒美(ほうび) 상·포상 過褒(かほう) 과찬
	의미	褒賞休暇(ほうしょうきゅうか)をもらう。 포상휴가를 받다.
15획 衣 中 N1	칭찬하다 모으다	その批評(ひひょう)は過褒(かほう)の気味(きみ)がある。 그 비평은 과찬의 낌새가 보인다.

縫	음독 ほう 훈독 ぬう	縫合(ほうごう) 봉합　縫製(ほうせい) 봉제 裁縫(さいほう) 재봉　手縫(てぬ)い 손바느질
16획 糸 中 N1	의미 꿰매다 수선하다 바느질 땀	裂傷(れっしょう)を縫合(ほうごう)する。 찢어진 상처를 봉합하다. ハンカチに手縫(てぬ)いの模様(もよう)を入(い)れる。 손수건에 손바느질로 무늬를 넣다.

乏

4획 丿
中 N1

음독 ぼう
훈독 とぼしい

乏欠(ぼうけつ) 결핍　乏尿(ぼうにょう) 핍뇨(소변 감소증)
窮乏(きゅうぼう) 궁핍　貧乏(びんぼう) 가난·빈궁

의미
부족하다
가난하다

祖母(そぼ)の乏尿症(ぼうにょうしょう)を心配(しんぱい)する。
할머니의 핍뇨증을 걱정하다.

貧乏(びんぼう)な生活(せいかつ)を送(おく)る。
가난한 생활을 하다.

忙

6획 忄
中 N2

음독 ぼう
훈독 いそがしい

忙殺(ぼうさつ) 일에 쫓김　忙中(ぼうちゅう) 바쁜 가운데
多忙(たぼう) 매우 바쁨　繁忙(はんぼう) 번망함

의미
바쁘다
마음이 진정되지 않다

ご多忙中(たぼうちゅう)にも関(かか)わらず、参加(さんか)していただきありがとうございます。
바쁘신 와중에도 불구하고, 참가해주셔서 감사합니다.

多忙(たぼう)な毎日(まいにち)を過(す)ごす。
매우 바쁜 매일을 보내다.

坊

7획 土
中 N2

음독 ぼう·ぼっ
훈독 —

お坊(ぼう)さん 스님　坊(ぼ)っちゃん 도련님
食(く)いしん坊(ぼう) 식충이　寝坊(ねぼう) 늦잠을 잠

의미
동네·방
절·승려
유아의 애칭

夏目漱石(なつめそうせき)の『坊(ぼ)っちゃん』が映画化(えいがか)された。
나츠메 소세키의 『도련님』이 영화화되었다.

昨日(きのう)徹夜(てつや)をして、今朝(けさ)朝寝坊(あさねぼう)をしてしまった。
어제 철야를 해서, 오늘 아침 늦잠을 자버렸다.

妨

7획 女
中 N1

음독 ぼう
훈독 さまたげる

妨害(ぼうがい) 방해

의미
방해하다

雑談(ざつだん)で授業(じゅぎょう)を妨害(ぼうがい)する。
잡담으로 수업을 방해하다.

房		
	음독 ぼう 훈독 ふさ	暖房(だんぼう) 난방　　厨房(ちゅうぼう) 주방
8획 戸 中 N1	의미 방 송이	暖房(だんぼう)を入(い)れる。 난방을 키다. 昔(むかし)、男性(だんせい)は厨房(ちゅうぼう)に入(はい)らなかった。 옛날에는 남성은 주방에 들어가지 않았다.

肪		
	음독 ぼう 훈독 —	脂肪(しぼう) 지방
8획 月 中 N1	의미 몸의 지방	運動(うんどう)して体脂肪(たいしぼう)を落(お)とす。 운동해서 체지방을 줄이다.

某		
	음독 ぼう 훈독 —	某氏(ぼうし) 모씨·어떤 분 某地(ぼうち) 모지·어느 곳
9획 木 中 N1	의미 모·아무개 어느·어떤 것	俳優(はいゆう)の某氏(ぼうし)の脱税(だつぜい)が摘発(てきはつ)される。 배우 모씨의 탈세가 적발되다. 有名(ゆうめい)政治家(せいじか)の結婚式(けっこんしき)は東京(とうきょう)の某地(ぼうち)で行(おこな)われた。 유명 정치가의 결혼식은 도쿄 모처에서 행해졌다.

冒		
	음독 ぼう 훈독 おかす	冒険(ぼうけん) 모험　　冒涜(ぼうとく) 모독 感冒(かんぼう) 감기
9획 目 中 N1	의미 무릅쓰다	子供(こども)の頃(ころ)は毎日(まいにち)が大冒険(だいぼうけん)だった。 어릴 적에는 매일이 대모험이었다. 感冒(かんぼう)にかかる。 감기에 걸리다.

剖		
	음독 ぼう	剖検(ぼうけん) 부검
	훈독 —	解剖(かいぼう) 해부
	의미	死体(したい)を剖検(ぼうけん)する。
		시체를 부검하다.
10획 刂	쪼개다	授業(じゅぎょう)でカエルを解剖(かいぼう)する。
中 N1	선악을 결정하다	수업에서 개구리를 해부하다.

紡			
	음독 ぼう	紡織(ぼうしょく) 방직	紡績(ぼうせき) 방적
	훈독 つむぐ	混紡(こんぼう) 혼방	綿紡(めんぼう) 면방
	의미	紡績会社(ぼうせきがいしゃ)を見学(けんがく)する。	
		방적회사를 견학하다.	
10획 糸	실을 뽑다	この服(ふく)は綿(めん)と化学(かがく)繊維(せんい)の混紡(こんぼう)の製品(せいひん)だ。	
中 N1		이 옷은 면과 화학섬유의 혼방 제품이다.	

傍			
	음독 ぼう	傍観(ぼうかん) 방관	傍聴(ぼうちょう) 방청
	훈독 かたわら	偏旁(へんぼう) 편방	路傍(ろぼう) 노방(길가)
	의미	友人(ゆうじん)の堕落(だらく)を傍観(ぼうかん)する。	
	곁·옆	친구의 타락을 방관하다.	
12획 亻	다가가다	路傍(ろぼう)でちらしを配(くば)る。	
中 N1	한자 부수(방)	길가에서 전단지를 돌리다.	

帽			
	음독 ぼう	帽子(ぼうし) 모자	
	훈독 —	軍帽(ぐんぼう) 군모	制帽(せいぼう) 제모
	의미	弟(おとうと)は帽子(ぼうし)を色別(いろべつ)にもっている。	
		남동생은 모자를 색깔별로 가지고 있다.	
12획 巾	모자	軍帽(ぐんぼう)の被(かぶ)り方(かた)を覚(おぼ)える。	
中 N2		군모 쓰는 법을 익히다.	

貌

14획 豸

中 급수 외

음독 ぼう 훈독 —	美貌(びぼう) 미모　容貌(ようぼう) 용모
의미 모양 겉·외관	20代(だい)の美貌(びぼう)を保(たも)つ。 20대의 미모를 유지하다. 容貌(ようぼう)は第(だい)2の問題(もんだい)だ。 용모는 제 2의 문제다.

膨

16획 月

中 N1

음독 ぼう 훈독 ふくらむ·ふくれる	膨大(ぼうだい) 팽대　膨張(ぼうちょう) 팽창
의미 부풀다	勢力(せいりょく)が膨張(ぼうちょう)する。 세력이 팽창하다.

謀

16획 言

中 N1

음독 ぼう·む 훈독 はかる	謀略(ぼうりゃく) 모략　謀反(むほん) 모반·반역 陰謀(いんぼう) 음모　首謀(しゅぼう) 주모·주모자
의미 재다 계략에 걸리게 하다 꾀	敵(てき)の謀略(ぼうりゃく)にかかる。 적의 모략에 걸리다. 陰謀(いんぼう)を企(たくら)む。 음모를 꾸미다.

頬

16획 頁

中 급수 외

음독 — 훈독 ほお	頬被(ほおかぶ)り 모르는 체함
의미 뺨	自分(じぶん)は知(し)らない事(こと)だと頬被(ほおかぶ)りする。 자신은 모르는 일이라며 모르는 체하다.

朴		
	음독 ぼく 훈독 —	朴直(ぼくちょく) 순박하고 정직함　朴訥(ぼくとつ) 순진하고 말이 적음 純朴(じゅんぼく) 순박함　素朴(そぼく) 소박
6획 木 中 N1	의미 나무껍질 순박함 후박나무	加藤先輩(かとうせんぱい)は朴直(ぼくちょく)な人(ひと)だ。 가토 선배는 순박하고 정직한 사람이다. 純朴(じゅんぼく)な農民(のうみん)を相手(あいて)に詐欺(さぎ)を働(はたら)く。 순박한 농민을 상대로 사기를 치다.

睦		
	음독 ぼく 훈독 —	親睦(しんぼく) 친목　和睦(わぼく) 화목
13획 目 中 N1	의미 사이가 좋다 화목하다	親睦会(しんぼくかい)に参加(さんか)する。 친목회에 참가하다. 韓日(かんにち)の和睦(わぼく)を期待(きたい)する。 한일의 화목을 기대하다.

僕		
	음독 ぼく 훈독 —	下僕(げぼく) 하인　公僕(こうぼく) 공무원
14획 亻 中 N1	의미 하인 자신의 낮춤말 나(남자가 씀)	僕(ぼく)は小学生(しょうがくせい)です。 나는 초등학생입니다. 国民(こくみん)の公僕(こうぼく)として働(はたら)く。 국민의 공무원으로서 일하다.

墨		
	음독 ぼく 훈독 すみ	墨汁(ぼくじゅう) 먹물　墨筆(ぼくひつ) 묵필 水墨画(すいぼくが) 수묵화　靴墨(くつずみ) 구두약
14획 土 中 N1	의미 먹 서화 까맣다·어둡다	墨汁(ぼくじゅう)でイカ墨(すみ)パスタを作(つく)る。 먹물로 오징어먹물파스타를 만들다. 水墨画(すいぼくが)を鑑賞(かんしょう)する。 수묵화를 감상하다.

撲		
	음독 ぼく	撲殺(ぼくさつ) 박살　撲滅(ぼくめつ) 박멸
	훈독 —	打撲(だぼく) 타박　相撲(すもう) 스모
	의미	ゴキブリを撲滅(ぼくめつ)したい。
	치다	바퀴벌레를 박멸하고 싶다.
15획 扌	쓰러뜨리다	打撲傷(だぼくしょう)を受(う)ける。
中 N1	스모	타박상을 입다.

没		
	음독 ぼつ	没頭(ぼっとう) 몰두　没取(ぼっしゅ) 몰수
	훈독 —	日没(にちぼつ) 일몰　沈没(ちんぼつ) 침몰
	의미	課題(かだい)に没頭(ぼっとう)する。
	빠지다·가라앉다	과제에 몰두하다.
7획 氵	끝나다·죽다	船(ふね)が沈没(ちんぼつ)する。
中 N1	숨다·없어지다	배가 침몰하다.

勃		
	음독 ぼつ	勃発(ぼっぱつ) 발발
	훈독 —	雄心勃々(ゆうしんぼつぼつ) 웅심발발(씩씩한 마음이 솟구침)
	의미	石油戦争(せきゆせんそう)が勃発(ぼっぱつ)する。
	일어나다	석유전쟁이 발발하다.
9획 力	머리를 쳐들다	雄心勃々(ゆうしんぼつぼつ)の雰囲気(ふんいき)。
中 급수 외	힘차다	웅심발발한 분위기.

堀		
	음독 —	堀江(ほりえ) 인공하천
	훈독 ほり	釣堀(つりぼり) 낚시터
	의미	家(いえ)の近(ちか)くの堀江(ほりえ)で散歩(さんぽ)する。
		집 근처의 인공하천에서 산책하다.
11획 土	파다·굴	父(ちち)は休日(きゅうじつ)にはいつも釣堀(つりぼり)に行(い)く。
中 N1	도랑·수로	아버지는 휴일에는 항상 낚시터에 가신다.

奔		
	음독 ほん	奔流(ほんりゅう) 격류 　奔放(ほんぽう) 분방함
	훈독 —	狂奔(きょうほん) 광분 　東奔西走(とうほんせいそう) 동분서주
	의미	自由奔放(じゆうほんぽう)に生(い)きたい。
		자유분방하게 살고 싶다.
8획 大	달리다	就職活動(しゅうしょくかつどう)で東奔西走(とうほんせいそう)する。
中 N1	향하여 가다	취업활동으로 동분서주하다.

翻		
	음독 ほん	
	훈독 ひるがえる· ひるがえす	翻訳(ほんやく) 번역 　翻弄(ほんろう) 농락함
	의미	翻訳家(ほんやくか)を目指(めざ)す。
	뒤집히다	번역가를 목표로 하다.
18획 羽	뒤엎다	相手(あいて)を翻弄(ほんろう)する。
中 N1	번역하다	상대를 농락하다.

凡		
	음독 ぼん·はん	凡人(ぼんじん) 보통사람 　凡例(ぼんれい) 범례
	훈독 —	非凡(ひぼん) 비범함 　平凡(へいぼん) 평범함
	의미	彼女(かのじょ)は凡人(ぼんじん)のようには見(み)えない。
	무릇	그녀는 보통사람 같아 보이지는 않는다.
3획 几	모두	平凡(へいぼん)な毎日(まいにち)を送(おく)る。
中 N1	보통의	평범한 매일을 보내다.

盆		
	음독 ぼん	盆踊(ぼんおど)り 봉오도리(お盆(ぼん)때 추는 춤)
	훈독 —	盆地(ぼんち) 분지
	의미	盆踊(ぼんおど)りに公園(こうえん)に出(で)かける。
		봉오도리를 하러 공원에 외출하다.
9획 皿	쟁반	京都(きょうと)は盆地(ぼんち)にある。
中 급수 외	우란분재의 약어	교토는 분지에 있다.

麻		
	음독 ま 훈독 あさ	麻酔(ますい) 마취　麻痺(まひ) 마비 胡麻(ごま) 참깨　大麻(たいま) 대마
	의미 삼 마비되다	麻酔(ますい)をかける。 마취를 하다. 胡麻(ごま)ドレッシングが大好物(だいこうぶつ)だ。 참깨드레싱을 아주 좋아한다.
11획　麻 中　N1		

摩		
	음독 ま 훈독 —	摩擦(まさつ) 마찰　摩耗(まもう) 마모 按摩(あんま) 안마　揣摩(しま) 남의 사정을 헤아림
	의미 문지르다 마모시키다	摩擦(まさつ)によるタイヤの摩耗(まもう)。 마찰에 의한 타이어의 마모. 揣摩(しま)憶測(おくそく)する。 남의 사정을 헤아리다.
15획　手 中　N1		

磨		
	음독 ま 훈독 みがく	磨滅(まめつ) 마멸 雪達磨(ゆきだるま) 눈사람　歯磨(はみが)き 양치질
	의미 닦다·갈다 깊이 연구하다 문지르다	機械(きかい)が磨滅(まめつ)する。 기계가 마멸하다. 家(いえ)の前(まえ)に雪達磨(ゆきだるま)を作(つく)る。 집 앞에 눈사람을 만들다.
16획　石 中　N2		

魔		
	음독 ま 훈독 —	魔女(まじょ) 마녀　魔法(まほう) 마법 悪魔(あくま) 악마　邪魔(じゃま) 방해
	의미 마물	ジブリの映画(えいが)の中(なか)で『魔女(まじょ)の宅急便(たっきゅうびん)』が一番(いちばん)好(す)きだ。 지브리영화 중에서 『마녀배달부 키키』를 가장 좋아한다. 邪魔(じゃま)しないでよ。 방해하지마.
21획　鬼 中　N1		

昧

9획 日
中 급수 외

음독 まい	昧爽(まいそう) 이른 새벽
훈독 —	曖昧(あいまい) 애매함　三昧(ざんまい) 삼매경
의미	昧爽(まいそう)に家(いえ)を出(で)る。
	이른 새벽에 집을 나오다.
어두움	彼(かれ)の答(こた)えは曖昧(あいまい)だ。
머리가 나쁨	그의 대답은 애매하다.

埋

10획 土
中 N2

음독 まい	
훈독 うめる·うまる·うもれる	埋蔵(まいぞう) 매장　埋(う)め立(た)て 매립
의미	故人(こじん)を埋蔵(まいぞう)する。
	고인을 매장하다.
묻다	ゴミの埋(う)め立(た)て地(ち)の選定(せんてい)をめぐって争(あらそ)う。
숨기다	쓰레기 매립지 선정을 둘러싸고 싸우다.

膜

14획 月
中 N1

음독 まく	鼓膜(こまく) 고막　粘膜(ねんまく) 점막
훈독 —	
의미	飛行機(ひこうき)から降(お)りながら、鼓膜(こまく)が破(やぶ)れた。
	비행기가 착륙할 때 고막이 파열되었다.
점막	鼻(はな)の粘膜(ねんまく)が荒(あ)れる。
얇은 껍질	코의 점막이 거칠어지다.

枕

8획 木
中 급수 외

음독 —	枕木(まくらぎ) 침목　枕元(まくらもと) 머리맡
훈독 まくら	腕枕(うでまくら) 팔베개　水枕(みずまくら) 물베개
의미	目覚(めざ)まし時計(とけい)を枕元(まくらもと)に置(お)いて寝(ね)る。
베개	알람시계를 머리맡에 두고 자다.
밑에 깔다	彼(かれ)の腕枕(うでまくら)が時々(ときどき)思(おも)い浮(う)かぶ。
토대로 하다	그의 팔베개가 가끔 생각난다.

又

2획 又
中 N1

음독 —	又(また) 또·또한
훈독 また	又貸し(またがし) 남에게 빌린 것을 다른 사람에게 빌려줌
의미	期末(きまつ)テストは発表(はっぴょう)又(また)はレポートに代(か)える。
또	기말시험은 발표 또는 레포트로 대신한다.
게다가	弟(おとうと)から借(か)りた本(ほん)を友達(ともだち)に又貸(またが)しする。
그 이상으로	남동생한테 빌린 책을 친구에게 다시 빌려주다.

抹

8획 扌
中 N1

음독 まつ	抹殺(まっさつ) 말살　　抹茶(まっちゃ) 말차·녹차
훈독 —	一抹(いちまつ) 일말
의미	和菓子(わがし)を一口(ひとくち)食(た)べてから抹茶(まっちゃ)を飲(の)む。
비비다	일본과자를 한입 먹고 나서 말차를 마시다.
지우다	一抹(いちまつ)の良心(りょうしん)もない。
가루	일말의 양심도 없다.

慢

14획 忄
中 N1

음독 まん	慢性(まんせい) 만성
훈독 —	我慢(がまん) 참음　　高慢(こうまん) 거만함
의미	慢性的(まんせいてき)な頭痛(ずつう)に苦(くる)しむ。
게으름피우다	만성두통에 괴로워하다.
경시하다	トイレを我慢(がまん)する。
느슨하다·느리다	화장실을 참다.

漫

14획 氵
中 N1

음독 まん	漫画(まんが) 만화　　漫才(まんざい) 만담
훈독 —	散漫(さんまん) 산만　　浪漫(ろうまん) 낭만
의미	子供(こども)の時(とき)から漫画(まんが)が好(す)きだ。
물이 퍼지는 모습	어렸을 때부터 만화책을 좋아해왔다.
마음대로	教室(きょうしつ)が散漫(さんまん)だ。
끝이 없음	교실이 산만하다.

魅		
	음독 み 훈독 —	魅了(みりょう) 매료　魅力(みりょく) 매력 魑魅(ちみ) 도깨비　魔魅(まみ) 마귀
15획 鬼 中 N1	의미 도깨비 마음을 매혹해서 어지럽게 함	彼女(かのじょ)には人(ひと)を幸(しあわ)せにする魅力(みりょく)がある。 그녀에게는 사람을 행복하게 만드는 매력이 있다. 子供(こども)の頃(ころ)には魑魅(ちみ)が本当(ほんとう)にいると思(おも)った。 어렸을 때에는 도깨비가 진짜 있다고 생각했다.

岬		
	음독 — 훈독 みさき	岬(みさき) 곶(바다에 뻗어있는 육지의 끝부분)
8획 山 中 급수 외	의미 곶	岬(みさき)にある灯台(とうだい)が見(み)える。 곶에 있는 등대가 보인다.

蜜		
	음독 みつ 훈독 —	蜜月(みつげつ) 밀월　蜜蜂(みつばち) 꿀벌 餡蜜(あんみつ) 팥빙수와 비슷한 일본과자　蜂蜜(はちみつ) 벌꿀
14획 虫 中 급수 외	의미 꿀	蜜月旅行地(みつげつりょこうち)はハワイに決(き)まった。 신혼여행지는 하와이로 정해졌다. 村上春樹(むらかみはるき)の『蜂蜜(はちみつ)パイ』を読(よ)みました。 무라카미 하루키의 『벌꿀파이』를 읽었습니다.

妙		
	음독 みょう 훈독 —	妙案(みょうあん) 묘안　妙味(みょうみ) 묘미 奇妙(きみょう) 기묘　微妙(びみょう) 미묘
7획 女 中 N1	의미 교묘함 나긋나긋함 신기한	妙案(みょうあん)を思(おも)い出(だ)す。 묘안을 생각해내다. 友人(ゆうじん)の成功(せいこう)を聞(き)いて、微妙(びみょう)な感情(かんじょう)に包(つつ)まれた。 친구의 성공을 듣고 미묘한 감정에 휩싸였다.

眠

10획 目 中 N2	음독 みん 훈독 ねむる·ねむい	眠気(ねむけ) 졸음　眠り薬(ねむりぐすり) 수면제 睡眠(すいみん) 수면　居眠り(いねむり) 앉아서 졸음
	의미 자다 졸리다	眠り薬(ねむりぐすり)の飲(の)みすぎはよくないです。 수면제의 과용은 좋지 않습니다. 人(ひと)は誰(だれ)でも睡眠(すいみん)を取(と)る。 사람은 누구나 수면을 취한다.

矛

5획 矛 中 N1	음독 む 훈독 ほこ	矛盾(むじゅん) 모순
	의미 창	彼(かれ)の主張(しゅちょう)は矛盾(むじゅん)している。 그의 주장은 모순되어있다.

霧

19획 雨 中 N1	음독 む 훈독 きり	霧笛(むてき) 무적(배나 등대에서 안개에 주의하라고 울리는 고동) 濃霧(のうむ) 농무(짙은 안개)
	의미 안개	霧笛(むてき)を聞(き)いて、非常時(ひじょうじ)に備(そな)える。 무적을 듣고 비상시에 대비하다. 濃霧(のうむ)の時(とき)は運転(うんてん)を控(ひか)える。 짙은 안개가 꼈을 때에는 운전을 자제한다.

娘

10획 女 中 N2	음독 — 훈독 むすめ	娘心(むすめごころ) 처녀의 마음　娘婿(むすめむこ) 사위 一人娘(ひとりむすめ) 외동딸　孫娘(まごむすめ) 손녀딸
	의미 딸·처녀	娘心(むすめごころ)に傷付(きずつ)ける。 처녀의 마음에 상처를 주다. 彼女(かのじょ)は財閥(ざいばつ)の一人娘(ひとりむすめ)だ。 그녀는 재벌집 외동딸이다.

冥

10획 冖
中 급수 외

음독 めい·みょう 훈독 —	冥王星(めいおうせい) 명왕성　冥福(めいふく) 명복 頑冥(がんめい) 완명　幽冥(ゆうめい) 유명(어두움)
의미 어두움 머리가 나쁨 저승	2006年(ねん)に冥王星(めいおうせい)は行星(こうせい)の資格(しかく)を失(うしな)った。 2006년에 명왕성은 행성자격을 박탈당했다. 幽冥(ゆうめい)な雰囲気(ふんいき)の山(やま)だ。 어두운 분위기의 산이다.

銘

14획 金
中 N1

음독 めい 훈독 —	銘柄(めいがら) 상품의 상표　銘記(めいき) 명기·명심 感銘(かんめい) 감명　座右(ざゆう)の銘(めい) 좌우명
의미 문자를 새기다 금기 고급상품	心(こころ)に銘記(めいき)する。 명심하다. すばらしい演説(えんぜつ)に感銘(かんめい)を受(う)けた。 훌륭한 연설에 감명 받았다.

滅

13획 氵
中 N1

음독 めつ 훈독 ほろびる· ほろぼす	滅菌(めっきん) 멸균　滅亡(めつぼう) 멸망 壊滅(かいめつ) 괴멸　撲滅(ぼくめつ) 박멸
의미 멸망하다 없어지다	ローマ帝国(ていこく)滅亡(めつぼう)の歴史(れきし)を勉強(べんきょう)する。 로마제국 멸망의 역사를 공부하다. ゴキブリを撲滅(ぼくめつ)する。 바퀴벌레를 박멸하다.

免

8획 儿
中 N1

음독 めん 훈독 まぬかれる	免許(めんきょ) 면허　免除(めんじょ) 면제 御免(ごめん) 면허·사과의 말　任免(にんめん) 임면(임명과 면직)
의미 면하다 용서하다·인정하다 그만두다	飲酒運転(いんしゅうんてん)で免許(めんきょ)が取消(とりけ)しされる。 음주운전으로 면허가 취소되다. 御免(ごめん)ください。 실례합니다. 용서를 구합니다.

麺

16획 麦
中 급수 외

음독 めん	麺粉(めんぷん) 밀가루　麺類(めんるい) 면류
훈독 —	乾麺(かんめん) 건면　生麺(なまめん) 생면
의미	麺類(めんるい)の食(た)べすぎはよくない。 면류를 너무 많이 먹는 것은 좋지 않다.
음식의 면	あのラーメン屋(や)では生麺(なまめん)のラーメンが人気(にんき)がある。 그 라면집은 생라면이 인기가 있다.

茂

8획 艹
中 N1

음독 も	茂生(もせい) 초목이 무성함　茂林(もりん) 무림
훈독 しげる	繁茂(はんも) 초목이 무성함　豊茂(ほうも) 번무
의미	学校(がっこう)の裏山(うらやま)に茂林(もりん)がある。 학교 뒷산에 무림이 있다.
우거지다 많음·풍부함	空(あ)き地(ち)に雑草(ざっそう)が繁茂(はんも)する。 공터에 잡초가 무성하다.

妄

6획 女
中 급수 외

음독 もう·ぼう	妄言(もうげん) 망언　妄想(もうそう) 망상
훈독 —	虚妄(きょもう) 허망(거짓)　迷妄(めいもう) 미망
의미 멍터리 무모하게·함부로 거짓	妄想(もうそう)もいいかげんにしろ。 망상도 적당히 해라. 虚妄(きょもう)のうわさが広(ひろ)がる。 거짓 소문이 퍼지다.

盲

8획 目
中 N1

음독 もう	盲腸(もうちょう) 맹장　盲導犬(もうどうけん) 맹도견
훈독 —	文盲(もんもう) 문맹　夜盲症(やもうしょう) 야맹증
의미	盲導犬(もうどうけん)が主人(しゅじん)を誘導(ゆうどう)する。 맹도견이 주인을 유도하다.
눈이 보이지 않음 도리를 모름	夜盲症(やもうしょう)はビタミンAが欠乏(けつぼう)してできる。 야맹증은 비타민A가 결핍돼서 생긴다.

耗

10획 耒
中 N2

음독 もう·こう 훈독 —	消耗(しょうもう) 소모　磨耗(まもう) 마모
의미 흐트러지다 줄다·없어지다	紙(かみ)は消耗品(しょうもうひん)だ。 종이는 소모품이다.

猛

11획 犭
中 N1

음독 もう 훈독 —	猛獣(もうじゅ) 맹수　猛烈(もうれつ) 맹렬
의미 사나움 엄함·심함	猛烈(もうれつ)に批判(ひはん)する。 맹렬하게 비판하다.

網

14획 糸
中 N1

음독 もう 훈독 あみ	網膜(もうまく) 망막　網羅(もうら) 망라 鉄条網(てつじょうもう) 철조망　連絡網(れんらくもう) 연락망
의미 그물 규칙 남기지 않고 취하다	この本(ほん)は世界(せかい)の教育法(きょういくほう)を網羅(もうら)している。 이 책은 세계의 교육법을 망라하고 있다. 鉄条網(てつじょうもう)を越(こ)えて逃(に)げる。 철조망을 넘어서 도망치다.

黙

15획 黒
中 N1

음독 もく 훈독 だまる	黙認(もくにん) 묵인　黙祷(もくとう) 묵도·묵념 寡黙(かもく) 과묵　沈黙(ちんもく) 침묵
의미 입을 다물다 조용함	非理(ひり)を黙認(もくにん)する。 비리를 묵인하다. あの先輩(せんぱい)は寡黙(かもく)な人(ひと)だ。 저 선배는 과묵한 사람이다.

紋

10획 糸
中 N1

음독 もん 훈독 —	紋章(もんしょう) 문장　　紋様(もんよう) 문양 指紋(しもん) 지문　　波紋(はもん) 파문
의미	どこかで見(み)たことのある紋様(もんよう)だ。 어디에서 본 듯한 문양이다.
문양·무늬 가문의 표시	指紋検査(しもんけんさ)を受(う)ける。 지문검사를 받다.

治

7획 冫
中 급수 외

음독 や 훈독 —	冶金(やきん) 야금(광석에서 금속을 골라내는 일) 艶冶(えんや) 요염하게 아름다움　鍛冶(かじ) 대장일
의미 금속을 녹여 물건을 만듦 요염함	冶金工学(やきんこうがく)を勉強(べんきょう)する。 야금공학을 공부하다. 鍛冶師(かじし)が包丁(ほうちょう)を作(つく)る。 대장장이가 식칼을 만들다.

弥

8획 弓
中 N1

음독 — 훈독 や	弥勒(みろく) 미륵 弥生(やよい) 음력 3월·야요이 시대
의미 건너다 점점	日本(にほん)が金属(きんぞく)を使(つか)い始(はじ)めたのは弥生時代(やよいじだい)からだ。 일본이 금속을 사용하기 시작한 것은 야요이 시대부터다.

厄

4획 厂
中 N1

음독 やく 훈독 —	厄年(やくどし) 액년　　厄介(やっかい) 귀찮음·번거로움 災厄(さいやく) 재난
의미	厄介(やっかい)なことをしてくれた。 귀찮은 일을 벌려주었군.
액·재앙 괴로워하다	災厄(さいやく)に備(そな)える。 재난에 대비하다.

躍	음독 やく 훈독 おどる	躍動(やくどう) 약동　躍起(やっき) 안달함 活躍(かつやく) 활약　飛躍(ひやく) 비약
21획 ⻊ 中 N2	의미 뛰어오르다 설레다	若(わか)さが躍動(やくどう)する。 젊음이 약동하다. 彼(かれ)は今度(こんど)の試合(しあい)で大活躍(だいかつやく)した。 그는 이번 시합에서 대활약했다.

闇	음독 — 훈독 やみ	闇市(やみいち) 암시장　闇夜(やみよ) 어두운 밤 暗闇(くらやみ) 어둠　夕闇(ゆうやみ) 땅거미
17획 門 中 급수 외	의미 어두움 보이지 않는 곳	誰(だれ)かが闇夜(やみよ)の中(なか)を歩(ある)いている。 누군가 어두운 밤 속을 걷고 있다. 街(まち)に夕闇(ゆうやみ)が降(お)りている。 거리에 땅거미가 지고 있다.

喩	음독 ゆ 훈독 —	暗喩(あんゆ) 암유　隠喩(いんゆ) 은유 直喩(ちょくゆ) 직유　比喩(ひゆ) 비유
12획 口 中 급수 외	의미 타이르다·깨우치다 비유하다	比喩(ひゆ)を使(つか)って相手(あいて)を揶揄(からか)う。 비유를 사용해서 상대를 조롱하다.

愉	음독 ゆ 훈독 —	愉悦(ゆえつ) 유열　愉快(ゆかい) 유쾌함
12획 忄 中 N1	의미 즐거움 기뻐함	あの夫婦(ふうふ)は愉快(ゆかい)な人(ひと)たちだ。 그 부부는 유쾌한 사람들이다.

諭		
	음독 ゆ	諭旨(ゆし) 유지(취지나 이유를 깨우쳐 알림)
	훈독 さとす	教諭(きょうゆ) 교사
	의미	諭旨(ゆし)免職(めんしょく)される。
	타이르다	권고사직당하다.
16획 言	깨달음	幼稚園(ようちえん)で教諭(きょうゆ)として勤(つと)めている。
中 N1	총명한	유치원 교사로 근무하고 있다.

癒		
	음독 ゆ	癒着(ゆちゃく) 유착
	훈독 いえる·いやす	快癒(かいゆ) 쾌유 　治癒(ちゆ) 치유
	의미	言論(げんろん)と権力(けんりょく)が癒着(ゆちゃく)する。
		언론과 권력이 유착하다.
18획 疒	병이 낫다	ご快癒(かいゆ)おめでとうございます。
中 N1	치유하다	쾌유를 축하드립니다.

唯		
	음독 ゆい·い	唯一(ゆいいつ) 유일 　唯物(ゆいぶつ) 유물
	훈독 —	唯々諾々(いいだくだく) 유유낙낙
	의미	母(はは)が私(わたし)に残(のこ)してくれた唯一(ゆいいつ)の手紙(てがみ)です。
		어머니가 저에게 남겨주신 유일한 편지입니다.
11획 口	오직	唯々諾々(いいだくだく)と命令(めいれい)に従(したが)う。
中 N1	긍정의 대답	유유낙낙하게 명령에 따르다.

幽		
	음독 ゆう	幽玄(ゆうげん) 유현(정취가 깊음) 　幽霊(ゆうれい) 유령
	훈독 —	
	의미	この絵(え)は幽玄(ゆうげん)の美(び)がある。
	숨다	이 그림에는 깊은 정취가 있다.
9획 幺	깊음·심오함	幽霊(ゆうれい)なんていないよ。
中 N1	어두움·저승	유령 따위는 없어.

悠

11획 心
中 N1

음독 ゆう 훈독 —	悠然(ゆうぜん) 유연　　悠長(ゆうちょう) 유장 悠々(ゆうゆう) 유유함·느긋함
의미 머나먼 융통성이 있음	どんな問題(もんだい)にも悠然(ゆうぜん)に対処(たいしょ)するなんて、さすがプロだ。 어떤 문제에도 유연하게 대처하다니 역시 프로다. 夏休(なつやす)みには悠々(ゆうゆう)と過(す)ごしたい。 여름방학에는 느긋하게 지내고 싶다.

湧

12획 氵
中 급수 외

음독 ゆう 훈독 わく	湧出(ゆうしゅつ) 용출　　湧水(ゆうすい) 용수
의미 솟다	温泉水(おんせんすい)が湧出(ゆうしゅつ)する。 온천수가 용출하다.

猶

12획 犭
中 N1

음독 ゆう 훈독 —	猶予(ゆうよ) 유예
의미 오히려 다만 주저하다	猶予期間(ゆうよきかん)を与(あた)える。 유예기간을 주다.

裕

12획 ネ
中 N1

음독 ゆう 훈독 —	裕福(ゆうふく) 유복 富裕(ふゆう) 부유　　余裕(よゆう) 여유
의미 풍족함 편안함·평온함	彼女(かのじょ)は裕福(ゆうふく)な家(いえ)の一人娘(ひとりむすめ)だ。 그녀는 유복한 가정의 외동딸이다. 生活(せいかつ)に余裕(よゆう)がある。 생활에 여유가 있다.

雄

12획 隹
中 N1

음독 ゆう	雄大(ゆうだい) 웅대함　雄弁(ゆうべん) 웅변
훈독 お·おす	英雄(えいゆう) 영웅

의미
- 수컷
- 강함
- 뛰어남

雄弁大会(ゆうべんたいかい)で優勝(ゆうしょう)する。
웅변대회에서 우승하다.
彼(かれ)は時代(じだい)が生(う)んだ英雄(えいゆう)だ。
그는 시대가 낳은 영웅이다.

誘

14획 言
中 N1

음독 ゆう	誘拐(ゆうかい) 유괴　誘導(ゆうどう) 유도
훈독 さそう	勧誘(かんゆう) 권유

의미
- 권유하다
- 가르쳐 이끌다
- 꾀어내다

誘拐事件(ゆうかいじけん)が起(おこ)る。
유괴사건이 일어나다.
参加(さんか)を勧誘(かんゆう)する。
참가를 권유하다.

憂

15획 心
中 N1

음독 ゆう	憂鬱(ゆううつ) 우울함　憂慮(ゆうりょ) 우려
훈독 うれえる·うれい·うい	杞憂(きゆう) 기우　内憂(ないゆう) 내우

의미
- 우려하다·걱정하다
- 슬퍼하다

将来(しょうらい)を憂慮(ゆうりょ)する。
장래를 우려하다.
内憂外患(ないゆうがいかん)。
내우외환.

融

16획 虫
中 N1

음독 ゆう	融合(ゆうごう) 융합　融資(ゆうし) 융자
훈독 —	金融(きんゆう) 금융　溶融(ようゆう) 용해

의미
- 녹다
- 유통하다
- 누그러지다

融合(ゆうごう)の反応(はんのう)を記録(きろく)する。
융합 반응을 기록하다.
金融会社(きんゆうがいしゃ)に就職(しゅうしょく)する。
금융회사에 취직하다.

与

음독 よ 훈독 あたえる	与党(よとう) 여당 関与(かんよ) 관여　付与(ふよ) 부여
의미 주다 더불어 관계하다	与党(よとう)と野党(やとう)が対立(たいりつ)する。 여당과 야당이 대립하다. 他人(たにん)には関与(かんよ)しない。 타인에게는 관여하지 않는다.

3획 一
中 N2

誉

음독 よ 훈독 ほまれ	栄誉(えいよ) 영예　名誉(めいよ) 명예
의미 칭찬하다 명예·자랑 좋은 평판	優勝(ゆうしょう)の栄誉(えいよ)に輝(かがや)く。 우승의 영예에 빛나다. 名誉(めいよ)を汚(よご)す。 명예를 더럽히다.

13획 言
中 N1

妖

음독 よう 훈독 あやしい	妖艶(ようえん) 요염　妖精(ようせい) 요정
의미 신비스러움 아름다움 이상함	彼(かれ)は妖艶(ようえん)な魅力(みりょく)がある。 그는 요염한 매력이 있다. 『ピーターパン』では「妖精(ようせい)はいない」というと妖精(ようせい)がなくなる。 『피터팬』에서는「요정은 없다」고 하면 요정이 죽는다.

7획 女
中 급수 외

庸

음독 よう 훈독 —	庸主(ようしゅ) 평범한 군주 庸劣(ようれつ) 용렬(변변치 않고 졸렬함)　凡庸(ぼんよう) 평범함
의미 쓰다·사용하다 평범한 노역	何(なん)て庸劣(ようれつ)な男(おとこ)だ。 뭐 이리 용렬한 남자람. 凡庸(ぼんよう)な毎日(まいにち)を生(い)きる。 평범한 매일을 살다.

11획 广
中 N1

揚	음독 よう 훈독 あげる·あがる	揚水(ようすい) 양수(물을 퍼 올림)　揚力(ようりょく) 양력 高揚(こうよう) 고양　浮揚(ふよう) 부양
12획 扌 中 N1	의미 튀기다 등용하다	畑(はたけ)に揚水機(ようすいき)を使(つか)って水(みず)を注(そそ)ぐ。 밭에 양수기를 사용해서 물을 대다. 飲(の)み会(かい)で気分(きぶん)が高揚(こうよう)する。 술자리에서 기분이 고양되다.

揺	음독 よう 훈독 ゆれる·ゆる·ゆらぐ·ゆるぐ·ゆする·ゆさぶる·ゆすぶる	動揺(どうよう) 동요
12획 扌 中 N1	의미 흔들리다·흔들다 움직이게 하다 일으키다	相手(あいて)の先制攻撃(せんせいこうげき)に動揺(どうよう)する。 상대의 선제공격에 동요하다.

溶	음독 よう 훈독 とける·とかす·とく	溶液(ようえき) 용액　溶接(ようせつ) 용접 可溶(かよう) 가용　水溶(すいよう) 수용
13획 氵 中 N2	의미 녹다·녹이다 고체가 액체가 되다	金属(きんぞく)を溶接(ようせつ)する。 금속을 용접하다. 水溶性(すいようせい)ビタミンを取(と)る。 수용성 비타민을 섭취하다.

腰	음독 よう 훈독 こし	腰痛(ようつう) 요통(허리와 엉덩이 부분이 아픈 증상) 腰掛(こしか)け 걸상 足腰(あしこし) 다리와 허리　弱腰(よわごし) 약한 태도·소극적
13획 月 中 N2	의미 허리 끈기	腰痛(ようつう)に苦(くる)しむ。 요통에 괴로워하다. 弱腰(よわごし)な対処(たいしょ)に怒(おこ)る。 소극적인 대처에 화나다.

瘍

14획 疒
中 급수 외

음독 よう
훈독 —

潰瘍(かいよう) 궤양　　腫瘍(しゅよう) 종양

의미
종기·종양
헐다

胃潰瘍(いかいよう)の手術(しゅじゅつ)をする。
위궤양 수술을 하다.
脳(のう)から腫瘍(しゅよう)が見(み)つかる。
뇌에서 종양이 발견되다.

踊

14획 ⻊
中 N2

음독 よう
훈독 おどる·おどり

舞踊(ぶよう) 무용

의미
춤추다
올라가다

母(はは)は伝統(でんとう)舞踊家(ぶようか)だ。
어머니는 전통무용가다.

窯

15획 穴
中 N1

음독 よう
훈독 かま

窯業(ようぎょう) 요업(도자기·유리·벽돌 등의 제조업)
石窯(いしがま) 화덕　　炭窯(すみがま) 숯가마

의미
도자기를 굽는 가마
도자기

この町(まち)は窯業(ようぎょう)が発達(はったつ)している。
이 마을은 요업이 발달해있다.
石窯(いしがま)でピザを焼(や)く。
화덕으로 피자를 굽다.

擁

16획 扌
中 N1

음독 よう
훈독 —

擁護(ようご) 옹호　　擁立(ようりつ) 옹립
抱擁(ほうよう) 포옹

의미
안다
지키다·감싸다
옹호하다

人権(じんけん)を擁護(ようご)する。
인권을 옹호하다.
離散家族(りさんかぞく)が再会(さいかい)して泣(な)きながら抱擁(ほうよう)する。
이산가족이 재회해서 울면서 포옹하다.

謡

16획 言

中 N1

음독 よう 훈독 うたい·うたう	歌謡(かよう) 가요　　童謡(どうよう) 동요
의미 노래하다 유행가·소문	カラオケで歌謡(かよう)を歌(うた)う。 노래방에서 가요를 부르다. 幼稚園(ようちえん)で子供(こども)たちが童謡(どうよう)を歌(うた)う。 유치원에서 아이들이 동요를 부르다.

抑

7획 扌

中 N1

음독 よく 훈독 おさえる	抑圧(よくあつ) 억압　　抑揚(よくよう) 억양
의미 억누르다·참다 막다 도대체·애초에	キリスト教(きょう)に対(たい)する抑圧的(よくあつてき)な態度(たいど)。 기독교에 대한 억압적인 태도. ネーティブの抑揚(よくよう)をまねする。 네이티브의 억양을 따라하다.

沃

7획 氵

中 급수 외

음독 よく 훈독 —	沃地(よくち) 옥토 肥沃(ひよく) 비옥
의미 물을 대다 토지가 비옥하다	この国(くに)は広大(こうだい)な沃地(よくち)を誇(ほこ)る。 이 나라는 광대한 옥토를 자랑한다. 肥沃(ひよく)な農地(のうち)が広(ひろ)がる。 비옥한 농지가 펼쳐지다.

翼

17획 羽

中 N1

음독 よく 훈독 つばさ	右翼(うよく) 좌익　　左翼(さよく) 우익
의미 날개 돕다 성장하다	あの団体(だんたい)は徹底的(てっていてき)に右翼(うよく)だ。 그 단체는 철저하게 우익이다.

拉

8획 扌

中 급수 외

음독 ら

훈독 —

拉致(らち) 납치

의미

눌러서 꺾다

끌다·끌어당기다

元彼(もとかれ)を拉致(らち)するとんでもない事件(じけん)が起(お)こった。

전 남자친구를 납치하는 황당한 사건이 일어났다.

裸

13획 衤

中 N1

음독 ら

훈독 はだか

裸体(らたい) 나체

全裸(ぜんら) 전라　半裸(はんら) 반라

의미

알몸

발가벗다·발가벗기다

裸体(らたい)の死体(したい)が発見(はっけん)された。

나체의 시체가 발견되었다.

全裸(ぜんら)のモデルを描(えが)く。

전라의 모델을 그리다.

羅

19획 罒

中 N1

음독 ら

훈독 —

羅針盤(らしんばん) 나침반　羅列(られつ) 나열

網羅(もうら) 망라

의미

그물

얇은 직물

늘어놓다

数字(すうじ)を羅列(られつ)する。

숫자를 나열하다.

この本(ほん)は様々(さまざま)な種類(しゅるい)のデータ収集法(しゅうしゅうほう)を網羅(もうら)している。

이 책은 다양한 종류의 데이터 수집법을 망라하고 있다.

雷

13획 雨

中 N1

음독 らい

훈독 かみなり

雷雨(らいう) 뇌우　雷鳴(らいめい) 천둥소리

地雷(じらい) 지뢰　落雷(らくらい) 낙뢰

의미

천둥

큰 소리

폭발하는 장치

何(なん)て激(はげ)しい雷鳴(らいめい)だ。

엄청난 천둥소리구나.

地雷(じらい)を踏(ふ)む。

지뢰를 밟다.

頼

16획 頁
中 N2

음독 らい 훈독 たのむ· たのもしい·たよる	依頼(いらい) 의뢰　　信頼(しんらい) 신뢰
의미 부탁하다 의지하다	人探(ひとさが)しを依頼(いらい)する。 사람을 찾는 일을 의뢰하다. あの学生(がくせい)はみんなから信頼(しんらい)されている。 그 학생은 모두로부터 신뢰받고 있다.

絡

12획 糸
中 N2

음독 らく 훈독 からむ· からまる·からめる	脈絡(みゃくらく) 맥락　　連絡(れんらく) 연락
의미 얽히다 이어지다·계속되다 조리·순서	話(はなし)の脈絡(みゃくらく)が分(わ)からない。 이야기의 맥락을 모르겠다. 彼女(かのじょ)とは連絡(れんらく)が切(き)れた。 그녀와는 연락이 끊어졌다.

酪

13획 酉
中 N1

음독 らく 훈독 —	酪農(らくのう) 낙농 牛酪(ぎゅうらく) 우낙(버터)　乳酪(にゅうらく) 유낙(버터·치즈 등)
의미 유제품	農学部(のうがくぶ)の酪農学科(らくのうがっか)所属(しょぞく)です。 농학부 낙농학과 소속입니다. 牛酪(ぎゅうらく)の生産過程(せいさんかてい)を観察(かんさつ)する。 버터 생산과정을 관찰하다.

辣

14획 辛
中 급수 외

음독 らつ 훈독 —	辣腕(らつわん) 일을 처리하는 능력이 뛰어남 悪辣(あくらつ) 악랄　　辛辣(しんらつ) 신랄
의미 맵다 매우 엄하다	書類(しょるい)の整理(せいり)に辣腕(らつわん)を振(ふ)るう。 서류 정리에 뛰어난 능력을 발휘하다. 辛辣(しんらつ)に批判(ひはん)する。 신랄하게 비판하다.

濫

18획 氵 / 中 N1

음독 らん	濫発(らんぱつ) 남발　濫用(らんよう) 남용
훈독 —	氾濫(はんらん) 범람
의미	貨幣(かへい)を濫発(らんぱつ)する。
퍼지다	화폐를 남발하다.
넘치다	大雨(おおあめ)で川(かわ)が氾濫(はんらん)する。
함부로·멋대로	큰 비로 강이 범람하다.

藍

18획 艹 / 中 N1

음독 らん	藍色(あいいろ) 남색
훈독 あい	伽藍(がらん) 가람(절의 큰 건물)
의미	藍色(あいいろ)のティーシャツを買(か)う。
	남색 티셔츠를 사다.
남색	このお寺(てら)の伽藍(がらん)は特(とく)に雄大(ゆうだい)だ。
	이 절의 가람은 특히 웅대하다.

欄

20획 木 / 中 N1

음독 らん	欄干(らんかん) 난간
훈독 —	空欄(くうらん) 공란
의미	欄干(らんかん)に近(ちか)づかないでください。
	난간에 가까이 가지 마세요.
난간·손잡이	空欄(くうらん)にメモを取(と)る。
윤곽	공란에 메모를 하다.

吏

6획 口 / 中 N1

음독 り 훈독 —	官吏(かんり) 관리
의미	
관리·공무원	官吏(かんり)に登庸(とうよう)する。 관리로 등용하다.

痢

12획 疒
中 N1

음독 り 훈독 —	痢病(りびょう) 이질·적리병 下痢(げり) 설사　赤痢(せきり) 적리
의미 설사병	罹病(りびょう)を予防(よぼう)する。 이질을 예방하다. 昨日(きのう)から下痢(げり)が止(と)らない。 어제부터 설사가 멈추지를 않는다.

履

15획 尸
中 N1

음독 り 훈독 はく	履行(りこう) 이행　履歴(りれき) 이력 木履(ぼくり) 나막신　草履(ぞうり) 짚신
의미 신발 밟다·신다 행하다·행위	履歴書(りれきしょ)を提出(ていしゅつ)する。 이력서를 제출하다. 草履(ぞうり)をはく。 짚신을 신다.

璃

15획 王
中 N1

음독 り 훈독 —	瑠璃(るり) 칠보의 하나·청금석(자색을 띤 남색)
의미 보석의 하나	海(うみ)が瑠璃色(るりいろ)に輝(かがや)く。 바다가 청금석색으로 빛니디.

離

19획 隹
中 N1

음독 り 훈독 はなれる·はなす	離散(りさん) 이산　離陸(りりく) 이륙 距離(きょり) 거리　分離(ぶんり) 분리
의미 떠나다 헤어지다 없어지다	飛行機(ひこうき)が離陸(りりく)する。 비행기가 이륙하다. 学校(がっこう)から家(いえ)まで距離(きょり)が遠(とお)すぎる。 학교에서 집까지 거리가 너무 멀다.

慄

13획 忄
中 급수 외

음독 りつ 훈독 —	慄然(りつぜん) 두려워서 오싹해짐 戦慄(せんりつ) 전율
의미 떨다 전율하다	怪談(かいだん)を聞(き)いて慄然(りつぜん)とする。 괴담을 듣고 오싹해지다. ホラー映画(えいが)を見(み)て戦慄(せんりつ)する。 호러영화를 보고 전율하다.

柳

9획 木
中 N1

음독 りゅう 훈독 やなぎ	花柳(かりゅう) 화류
의미 버드나무 부드러움·유연함	この映画(えいが)は花柳界(かりゅうかい)を背景(はいけい)としている。 이 영화는 화류계를 배경으로 하고 있다.

竜

10획 竜
中 N1

음독 りゅう 훈독 たつ	竜眼(りゅうがん) 용안　竜頭(りゅうとう) 용두 恐竜(きょうりゅう) 공룡　飛竜(ひりゅう) 비룡
의미 용 황제·천황에 대한 경의를 나타내는 말	竜頭蛇尾(りゅうとうだび)。 용두사미. 孫(まご)は恐竜(きょうりゅう)にはまっている。 손자는 공룡에 빠져있다.

粒

11획 米
中 N2

음독 りゅう 훈독 つぶ	粒子(りゅうし) 입자 顆粒(かりゅう) 과립(작은 알갱이)　微粒子(びりゅうし) 미립자
의미 쌀 한 톨	細微(さいび)な粒子(りゅうし)を観察(かんさつ)する。 세밀한 입자를 관찰하다. 顆粒状(かりゅうじょう)の風邪薬(かぜぐすり)を飲(の)む。 과립상의 감기약을 먹다.

隆	음독 りゅう 훈독 —	隆起(りゅうき) 융기　隆盛(りゅうせい) 융성 隆々(りゅうりゅう) 울퉁불퉁
11획 阝 中 N1	의미 높다·기세가 오르다 귀하다 성대한	地面(じめん)が隆起(りゅうき)している。 지면이 융기해있다. 隆々(りゅうりゅう)の筋肉(きんにく)を誇(ほこ)る。 울퉁불퉁한 근육을 자랑하다.

硫	음독 りゅう 훈독 —	硫酸(りゅうさん) 황산
12획 石 中 N1	의미 유황	硫酸(りゅうさん)テロが起(お)こる。 황산 테러가 일어나다.

侶	음독 りょ 훈독 —	僧侶(そうりょ) 승려　伴侶(はんりょ) 반려
9획 亻 中 급수 외	의미 벗·동료 중·승려	僧侶(そうりょ)が修行(しゅぎょう)のため旅行(りょこう)する。 승려가 수행을 위해 여행하다. 人性(じんせい)の伴侶(はんりょ)を得(え)る。 인생의 반려를 얻다.

虜	음독 りょ 훈독 —	捕虜(ほりょ) 포로
13획 虍 中 N1	의미 포로 하인 이민족	捕虜(ほりょ)を交換(こうかん)する。 포로를 교환하다.

慮

15획 心

中 N1

음독 りょ 훈독 —	遠慮(えんりょ) 사양·삼감	考慮(こうりょ) 고려
의미 잘 생각하다	遠慮(えんりょ)しないでください。 사양하지 마세요. 学生(がくせい)たちのレベルの差(さ)を考慮(こうりょ)する。 학생들의 레벨의 차이를 고려하다.	

了

2획 亅

中 N2

음독 りょう 훈독 —	了解(りょうかい) 양해·잘 이해함 完了(かんりょう) 완료	 終了(しゅうりょう) 종료
의미 끝나다 깨닫다 분명함	了解(りょうかい)です。 잘 알겠습니다. 試合(しあい)が終了(しゅうりょう)する。 시합이 종료하다.	

涼

11획 氵

中 N2

음독 りょう 훈독 すずしい·すずむ	涼風(りょうふう) 산들바람 清涼(せいりょう) 청량함	 納涼(のうりょう) 납량
의미 시원함 얇음 외로움	気持(きも)ちいい涼風(りょうふう)が吹(ふ)く。 기분 좋은 산들바람이 불다. 夏(なつ)には清涼飲料(せいりょういんりょう)が人気(にんき)だ。 여름에는 청량음료가 인기다.	

猟

11획 犭

中 N1

음독 りょう 훈독 —	猟犬(りょうけん) 사냥개 狩猟(しゅりょう) 수렵	猟師(りょうし) 사냥꾼 密猟(みつりょう) 밀렵
의미 사냥 찾아다니다	密猟(みつりょう)の猟師(りょうし)が逮捕(たいほ)される。 밀렵 사냥꾼이 체포되다.	

陵		
	음독 りょう 훈독 みささぎ	陵墓(りょうぼ) 능묘 丘陵(きゅうりょう) 구릉
11획 阝 中 N1	의미 언덕 견디다	古代(こだい)の陵墓(りょうぼ)を訪(たず)ねる。 고대 능묘를 찾다. 丘陵地帯(きゅうりょうちたい)が広(ひろ)がる。 구릉 지대가 펼쳐지다.

僚		
	음독 りょう 훈독 —	僚友(りょうゆう) 동료 官僚(かんりょう) 관료　同僚(どうりょう) 동료
14획 亻 中 N1	의미 동료 관리·공무원	会社(かいしゃ)の僚友(りょうゆう)とはある程度(ていど)の距離(きょり)を保(たも)つ。 회사 동료와는 어느 정도의 거리를 유지한다. 官僚制(かんりょうせい)を打破(だは)する。 관료제를 타파하다.

寮		
	음독 りょう 훈독 —	寮生(りょうせい) 기숙생　寮長(りょうちょう) 기숙사장 学寮(がくりょう) 학교 기숙사　全寮(ぜんりょう) 모든 기숙사
15획 宀 中 N1	의미 기숙사 별장	寮長(りょうちょう)に挨拶(あいさつ)する。 기숙사장에게 인사하다. 学寮(がくりょう)に住(す)んでいる。 학교 기숙사에서 살고 있다.

療		
	음독 りょう 훈독 —	療養(りょうよう) 요양 医療(いりょう) 의료　治療(ちりょう) 치료
17획 疒 中 N2	의미 낫다·낫게 하다 병을 고치다	病院(びょういん)で療養中(りょうようちゅう)だ。 병원에서 요양 중이다. 医療保険(いりょうほけん)を選(えら)ぶ。 의료보험을 선택하다.

瞭

17획 目
中 급수 외

음독 りょう 훈독 —	明瞭(めいりょう) 명료함
의미 분명함 명료함	彼(かれ)の説明(せつめい)は簡単明瞭(かんたんめいりょう)で、分(わ)かりやすい。 그의 설명은 간단명료해서 알기 쉽다.

糧

18획 米
中 N1

음독 りょう·ろう 훈독 かて	糧食(りょうしょく) 양식 糧米(りょうまい) 식량미 食糧(しょくりょう) 식량
의미 식량	糧食(りょうしょく)が不足(ふそく)している。 양식이 부족하다. 世界(せかい)は食糧問題(しょくりょうもんだい)を抱(いだ)いている。 세계는 식량문제를 안고 있다.

厘

9획 厂
中 N1

음독 りん 훈독 —	厘毛(りんもう) 추호(아주 적음) 一厘(いちりん) 1리 九分九厘(くぶくりん) 거의·모두
의미 화폐·길이·무게의 단위 1000분의 1	厘毛(りんもう)のミスも許(ゆる)さない。 아주 작은 실수도 용서하지 않다. 合格(ごうかく)は九分九厘(くぶくりん)間違(まちが)いない。 합격은 거의 틀림없다.

倫

10획 亻
中 N1

음독 りん 훈독 —	倫理(りんり) 윤리 人倫(じんりん) 인륜 不倫(ふりん) 불륜
의미 유례 순서 도리	倫理学(りんりがく)を勉強(べんきょう)する。 윤리학을 공부하다. 人倫(じんりん)にはずれる行為(こうい)をする。 인륜에 어긋나는 행위를 하다.

隣		
	음독 りん 훈독 となる·となり	隣人(りんじん) 이웃 사람 隣接(りんせつ) 인접 近隣(きんりん) 근린
16획 阝 中 N1	의미 이웃 가까움 동행·한 패	ヨーロッパには隣接(りんせつ)している国(くに)が多(おお)い。 유럽에는 인접해있는 나라가 많다. 家(いえ)の近(ちか)くの近隣公園(きんりんこうえん)で散歩(さんぽ)する。 집 근처의 근린공원에서 산책하다.

瑠		
	음독 る 훈독 —	瑠璃(るり) 칠보의 하나·청금석
14획 王 中 N1	의미 보석의 하나	海(うみ)が瑠璃色(るりいろ)に輝(かがや)く。 바다가 청금석색으로 빛나다.

涙		
	음독 るい 훈독 なみだ	涙腺(るいせん) 눈물샘 涙声(なみだごえ) 울음 섞인 목소리 血涙(けつるい) 피눈물 熱涙(ねつるい) 뜨거운 감격의 눈물
10획 氵 中 N2	의미 눈물 눈물을 흘리며 울다	涙声(なみだごえ)で嘆(なげ)く。 울음 섞인 목소리로 애원하다. 感激(かんげき)のあまり、熱涙(ねつるい)を流(なが)す。 감격한 나머지 뜨거운 눈물을 흘리다.

累		
	음독 るい 훈독 —	累加(るいか) 누가(거듭하여 보탬) 累積(るいせき) 누적 累々(るいるい) 겹겹이 連累(れんるい) 연루
11획 糸 中 N1	의미 겹치다·반복하다 자꾸만·계속 관여하다	罰点(ばってん)が累積(るいせき)する。 벌점이 누적되다. 他(ほか)に連累者(れんるいしゃ)がいるらしい。 다른 연루자가 있는 것 같다.

塁		
12획 土 中 N1	음독 るい 훈독 —	塁審(るいしん) 누심(야구 심판) 満塁(まんるい) 만루
	의미 보루 겹치다 흥하는 모양	塁審(るいしん)を抱(だ)き込(こ)む。 누심을 포섭하다. 満塁(まんるい)ホームランを打(う)つ。 만루 홈런을 치다.

励		
7획 力 中 N1	음독 れい 훈독 はげむ·はげます	励行(れいこう) 힘써 행함　励声(れいせい) 소리를 지름·환호 激励(げきれい) 격려　奨励(しょうれい) 장려
	의미 격려하다 일하다	貯蓄(ちょちく)に励行(れいこう)する。 저축에 힘쓰다. 奨励金(しょうれいきん)をもらう。 장려금을 받다.

戻		
7획 戸 中 N2	음독 れい 훈독 もどす·もどる	返戻(へんれい) 반려·반환
	의미 어그러지다 이르다·머무르다 돌려놓다·돌려주다	保険(ほけん)の解約(かいやく)で返戻金(へんれいきん)をもらう。 보험 해약으로 반환금을 받다.

鈴		
13획 金 中 N1	음독 れい·りん 훈독 すず	鈴生(すずな)り 주렁주렁 달림　鈴蘭(すずらん) 은방울꽃 銀鈴(ぎんれい) 은방울　呼(よ)び鈴(りん) 초인종
	의미 방울 방울이 울리는 모양	柿(かき)の実(み)が鈴生(すずな)りに実(みの)る。 감열매가 주렁주렁 열리다. 呼(よ)び鈴(りん)が鳴(な)る。 초인종이 울리다.

零

13획 雨
中 N2

음독 れい 훈독 —	零時(れいじ) 0시 零落(れいらく) 몰락
의미 물방울 떨어지다·내리다 0	締(し)め切(き)りの午前(ごぜん)零時(れいじ)を過(す)ごしてしまった。 마감시간인 오전 0시를 넘겨버렸다. 貴族(きぞく)が零落(れいらく)する。 귀족이 몰락하다.

霊

15획 雨
中 N1

음독 れい·りょう 훈독 たま	霊感(れいかん) 영감 霊魂(れいこん) 영혼 悪霊(あくりょう) 악령 幽霊(ゆうれい) 유령
의미 영혼·사자(死者) 신·목숨 신비함	霊魂結婚式(れいこんけっこんしき)を行(おこな)う。 영혼결혼식을 올리다. 彼(かれ)は幽霊(ゆうれい)がいると信(しん)じている。 그는 유령이 있다고 믿고 있다.

隷

16획 隶
中 N1

음독 れい 훈독 —	隷属(れいぞく) 예속 奴隷(どれい) 노예
의미 따르다 하인 서체의 하나(예서체)	この国(くに)は昔(むかし)、強国(きょうこく)に隷属(れいぞく)していた。 이 나라는 옛날에 강국에 예속되어 있었다. 奴隷(どれい)のように働(はたら)く。 노예같이 일하다.

齢

17획 歯
中 N2

음독 れい 훈독 —	高齢(こうれい) 고령 年齢(ねんれい) 연령
의미 약함 나이	高齢者(こうれいしゃ)を配慮(はいりょ)する。 고령자를 배려하다. 年齢(ねんれい)を問(と)う。 연령을 묻다.

麗

19획 鹿
中 N1

음독 れい	麗句(れいく) 여구　麗姿(れいし) 아름다운 자태
훈독 うるわしい	華麗(かれい) 화려함　綺麗(きれい) 예쁨
의미	あらゆる美辞麗句(びじれいく)を並(なら)べる。
아름답다·곱다	온갖 미사여구를 늘어놓다.
아름다움·화려함	華麗(かれい)な模様(もよう)のドレスだ。
좋음·훌륭함	화려한 무늬의 드레스다.

暦

14획 日
中 N1

음독 れき	暦学(れきがく) 역학　歴年(れきねん) 역년(오랜 세월이 흐름)
훈독 こよみ	陰暦(いんれき) 음력　陽暦(ようれき) 양력
의미	歴年(れきねん)の時間(じかん)が流(なが)れる。
달력	오랜 시간이 흐르다.
목숨	日本(にほん)の七夕(たなばた)は陽暦(ようれき)の七月七日(しちがつなのか)だ。
년대·년월	일본의 칠석은 양력 7월 7일이다.

劣

6획 力
中 N1

음독 れつ	劣等(れっとう) 열등　劣勢(れっせい) 열세
훈독 おとる	卑劣(ひれつ) 비열함　優劣(ゆうれつ) 우열
의미	兄弟(きょうだい)に劣等感(れっとうかん)を抱(いだ)く。
	형제에게 열등감을 품다.
떨어지다·뒤지다	優劣(ゆうれつ)をつけがたい。
낮음	우열을 가리기 힘들다.

烈

10획 灬
中 N1

음독 れつ	烈火(れっか) 열화
훈독 —	強烈(きょうれつ) 강렬함　激烈(げきれつ) 격렬함
의미	烈火(れっか)のごとく怒(おこ)る。
격렬하다	열화같이 화내다.
엄하다	強烈(きょうれつ)な色彩(しきさい)の絵(え)だ。
분명함	강렬한 색채의 그림이다.

裂

12획 衣
中 N1

음독 れつ
훈독 さく·さける

裂傷(れっしょう) 열상(찢어진 상처) 裂帛(れっぱく) 날카롭고 새된 소리
決裂(けつれつ) 결렬 破裂(はれつ) 파열

의미
찢다·찢어지다
천 조각

裂傷(れっしょう)を負(お)う。
열상을 입다.
協商(きょうしょう)が決裂(けつれつ)する。
협상이 결렬되다.

恋

10획 心
中 N2

음독 れん
훈독 こう·こい·こいしい

恋愛(れんあい) 연애 恋情(れんじょう) 연정
失恋(しつれん) 실연 悲恋(ひれん) 비련

의미
사랑·연애·애인
그립다

恋愛(れんあい)の感情(かんじょう)を感(かん)じる。
연애 감정을 느끼다.
失恋(しつれん)の悲(かな)しみを乗(の)り越(こ)える。
실연의 슬픔을 극복하다.

廉

13획 广
中 N1

음독 れん
훈독 —

廉価(れんか) 염가(매우 싼 값) 廉直(れんちょく) 염직(결백하고 정직함)
破廉恥(はれんち) 파렴치

의미
깨끗하다·청렴하다
길모퉁이
값이 싸다

廉価(れんか)で売(う)る。
매우 싼 값에 팔다.
破廉恥(はれんち)な行為(こうい)をする。
파렴치한 행동을 하다.

錬

16획 金
中 N1

음독 れん
훈독 —

錬金術(れんきんじゅつ) 연금술
精錬(せいれん) 정련 鍛練(たんれん) 단련

의미
금속을 단련하다
다듬다
정신을 가다듬다

『鋼(はがね)の錬金術師(れんきんじゅつし)』は日本(にほん)の大人気(だいにんき)のアニメだ。
『강철의 연금술사』는 일본의 대인기 애니메이션이다.
心身(しんしん)を鍛練(たんれん)する。
심신을 단련하다.

呂		
7획 口 中 N1	음독 ろ 훈독 —	呂律(ろれつ) 말투·말씨 語呂(ごろ) 어조　風呂(ふろ) 목욕
	의미 등뼈 중국음악의 음계이름	呂律(ろれつ)が回(まわ)らない。 혀가 잘 굴러가지 않아서 말투가 이상하다. 風呂(ふろ)に入(はい)る。 목욕하다.

炉		
8획 火 中 N1	음독 ろ 훈독 —	炉火(ろか) 화롯불　炉端(ろばた) 화롯가 原子炉(げんしろ) 원자로　暖炉(だんろ) 난로
	의미 화로	炉端(ろばた)で手(て)を暖(あたた)める。 화롯가에서 손을 녹이다. 暖炉(だんろ)に火(ひ)を入(い)れる。 난로에 불을 붙이다.

賂		
13획 貝 中 급수 외	음독 ろ 훈독 —	賄賂(わいろ) 뇌물
	의미 뇌물	賄賂(わいろ)を断(ことわ)る。 뇌물을 거절하다.

露		
21획 雨 中 N1	음독 ろ·ろう 훈독 つゆ	露骨(ろこつ) 노골　露店(ろてん) 노점 雨露(うろ) 우로(비와 이슬)　暴露(ばくろ) 폭로
	의미 이슬 나타내다 이슬에 젖다	露骨(ろこつ)に言(い)う。 노골적으로 말하다. 非理(ひり)を暴露(ばくろ)する。 비리를 폭로하다.

弄

7획 廾
中 급수 외

음독 ろう 훈독 もてあそぶ	弄言(ろうげん) 농담　弄筆(ろうひつ) 농필 愚弄(ぐろう) 우롱　嘲弄(ちょうろう) 조롱
의미 희롱하다 놀리다 악기를 울리다	弄言(ろうげん)を言(い)いながらもてあそぶ。 농담을 하며 희롱하다. 相手(あいて)を愚弄(ぐろう)するのはよくない。 상대를 우롱하는 것은 좋지 않다.

郎

9획 阝
中 급수 외

음독 ろう 훈독 —	新郎(しんろう) 신랑　野郎(やろう) 녀석
의미 남성·남편 남성의 이름에 붙이는 단어	新郎新婦(しんろうしんぷ)が入場(にゅうじょう)する。 신랑신부가 입장하다.

浪

10획 氵
中 N1

음독 ろう 훈독 —	浪人(ろうにん) 낭인·재수생　浪費(ろうひ) 낭비 波浪(はろう) 물결·파도　流浪(るろう) 유랑
의미 물결 방랑하다 함부로·멋대로	時間(じかん)を浪費(ろうひ)する。 시간을 낭비하다. 諸国(しょこく)を流浪(るろう)する。 여러 나라를 유랑하다.

廊

12획 广
中 N1

음독 ろう 훈독 —	廊下(ろうか) 복도 画廊(がろう) 화랑
의미 행랑 복도	廊下(ろうか)では走(はし)らないでください。 복도에서는 뛰지 말아주세요. 叔母(おば)はソウルに画廊(がろう)をもっている。 숙모는 서울에 화랑을 가지고 있다.

楼

13획 木
中 N1

음독 ろう 훈독 —	楼閣(ろうかく) 누각　楼門(ろうもん) 2층으로 된 문 蜃気楼(しんきろう) 신기루　摩天楼(まてんろう) 마천루
의미 전각 찻집·기생방	砂上(さじょう)の楼閣(ろうかく)。 사상누각. 蜃気楼(しんきろう)が立(た)つ。 신기루가 생기다.

漏

14획 氵
中 급수 외

음독 ろう 훈독 もる·もれる·もらす	漏水(ろうすい) 누수　漏電(ろうでん) 누전 遺漏(いろう) 유루·실수　雨漏(あまも)り 비가 샘
의미 새다 외부에 알리다 실수	漏電(ろうでん)によるガスの爆発(ばくはつ)事故(じこ)。 누전에 의한 가스폭발사고. 雨漏(あまも)りを直(なお)す。 비가 새는 데를 고치다.

籠

22획 ⺮
中 N1

음독 ろう 훈독 かご·こもる	籠城(ろうじょう) 농성　籠絡(ろうらく) 농락(구슬림) 灯籠(とうろう) 등롱　鳥籠(とりかご) 새장
의미 바구니 틀어박히다	相手(あいて)を籠絡(ろうらく)して利益(りえき)をつかむ。 상대를 구슬려서 이익을 얻어내다. 鳥籠(とりかご)の中(なか)は安全(あんぜん)だが、発展可能性(はってんかのうせい)がない。 새장 안은 안전하지만 발전 가능성이 없다.

麓

19획 鹿
中 급수 외

음독 ろう 훈독 ふもと	山麓(さんろく) 산록·산기슭
의미 산기슭	山麓(さんろく)から子供(こども)が見(み)つかる。 산기슭에서 아이가 발견되다.

賄

13획 貝
中 N1

음독 わい 훈독 まかなう	賄賂(わいろ) 뇌물 財賄(ざいわい) 재산　　収賄(しゅうわい) 뇌물을 받음
의미 뇌물 둘러대다·꾸려나가다	あの清廉(せいれん)な政治家(せいじか)が収賄(しゅうわい)で逮捕(たいほ)されるなんて! 그 청렴한 정치인이 뇌물수수로 체포되다니!

脇

10획 月
中 급수 외

음독 — 훈독 わき	脇見(わきみ) 곁눈질·한눈팔기 両脇(りょうわき) 양쪽 겨드랑이·양옆
의미 동체의 좌우 바로 곁	知(し)らない人(ひと)の脇見(わきみ)が気(き)になる。 모르는 사람의 곁눈질이 신경 쓰인다. 両脇(りょうわき)から支(ささ)える。 양옆에서 부축하다.

惑

12획 心
中 N1

음독 わく 훈독 まどう	惑星(わくせい) 혹성　　惑溺(わくでき) 정신을 잃고 빠짐 疑惑(ぎわく) 의혹　　迷惑(めいわく) 민폐
의미 당혹하다·망설이다 의심하다	酒(さけ)に惑溺(わくでき)する。 술에 정신을 잃고 빠지다. 他人(たにん)に迷惑(めいわく)をかけないように注意(ちゅうい)する。 타인에게 민폐 끼치지 않도록 주의하다.

枠

8획 木
中 급수 외

음독 — 훈독 わく	枠組(わくぐ)み 틀 木枠(きわく) 나무틀　　別枠(べつわく) 다른 결정 범위
의미 틀	枠組(わくぐ)みを立(た)てる。 틀을 세우다. この案(あん)は別枠(べつわく)する。 이 안은 다른 틀·기준에서 결정한다.

湾		
	음독 わん 훈독 —	湾岸(わんがん) 만안　　湾曲(わんきょく) 만곡(깊숙이 굽음) 港湾(こうわん) 항만　　台湾(たいわん) 대만
12획 氵 中 N2	의미 후미 육지 깊숙이 들어간 바다	湾曲(わんきょく)している海岸線(かいがんせん)を眺(なが)める。 깊숙이 굽은 해안선을 바라보다. 今度(こんど)の夏休(なつやす)みに、台湾(たいわん)に行(い)きます。 이번 여름방학에 대만에 갑니다.

腕		
	음독 わん 훈독 うで	腕力(わんりょく) 완력　　腕時計(うでどけい) 손목시계 手腕(しゅわん) 수완　　両腕(りょううで) 양팔
12획 月 中 N2	의미 팔 팔 힘 솜씨	腕力(わんりょく)が強(つよ)い。 완력이 세다. 彼(かれ)は政治的(せいじてき)な手腕(しゅわん)がある。 그는 정치적인 수완이 있다.

부 록

부록 1 주요 국자 일람

俤 おもかげ
俥 くるま
俣 また
働 はたらく
凧 たこ
凩 こがらし
凪 なぎ
匁 もんめ
匂 におい
叺 かます
呎 フィート
噺 はなし
噸 トン
圦 いり
坏 あくつ
嬶 かかあ
峠 とうげ
怺 こらえる
挘 むしる
腺 せん
膵 すい
杢 もく
杣 そま
杦 すぎ
枡 ます
枠 わく

柾 まさき
栃 とち
栂 つが
桛 かせ
桝 ます
梺 ふもと
梻 しきみ
椙 すぎ
榊 さかき
樫 かし
毟 むしる
渕 ふち
瓩 キログラム
瓲 トン
畑 はたけ
畠 はたけ
硴 かき
笹 ささ
簗 やな
籏 はた
粁 キロメートル
粂 くめ
籾 もみ
縅 おどし
聢 しかと
蓙 ござ

裃 かみしも
裄 ゆき
褄 つま
襷 たすき
躾 しつけ
辷 すべる
辻 つじ
込 こむ
迚 とても
適 あっぱれ
鋲 びょう
錺 かざり
鑓 やり
閊 つかえる
雫 しずく
鞆 とも
鮗 このしろ
鯑 かずのこ
鯰 なまず
鰙 わかさぎ
鰯 いわし
鱚 きす
鱈 たら
鴫 しぎ
鶫 つぐみ
麿 まろ

부록 2 상용한자표의「부표(付表)」

あす	明日	あずき	小豆
あま	海女・海士	いおう	硫黄
いくじ	意気地	いなか	田舎
いぶき	息吹	うなばら	海原
うば	乳母	うわき	浮気
うわつく	浮つく	えがお	笑顔
おじ	叔父・伯父	おとな	大人
おとめ	乙女	おば	叔母・伯母
おまわりさん	お巡りさん	おみき	お神酒
おもや	母屋・母家	かあさん	母さん
かぐら	神楽	かし	河岸
かじ	鍛冶	かぜ	風邪
かたず	固唾	かな	仮名
かや	蚊帳	かわせ	為替
かわら	河原・川原	きのう	昨日
きょう	今日	くだもの	果物
くろうと	玄人	けさ	今朝
けしき	景色	ここち	心地
こじ	居士	ことし	今年
さおとめ	早乙女	ざこ	雑魚
さじき	桟敷	さしつかえる	差し支える
さつき	五月	さなえ	早苗
さみだれ	五月雨	しぐれ	時雨
しっぽ	尻尾	しない	竹刀
しにせ	老舗	しばふ	芝生
しみず	清水	しゃみせん	三味線
じゃり	砂利	じゅず	数珠
じょうず	上手	しらが	白髪

しろうと	素人	しわす	師走
すきや	数寄屋・数奇屋	すもう	相撲
ぞうり	草履	だし	山車
たち	太刀	たちのく	立ち退く
たなばた	七夕	たび	足袋
ちご	稚児	ついたち	一日
つきやま	築山	つゆ	梅雨
でこぼこ	凸凹	てつだう	手伝う
てんません	伝馬船	とあみ	投網
とうさん	父さん	とえはたえ	十重二十重
どきょう	読経	とけい	時計
ともだち	友達	なこうど	仲人
なごり	名残	なだれ	雪崩
にいさん	兄さん	ねえさん	姉さん
のら	野良	のりと	祝詞
はかせ	博士	はたち	二十・二十歳
はつか	二十日	はとば	波止場
ひとり	一人	ひより	日和
ふたり	二人	ふつか	二日
ふぶき	吹雪	へた	下手
へや	部屋	まいご	迷児
まじめ	真面目	まっか	真っ赤
まっさお	真っ青	みやげ	土産
むすこ	むすこ	めがね	眼鏡
もさ	猛者	もみじ	紅葉
もめん	木綿	もより	最寄り
やおちょう	八百長	やおや	八百屋
やまと	大和	やよい	弥生
ゆかた	浴衣	ゆくえ	行方
よせ	寄席	わこうど	若人

부록 3 초등학교 한자 1,006자 「학년별 한자 배당표」

• 1학년 (80자)

一	右	雨	円	王	音	下	火	花	貝	学	気	九	休	玉	金	空	月	犬	見
五	口	校	左	三	山	子	四	糸	字	耳	七	車	手	十	出	女	小	上	森
人	水	正	生	青	夕	石	赤	千	川	先	早	草	足	村	大	男	竹	中	虫
町	天	田	土	二	日	入	年	白	八	百	文	木	本	名	目	立	力	林	六

• 2학년(160자)

引	羽	雲	園	遠	何	科	夏	家	歌	画	回	会	海	絵	外	角	楽	活	間
丸	岩	顔	汽	記	帰	弓	牛	魚	京	強	教	近	兄	形	計	元	言	原	戸
古	午	後	語	工	公	広	交	光	考	行	高	黄	合	谷	国	黒	今	才	細
作	算	止	市	矢	姉	思	紙	寺	自	時	室	社	弱	首	秋	週	春	書	少
場	色	食	心	新	親	図	数	西	声	星	晴	切	雪	船	線	前	組	走	多
太	体	台	地	池	知	茶	昼	長	鳥	朝	直	通	弟	店	点	電	刀	冬	当
東	答	頭	同	道	読	内	南	肉	馬	売	買	麦	半	番	父	風	分	聞	米
歩	母	方	北	毎	妹	万	明	鳴	毛	門	夜	野	友	用	曜	来	里	理	話

• 3학년(200자)

悪	安	暗	医	委	意	育	員	院	飲	運	泳	駅	央	横	屋	温	化	荷	界
開	階	寒	感	漢	館	岸	起	期	客	究	急	級	宮	球	去	橋	業	曲	局
銀	区	苦	具	君	係	軽	血	決	研	県	庫	湖	向	幸	港	号	根	祭	皿
仕	死	使	始	指	歯	詩	次	事	持	式	実	写	者	主	守	取	酒	受	州
拾	終	習	集	住	重	宿	所	暑	助	昭	消	商	章	勝	乗	植	申	身	神
真	深	進	世	整	昔	全	相	送	想	息	速	族	他	打	対	待	代	第	題
炭	短	談	着	注	柱	丁	帳	調	追	定	庭	笛	鉄	転	都	度	投	豆	島
湯	登	等	動	童	農	波	配	倍	箱	畑	発	反	坂	板	皮	悲	美	鼻	筆
氷	表	秒	病	品	負	部	服	福	物	平	返	勉	放	味	命	面	問	役	薬
由	油	有	遊	予	羊	洋	葉	陽	様	落	流	旅	両	緑	礼	列	練	路	和

• 4학년(200자)

愛 案 以 衣 位 囲 胃 印 英 栄 塩 億 加 果 貨 課 芽 改 械 害
街 各 覚 完 官 管 関 観 願 希 季 紀 喜 旗 器 機 議 求 泣 救
給 挙 漁 共 協 鏡 競 極 訓 軍 郡 径 型 景 芸 欠 結 建 健 験
固 功 好 候 航 康 告 差 菜 最 材 昨 札 刷 殺 察 参 産 散 残
士 氏 史 司 試 児 治 辞 失 借 種 周 祝 順 初 松 笑 唱 焼 象
照 賞 臣 信 成 省 清 静 席 積 折 節 説 浅 戦 選 然 争 倉 巣
束 側 続 卒 孫 帯 隊 達 単 置 仲 貯 兆 腸 低 底 停 的 典 伝
徒 努 灯 堂 働 特 得 毒 熱 念 敗 梅 博 飯 飛 費 必 票 標 不
夫 付 府 副 粉 兵 別 辺 変 便 包 法 望 牧 末 満 未 脈 民 無
約 勇 要 養 浴 利 陸 良 料 量 輪 類 令 冷 例 歴 連 老 労 録

• 5학년(185자)

圧 移 因 永 営 衛 易 益 液 演 応 往 桜 恩 可 仮 価 河 過 賀
快 解 格 確 額 刊 幹 慣 眼 基 寄 規 技 義 逆 久 旧 居 許 境
均 禁 句 群 経 潔 件 券 険 検 限 現 減 故 個 護 効 厚 耕 鉱
構 興 講 混 査 再 災 妻 採 際 在 財 罪 雑 酸 賛 支 志 枝 師
資 飼 示 似 識 質 舎 謝 授 修 述 術 準 序 招 承 証 条 状 常
情 織 職 制 性 政 勢 精 製 税 責 績 接 設 舌 絶 銭 祖 素 総
造 像 増 則 測 属 率 損 退 貸 態 団 断 築 張 提 程 適 敵 統
銅 導 徳 独 任 燃 能 破 犯 判 版 比 肥 非 備 俵 評 貧 布 婦
富 武 復 複 仏 編 弁 保 墓 報 豊 防 貿 暴 務 夢 迷 綿 輸 余
預 容 略 留 領

• 6학년(181자)

異 遺 域 宇 映 延 沿 我 灰 拡 革 閣 割 株 干 巻 看 簡 危 机
揮 貴 疑 吸 供 胸 郷 勤 筋 系 敬 警 劇 激 穴 絹 権 憲 源 厳
己 呼 誤 后 孝 皇 紅 降 鋼 刻 穀 骨 困 砂 座 済 裁 策 冊 蚕
至 私 姿 視 詞 誌 磁 射 捨 尺 若 樹 収 宗 就 衆 従 縦 縮 熟
純 処 署 諸 除 将 傷 障 城 蒸 針 仁 垂 推 寸 盛 聖 誠 宣 専
泉 洗 染 善 奏 窓 創 装 層 操 蔵 臓 存 尊 宅 担 探 誕 段 暖
値 宙 忠 著 庁 頂 潮 賃 痛 展 討 党 糖 届 難 乳 認 納 脳 派
拝 背 肺 俳 班 晩 否 批 秘 腹 奮 並 陛 閉 片 補 暮 宝 訪 亡
忘 棒 枚 幕 密 盟 模 訳 郵 優 幼 欲 翌 乱 卵 覧 裏 律 臨 朗
論